Hommage à Jacqueline de Romilly
L'empreinte de son œuvre

Illustration de la couverture : © Louis Monier – Jacqueline de Romilly (1984)
N° ISBN : 978-2-87754-304-0
Édité en 2014

Hommage à Jacqueline de Romilly
L'empreinte de son œuvre

Marc Fumaroli, Jacques Jouanna, Monique Trédé et Michel Zink éd.

colloque organisé par l'Académie des Inscriptions et Belles-Lettres et l'École Normale Supérieure avec la participation de l'Université de Paris-Sorbonne (UFR de Grec et laboratoire Médecine grecque de l'UMR 8167 Orient et Méditerranée)

à l'École Normale Supérieure
et à l'Académie des Inscriptions et Belles-Lettres
les 27-28 octobre 2011

Académie des Inscriptions et Belles-Lettres
Paris • 2014

L'ANTI-ŒDIPE DE JACQUELINE DE ROMILLY

Jacqueline de Romilly nous a quittés en 2010 à l'âge de 98 ans, témoin illustre de l'allongement général de la durée de la vie humaine au XXIe siècle. Dans ses dernières décennies, elle a été horriblement éprouvée par des infirmités physiques, notamment la plus cruelle pour l'érudite qu'elle était, la perte de plus en plus complète de la vue. Bien qu'elle fût entourée et assistée d'hellénistes fidèles, ou formés à son école, elle dut renoncer à poursuivre son œuvre scientifique. Celle-ci s'est conclue, en 1990, par la publication de ses cours du Collège de France, sous le titre de *La Construction de la vérité chez Thucydide*. Pour autant, son activité littéraire et son rayonnement public n'ont fait dès lors que croître d'année en année.

Longtemps, les lecteurs et admirateurs de Jacqueline de Romilly ont été avant tout ses auditeurs de la Sorbonne, puis du Collège de France, et la communauté internationale des hellénistes. Cela faisait déjà beaucoup de monde, d'autant que la précocité et le nombre de ses succès de jeune fille aux concours les plus ardus, ou jusqu'alors réservés aux garçons, avaient fait d'elle, dès avant la seconde guerre mondiale (elle était née en 1913), une vedette maintes fois photographiée d'un féminisme républicain, à une époque où celui-ci misait sur le mérite, et non sur les quotas. Grande championne du système d'éducation de la IIIe République, Jacqueline lui est restée ardemment fidèle. Dans ce système, qui privilégiait les humanités et renvoyait la plupart des formations professionnelles à l'apprentissage sur le tas, elle reconnaissait la conception aristotélicienne de l'éducation libérale, telle que l'expose le Livre X de l'*Éthique à Nicomaque*. Aristote vise à éduquer des hommes libres ou – comme on disait au XVIIe siècle et en français – des honnêtes gens ayant des clartés de tout et ne se piquant de rien. Aux yeux du précepteur d'Alexandre, la spécialisation prématurée rétrécit la liberté d'esprit, alors que le but de l'éducation libérale est de pourvoir à la plénitude de l'exercice habituel de cette liberté.

En 1969, Jacqueline de Romilly entra en croisade pour la sauvegarde de l'enseignement classique et des études grecques déjà marginalisés par la réforme Faure. Elle prit la tête en 1992 de l'Association pour la Sauvegarde des Enseignements littéraires, créée à son initiative pour faire pression sur le ministère de l'Éducation nationale et empêcher – ou du moins limiter – l'érosion des filières humanistes et des options latin-grec dans les lycées publics français. Ses pamphlets (*Nous autres Professeurs* [1969], *L'Enseignement en détresse* [1984]), ses livres de haute et généreuse vulgarisation (*Pourquoi la Grèce* [1992], *Alcibiade* [1995], *Hector* [1997], *La Grèce antique contre la violence* [2000], *Une Certaine Idée de la Grèce* [2003], *L'Élan démocratique dans la Grèce ancienne* [2005] et, avant-hier encore, *La Grandeur de l'homme au siècle de Périclès*), ses apparitions à la télévision où son charisme crevait chaque fois l'écran, firent d'elle une étoile de plus en plus éclatante. Partout elle réussit, en grande dame de la rhétorique grecque, à intéresser le grand public sans le flatter. Amer triomphe, car ce civisme épuisant et l'immense sympathie qu'il suscita n'ébranlèrent pas le moins du monde nos princes successifs, persuadés par le Saint Esprit hégélien que le progrès technique en marche se chargeait lui-même de l'éducation des jeunes générations. Elle tint bon, jusqu'à l'épuisement, voyant bien, sous l'alibi du réalisme, à quel lâche fatalisme elle avait à faire.

A trois siècles de distance, elle retrouvait et assumait le rôle qu'avait joué, dans la France de la Querelle des Anciens et des Modernes, au XVIIe siècle, la savante Mme Dacier, née Le Fèvre, laquelle par son érudition et son éloquence avait plaidé avec succès, sous Louis XIV, la cause d'Homère et de l'hellénisme contre les arguments des chefs du parti moderniste : Fontenelle et Houdar de La Motte. La grande philologue qu'était Jacqueline, pour défendre la cause de l'école, s'était faite vocératrice. Est-ce pour compenser cette extériorisation publique qu'elle alla chercher répit dans l'intime ? A la surprise générale, elle publia en 1987, avec la timidité d'une débutante, une célébration rétrospective de son paysage de prédilection, la Sainte Victoire, récemment ravagé par un incendie, et où elle passait alors plusieurs semaines par an dans une petite et ravissante maison à laquelle elle était très attachée. En 1990, avec *Ouverture à cœur*, et en 2006, elle se hasarda dans le roman ; en 1993, 1999 et 2002 dans le recueil de nouvelles : *Les Œufs de Pâques*, *Laisse flotter les rubans*, *Sous des dehors si calmes*. Par intervalles, elle publia aussi plusieurs essais où elle explorait, à la première personne, ses expériences de la mémoire et de l'oubli.

Un écrivain était né. La fraîcheur de sentiment, le tour d'esprit exquis, la pudeur, la grâce sans prétention de ces improvisations souriantes à fond de mélancolie, lui conquirent un nouveau et vaste public. Savante de rang mondial, professeur d'audience nationale, la voici devenue une autorité morale et littéraire, appelant à ramener l'individualisme prédateur à l'intériorité et à la générosité. Aveugle, ravagée d'infirmités, le temps lui avait imposé peu à peu un masque de tragédie grecque, qu'elle savait éclairer de bonté et de gaieté par un sourire miraculeusement jeune. La France entière a pris le deuil le jour de sa disparition.

Or cette grande dame du savoir, devenue sur le tard grande dame des lettres, avait un secret. Seuls quelques-uns de ses proches avaient été admis à lire, dès la fin de l'année 1978 (l'achevé d'imprimer fait foi), son premier livre non professoral, un chef d'œuvre qui aurait dû lancer sa seconde carrière. Avec cet admirable portrait d'une femme adorable, *Jeanne*, qui embrasse deux générations féminines du XXe siècle, et sur fond de deux guerres civiles européennes, Jacqueline de Romilly a écrit son *Grand Meaulnes*.

C'était le portrait biographique de sa mère, morte deux ans plus tôt. Elle le fit imprimer à compte d'auteur, stipulant qu'il ne serait publié qu'après sa propre mort. Voilà trois ans, elle en avait encore sous son lit quelques exemplaires à l'intention des élus parmi ses derniers visiteurs. Nous sommes tous de ceux-là maintenant que ce livre, selon son vœu, est publié. S'il l'avait été sur le champ, sa stature mais aussi sa propre conscience d'écrivain auraient été tout différentes. Si délicieux et émouvants soient-ils, ses essais littéraires des années 1980-2000 sont un peu la petite monnaie de *Jeanne,* et contraints par le souci de ne pas empiéter sur ce « mémoire » secret. Du point de vue d'une éventuelle carrière littéraire, c'était un désastre. Mais il aurait fait beau voir qu'elle fût montée sur le pavois en traitant le souvenir de sa mère comme un escabeau ! Si ce portrait posthume d'une veuve de guerre parisienne, écrit dans un moment de grâce et d'une lecture enchanteresse, devait connaître un peu de gloire, elle devait aller tout entière, non à son auteur, mais à son héroïne, à cette femme de grand talent qui avait entre 1939 et 1945, et sans hésiter, interrompu sa carrière et sacrifié son œuvre littéraire (outre son bonheur personnel) pour veiller loin de Paris sur sa fille et le mari de celle-ci, cachés pour échapper à la persécution...

Née en 1887, Jeanne Malvoisin avait fait ses études, comme plus tard sa fille, au Lycée Molière. Le bac était alors un excellent viatique. Veuve en 1914, seule et pauvre, intelligente et élégante, elle se voulut ambitieuse pour son enfant, née un an plus tôt. Sa situation était à peu près celle du grand-père ruiné de la petite Dorritt, dans la nouvelle de Dickens. Elle se trouva des emplois, elle se créa un réseau de sympathies et surtout elle s'essaya, avec un succès grandissant, à la traduction et à la fiction. C'était une femme moderne et à la page, aimant rire et jouer, mais ne transigeant pas avec sa propre ligne de conduite. Elle savait décourager net les éditeurs empressés. Jusqu'à la mort de Jacqueline, un buste de stuc Art déco, posé sur une commode dans le couloir d'entrée de son appartement, évoquait les traits gracieux et la coiffure à la garçonne de cette contemporaine de Colette, de Coco Chanel et d'Irène Némirovsky.

En 1939, Jeanne Maxime David était devenue, sous ce nom de plume oublié, une romancière connue, dont les principaux critiques parisiens avaient à plusieurs reprises vanté le talent. Le portrait que trace sa fille de cette Jeanne oubliée devient très vite un fascinant double portrait. La narratrice a beau mettre en lumière sa mère ressuscitée et se faire oublier elle-même, les deux visages, si différents pourtant, s'éclairent l'un par l'autre et vivent l'un pour l'autre.

Et c'est là ce qui distingue Jacqueline de Romilly de Mme Dacier. La première, toute savante qu'elle était, ne professait pas une dogmatique de l'érudition et de l'Antiquité, même grecque, comme norme exclusive de culture. Tandis qu'Anne Dacier, fille et épouse d'érudit, érudite formidable elle-même, méprisait le roman et la littérature modernes. Orpheline de père, Mme de Romilly a été élevée par une mère qu'elle a adorée. Or cette mère, qui fut pour elle un modèle vivant et permanent d'humanité douée et d'intelligence du cœur, n'avait rien d'une savante. Dans les trois « états » successifs, comme on dit en gravure, de ce portrait de Jeanne, buriné à la fois par la mémoire du cœur, l'interprétation imaginative d'anciennes photographies et la lecture de correspondances, il y a du suspens, du désastre et de grandes joies. La jeune fille d'avant 1914 s'éprend d'un jeune professeur agrégé de philosophie, sorti de la rue d'Ulm, et l'épouse en 1909, malgré les réserves qu'inspire à ses parents catholiques le nom du jeune homme : Maxime David. Mère en 1913, elle devient veuve dès 1914. Le professeur David est mort pour la France dans les premiers massacres du front. Désastre et défi pour la Jeanne de la guerre et de l'entre-deux-guerres. Tandis qu'elle déploie tout son talent et son énergie pour offrir un nid douillet et une vie agréable à sa fille, celle-ci emploie toute son intelligence à briller au lycée et dans les classes préparatoires, comme pour suivre les traces laissées par un père qu'elle n'a pas connu, mais dont elle sait l'admiration que Jeanne lui voue et la ferveur avec laquelle elle lui est restée fidèle. Comme son père, Jacqueline est reçue rue d'Ulm. Comme son père, elle passe le concours d'agrégation. Quelles joies pour Jeanne ! Sa fille répète son mari disparu, mais plus triomphalement, étant chaque fois la première femme à remporter des palmes jusque-là inaccessibles à son sexe. Comme son père, elle devient professeur de lycée, un titre de noblesse alors. En 1940, elle épouse le jeune et charmant héritier d'une fortune de presse, Michel Worms de Romilly.

Jeanne va-t-elle, belle et vivace encore, connaître une seconde vie, bien à elle ? Nouveaux désastres, nouveaux défis : la guerre, la défaite, l'occupation allemande. Jeanne abandonne Paris et suit dans l'exode le jeune couple désemparé. Y reviendra-t-elle, lorsque la situation paraîtra se stabiliser ? Il est temps pour Jeanne de faire fructifier son capital de notoriété littéraire, et peut-être de retrouver le bonheur en compagnie d'un grand musicien qui s'est épris d'elle et qu'elle ne hait point. C'est alors que les lois raciales de Vichy chassent de l'enseignement public la fille de l'officier David, mort pour la France, et condamnent le jeune couple à se cacher dans la campagne d'Aix-en-Provence puis d'Aix-les-Bains.

Fidèle à l'ombre offensée de son mari, Jeanne ne reviendra pas à Paris, elle ne retrouvera pas son grand ami, elle ne quittera plus sa fille et son gendre menacés. Au service des siens, elle met sans compter son entregent, son sens pratique, son espérance, indispensables pour la survie par temps de terreur et de famine. Sans hésiter, elle a sacrifié à sa fille sa carrière littéraire et sa seconde promesse de bonheur.

La guerre terminée, Paris regagné, Jacqueline entame la brillantissime carrière universitaire et académique que l'on sait, tandis que sa mère, fière, mais les ailes de l'inspiration coupées, vit un peu dans son ombre. Elle ne retrouvera avec sa fille l'intimité quotidienne qu'elles avaient connue entre les deux guerres qu'après le divorce de Jacqueline, qui précéda de quelques années la mort de Jeanne. Qui sait si Jacqueline elle-même n'a pas longtemps sacrifié sa vocation secrète d'écrivain pour ne pas se trouver en rivalité avec Jeanne ? Le fait est que la mort de Jeanne a laissé place à une Jacqueline romancière, mais romancière de la remémoration intime, sur un tout autre terrain littéraire, donc, que celui de sa mère, fertile en situations et en intrigues. En 2006, elle publia encore une série de remémorations, intitulées *Les Roses* de *la solitude*, autant de compléments inavoués au portrait de Jeanne. Toutes ces fictions et tous ces souvenirs teintent leur lucidité morale de tendresse, d'émotion et d'amusement. Ils font à la fois écho et contrepoint aux essais proprement helléniques de la même période, qui reprennent et étendent le thème du grand livre de 1979 : *La Douceur dans la pensée grecque*. On dirait que Mme de Romilly, pourtant grande commentatrice des dramaturges athéniens, a voulu dans son *Alcibiade* et son *Hector* soustraire Athènes au seul mode tragique et faire valoir dans le génie grec et le sel attique un goût de la paix, du sourire et de l'émotion intime qui l'apparente, par-delà les siècles, au Paris de Giraudoux qui était aussi celui de sa mère.

Romancière, scénariste, dramaturge, traductrice, mêlée à la vie des spectacles et à la vie musicale parisiennes, Jeanne David était une « moderne ». Par symbiose et sympathie, sa fille s'imprégna à travers sa mère et les amis de sa mère, puis à travers son mari, homme du monde accompli, d'une culture et d'un goût très différents de la sévérité universitaire et scientifique. Longtemps cachée, cette autre ressource puisée aux meilleures nappes, celles de l'affectivité, lui fut d'un grand secours dans son grand âge. Elle trouva de constantes consolations à concevoir et écrire dans le sillage laissé par sa mère romans, nouvelles, réflexions et souvenirs autobiographiques. Ces livres écrits comme en confidence lui rallièrent un public beaucoup plus large et firent d'elle un écrivain à part entière, dès sa retraite du Collège de France en 1984, et avant même qu'elle ne fît son entrée à l'Académie française en 1989.

En 2007, elle publia encore *Dans le jardin des mots*, un recueil de chroniques dédiées à la langue française et aux maladies qui la menacent: la servilité envers l'anglais et l'utilitarisme d'une communication irrespectueuse de toute règle syntaxique et grammaticale.

Elle ne cessa pas pour autant d'être notre plus grande helléniste, publiant en alternance fictions et souvenirs du Paris moderne, et essais dédiés à l'antique Athènes. Elle vérifia alors sur elle-même la profondeur de la remarque d'Aristote, dans l'*Éthique*, selon laquelle l'enfance et l'adolescence sont la *scholê* par excellence dans une vie humaine. Le Stagirite recommande d'accumuler pendant ces jeunes années de loisir, avant d'entrer dans la vie active, les cadres habituels de culture qui permettront, une fois la vieillesse venue, d'affronter avec sérénité les ennuis du grand âge. Certes, confinée de plus en plus dans son appartement de la rue Chernoviz, Jacqueline pouvait compter sur la compagnie savante de ses chers auteurs et héros grecs, mais elle pouvait aussi, dans le sillage de sa mère, laisser enfin libre cours à ses puissances de sensibilité, de remémoration, d'imagination, de curiosité et aussi à ses dons littéraires de prosateur et de narrateur. Les deux destins eux-mêmes sont à ce point entrecroisés qu'ils auraient pu et dû se nuire, s'aigrir, s'arracher violemment l'un à l'autre, si l'intelligence de l'amour et le sacrifice silencieux ne s'étaient relayés de part et d'autre pour en faire un contrepoint ininterrompu, appelé à se poursuivre au-delà de la mort de Jeanne. Portée à ce degré d'intensité, la remémoration des âmes appelle leur perpétuation. Dans les merveilleux tête-à-tête qu'elle accordait à contre-jour, devant ses fenêtres, en fin d'après-midi, il arrivait qu'effleurât la question de l'immortalité de l'âme. Elle en avait acquis la certitude, et peut-être l'expérience.

Victorieuse de l'ennui, et refusant d'adhérer au « système triste » de l'anti-culture et de l'anti-art post-modernes, Mme de Romilly a affronté le grand âge en virtuose véridique de l'émotion et du sourire, après une vie active et savante d'une rare exigence et fécondité.

Élève des Grecs, et professeur de leurs lettres, elle a su pratiquer chaque âge de la vie, et surtout le dernier, de loin le plus difficile, avec un à-propos, une dignité et un humour qui font d'elle pour toujours un grand maître de sagesse.

Marc Fumaroli

GRÈCE, HELLÉNISME, ROMANITÉ

Confier à un byzantiniste la première communication d'un colloque consacré à l'hellénisme est un peu paradoxal : en vérité, c'est commencer par la fin. La grande dame à laquelle nous rendons hommage n'en aurait pas été choquée – elle avait trop d'humour –, mais le fait est qu'elle ne quittait la Grèce ancienne que pour retrouver celle d'aujourd'hui, dont elle était citoyenne d'honneur, et que l'entre-deux, cette Byzance romano-grecque qui constitue mon domaine, avec sa langue métissée, son régime autocratique et son orthodoxie rigide, lui semblait un peu suspecte. Elle me le disait parfois en plaisantant. L'idée m'est donc venue, en pensant à elle et en m'adressant aux purs hellénistes que vous êtes, d'évoquer quelques aspects de ce qu'on peut appeler la « romanité », terme consacré par l'usage populaire et savant pour désigner les siècles pendant lesquels l'hellénisme se coula dans le moule romain, et où Rome, dans ce qui restait de l'Empire, fut officiellement hellénophone. Ce pourrait être le sujet d'un livre, ce sera un repérage plus que sommaire des moments, entre la fondation de Constantinople en 330 et la fondation de l'État grec en 1830, où les rapports entre le grec et le latin, entre l'hellénisme et la latinité, changèrent de sens.

I

Partons de saint Augustin, qui écrit dans la *Cité de Dieu* : « Rome imposa aux peuples assujettis sa langue en même temps que son joug politique. »[1] Il n'a qu'à moitié raison : Rome imposa le latin dans l'administration et le droit, toléra les langues régionales, et le grec eut très tôt une place à part dans la culture. Le ralliement de l'hellénisme à l'Empire fut présenté (par Aelius Aristide notamment)[2] comme une sorte de contrat : grâce à la puissance romaine, l'œuvre civilisatrice d'Athènes bénéficiait au monde entier ; l'hellénisme réalisait à travers l'Empire romain sa vocation œcuménique. Cette complémentarité devenait parenté dès

1. *De civitate Dei* XIX, 7.

2. Aelius Aristide, *Orationes* XXVI, éd. Kiel ; texte analysé par A. Boulanger, *Aelius Aristide et la sophistique dans la province d'Asie au* II*e* *siècle de notre ère*, Paris, 1923, p. 346-360.

lors que l'on greffa la légende d'Énée sur le mythe de Romulus et Rémus, et que l'on associa les Grecs à la naissance de Rome pour donner à la future capitale quelques quartiers de noblesse. Denys d'Halicarnasse, dans le Ier Livre de ses *Antiquités romaines*, réduit le rôle des autochtones latins à presque rien, soutient la thèse que les Troyens étaient « on ne peut plus grecs », affirme que l'Italie était en majorité peuplée de Grecs avant même l'arrivée d'Énée, et considère que le latin n'est qu'une corruption de la langue grecque[3]. Ce fantasme chemine à Byzance, est repris par Constantin Manassès au XIIe siècle[4], et nous verrons qu'il refleurit aux XIVe-XVe siècles.

L'implantation d'une Nouvelle Rome dans l'Orient des cités modifia cette distribution des rôles : elle créa les conditions d'une fracture linguistique entre les deux *partes* et détruisit l'équilibre de ce qu'on pourrait appeler l'Empire des cités. Les villes orientales de vieille tradition – comme Antioche ou Alexandrie –, qui étaient depuis longtemps romanisées par leur administration, leur mode de vie et leur urbanisme, supportaient fort bien une Rome lointaine et des fonctionnaires romains plutôt respectueux de la culture et des institutions locales, mais elles se sentirent menacées lorsqu'une cité grecque de moyenne importance et de peu de renommée, Byzance, fut promue seconde Rome par la volonté d'un empereur chrétien. La complémentarité entre le grec, langue de culture, et le latin, langue d'État, se transforma, dans la seconde moitié du IVe siècle, en un affrontement assez formel mais violent de ton, opposant les « purs hellènes » aux complices du régime constantinopolitain : les rhéteurs se plaignirent amèrement du succès croissant des études latines, nécessaires désormais à toute carrière administrative : Libanios d'Antioche montre du doigt les déserteurs qui abandonnent les « discours » (c'est-à-dire le grec) pour le droit (donc le latin) et la « tachygraphie »[5]. Plusieurs lettres de Grégoire de Nysse sont de la même veine : « Certains – écrit-il – commettent la faute d'abandonner la langue grecque pour une langue barbare [le latin], se transformant en soldats stipendiés [la *militia* qui assimile les fonctionnaires à des soldats, porteurs d'un ceinturon], préférant l'annone militaire à la gloire de l'éloquence. »[6] Le latin apporte « pouvoir et richesses », le grec ne peut être étudié que « pour lui-même »[7]. L'idée de « culture désintéressée » naît de cette opposition linguistique et éthique, dont

3. Denys d'Halicarnasse, *Antiquités romaines* I, 9-90, éd. trad. Fromentin, I, p. 87-220 ; voir aussi Denys d'Halicarnasse, *Les Origines de Rome*, préface de F. Hartog, introduction, traduction et commentaire de V. Fromentin et J. Schnäbele, Paris, Les Belles Lettres, 1990.

4. Constantin Manassès, *Breviarium Chronicum*, éd. Lampsidès, *Corpus Fontium Historiae Byzantinae*, 36/1, p. 81-88, v. 1471-1636.

5. Sur ce sujet, voir P. Petit, *Les Étudiants de Libanius*, Paris, 1957 et *Libanius et la vie municipale à Antioche au IVe siècle après J.-C.*, Paris, 1955.

6. *Ep.* XIV, 6 et 9, éd. Jaeger, VIII, 2, p. 46-48.

7. Libanios, *Or.* I, 214, éd. Foerster, I, 1, p. 178.

les *Récits* égyptiens de Synésios de Cyrène donnent la transcription politique en imaginant la succession d'un roi d'Égypte qui a deux fils : le premier a toutes les vertus du lettré grec et gouverne en philosophe ; le second a tous les vices latins, il dédaigne les lettres, se livre à des orgies, ignore la justice, pressure le peuple et ne s'intéresse qu'à l'armée, qu'il recrute parmi les barbares[8].

Cette polémique n'eut qu'un temps, celui d'une intégration à la nouvelle romanité. Deux siècles plus tard, le latin a beaucoup reculé comme langue parlée, mais le grec, grâce à son extraordinaire plasticité, a absorbé tous les mots que l'on pensait en latin. Le latin semble aussi perdre du terrain dans le domaine juridique : il est progressivement permis aux juges de rendre leurs sentences en grec aussi bien qu'en latin, les testaments peuvent être rédigés dans l'une ou l'autre langue[9], après la codification du droit en latin vient le temps des *Novelles* en grec. Le latin perd donc son exclusivité de langue d'État, mais il acquiert, par un retournement remarquable, le privilège de langue de culture : les grandes entreprises de droit du règne de Justinien sont des monuments de culture qu'il faudra traduire pour l'usage des hellénophones, mais traduire avec mille précautions afin que la traduction grecque ne supplante pas l'original latin, et que le droit garde un lien culturel très fort avec ce qu'on appelle désormais la « langue ancestrale » (πάτριος φωνή), le latin[10]. Comme Libanios luttait contre l'abandon du grec au profit du latin, des auteurs comme Jean Lydos, ancien fonctionnaire de la préfecture du prétoire, dénoncent, pour les mêmes raisons de tradition et de culture, l'abandon du latin au profit du grec, et s'emploient à sauver de l'oubli le trésor institutionnel de la latinité. Ils écrivent en grec mais reconnaissent un lien profond entre le latin et les destinées de l'Empire[11]. Les mots λόγοι et βιβλία[12] désignent la culture latine aussi naturellement qu'ils désignaient, au IVe siècle, l'hellénisme[13] ; quelques attardés critiquent la légèreté du préfet Kyros, qui prononce des sentences en grec, et le modernisme de Jean de Cappadoce, qui impose le grec dans l'administration. Le modèle de la nouvelle romanité est, au VIe siècle, Pierre le Patrice, dont les sources vantent la parfaite culture, « aussi bien juridique que rhétorique »[14].

8. Éd. trad. J. Lamoureux et N. Aujoulat, *Synésios de Cyrène*, VI : *Opuscules* III, p. 92-161 ; G. Dagron, « Aux origines de la civilisation byzantine : langue de culture et langue d'État », *Revue historique* 489, 1969, p. 23-56.

9. « Judices tam latina quam graeca lingua sententias proferre possunt », *Codex Justinianus* VII, 45, 12.

10. Théodose II, *Novelle* XVI, 8 ; *Codex Justinianus* VI, 23, 21.

11. Jean Lydos, *De magistratibus* II, 30 ; III, 27, éd. trad. Bandy, p. 128-131, 174-177.

12. *Ibid.* III, 28-29, éd. trad. Bandy, p. 176-179.

13. *Ibid.* II, 12 ; III, 68, éd. trad. Bandy, p. 102-103, 238-239.

14. *Ibid.* II, 26, éd. trad. Bandy, p. 122-123 ; Procope, *Bellum gothicum* I, 3, 30, éd. J. Haury, II, p. 19 ; Ménandre le Protecteur, frag. 11, *Fragmenta historicorum graecorum*, éd. K. Müller, IV, p. 206.

II

Plus avant dans le Moyen Âge, Byzance est grecque dans la mesure où le grec est la langue de l'Orthodoxie, nouvelle définition de l'Empire chrétien, et le panorama linguistique est devenu complexe. Le latin subsiste localement (dans certaines régions danubiennes), dans certains milieux (le droit, l'armée), mais Constantin Porphyrogénète, au milieu du xe siècle, évoque avec nostalgie la disparition de la « langue ancestrale », qu'il fait remonter à Héraclius, c'est-à-dire au viie siècle[15]. Il est significatif que, dans les textes de l'époque, ῥωμαϊκὴ γλῶσσα puisse désigner, selon le contexte, aussi bien le latin que le grec ; significatif aussi que l'empereur Michel III, en 865, dans une lettre fort peu aimable adressée au pape Nicolas Ier, ait pu qualifier le latin de « langue barbare et scythique »[16]. Quant au grec, il s'enrichit non seulement de mots latins mais de mots slaves, arabes, bulgares, arméniens, et cette perméabilité, qui préserve sa domination, introduit aussi, dès le viie siècle, des niveaux de langue dont les écrivains savent jouer (dans les Vies de saints ou le folklore urbain de Constantinople), mais qui conduisent peu à peu à une diglossie interne, à un écart durable entre une langue populaire et une langue savante ou hypersavante.

Autre singularité : Byzance est officiellement hellénophone, mais en réalité elle est plurilingue, et ce plurilinguisme se justifie par la coexistence, dans un même ensemble politique, de populations ayant des origines et des cultures différentes. Ce plurilinguisme n'est pas, comme le suggérait la formule de saint Augustin, une acculturation de « type colonial », qui se traduirait par une perte d'identité ; il est, comme disent les linguistes, fonctionnel et hiérarchisé[17]. Le choix de la langue utilisée dépend du lieu, du moment, du niveau de style oral ou écrit, de la personne à laquelle on s'adresse, ou tout simplement de ce qu'on a à dire et qui s'accommode mieux d'une langue que d'une autre. Bref, ce plurilinguisme s'inscrit dans une stratégie linguistique, plus ou moins complexe, qui définit et valorise l'individu. Cas simple : au ve siècle, un lettré antiochien parle le syriaque dans la rue, le latin au tribunal, le grec avec ses amis. Cas complexe : au xie siècle, Grégoire Pakourianos, un Géorgien qui a longtemps erré comme soldat dans toute la Romanie avant de devenir grand domestique d'Occident, est lui aussi trilingue mais sa stratégie linguistique est plus personnelle. Lorsqu'il

15. Novelles de *Justinien* VII, 1 ; XIII, *pr.* ; XV, *pr.* ; XXII, 2 ; XXX, 5 ; LXIX, *pr.* ; CXLVI, 1 ; Constantin Porphyrogénète, *De thematibus*, éd. A. Pertusi, *pr.*, l. 2425, p. 60.

16. *Monumenta Germaniae Historica, Epistulae* VI (*Karolini aevi*), p. 459, où le pape, piqué, répond en développant l'argument : si vous dédaignez le latin comme une langue « barbare », pourquoi vous proclamez-vous empereur des Romains ?

17. G. Dagron, « Formes et fonctions du pluralisme linguistique à Byzance (ixe-xiie s.) », in *Travaux et Mémoires du Centre de Recherche d'Histoire et Civilisation de Byzance*, 12, 1994, p. 219-240.

fonde en 1083 le monastère de Pétritzos-Bačkovo en Bulgarie pour lui léguer son patrimoine[18], il prescrit que n'y seront accueillis que des Géorgiens ; il exclut tous les Grecs sauf un, qui exercera la fonction de notaire chargé de rédiger les actes en grec et de représenter l'higoumène auprès des autorités. Il craint que les Grecs ne s'emparent du couvent mais il reconnaît en eux « ses maîtres en matière de foi ». Les livres liturgiques seront donc aussi bien en grec qu'en géorgien ; l'acte de fondation est rédigé en grec, en géorgien et en arménien, et lui-même le signe en arménien sur l'exemplaire grec. Pakourianos se reconnaît ainsi plusieurs niveaux bien différenciés d'appartenance : sa langue maternelle est le géorgien, sa langue de culture est l'arménien, il est grec par l'Orthodoxie et par une fidélité quasi féodale à l'empereur, sans doute a-t-il appris, en outre, dans sa vie de baroudeur, quelques mots d'arabe, de turc ou de slave. Sa stratégie linguistique cerne parfaitement sa personnalité et sa vie ; elle trace les contours d'une romanité assumée.

Le grec, langue des Évangiles et de la Septante, est rivé à l'Orthodoxie et l'Orthodoxie au grec. Mais dans quel statut par rapport aux autres langues ? Pour évoquer la conversion des Slaves à l'intérieur de l'Empire, les sources, au IXe siècle, disent qu'ils « perdirent leurs caractères nationaux » et furent « romanisés » ; Léon VI écrit que son père, Basile Ier, les christianisa en les « grécisant » (γραικώσας)[19]. La conversion est, en première approche, conçue comme une assimilation. Mais lorsque Constantin-Cyrille et Méthode, les « apôtres des Slaves », entreprirent d'évangéliser la Moravie, ils choisirent une autre voie : ils inventèrent l'alphabet glagolitique pour traduire en slavon l'Évangile et la liturgie, et le problème se posa dès lors de la sacralité de certaines langues par rapport à d'autres, de la validité d'un texte sacré traduit dans une langue vernaculaire et de l'efficacité de formules liturgiques traduites. Constantin-Cyrille semble avoir eu conscience de ces problèmes – s'il est vrai, comme le pensait André Vaillant, qu'il est l'auteur d'un fragment conservé en vieux-slave qui serait la préface (ou la postface) de sa traduction de l'Évangile[20]. On y lit son effroi devant la transmutation qu'il opère, sa crainte que de « beaux mots » grecs – écrit-il – risquent, une fois traduits, de devenir moins beaux, ses scrupules lorsqu'il est obligé de traduire des mots masculins, comme ποταμός ou ἀστήρ, par des mots féminins

18. Texte édité et traduit par P. Gautier, « Le typikon du sébaste Grégoire Pakourianos », *Revue des Études byzantines* 42, 1984, p. 5-145 (voir notamment p. 21, 31, 33, 93, 105, 121, 129, 131), et analysé par P. Lemerle, *Cinq Études sur le XIe siècle byzantin*, Paris, 1977, p. 113-191.

19. *Theophanes continuatus*, in *Corpus scriptorum historiae byzantinae* (Bonn), p. 342 ; Léon VI, *Taktika* XVIII, 61, 99, 101, *Patrologie grecque*, 107, col. 960, 968-969.

20. A. Vaillant, « La préface de l'évangéliaire vieux-slave », *Revue des Études slaves* 24, 1948, p. 5-20, repris dans *Textes vieux-slaves* ; R. Dostálová, « Antike und byzantinische Voraussetzungen der ältesten slawischen », *Listy filologické* 108, 1985.

en slave, comme « reka » ou « zvezda », et des pluriels (πάντα) par un singulier (« vsë »). Il voit là une nécessité pratique mais aussi la distorsion d'un lien profond entre le mot et ce qu'il désigne.

Sur ce sujet, Rome s'inquiéta, convoqua Méthode, et un débat fut mené pendant deux décennies pour savoir s'il fallait limiter la diffusion des textes sacrés et la liturgie aux « trois langues principales », celles de l'écriteau de la crucifixion (*Jean*, XIX, 19-20) : l'hébreu, le grec et le latin, en ne laissant la liberté de traduire que pour les commentaires et la prédication[21]. C'est affaire de sacralité, mais aussi d'hérésie : le patriarcat de Constantinople comme le Saint-Siège craignirent que la diffusion de traductions ne favorisât, avec les Églises nationales hors contrôle, les déviances dogmatiques. Le latin resta longtemps en Occident la langue de la sacralité ; le grec, lui, ne put se maintenir dans les territoires qui avaient quitté sa mouvance, mais cette tolérance ressemble parfois à de la résignation, comme le montrent cette question posée, peu avant 1195, par Marc, patriarche d'Alexandrie en terre d'islam, et la réponse de Georges Xiphilin, alors patriarche de Constantinople[22] :

> *Question* : Est-il sans danger que des orthodoxes syriens et arméniens, mais aussi des fidèles d'autres pays, disent l'office dans leur propre langue, ou sont-ils de toute façon obligés d'officier avec des livres écrits en grec ?
>
> *Réponse* : Le grand apôtre Paul dit, dans son Épître aux Romains : « Dieu est-il seulement le Dieu des juifs et n'est-il pas aussi celui des nations ? Assurément il est aussi celui des nations » (*Romains,* III, 29). Ceux donc qui sont en tout point orthodoxes, s'ils sont totalement ignorants du grec, peuvent célébrer la liturgie dans leur langue, mais en utilisant la réplique des saintes prières habituelles, transcrites, sans modification, de livres liturgiques calligraphiés en lettres grecques.

III

Sautons quelques siècles. On sait que la prise de Constantinople par les Turcs marqua l'éclipse, sinon la fin, de la Romanité orientale. On sait moins que la période qui précéda la chute fut celle d'un rapprochement spectaculaire entre Grecs et Latins et de l'amorce d'une vraie fusion culturelle. On enseigne le grec à Florence ; le latin se répand parmi les lettrés de Constantinople ; les œuvres

21. I. Ševčenko, « Three Paradoxes of the Cyrillo-Methodian Mission », *The American Slavic Review* 23, 1964, p. 220-236 ; F. J. Thomson, « SS. Cyril and Methodius and a Mythical Western Heresy: Trilinguism. A Contribution to the Study of Patristic and Mediaeval Theories of Sacred Languages », *Analecta Bollandiana* 110, 1992, p. 67-122. Voir aussi le *Traité du moine Chrabr*, traduction et commentaire d'A. Vaillant, Textes vieux-slaves, II (Textes publiés par l'Institut d'Études slaves, VIII), Paris, 1968, p. 47-51.

22. G. A. Rhallès et M. Potlès, *Σύνταγμα τῶν θείων καὶ ἱερῶν κανόνων*, IV, p. 452-453 (Question 6).

de Thomas d'Aquin sont traduites en grec ; les franciscains et les dominicains de Péra sont actifs et bien accueillis[23]. Un nouveau bilinguisme se dessine, qui profite plus généralement de l'accroissement des échanges en Méditerranée. Le concile de Ferrare-Florence, qui décida l'Union des Églises dans l'urgence, en 1438-1439, peut être considéré rétrospectivement comme un échec puisque l'Occident chrétien ne vint pas au secours de l'Orient chrétien, mais il fut d'abord un grand rendez-vous d'humanistes qui avaient appris à se connaître et parlaient chacun la langue de l'autre[24]. Leonardo Bruni est alors chancelier de la ville de Florence ; Ambrogio Traversari, supérieur des camaldules, offre l'hospitalité à ses amis grecs ; le cardinal Juliano Cesarini, qui dirige les débats, reçoit à sa table Bessarion, alors évêque de Nicée, Gémiste Pléthon, Georges Amiroutzès de Trébizonde, pour des causeries philosophiques sur Platon et Aristote. L'arrivée des Grecs et leurs vêtements singuliers frappent la population (de nombreuses fresques et quelques toiles de Piero della Francesca en témoignent). L'opinion leur est favorable : une délégation de moines latins vient prendre publiquement leur parti[25] ; l'historien Doukas rapporte cette réflexion de Vénitiens : « Nous avions pris l'habitude de considérer les Grecs comme des barbares, mais nous voyons désormais en eux les fils aînés de l'Église. »[26]

Byzance a vécu pendant quelques décennies à l'heure du Quattrocento. Et l'on peut suivre l'évolution des idées à travers trois générations :

– Dèmètrios Kydonès, fin latiniste, converti à la foi romaine (mais on n'avait pas alors l'impression de changer de religion en se rapprochant de Rome), ambassadeur itinérant envoyé en Occident pour demander des secours, prononce en 1366 un *Appel aux Romains*, dans lequel il invoque la communauté de culture entre Grecs et Latins, et une continuité historique entre la première et la seconde Rome, qui devrait inciter les deux parties de la Romanité à s'unir pour repousser l'agression turque[27]. C'est le vocabulaire attendu.

23. Voir C. Delacroix-Besnier, *Les Dominicains et la Chrétienté grecque aux XIVe-XVe siècles*, Collection de l'École française de Rome, 237, Rome, 1997 ; voir aussi M.-H. Congourdeau, « Frère Simon le Constantinopolitain » et « Note sur les dominicains de Constantinople », *Revue des Études byzantines* 45, 1987, p. 165-181.

24. Sur le concile de Ferrare-Florence : *Actorum graecorum concilii florentini quae supersunt*, éd. J. Gill, I-II, Rome, 1953 ; J. Gill, *The Council of Florence*, Cambridge, 1959 ; *Personalities of the Council of Florence and other Essays*, Oxford, 1964 ; G. Dagron, « Orthodoxie byzantine et culture hellénique autour de 1453 », in *Mélanges de l'École française de Rome, Moyen Âge* 113, 2001, p. 767-791.

25. V. Laurent, *Les Mémoires du Grand Ecclésiarque de l'Église de Constantinople, Sylvestre Syropoulos, sur le concile de Florence (1438-1439)*, Paris, 1971, p. 342-343.

26. Michel Doukas, *Historia byzantina*, éd. Bekker, *Corpus scriptorum historiae byzantinae* (Bonn), p. 212-213.

27. « Ῥωμαίοις συμβουλευτικὸς λόγος », *Patrologia graeca*, 144, col. 969, 977, 980.

– A la génération suivante, un disciple de Kydonès, Manuel Chrysoloras, découvre Rome avec enthousiasme, en 1411, et adresse à Jean Paléologue une *synkrisis* comparant les deux capitales[28]. Il donne la palme à la seconde Rome, mais après un éloge vibrant de la première, ville universelle, « morceau de ciel », qui a su se nourrir d'elle-même à travers les âges, c'est-à-dire qui a su mettre en valeur ses antiquités, tant païennes que chrétiennes. Il voit à Rome autant d'inscriptions grecques que d'inscriptions latines, ce qui ne l'étonne pas – dit-il –, puisque Rome était autrefois habitée par autant de Grecs que de Latins ; Constantinople est, pour lui, non seulement une synthèse de la Grèce et de Rome, mais le produit d'un γένος commun. On pourrait douter du sens de γένος, mais Chrysoloras développe son idée, trois ans plus tard, dans une *Exhortation en faveur de la nation* (*Παρακίνησις ὑπὲρ τοῦ γένους*), qu'il adresse à Manuel II pour lui demander de sauver un γένος qui court à sa perte, une « nation » issue des Grecs et des Romains qui a su maintenir, pendant longtemps, l'héritage politique d'Alexandre. Il serait scandaleux, ajoute-t-il, que les Byzantins négligent ce patrimoine, alors que les Italiens mettent tant de zèle à apprendre la langue et la littérature grecques[29]. Resurgit ici l'idée d'une communauté de race unissant, à l'origine, Grecs et Romains en une seule nation.

– Georges Gémistos dit Plèthôn va plus loin. Il évoque, lui aussi, un *génos* commun dont le berceau aurait été le Péloponnèse. « Nous sommes grecs de race », écrit-il à l'empereur Manuel II, et c'est dans cette terre ancestrale, le despotat de Morée, qu'il propose de reconstituer un petit État national, une patrie, en mettant en œuvre des réformes totalement utopiques dans le contexte médiéval. Pléthon est, d'une certaine façon, un annonciateur de la Grèce moderne : à Mistra où il réside, près de Lacédémone, il tourne le dos à Constantinople et à l'Empire ; il parle le langage de la grécité, et non plus celui de la romanité. Et, dans cette logique d'un retour aux sources, son platonisme, tant apprécié à Florence, le conduit à un étrange retour au paganisme[30]. Les enjeux ne sont pas les mêmes à Florence, où la Renaissance platonicienne s'accommode du christianisme, et à Mistra, où le néoplatonisme est un étendard de la subversion.

28. « Σύγκρισις Παλαιᾶς καὶ Νέας Ῥώμης », *Patrologia graeca*, 156, col. 37-53.

29. A consulter désormais dans l'édition de C. G. Patrinelis et D. Z. Sofianos, *Manuel Chrysoloras and his Discours addressed to the Emperor Manuel II Paleologus*, Academy of Athens, Research Centre for Medieval and Modern Hellenism, Athènes, 2001.

30. *Mémoires pour Manuel*, éd. S. Lampros, *Παλαιολόγεια καὶ Πελοποννησιακά*, III, Athènes, 1926, p. 246-265. Sur Pléthon, le livre de F. Masai, *Pléthon et le Platonisme de Mistra*, Paris, 1956, reste indispensable ; voir aussi C. M. Woodhouse, *George Gemistos Plethon. The Last of the Hellenes*, Oxford, 1986.

IV

Quelques mots, pour conclure, sur la Grèce d'aujourd'hui – ou plutôt d'hier – au moment où elle se libère de la domination turque (suscitant l'enthousiasme des philhellènes européens) et où elle doit accorder des passés différents pour donner de l'hellénisme une définition cohérente. Difficile problème que Dionysios Zakythènos résumait en une interrogation : faut-il choisir entre le Parthénon et Sainte-Sophie[31] ?

Les philhellènes européens avaient à l'avance répondu en choisissant le Parthénon. En France notamment, où leur philhellénisme était teinté de voltairianisme et d'esprit révolutionnaire, comme l'a montré la thèse de René Canat sur *L'Hellénisme des romantiques*[32]. La Révolution et l'Empire avaient choisi la latinité, jugeant la littérature grecque moins éloquente, parfois violente ou grossière, souvent déroutante. Un revirement s'opéra : on dénigra le faux antique du peintre David, l'académisme universitaire de La Harpe : Félix Ravaisson écrit alors : « C'est la débâcle du gréco-romain [...]. Les Romains ont tout gâché : ils ont truqué l'hellénisme. » Il faut désormais redécouvrir la Grèce ancienne dans sa modernité et sa violence tragique, mise en évidence par Schlegel dès 1808[33]. Cet élan est entretenu par Adamantios Koraès, soutenu à la Sorbonne et au Collège de France par Jean-François Boissonade, alimenté en bons mots par le pamphlétaire Paul-Louis Courier (qui compare le voyage à Athènes au pèlerinage à la Mecque), persiflé un peu plus tard par le polygraphe Joseph Arthur de Gobineau[34].

Je m'arrête un instant sur ce renouveau de l'hellénisme car, mis à part l'effet de mode, il est porteur d'idées importantes.

31. D. Zakythènos, « Le Monde de Byzance dans la pensée historique de l'Europe à partir du XVIIe siècle », *Jahrbuch der österreichischen Byzantinistik* 15, 1966, p. 41-96, notamment p. 89-96 (« Le point de vue des épigones ») ; *Μεταβυζαντινὰ καὶ Νεοελληνικά*, Athènes, 1978. Parmi les ouvrages récents : *Byzantium and the Modern Greek Identity*, D. Ricks et P. Magdalino éd., Publications for the Centre of Hellenic Studies, King's College, 4, Londres, Adelshot, 1998.

32. *L'Hellénisme des romantiques*, I-III, Paris, 1951, thèse publiée à partir des manuscrits laissés par René Canat, décédé en 1945.

33. August Wilhelm von Schlegel écrivit en 1808 une *Vergleichung der Phaedra des Racine mit der des Euripides*, qui fut immédiatement traduite en français. Sur l'influence des penseurs allemands sur la France de l'époque, voir R. Canat, *op. cit.* (n. 32), II, p. 25 et suiv.

34. *Deux Études sur la Grèce moderne*, Paris, 1905, reprises, notamment, d'un article de la *Revue des Deux Mondes* d'avril 1841, où l'on peut lire : « L'amour pour les Grecs devint une arme contre les gouvernements en général et celui de la Restauration en particulier. Les Grecs, les sergents de La Rochelle, le général Foy, la souscription aux œuvres de Voltaire, ce fut tout un. Il faut avoir une tête française pour imaginer de pareilles macédoines. Et ce même Grec qu'on se figurait si bon voltairien [...], on le louait tout d'une haleine d'être en même temps un combattant de la foi. »

1. La proposition de dissocier le grec du latin, l'hellénisme de la romanité (fût-ce en oubliant Byzance) jette opportunément un doute sur le concept d'« antiquité », inventé au XVIIIe siècle pour servir de tremplin à la modernité.

2. L'idée d'une Grèce antique étonnamment moderne et d'un hellénisme « source de jouvence » – qui ne déplaisait, je crois, ni à Jacqueline de Romilly ni à Jean-Pierre Vernant – rompt le carcan historique pour une approche plus directement textuelle, voire ethnologique, et fait de l'hellénisme un modèle ou un champ inépuisable d'analyse. René Canat n'a pas tort d'écrire que certains redécouvrirent alors la Grèce comme d'autres le Moyen Âge français, avec un sentiment quasi identitaire, comme si elle appartenait à notre histoire.

3. Avec la découverte de la Grèce moderne, et notamment de son folklore, que fait connaître Claude Fauriel en 1824-1825, une autre idée se fit jour, celle d'une continuité directe de la Grèce antique à celle de 1830 : « Depuis des siècles – écrit Fauriel dans sa préface –, on déplore la perte de la Grèce ancienne et on fait des fouilles archéologiques, sans penser que les restes les plus sûrs et les plus vivants sont les sept ou huit millions d'hommes qui peuplent la Grèce [...]. Les érudits sont aveugles et sourds, qui ne prêtent pas attention au caractère et au génie des enfants de cette heureuse terre. »[35] Le mot est lâché, celui de « génie » national, qui, en ce début du XIXe siècle, a une très forte résonance.

En Grèce même, vers 1830, il ne s'agissait pas d'échanger des idées, mais de définir une nation. Quelques-unes des solutions pratiques qui furent d'abord proposées se situèrent pourtant dans le droit fil du philhellénisme européen. On proposa de régénérer la langue grecque en la purgeant des ἀλλόφυλοι λέξεις, de ses mots latins notamment, que Koraès reprochait à Du Cange d'avoir engrangés dans son *Glossarium mediae et infimae graecitatis*. On se posa aussi la question de savoir si la Grèce romaine et byzantine n'était pas à ranger, avec la turcocratie, dans la longue période où la Grèce avait été « sous domination étrangère » et rendue provisoirement muette. On revint ainsi au slogan du latin γλῶσσα τῶν κρατούντων. Pour son droit, le nouvel État grec hésita entre la législation des « empereurs d'éternelle mémoire », c'est-à-dire le droit byzantin[36], et une codification européenne ; puis, sous l'influence de l'école historique de Carl von Savigny et de Ludwig Mitteis, il en vint à penser que le droit devait émaner de l'histoire nationale et qu'il fallait postuler la continuité d'un droit authentiquement hellénique sous le « vernis » du droit romain. On fit donc venir un éminent juriste bavarois, Georg Ludwig von Maurer, qui se perdit dans le maquis des coutumes grecques... et fut assez vite remercié[37].

35. *Chants populaires de la Grèce moderne*, I-II, Paris, 1824-1825.

36. Ou l'*Hexabiblos*, manuel pratique composé par Harménopoulos, juge de Thessalonique qui simplifia la législation impériale au XIVe siècle.

37. Voir M. Maropoulou et S. Troianos, « Réflexions théoriques sur un introuvable droit coutumier

Voilà, chers collègues et chers amis, quelques-unes des aventures de l'hellénisme en pays romain. On y trouve – j'espère l'avoir montré dans ce survol téméraire – quelques thèmes ou mythes récurrents, et des problématiques qui ne sont pas aujourd'hui sans échos.

Gilbert DAGRON

et le projet de codification dans l'État néohellénique au début du XIXe siècle », in *VIe Congrès international des Études du Sud-Est européen, Sofia : 30 août-5 septembre 1989, Communications grecques*, Athènes, 1990, p. 365-377.

NAMING AND NOT NAMING IN SOPHOCLES

It is a privilege to be contributing, even *in absentia*, to this celebratory event in memory of a great hellenist whose work has exercised extraordinary influence in our field. Jacqueline de Romilly's eloquent illumination of classical literature and society has opened up new perspectives to scholars and teachers from different generations and traditions, and I am proud to count myself among her beneficiaries and admirers. I hope that the choice of a large topic for a short paper is one of which our honorand would have approved.

Why this subject? Names matter: for the shaping of memory, history and identity; and poets are always potentially interested in exploiting them[1]. Greek tragedians did not of course have the same freedom as comic poets to create names like Dicaeopolis or Philocleon to match their plots, but they did have the richly evocative personal names and place-names of epic poetry–and, from the lyric poets, plenty of examples of the weaving of epic names into song, with new associations to match new audiences. There are many factors that make names appealing for any dramatist: their specificity, for a start, and the fact that they are always at least potentially marked, charged with associations–local, historical, religious, intertextual. Combining *this* play and *this* dramatic moment with the associations of other times, places or stories in a highly condensed way can both enrich and intensify–or of course overload–a text, and what I want to argue is that Sophocles shows how to make the names contribute with particular intensity to the overall *oikonomia* of a play, and therefore to its meaning at the deepest level. And for achieving such effects, restraint is as important as inventiveness.

In a single paper it is not going to be possible, even if I felt qualified, to give a thoroughly systematic account of the ways in which proper names are used by Sophocles. But at least one can try to identify some broad headings, and I shall briefly discuss three: **(I)** Explicit reflections on the meaning and prophetic implications of names. **(II)** What one might call the "rhetorical" use of names, as markers to articulate the meaning of a statement, clarify a complex situation, create a climax or a memorable point, or make intertextual links with

1. See e.g. C. Calame, *Le Récit en Grèce ancienne*, Paris, 1986, p.157-61.

other works, sometimes through the allusive use of particular versions of a name, or through paraphrase without naming. **(III)** The specific avoidance of the use of a name, and reflection on the significance of non-utterance.

I

I begin with cases where the significance of a name is overtly reflected upon as giving a clue to true character or destiny–a device noted in an admiring chapter in the ancient *Life*: "In general he used Homeric vocabulary. He takes his plots in the direction set by the epic poet and draws on the *Odyssey* for many of his dramas. He gives the etymology, too, of Odysseus' name in the same way as Homer did"–and then the author quotes a couple of lines spoken by Odysseus from a lost play, "I am correctly called 'Odysseus' after my troubles: for many enemies have been angry with me / have hated me"[2]. This echoes what his grandfather Autolycus said of himself and his enemies, when he gave his infant grandson the name 'Odysseus' (*Odyssey* 19.407-9), and the chances are that it came at a critical moment of awareness or recognition in the play.

But we can be more confident of the structural significance of such naming when what we have is not just two lines quoted out of context, but a whole surviving play, and an obvious starting point for Sophocles is *Ajax*, which contains one of the most famous examples of the etymologising mentioned by the *Life*. When Ajax appears on the *ekkuklêma*, surrounded by the cattle he has slaughtered in his madness, his name has already been insistently used by Athena, Odysseus and Tecmessa, and the Chorus have appealed to him, while still offstage, by his distinguished patronymic: "Telamonian son" (134) and "son of Telamon" (184). His first long speech begins with the most self-conscious passage of name-interpretation in the surviving plays: *aiai...* "Alas! whoever would have thought that the name by which I am called would so correspond with my misfortunes? For now I can say 'alas' even twice and three times; for such are the misfortunes I encounter" (430-3)[3]. This is how he identifies the 'meaning' of his name, now that he understands the shameful deeds he has committed, and in the process he

2. Τὸ πᾶν μὲν οὖν Ὁμηρικῶς ὠνόμαζε. τούς τε γὰρ μύθους φέρει κατ' ἴχνος τοῦ ποιητοῦ· καὶ τὴν Ὀδύσσειαν δὲ ἐν πολλοῖς δράμασιν ἀπογράφεται. παρετυμολογεῖ δὲ καθ' Ὅμηρον καὶ τοὔνομα τοῦ Ὀδυσσέως· ὀρθῶς δ' Οδυσσεύς εἰμ' ἐπώνυμος κακῶν· | πολλοὶ γὰρ ὠδύσαντο δυσμενεῖς ἐμοί (frag. 965). *Vita*, ch. 20, from *Tragicorum Graecorum Fragmenta* IV, S. Radt ed., Göttingen, 1999 (1977).

3. αἰαῖ· τίς ἄν ποτ' ᾤιεθ' ὧδ' ἐπώνυμον | τοὐμὸν ξυνοίσειν ὄνομα τοῖς ἐμοῖς κακοῖς; | νῦν γὰρ πάρεστι καὶ δὶς αἰάζειν ἐμοί, | καὶ τρίς· τοιούτοις γὰρ κακοῖς ἐντυγχάνω. Many editors have suspected that v.433 is an interpolation; for discussion of the text (and other tragic etymologies) see A.F. Garvie, *Sophocles*: *Ajax*, Warminster, 1998, p.165; P.J. Finglass, *Sophocles*: *Ajax*, Cambridge, 2011, p.265.

gives the audience a forecast of the remaining action of the play (which amounts to his sense that bad enough things have happened already, but there are worse to come). The full significance of his self-identification here is brought out after his suicide in Tecmessa's words at 904, when she says to the Chorus, "this being his situation you may indeed lament" (ὡς ὧδε τοῦδ'ἔχοντος αἰάζειν πάρα) and by the sailors in their distress at 912-14 when they ask "where, where does he lie, the inflexible Ajax of the ill-omened name?" (πᾶι πᾶι / κεῖται ὁ δυστράπελος / δυσώνυμος Αἴας;).

But if *his* name portends sorrow and prefigures the further shame of the threatened refusal of burial by the sons of Atreus, the name of his son, its significance also decoded by Ajax, has a different connotation: "But you, boy, take the very thing from which you get your name, *Eurusakes*, and hold it, wielding it with its well-stitched loop, my never broken shield made with the hides of seven bulls. The rest of my armour will be buried with me" (574-7)[4].

Ajax himself had been distinguished earlier in the play with the epithet "shield-bearer" (σακεσφόρος 19), recalling the famous passage in the *Iliad* (7.219-25) describing his great shield when Ajax and Hector meet in a duel. His giving his son the name Eurysaces, "Broadshield", had evidently been meant as a good omen, like the Trojans' name Astyanax ("Lord of the city") for Hector's son.

"Broadshield" will soon share the ritual of supplication along with Teucer and Tecmessa, and take part in the funeral procession which is finally, and unexpectedly, granted to his father. The play also gives reason to think that later he will be taken back to Salamis to his grandparents (567-73), and for an audience familiar with the prominent *genos* and cults of the Salaminioi there would be no difficulty in recalling that he was ultimately to become an Attic hero, carrying on Ajax's protective role; it was thanks to this thread of continuity that his father, too, would have honours at Athens as one of the ten tribal heroes.[5] Unlike Astyanax, also named in honour of his father's prowess, Eurysaces will live to keep the family going, and according to Attic tradition, familiar to the audience, will cede Salamis to Athens and be worshipped in cult at Melite. So in this case the omens are not all bad, and the emphasis on Eurysaces and his name prepares us for a fuller understanding of the end of the play, where the honorific burial of Ajax and his armour suggests that his wishes are being carried out after all. At

4. ἀλλ'αὐτό μοι σύ, παῖ, λαβὼν τοὐπώνυμον, | Εὐρύσακες, ἴσχε διὰ πολυρράφου στρέφων | πόρπακος ἑπτάβοιον ἄρρηκτον σάκος·| τὰ δ'ἄλλα τεύχη κοίν' ἐμοὶ τεθάψεται.

5. For the Attic cults of Ajax and Eurysaces see E. Kearns, *The Heroes of Attica*, London, 1989 (= *Bulletin of the Institute of Classical Studies*, Supplement 57), p.141-2 and 164.

1408 the armour to be buried is pointedly described as "(worn) under the shield" (ὑπασπίδιον, i.e. on the body, not including the shield), recalling the importance of Ajax's gift to Eurysaces that marks the special identity of both father and son.

II

I should like to move now to some cases where without any pointed emphasis on the significance of names (as in *Ajax*), the poet uses selective naming and allusive not-naming to shape our understanding of the dramatic action and its meaning. There is a clear example of this technique at work in one of the most famous of all Sophoclean lyrics: the fourth stasimon of *Oedipus Tyrannus*, which is sung when the truth of Oedipus' identity has been revealed and the Chorus reflect on the meaning of his life-story (his *daimôn*) as a commentary on the human condition. In the first strophe they claim that it is "your *daimôn*, yours, O unhappy Oedipus" (τὸν σὸν δαίμονα, τὸν σόν, ὦ τλᾶμον Οἰδιπόδα 1193-5), which proves the vulnerability of everything mortal, and in the antistrophe what they stress is his role as "my king [...] ruling in great Thebes" (βασιλεὺς [...] ἐμὸς [...] ταῖς μεγάλαισιν ἐν Θήβαισιν ἀνάσσων 1203-1204), which has almost the force of a name; then in the next pair, in responding metrical positions, they address him again: "O famous (head of) Oedipus" (ἰὼ κλεινὸν Οἰδίπου κάρα 1207) and "O child of Laius" (ἰὼ Λαΐειον ὦ τέκνον 1216). The first of these appellations is in strong contrast with their opening formal address to him "O (head of) Oedipus mightiest in the eyes of all" (ὦ κράτιστον πᾶσιν Οἰδίπου κάρα 40).

This naming of the central figure might seem straightforward enough, but it has to be seen along with the allusive non-naming in the ode of other important figures in the story: the Sphinx at 1199–1200 is "the hook-clawed prophetic maiden", and Jocasta in 1208–10 is "the same great harbour for father and son to enter as bridegroom". Nothing is allowed to distract from the intensity of this deeply pained address to Oedipus, son of Laius, king of Thebes, as the Chorus finally come to understand that he is the essential paradigm of what it is to be human.

In the equally dark ode in *Oedipus at Colonus* (1211-48), with its famous meditation on the idea "Not to be born is best", just before the arrival of Polyneices and the terrifying scene in which his father curses him, only two proper names are mentioned: Hades (1221), and–at the very end–the Rhipaean mountains (Ῥιπᾶν 1248). In the epode the Chorus link themselves, and by implication all humanity, with Oedipus as sufferers of the trials of old age, but they use only pronouns: "this one" and "I" (ὅδε and ἐγώ 1239), and the memorable picture of Oedipus with which they close has "this one" (τόνδε

1242) buffeted by troubles that harass him like winds from all quarters "from the setting of the sun, from its rising, from the noonday and from the Rhipai shrouded in night" (that is, from the distant north). The placing of the single name at the end, summoning up all that is mysterious and menacing about the far north, source of the most dangerous blasts, is a peculiarly haunting way of closing the ode, foreshadowing the dark atmosphere of the scene of cursing to come. We might think by contrast of an earlier lyric–the famous "Colonus ode" (668-719), full of place names (Colonus, the river Cephisus, the "land of Asia", the "Dorian island of Pelops"), and gods' names (Dionysus, the Muses, Aphrodite, Zeus Morios, Athena, Poseidon son of Cronus, the Nereids) which create an atmosphere of warmth and protection.

The one true stasimon in *Philoctetes* (676-729) meditates at length on the suffering of Philoctetes, without naming him–or Neoptolemus, or Heracles– at all. It opens by making an allusive comparison of Philoctetes with Ixion, eternally bound to a wheel for his attempted rape of Hera, but the only name actually spelled out here is "son of Cronus" (679), stressing the power of Zeus to exact punishment, and bringing out the mystery of Philoctetes' innocent suffering. The ode ends with a surprising switch of mood, predicting a happy outcome to his troubles and a return to his homeland of Malis:

> "But now he has met the child of noble men and will attain happiness and greatness through them. (One) who brings him in a ship that crosses the sea, at the end of many months, to the haunts of the nymphs of Malis his native land, and to the banks of the Spercheios, where the man with the shield of bronze (χάλκασπις ἀνήρ) joined the gods, a god (himself) blazing with divine fire, above the heights of Oeta" (719-29).

The *chalkaspis anêr* is of course Heracles, as the climactic *Oitas* makes clear – Mt Oeta the site of his apotheosis–and the divine Heracles will appear at the end to make new dispensations for Philoctetes.

The implications of this part of the ode have been much disputed: are the Chorus simply lying, or are their words conveniently ambiguous, and is the phrasing of 721-5 vague enough to allow time for a return to Troy to sack the city before Philoctetes eventually gets home?[6] But however we interpret the tone of this final antistrophe we must not overlook the clustering and insistence of the names, marking the importance of Heracles for Philoctetes and helping the audience to register this emphasis, which will later be resumed in the culminating

6. The phrasing of 721-725 (ὅς νιν ποντοπόρωι δούρατι, πλήθει | πολλῶν μηνῶν, πατρίαν ἄγει πρὸς αὔλαν | Μηλιάδων νυμφᾶν) does not actually rule out a return to Troy before the voyage home.

epiphany. So there is much more at work than decorative use of stylistic features, and the naming has a significant part to play in the overall design.

III

Finally, I should like to discuss a more explicit and extensive example of *not naming*, and the obvious choice is *Oedipus at Colonus*, which goes beyond the usual pattern of selectivity in the treatment of names, dealing as it does with subjects too awesome to name.

The play's setting is given much attention at the opening of the play: Oedipus and Antigone have come in their wanderings to an evidently sacred grove, and as soon as they meet a local inhabitant Oedipus asks what turns out to be the crucial question: "What divinity is worshipped here?" (τοῦ θεῶν νομίζεται; 38). The man explains that it belongs to the fearsome goddesses, ἔμφοβοι θεαί, daughters of Earth and Darkness. Oedipus speaks expectantly of hearing the venerable/ awesome name, σεμνὸν ὄνομα, which he can use in prayer–and perhaps his choice of σεμνόν suggests that he is getting close to the title he is searching for? The stranger's answer is interesting: "People here would call them the all-seeing Eumenides; other names are fine (καλά) elsewhere" (42-3). For Oedipus this a clinching moment, and he identifies himself as the goddesses' suppliant, determined to seek sanctuary here. But the stranger is puzzled, as we too might well be[7]. Oedipus claims that what he has just heard–that is, the *name*, in one of its euphemistic variants–is "the watchword of my fate" (ξυμφορᾶς ξύνθημ' ἐμῆς 46).

The next passage, Oedipus' prayer to the goddesses (84-93), fills in the background and explains the puzzle. He recalls the prophecy given him long ago by Apollo, which told him, along with the terrible things he would do and suffer, that his end would come in a place where he would find "the seat of awesome / dread divinities" (θεῶν / σεμνῶν ἕδραν: genitive plural without specification of gender). Of course there were very many divinities, male and female, worshipped in local cults, and all could be generically described as "awesome". So if Oedipus, unlike the Athenian audience, was unaware that Semnai Theai was a cult title in Attica, a specific name of a euphemistic kind, for *female* divinities also worshipped as Eumenides, he would have to make an intuitive leap in order to recognise this place as the one he had so long been searching for. And now he is praying to the goddesses for confirmation, and the extraordinary excitement of the scene (coming at this very early stage in the play) springs from Oedipus' claim, set out in his prayer as their suppliant, that he has indeed found

7. Cf. J. Jouanna, *Sophocle*, Paris, 2007, p. 512: "la réaction d'Œdipe est une surprise totale pour le spectateur".

the right place and time for his journey's end. The rest of the play will explore the implications of his intuition.

Three more passages deal with the matter of naming and not naming: the first (123-33) comes in the parodos, where the Chorus, as local worshippers, are shocked by what they see as Oedipus' transgression into the sacred space. They describe their intense veneration and dread of the goddesses in more or less untranslatable language: "whom we tremble to mention, and we go past (them) without looking, without sound, without words, moving our lips in mutely reverent thought"[8]. (There is an element of paradox here: since εὐφημεῖν means "keep ritual silence", one might expect εὔφημος φροντίς to suggest an entirely mental process, but στόμα ἱέντες seems to imply forming the words with the lips). The goddesses are too fearsome to have their names uttered in worship; and any name by which one refers to them at any time has to be a euphemism (as at 84, when Oedipus addresses the goddesses as "ladies of terrifying gaze", πότνιαι δεινῶπες).

The second passage is 457-60. Oedipus has now heard Ismene's account of a new oracle, which strengthens his claim to have something to offer to the local people, namely (as he interprets it) posthumous power to protect them as a cult hero, if they give him sanctuary and burial. He makes reference to the name Semnai, safe because euphemistic, and utterable because he is not praying directly to them: "If you (men of Attica) along with these awesome goddesses are willing to give me protection, you will win a great saviour for this city and trouble for my enemies"[9]. This convinces the Chorus that he is a worthy suppliant, who must now make due atonement to the goddesses for entering their grove.

Then follow (at 486-9) ritual instructions for the sacrifice of purification to be performed by Oedipus or his representative–Ismene–and the Chorus tell him what he must ask in prayer: the goddesses are to be asked to show the 'kindliness' that their title Eumenides implies, but the things Oedipus (or his daughter) are to "say" in their prayer are to be *apusta* "not to be heard", that is, by anyone except the goddesses[10]. So here, as in the parodos, the reference is to the observance of sacred silence: *apusta* must mean "not to be heard" by human beings, but of course to be heard by the goddesses, and perhaps implying that the wor-

8. ἃς τρέμομεν λέγειν, | καὶ παραμειβόμεσθ' ἀδέρκτως, | ἀφώνως, ἀλόγως τὸ τᾶς | εὐφήμου στόμα φροντίδος | ἱέντες.

9. ἐὰν γὰρ ὑμεῖς, ὦ ξένοι, θέλητ' ἐμοὶ | σὺν ταῖσδε ταῖς σεμναῖσι δημούχοις θεαῖς | ἀλκὴν ποεῖσθαι, τῇδε μὲν πόλει μέγαν | σωτῆρ' ἀρεῖσθε, τοῖς δ' ἐμοῖς ἐχθροῖς πόνους. This reaffirms what Oedipus has already intimated at 92-3 and 287-8. For the language of hero cult see e.g. P. Burian, "Suppliant and saviour: Oedipus at Colonus", *Phoenix* 28, 1974, p. 408-29.

10. ὥς σφας καλοῦμεν Εὐμενίδας, ἐξ εὐμενῶν | στέρνων δέχεσθαι τὸν ἱκέτην σωτήριον | αἰτοῦ σύ τ' αὐτὸς κεἴ τις ἄλλος ἀντὶ σοῦ, | ἄπυστα φωνῶν μηδὲ μηκύνων βοήν.

shipper's lips form the words[11]. We might recall here that the Attic *genos* who managed the great annual procession in honour of the Semnai were known as the Hesychidai (Robert Parker suggests that this is the procession evoked at the end of Aeschylus' *Eumenides*, a play which has many resonances in *Oedipus at Colonus*)[12]. The name that is not to be uttered in relation to the worship of these beings is of course Erinyes, who as Albert Henrichs has shown were not *as such* named or worshipped in cult[13].

This insistence on the unutterability of the goddesses' names and on the importance of euphemism and silent prayer is perhaps to be seen as a way of preparing for what happens at the end, when after an extraordinary sequence of events – the claps of thunder, followed by the blind old man leading the way unaided into the grove – the Messenger tells of a divine voice, summoning him by name: *ô houtos houtos Oidipous* (1627). After his farewell to his daughters at 1638 (as reported by the Messenger) Oedipus, who though unseen remains at the centre of everyone's attention, is not named any longer: now he is "he" (κεῖνος 1656, 1760, 1763) and "the man" (τὸν ἄνδρα 1649, ἀνήρ 1663)[14], which perhaps gives him something of the aura of the Semnai, especially as he too is evidently destined to be a chthonic power as cult hero.

The idea of the need for euphemism in approaching the mysterious and fearsome powers beyond ordinary life on earth is a helpful one for the interpretation of this profound play: there are related subjects in *Oedipus at Colonus* that need to be treated with similar circumspection, particularly, of course, the secret of Oedipus' passing–the place and manner of his death–which must be known by Theseus alone (and ultimately by his heirs in succession). Only if it is kept secret will this knowledge guarantee the safety of Athens[15]. We might indeed say that the play is about secret knowledge, a good metaphor, perhaps, for the way tragedy works.

Nor is it accidental that the other powerful presences worshipped in Attica who impose similar limits on utterance are the Great Goddesses Demeter and Kore, whose mysteries demand utter secrecy: they are several times mentioned in the play, most strikingly at 1050-3 in the description of Eleusis, "where the Revered Ladies (πότνιαι) nurse the awesome (σεμνά) rites for mortals (i.e. the initiates), on whose tongue rests the golden key of the Eumol-

11. Certainly not "speaking low", as in some translations.

12. R. Parker, *Athenian Religion: a History*, Oxford, 1996, p. 298-9.

13. "Anonymity and polarity: unknown gods and nameless altars at the Areopagos", *Illinois Classical Studies* 19, 1994, p. 27-58, especially 46-54.

14. See F. Budelmann, *The Language of Sophocles: Communality, Communication and Involvement*, Cambridge, 2000, p. 42-5.

15. All this is carefully explained by Oedipus to Theseus at 1518-38.

pidai, their ministrants”[16]. The links between Demeter, Kore and the Semnai as awesome Attic powers help to confirm the special significance of what happens to Oedipus.

*

* *

Many of the examples that we have been considering in this rapid and selective survey of naming in Sophocles gain much of their meaning from associations with other texts–epic, lyric, earlier tragedy–and it would take a whole other paper to begin to do justice to their intertextual connexions. I should like to end with just one observation. This rich deployment of names from the mythological past is by no means antiquarian, but grounded in the present world of the poet and his contemporaries, and open to constant redefinition. I am indebted here to an insight of Jacqueline de Romilly on the subject of fifth-century use of myths: “L’élan du ve siècle avant J.-C. [...] a fait du mythe, une fois pour toutes, un moyen d’expression pour n’importe quelle réflexion sur l’homme”[17].

Patricia EASTERLING

16. Οὗ πότνιαι σεμνὰ τιθηνοῦνται τέλη | θνατοῖσιν, ὧν καὶ χρυσέα | κλῇς ἐπὶ γλώσσαι βέβα-|κε προσπόλων Εὐμολπιδᾶν.

17. J. de Romilly, *L’Élan démocratique dans l’Athènes ancienne*, Paris, 2005, p. 126.

L'EMPREINTE DE LA *POLIS* SUR LA MONNAIE

Littéralement, l'empreinte de la cité, c'est l'image que la cité fait frapper sur un flan, une pastille de métal précieux, pour en faire sa monnaie : comme le dit un passage d'un décret de Sestos, νομειτεύεσθαι τὸν τῆς πόλεως χαρακτῆρα[1]. Mais sensible à l'empreinte qu'a imprimée en moi l'œuvre de Jacqueline de Romilly, en particulier ses travaux sur Thucydide que j'ai lus pendant mes années d'étudiant, je voudrais élargir le concept, en étudiant comment la cité grecque, ses institutions, ses pratiques sociales, sa vision des dieux et des hommes, ont transformé la première forme de la monnaie, telle qu'elle était apparue dans le royaume de Lydie au début du VIe siècle. C'était un des thèmes récurrents de l'œuvre de Jacqueline de Romilly, né de ses nombreuses analyses des auteurs grecs, que la cité avait façonné un type d'homme particulier, que le *politès* présentait des caractéristiques spécifiques, non seulement par son obéissance à la loi, au *nomos*, mais dans tout son comportement en société.

Depuis la Renaissance, les collections de monnaies, à partir desquelles s'est développée la numismatique moderne, distinguent entre la monnaie romaine et la monnaie grecque, celle-ci étant généralement réputée avoir été la première à être créée, même si Hérodote créditait les Lydiens d'avoir été « les premiers à avoir frappé monnaie d'or et d'argent et à en avoir fait usage »[2]. Ce n'est pas la question de l'antériorité des Lydiens qui me retiendra, mais la manière dont la cité a reçu la monnaie, comment elle l'a transformée, tandis que d'autres systèmes politiques, accueillant eux aussi au même moment la monnaie, lui ont donné des expressions différentes : nous aurons à analyser ainsi les réactions des Thraces du Nord de l'Égée, des rois de Macédoine, de l'Empire achéménide.

1. Décret de Sestos en l'honneur de Ménas, in W. Dittenberger, *Orientis graeci inscriptiones selectae*, Leipzig, 1903-1905, 339, l. 43-49. Voir L. Robert, « Les monétaires et un décret hellénistique de Sestos », *Revue numismatique* 6/15, 1973, p. 43-53.

2. Hérodote, I, 94 : Πρῶτοι δὲ ἀνθρώπων χρυσοῦ καὶ ἀργύρου κοψάμενοι. Déjà Xénophane, *Présocratiques*, frag. 4, cité par Pollux, IX, 83. C.M. Kraay, *Archaic and Classical Greek Coins*, Londres, 1976, p. 20-30. G. Le Rider, *La Naissance de la monnaie*, Paris, 2001, p. 41-121.

La monnaie du système « lydien »

L'expression utilisée par Hérodote doit être analysée avec précision : les Lydiens νόμισμα χρυσοῦ καὶ ἀργύρου κοψάμενοι ἐχρήσαντο. L'historien distingue donc deux opérations dans la production de la monnaie. Il mentionne ailleurs la collecte du métal, l'électrum (appelé or blanc par les Grecs), cet alliage naturel comportant quelque 65 % d'or et un tiers d'argent, qui constituait la plus remarquable des « merveilles » de la Lydie. On le recueillait en paillettes dans les torrents descendant du Tmôlos, parmi lesquels le célèbre Pactole qui arrosait Sardes. Cet or revenait au roi et aux principaux dignitaires du royaume.

Le début de la transformation en monnaie implique qu'il soit marqué d'un sceau, σῆμα. Le vocabulaire monétaire utilise très souvent des termes caractéristiques de l'usage du sceau. Le sceau est connu depuis très longtemps et c'est la marque de l'autorité qui se manifestait ainsi sur des matériaux mous, comme l'argile ou le plâtre. Les progrès considérables faits par la métallurgie du bronze au VIIe siècle permettent de produire des sceaux dans des métaux suffisamment durs pour pouvoir frapper (κοπτεῖν) des pastilles d'or ou d'argent, les flans, qui, une fois scellés, constitueront la monnaie.

FIG. 1. – Les monnaies du système lydien.

Si le sceau est indispensable, c'est qu'il porte une indication nouvelle, la valeur garantie par l'autorité qui va permettre d'en faire usage (χρῆσθαι). Les premières monnaies présentent sur le côté du flan exposé à la frappe – ce qui correspond à la pile en français, au revers pour les numismates – trois sortes de signes : soit un rectangle entre deux carrés, soit deux carrés, soit un seul (fig. 1). Les premiers pèsent aux alentours de 14,20 g, les seconds le tiers de ce poids, tandis que les derniers correspondent à des fractions qui s'échelonnent régulièrement du 1/6e jusqu'au 1/48e des premiers, les différences de diamètre et de poids permettant de distinguer ces fractions. Dès les premières attestations littéraires, ces pièces sont désignées par leur valeur monétaire, statère, *trité*, *hecté*[3], etc., sans tenir compte des menues variations de poids et des différences plus grandes d'alliage qui les séparent. Ce qui marque l'apparition de la monnaie et la définira durant toute l'Antiquité, c'est qu'elle est comptée et non pas pesée[4], à la différence des fragments d'argent et d'or qui sont attestés ailleurs comme instruments prémonétaires[5]. Le roi donne et reçoit ces lingots scellés pour leur valeur et il impose sans doute déjà à ses sujets d'en faire autant, ce qui fait de ces *chrèmata* des *nomismata* : le mot sera bientôt utilisé par Hérodote. Les premiers emplois de la monnaie qui sont attestés sont des offrandes faites à des sanctuaires et des versements à des chefs de guerre, mais la monnaie sert aussi à collecter le tribut[6].

Quelle signification a l'image qui figure sur l'autre face, donc sur l'enclume (ἄκμων en grec, face en français, droit ou avers en numismatique) ? Cette image n'est pas indispensable, comme le prouve son absence sur quelques pièces – très rares. On s'accorde à voir dans ces types un signe de l'autorité émettrice et à reconnaître dans les *trités* à la tête de lion – un lion avec une sorte de bouton pileux en haut du naseau – des monnaies des rois de Lydie, notamment à cause des inscriptions en lydien qui sont présentes sur certaines pièces. Mais celles-ci sont rares et elles ne transcrivent jamais, contrairement à ce qu'on a d'abord pensé, le nom d'un roi de Sardes.

3. Ces différentes fractions sont bien attestées, notamment à Thasos, dès le début de la monnaie ; cf. O. Picard, « Monnaie et gravure monétaire à Thasos à la fin du Ve s. », in *Philia Epè, Mélanges G. Mylonas*, II, Athènes, 1987, p. 149-162, pl. 40-41.

4. Le Lydien Pythios offre un exemple savoureux de décompte minutieux de sa fortune en talents d'argent et en statères dariques, pour étaler sa richesse devant Xerxès : Hérodote, VII, 27-28. Inversement, pour souligner la richesse fabuleuse d'un Éléen, Xénophon, *Helléniques* III, 27, indique qu'il ne comptait pas son argent mais le mesurait en médimnes, comme du liquide. Les exemples de pesée de la monnaie sont très rares et s'expliquent par un besoin très précis, notamment quand la monnaie est refondue : c'est le cas du compte de Delphes sur la frappe du nouvel amphictionique ; cf. J. Bousquet, *Les Comptes du IVe et du IIIe s.*, *Corpus des Inscriptions de Delphes* 2, n° 75 et 77, à compléter par P. Marchetti, « Révision des comptes à *apousiai* (*CD* 75-78) », *Bulletin de Correspondance hellénique* 123, 1999, p. 405-422.

5. G. Le Rider, *La Naissance de la monnaie*, 2001, p. 1-39.

6. Les dons aux sanctuaires sont attestés à la fois par Hérodote, V, 50-52, et par le trésor de l'Artémision d'Éphèse, *An Inventory of Greek Coin Hoards*, 1153 ; L. Weidauer, *Probleme der frühen Elektronprägung, Typos* I, Fribourg, 1975, p. 72-127. Sur la date du dépôt, voir A. Bammer, *Anatolia Antiqua* XIII, 2005, p. 177-221. L'emploi de la monnaie pour le paiement du tribut est impliqué par Hérodote, I, 6.

FIG. 2. – États et autorités monétaires : Φάνος ἐμὶ σῆμα.

Les autres monnaies de ce système lydien se répartissent entre quelque 40 types différents : c'est beaucoup trop pour que chacun puisse renvoyer à une cité différente (ou à un prince). Certains détails stylistiques amènent à penser que plusieurs types différents ont été gravés par un même graveur et émaneraient d'une même cité, par exemple Milet ; si l'hypothèse se vérifiait, ce serait la preuve formelle que le type ne renvoie pas à la cité. Cette conclusion est renforcée par l'existence d'une émission qui pour la première fois porte une inscription en grec, Φάνος ἐμὶ σῆμα « je suis le sceau de Phanès » (fig. 2). Le propriétaire de ce sceau n'est pas une cité mais une autorité, soit politique, soit privée : on a parlé de « banquiers »[7]. La profession n'existait sans doute pas encore et le mot ne convient sûrement pas à cette date, mais on songera volontiers à l'autorité qui collectait le métal et le fournissait à l'atelier, sans pouvoir préciser davantage.

Avant même la conquête du royaume de Lydie par Cyrus, le premier système monétaire a déjà été modifié par Crésus, qui abandonne l'électrum pour l'or et l'argent. Après l'incorporation de l'Asie Mineure occidentale dans l'Empire achéménide, le grand Roi continue à faire frapper à Sardes des créséides qui serviront en retour à payer le tribut[8].

La monnaie de la cité : les tortues d'Égine

C'est vers la même période que la monnaie est adoptée par des cités grecques d'Europe. Ce transfert s'accompagne de mutations profondes. Quelques cités ont frappé des monnaies dont les types changeaient à chaque émission, comme

7. C. M. Kraay, *op. cit.* (n. 2), 1976, p. 23. F. Rebuffat, « Phanès : questions sans réponse », in *Mécanismes et Innovations monétaires dans l'Anatolie achéménide*, Varia Anatolica, XII, 2000, p. 225-232.

8. Hérodote, I, 153. P. Briant, *Histoire de l'Empire perse : de Cyrus à Alexandre*, Paris, 1996, p. 47-48.

Marseille – les monnaies dites aux types d'Auriol –, ou, entre *ca* 540 et 520, Athènes – les monnaies dites *Wappenmünzen*[9]. Ces deux appellations traduisent en fait les incertitudes des numismates qui ont d'abord cherché à identifier derrière chaque type une cité différente, avant d'en reconnaître l'origine unique et de relier les types non plus à la cité, mais aux autorités monétaires.

FIG. 3. – L'affirmation de la cité : l'exemple d'Égine.

Une innovation importante est introduite par Égine avec la création des « tortues ». On appelait ainsi dès l'Antiquité des didrachmes d'environ 12,20 g qui ne portent aucune légende avant les dernières émissions du IVe siècle, mais la célébrité de ce monnayage, sa mention dans plusieurs textes et dans les inscriptions ne laissent aucun doute[10] : nous avons désormais affaire à la monnaie de la cité d'Égine (fig. 3). Celle-ci ne se distingue pas seulement par le type du droit où figure la tortue qui a donné son nom à la pièce, mais aussi par celui du revers, qui sera toujours un motif géométrique incus, même à un moment où cette forme archaïque était partout ailleurs passée de mode. Au début, les médianes et les diagonales dessinent huit triangles, l'espace intérieur étant plus ou moins grossièrement vidé ; par la suite, ces triangles sont plus soigneusement marqués jusqu'à ce que, à partir d'environ 500, le dessin géométrique prenne une forme

9. O. Picard, « L'iconographie religieuse sur les monnaies aux types d'Auriol », in *Les Cultes des cités phocéennes*, Études massaliètes, 6, 2000, p. 165-174.

10. Ce monnayage aussi abondant que célèbre a été très étudié : C. M. Kraay, *op. cit.* (n. 2), p. 41-48 ; Th. Figueira, *Aegina, Society and Politics*, Salm, 1981, p. 88-98 ; H. Nicolet-Pierre, « Remarques sur le monnayage d'argent d'Égine au VIe et au Ve s. », in *Frappes et Ateliers monétaires dans l'Antiquité et au Moyen Âge*, Belgrade, 1976, p. 5-12 ; H. Nicolet-Pierre, Sh. Gjongecaj, « Le monnayage d'argent d'Égine et le trésor de Hollm (Albanie) », *Bulletin de Correspondance hellénique* 119, 1995, p. 282-332.

précise, que nous appelons le *carré éginétique* (et nos amis britanniques *Union Jack*), qui s'affirme alors comme la marque de la cité.

Pourquoi une tortue au droit ? Les premiers monnayages grecs mettent volontiers à cette place un animal, un objet, ou un compagnon secondaire d'un dieu, comme le Silène à Thasos. La relation avec un des grands dieux de la cité est parfois évidente (comme la lyre sur les monnaies de Délos), parfois plus énigmatique. C'est le cas à Égine. La cité y était très attachée puisque, quand elle décida, pour des motifs sans doute financiers[11], d'en changer la présentation, elle choisit une autre variété de l'animal, qui porte le même nom, en grec comme en français (mais pas en anglais).

Tout désormais s'efface derrière l'évocation de la cité. Deux indications que donnaient les émissions lydiennes ont disparu : nous ne savons pas quelle était l'autorité chargée de la frappe et l'incus du revers ne varie plus en fonction de la valeur de la pièce. Il est vrai que le didrachme éginétique est divisé presque exclusivement en trois dénominations, le didrachme, le triobole qui en vaut le quart, et l'obole, et que les différences de valeurs sont perceptibles à l'œil nu. Plus encore que l'impulsion donnée par Égine, la prévalence du modèle politique de la cité entraîne la diffusion généralisée du modèle poliade du monnayage. Ce n'est pas une simple question de mode. Plus profondément, le choix du *charaktèr*, de l'empreinte de la cité, marque l'entrée de la monnaie dans ce monde nouveau. Celle-ci est poussée par deux facteurs, d'une part la découverte et l'exploitation de grands gisements argentifères (Siphnos, le Pangée, le Laurion) et d'autre part les commodités offertes par la monnaie dans le développement des activités maritimes.

L'adoption de la monnaie a exigé d'importantes adaptations des institutions, sur lesquelles je reviendrai. Si la monnaie ne s'appelait pas encore *nomisma* (ce que nous ne savons pas), c'est, à mon sens, à ce moment qu'elle pris ce beau nom d'*objet légal*.

L'image de la cité : la chouette

C'est très vraisemblablement la découverte de l'argent du Laurion qui a amené Athènes à créer une nouvelle monnaie, la chouette[12] (fig. 4). Celle-ci

11. La tortue de terre apparaît dès le milieu du ve siècle, sans rupture apparente avec le monnayage antérieur. O. Picard, « La tortue de terre sur les monnaies d'Égine », *Bulletin de la Société française de Numismatique* 1978, p. 29-31. Th. Figueira, *The Power of Money*, Pennsylvania University, 1998, p. 118-121.

12. O. Picard. « La découverte des gisements du Laurion et les débuts de la chouette », *Revue belge de Numismatique* 147, 2001, p. 1-10 ; Ch. Flament, *Le Monnayage en argent d'Athènes de l'époque*

constitue une étape décisive dans le développement de l'emploi de l'image de la cité sur la monnaie. Comme la tortue à Égine, l'animal continue à donner son nom à la monnaie[13]. Mais désormais le droit est occupé par l'effigie d'Athéna, la patronne des Athéniens, qui est effectivement l'image la plus parlante de la cité. Au revers, suivant l'exemple que Corinthe venait de donner sur ses « poulains », Athènes ajoute les trois premières lettres de l'ethnique ; leur disposition verticale répond plus au désir de composer une belle « affiche » qu'au souci de présenter un texte aisément lisible. Le type évoluera jusqu'à la fin du monnayage indépendant d'Athènes, mais il garde ses caractéristiques principales même dans la phase finale du monnayage stéphanéphore.

FIG. 4. – La création de la chouette.

Cette composition – au droit l'effigie du dieu poliade (notion complexe, que je ne chercherai pas à analyser ici) et au revers son attribut, ou un dieu associé – devient le schéma normal des types monétaires des cités grecques, surtout à partir du IVe siècle. Elle répond à la fois au besoin d'affirmer l'identité de la cité et à une affectivité sociale qui exprime les sentiments des citoyens sur la prospérité et les dieux. Je m'explique : tout un chacun est convaincu que la prospérité de la cité, et notamment ses revenus financiers, sont alimentés par la bienveillance du dieu envers la cité qui, en retour, consacre une part considérable de ses revenus à honorer au mieux ses dieux, en particulier à orner leurs sanctuaires le plus richement possible. Très concrètement, la divinité qui figure au droit de la monnaie est bien souvent celle qui abrite dans son temple les réserves financières de la cité – le cas du Parthénon est loin d'être isolé. Le type monétaire s'inspire

archaïque à l'époque hellénistique, c. 55-c. 40 av. J.-C., Louvain-la-Neuve, 2007.

13. Une anecdote le prouve : quand les adversaires de Gylippe veulent dénoncer aux éphores le détournement d'une partie du butin de Syracuse, ils leur disent que « beaucoup de chouettes nichent sous le Céramique de Gylippe », Plutarque, *Lysandre* XVI, 4.

d'ordinaire d'une œuvre locale, pour ne pas dire qu'il la reproduit[14]. On constate donc un va-et-vient remarquable entre la cité et sa monnaie.

La décision de frapper monnaie n'a pas simplement conduit la cité à mieux définir son image, son *charaktèr*, en la composant à partir de ses cultes. La cité traditionnelle était beaucoup moins bien armée, au départ, que le palais royal – où œuvraient de nombreux officiers et serviteurs du roi –, pour faire usage de ce nouvel instrument. Il a donc fallu modifier profondément une partie de son fonctionnement, de ses institutions.

A en juger par l'exemple d'Athènes, celui que nous connaissons le moins mal, la cité se procurait l'argent, soit par l'adjudication des mines quand elle en avait sur son territoire, soit par les taxes prélevées sur le mouvement des marchandises, soit par le butin. Cet argent devait être gardé quelque part, à l'abri des voleurs. Le sanctuaire le plus important de la cité s'est, semble-t-il, imposé d'emblée pour remplir cette fonction. Seul bâtiment public protégé, il conservait dès ses origines les offrandes précieuses faites au dieu, dont le prêtre ou l'administrateur du sanctuaire devait prendre soin et tenir l'inventaire, ce qui est à l'origine d'une très riche documentation épigraphique[15]. Même si les sommes de monnaies restaient la propriété de la cité, les règles en usage pour ces offrandes pouvaient s'appliquer avec un minimum d'adaptation. Le lieu où ses réserves sont déposées a pu inciter la cité à présenter l'image du dieu sur ses monnaies[16].

Il a fallu également modifier les règles des prélèvements douaniers et fiscaux, passer de versements en nature à des versements dans la monnaie de la cité, ce dont des inscriptions de Delphes fournissent des exemples. La gestion de l'argent public a exigé l'adoption de règles de comptabilité et de contrôle, et a suscité des conflits politiques parfois importants, dont la « réforme d'Éphialte » offre un exemple important[17]. Le sujet est immense et je ne le traiterai pas ici. Je voudrais simplement indiquer comment ce besoin de contrôle public, propre à des institutions régulières, s'est traduit sur les monnaies par l'apparition de ce que les numismates, reprenant un terme utilisé au Moyen Âge, appellent des « différents ». Ce sont, soit des types secondaires, sans rapport avec le type principal (comme le trophée ou la couronne sur les drachmes de Chalkis[18]) que

14. Voir, avec un point de vue un peu différent, L. Lacroix, *Les Reproductions de statues sur les monnaies grecques*, Liège, 1949, p. 16-22.

15. Citons seulement l'œuvre de J. Tréheux, dont la bibliographie a été réunie par D. Knoepfler, *Comptes et Inventaires dans la cité grecque*, Neuchâtel, ainsi que deux de ses contributions : *ibid.*, p. 23-35 et 347-355.

16. O. Picard, « Les χρήματα d'Apollon et les débuts de la monnaie à Delphes », *Topoi* 12-13/1, 2005, p. 55-68.

17. Aristote, *Constitution d'Athènes* XXV ; Plutarque, *Cimon* 14-15.

18. O. Picard, *Chalcis et la Confédération eubéenne*, Bibliothèque des Écoles françaises d'Athènes et de Rome, 234, 1979, émissions de la première série.

l'on nomme souvent « symbole », ce qui n'a pas grand sens, soit des noms ou des monogrammes. Ces systèmes de contrôle varient selon les cités et même selon les séries monétaires, et ils relèvent des institutions de la cité, comme par exemple l'organisation des agoranomes. On constate que le système devient souvent de plus en plus complexe avec le temps.

La monnaie entre peuples thraces et cités grecques

Que la *polis* ait ainsi, en adaptant ses types monétaires à ses institutions, créé un « modèle » original de monnaie, c'est ce que montre l'examen des monnaies frappées dans le Nord de l'Égée entre la conquête de la région par les armées de Darius en 513 et l'affirmation de la primauté athénienne dans les années 475-465. Le pays est partagé entre des peuples thraces – qui sont très majoritaires et qui, nous dit Hérodote, constitueraient la force la puissante de la terre s'ils n'étaient pas divisés – et des cités grecques qui se succèdent sur le littoral et dans les îles, dont la principale est Thasos[19]. Les montagnes renferment des gisements de minerais précieux d'une richesse légendaire, non seulement le massif du Pangée, mais aussi les montagnes alentours. Dès 513, les Perses lèvent un tribut sur leurs nouveaux sujets qui commencent dès lors à battre monnaie. Manifestement, Thraces et Grecs collaborent pour la mise en œuvre de cette technique nouvelle, comme l'établissent les très nombreuses ressemblances des monnaies des uns et des autres.

Fig. 5 – La monnaie entre les peuples thraces et les cités grecques – le silène de Thasos et le centaure thrace.

19. Hérodote, V, 3. O. Picard, « Monnayages en Thrace à l'époque achéménide », Varia Anatolica, XII, 2000, p. 239-253 ; « Mines, monnaies et impérialisme : Conflits autour du Pangée (478-413) », in *Rois, cités, nécropoles. Institutions, rites et monuments en Macédoine*, Μελετήματα, 45, Athènes, 2006, p. 269-283, pl. 37-38.

Prenons par exemple les statères au type de la danse – ou de l'enlèvement – de la ménade, par un silène ou un centaure (fig. 5). Ces pièces pèsent toutes le même poids, ont le même revers, utilisent le même minerai. Les scènes d'enlèvement présentent le ravisseur exactement de la même manière ; la ménade y a toujours la même posture et elle lève toujours la main dans le même schéma en Y. Certains statères portent un ethnique gravé au droit de manière peu lisible. Cette légende est toujours en grec et c'est sur des pièces de cet ensemble que nous trouvons aussi la première attestation, une génération avant Hérodote, de l'emploi du mot *nomisma*, ainsi que la première gravure du titre de *basileus*[20].

FIG. 6. – La monnaie thrace : types, cités, peuples et rois.

Ces ethniques sont bien remarquables : certains ne sont pas connus par ailleurs, d'autres sont ceux de peuples thraces ; aucun n'est celui d'une cité. Mais il y a plus étonnant pour quelqu'un qui vient du monde de la *polis* : deux monnaies exactement aux mêmes types peuvent porter des ethniques différents. Autrement dit, chez les Thraces, l'image ne permet pas d'identifier le peuple au nom de qui la monnaie a été émise ; le type monétaire a donc une autre fonction, peut-être, pour risquer une hypothèse, celle de signaler l'origine du métal. Au contraire, l'étude des liaisons de coins de la série à l'enlèvement par le silène, que de nombreux arguments permettent d'attribuer à la cité de Thasos – notamment parce que le type continuera à être frappé après 460 –, fait apparaître un groupe homogène. Tout indique que, comme Thasos, les cités de la région ont les mêmes pratiques monétaires que les cités de la péninsule grecque, qui diffèrent de celles des dynastes thraces.

Ainsi, Thraces et Grecs du Nord de l'Égée frappent le même instrument financier, dont les différents exemplaires se retrouvent pêle-mêle dans les

20. A. Tzamalis, *Les* Ethné *de la région « Thraco-Macédonienne » Étude d'histoire et de numismatique (fin du* VIe-Ve *siècle)*, thèse Paris Sorbonne, 2012.

trésors enfouis dans tout l'Empire achéménide[21] : ils étaient certainement reçus à la même valeur par les Perses ou les chefs des différents contingents militaires qui occupaient la région. Mais les institutions qui ont produit ces monnaies sont différentes. Il n'est pas sans importance pour l'histoire de l'hellénisme que le premier à avoir gravé le titre de *basileus* sur sa monnaie soit Géta, roi des Édoniens, donc un prince thrace, qui nous procure aussi la plus ancienne occurrence du mot *nomisma*.

La monnaie en Macédoine : de l'*ethnos* au roi

Parmi les types utilisés par plusieurs *ethnè* thraces figure celui du cavalier démonté, armé de deux javelots, tenant son cheval par la bride. Certains de ces tétradrachmes portent au droit le nom des Bisaltes, un peuple thrace habitant la région des lacs au Nord de la Chalcidique jusqu'au Strymon. D'autres sont anonymes et doivent le rester. Une troisième catégorie, de superbes octodrachmes, présente, très soigneusement gravé dans un cadre au revers, le nom ΑΛΕΞΑΝΔΡΟ, où il faut sans aucun doute reconnaître Alexandre dit le Philhellène, que nous appelons Alexandre Ier de Macédoine (fig. 7). C'est lui qu'Hérodote présente à ses lecteurs en disant qu'il tirait un revenu d'un talent par jour d'une mine située entre le lac Prasias et le Mont Dysôros[22].

FIG. 7. – La monnaie en Macédoine : de l'*ethnos* au roi.

21. O. Picard, « Types monétaires et trésors : le cas de Thasos », in *Quantifying Monetary Supplies in Greco-Roman Times*, F. de Callataÿ éd., Edipuglia, 2010, p. 285-302. O. Picard, « La circulation monétaire dans le monde grec : le cas de Thasos » in *Nomisma, la circulation monétaire dans le monde grec antique*, *Bulletin de Correspondance Hellénique*, Suppl. 53, 2011, p. 79-109.

22. Hérodote, V, 17. Ce monnayage vient d'être réétudié par A. Tzamalis, *op. cit.* (n. 20).

Ni la région, ni cette mine n'appartenaient à Alexandre avant la défaite de Xerxès et le retrait des Perses en 479, qui a permis au Macédonien de mettre la main sur la Bisaltie et sur ses richesses minières. C'est lui qui commença à frapper monnaie en Macédoine. Il n'est pas possible de présenter ici le monnayage que nous appelons macédonien. Nous remarquerons seulement que pour ses pièces lourdes, le roi n'a pas cherché à utiliser une image caractéristique des Macédoniens dont le nom n'est pas mentionné, ni un type qui lui fût propre, mais qu'il a repris un type *bisaltikon* et qu'il a remplacé l'ethnique de ce peuple par son nom, à l'instar de Géta. Alexandre s'inspire donc des traditions monétaires des Thraces. Il semble – mais il convient de rester prudent – qu'il lui ait paru plus important de signaler qu'il était désormais le maître du métal plutôt que de mettre en exergue son rang politique ; à la différence de Géta, il ne fait pas mention de son peuple.

Ce faisant, Alexandre crée à son tour une tradition. Le roi perdra par la suite le contrôle de cette mine. Son successeur, Perdiccas, ne frappera que de petites dénominations, où aucun nom n'apparaît. C'est avec Archélaos, à la fin de la guerre du Péloponnèse, que les rois recommencent à frapper des tétradrachmes en Macédoine ; ce sont des pièces à leur nom, mais jamais avec leur portrait. Les types changent avec chaque roi (et même, éventuellement, au cours d'un même règne). On n'y trouve jamais l'ethnique des Macédoniens, ni un type évoquant clairement ceux-ci. On constate toutefois des variations autour du thème du cavalier, qui pourrait évoquer le héros Makedôn[23], ainsi que la mise en scène de dieux jouant un rôle prééminent dans les mythes de la dynastie, comme Héraclès, ou du peuple macédonien, comme Zeus qui est choisi par Philippe II[24]. Mais quand Antigone Gonatas réussit à se rétablir sur le trône de Macédoine après sa victoire sur les Galates, il fait le choix de types originaux, ce qui montre bien que dans la tradition macédonienne – que Gonatas se serait bien gardé de heurter – le monnayage est l'affaire du roi. Le nom des Macédoniens n'apparaîtra sur les monnaies les plus lourdes, les tétradrachmes, qu'après la suppression de la royauté par Rome.

23. O. Picard, « Numismatique et iconographie : le cavalier macédonien », in *Iconographie classique et Identités régionales*, *Bulletin de Correspondance Hellénique*, Suppl. XIV, 1986, p. 67-75. U. Westermark, « Remarks on the regal Macedonian coinage: ca 413-359 B.C. », in *Kraay-Mørkholm Essays. Numismatic Studies in Memory of C.M. Kraay and O. Mørkholm*, G. Le Rider éd., Louvain, 1989, p. 301-315. U. Westermark, « The Staters of Archelaus. A Die study », in M. Price, A. Burnett et R. Bland éd., *Essays in Honour of Robert Carson and Kenneth Jenkins*, Londres, 1993, p. 17-30.

24. G. Le Rider, *Le Monnayage d'or et d'argent de Philippe II*, Paris, 1977, p. 364-366, pense reconnaître une image de Philippe II dans le cavalier barbu, ce qui est bien incertain.

Les monnayages de l'Empire achéménide : sicles et dariques

Autre monde où les cités sont en relation avec des formes politiques étrangères à la *polis*, l'Empire achéménide avait découvert la monnaie en même temps qu'il faisait la conquête de l'Asie Mineure et il l'avait utilisée d'emblée pour percevoir le tribut, sans chercher à en étendre l'usage en dehors de la région. Récupérant, selon toute apparence, les revenus miniers des rois de Lydie, il continue à frapper des créséides jusqu'au moment où Darius crée une monnaie nouvelle avec les dariques (statères d'or) et les sicles (monnaie d'argent). Ces pièces portent au droit un personnage coiffé d'une tiare crénelée, qui a des parallèles dans les reliefs achéménides ; il est armé d'un arc, de flèches mais aussi d'un poignard ou d'un grand sceptre (fig. 8). On s'accorde à y reconnaître, non pas un portrait mais une évocation du Grand Roi. Cependant l'image ne comporte pas de trait personnel et n'est jamais accompagnée d'une inscription quelconque.

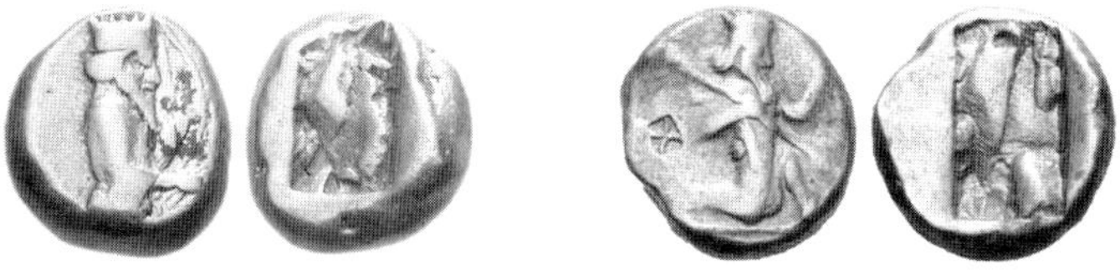

FIG. 8. – Le monnayage dans l'Empire achéménide : sicles et dariques.

Certes, le Roi n'a jamais cherché à utiliser la monnaie en dehors de l'Asie Mineure (Chypre y compris) et de ses extensions dans les Balkans. Ailleurs, les autorités et les commerçants continuent à découper et à peser des morceaux de métal précieux, parmi lesquels des bijoux ou des pièces grecques, parfois coupées ou cisaillées[25]. D. Schlumberger avait bien montré que les sicles sont une monnaie d'Asie Mineure frappée à Sardes, qu'elle n'a de circulation que locale[26]. Mais même en tenant compte de ces limites, on est étonné de l'apparente faiblesse du volume de ce monnayage.

Inversement, toujours en Asie Mineure, on rencontre au Ve et au IVe siècle des monnayages qui ont l'apparence de monnayages d'une cité, mais que leur importance et d'autres considérations devraient détourner de reconnaître comme tels. Un passage du Pseudo-Aristote met en scène un satrape de Cappadoce allant frapper monnaie à Amisos[27], où certaines émissions portent le nom d'un

25. Cette pratique est qualifiée par les numismates de « Hacksilber » et caractérise certains trésors dans des régions où la monnaie n'a pas encore cours légal.

26. D. Schlumberger, *L'Argent grec dans l'Empire achéménide*, Paris, 1953, a bien montré que les sicles qui seront frappés par la suite sur ordre de Darius sont une monnaie destinée à l'Asie Mineure.

27. Pseudo-Aristote, *Économiques* II, 24a. L. Mildenberg, « On the so-called Satrapian Coinage »,

autre satrape : la ville servait manifestement d'atelier monétaire aux satrapes, qui fournissaient le métal mais qui se souciaient peu de faire apparaître leur pouvoir politique. Le type monétaire n'a alors qu'une signification géographique et peut-être aussi celle d'une marque de fabrique, garantissant la qualité du produit. Dans le récit du Pseudo-Aristote, c'est l'autorité du satrape qui donne confiance aux mercenaires, qui veulent être payés en monnaies.

FIG. 9. – Le monnayage dans l'Empire achéménide : le statère de Cyzique.

Un autre monnayage retient l'attention : ce sont les très nombreuses émissions de statères d'électrum de Cyzique, qui s'étendent sur quelque deux siècles, de la fin du VIe siècle jusqu'à la conquête du pays par Alexandre[28] (fig. 9). Ces pièces perpétuent la tradition ancienne des monnayages dont le type change à chaque émission, en introduisant cependant une référence à la cité qui est toujours présente, grâce à la présence d'un thon, qui figure comme type secondaire à côté du type principal. Cet emblème de la cité se raccroche sans aucune logique iconographique au type principal, comme le montre l'exemple d'un statère où est représenté un taureau perché sur un thon. Les « cyzicènes », pour employer le nom ancien, ont été frappés en quantités considérables ; ils servent de monnaie régionale, non seulement dans le Nord-Ouest de l'Asie Mineure, mais aussi dans le royaume du Bosphore Cimmérien et plus généralement en mer Noire, comme il ressort des plaidoyers traitant du commerce de la région. Ils sont aussi la monnaie de référence dans le Sud-Est de la Thrace. Or Cyzique est certes une cité importante ; sous l'hégémonie athénienne, elle paie un tribut s'élevant à 9 talents. Il n'est certes pas possible d'établir de rapport simple entre le volume du monnayage d'une cité et le montant de son tribut. Néanmoins, on ne peut qu'être étonné de l'écart considérable entre ce que nous savons de l'importance économique de Cyzique et le volume considérable de ce

in *Mécanismes et Innovations monétaires dans l'Anatolie achéménide*, Varia Anatolica, XII, 2000, p. 9-20. F. de Callataÿ, « Productions et circulations monétaires dans le Pont, la Paphlagonie et la Bithynie », in *Nomisma, la circulation monétaire dans le monde grec antique*, *Bulletin de Correspondance Hellénique*, Suppl. 53, 2011, p. 460.

28. I. Tourasoglou, « Statères d'Alexandre et statères de Cyzique », in *Travaux de numismatique offerts à Georges Le Rider*, Londres, 1999, p. 350-357.

monnayage. Pour frapper ces monnaies, il fallait de l'or – ou de l'électrum. Ce métal est rare en Égée. On en trouve en Troade et dans le Nord-Ouest de l'Asie Mineure, mais apparemment dans des régions échappant aux Grecs. La réponse à notre question se trouve sans doute dans la proximité géographique entre la cité et *Daskyleion*, le siège du satrape qui fournissait probablement le métal. Les termes de l'accord nous restent inconnus.

L'interprétation de ces monnayages a longtemps été faussée par l'habitude qu'ont les numismates d'interpréter automatiquement toute monnaie dans le cadre institutionnel des cités et de voir dans les types monétaires l'expression d'un État autonome[29]. Mais le Grand Roi ou les satrapes n'ont pas vu la monnaie à la manière des cités, ce qui ne les a pas empêchés de l'utiliser comme moyen de paiement, en la faisant frapper par les artisans les mieux qualifiés pour le faire.

La monnaie n'a pas été créée par la cité, mais la cité s'est bien vite emparée de cet instrument d'échange qui lui convenait particulièrement bien, au point de le considérer comme un objet produit en vertu de ce qui était sa norme par excellence, le *nomos* produisant le *nomisma.* Ce faisant, la cité a marqué la monnaie de son empreinte au point que nous, historiens modernes, avons du mal à l'analyser en dehors du cadre de la cité. Plusieurs exemples de monnayages hors normes – normes institutionnelles, normes financières, etc. – montrent cependant qu'il existait dans l'Antiquité grecque des monnaies en dehors du cadre institutionnel de la cité. Allons plus loin. Si le *nomos*, comme le prédisait Démarate à Xerxès, n'avait pas conduit les cités grecques à la victoire en 480[30], la monnaie n'aurait sans doute pas disparu, mais elle se présenterait sous une forme certainement différente. L'empreinte de la cité, l'empreinte d'un grand professeur méritent assurément d'être étudiées.

Olivier PICARD

29. Voir sur ce point le livre stimulant de Th. Martin, *Sovereignty and Coinage in Classical Greece*, Princeton, 1985.
30. Hérodote, VII, 104.

ACQUÉRIR ET TRANSMETTRE LES SAVOIRS : QUELQUES ASPECTS DE LA RÉFLEXION DES GRECS ANCIENS

Si l'on met de côté le thème de l'âge d'or, où les hommes vivaient comme des dieux, les savoirs fondamentaux, ceux qui permettent de passer de l'état d'animal au statut d'homme – et à ce stade il n'y a pas lieu de faire la distinction entre *épistèmai* et *technai* –, sont un don des dieux. C'est ainsi, par exemple, que Déméter donne le blé aux hommes et les fait passer, au sens strict, de l'état de nature à celui de culture. Si les dieux ne donnent pas ce savoir, on le leur vole ; mais celui qui est le bienfaiteur des humains n'est pas n'importe qui, c'est un Titan, Prométhée. Dans Eschyle, il ne se contente pas, comme chez Hésiode, de voler le feu, mais il donne tous les savoirs aux hommes :

> « Écoutez en revanche les misères des mortels, et comment des enfants qu'ils étaient, j'ai fait des êtres de raison, doués de pensée – νηπίους ὄντας τὸ πρίν / ἔννους ἔθηκα καὶ φρενῶν ἐπηβόλους. […] Au début, ils voyaient sans voir, ils écoutaient sans entendre, et, pareils aux formes des songes, ils vivaient leur longue existence dans le désordre et la confusion. Ils ignoraient les maisons de briques ensoleillées, ils ignoraient le travail du bois ; ils vivaient sous terre, comme les fourmis agiles, au fond de grottes closes au soleil. Pour eux, il n'était point de signe sûr ni de l'hiver ni du printemps fleuri ni de l'été fertile ; ils faisaient tout sans recourir à la raison – ἄτερ γνώμης τὸ πᾶν / ἔπρασσον, jusqu'au moment où je leur appris la science ardue des levers et des couchers des astres. Puis ce fut le tour de celle du nombre, la première de toutes, que j'inventai pour eux, ainsi que celle des lettres assemblées, mémoire de toute chose, labeur qui enfante les arts. Le premier aussi, je liai sous le joug des bêtes soumises soit au harnais, soit à un cavalier. […] Nul autre que moi non plus n'inventa ces véhicules aux ailes de toile qui permettent au marin de courir les mers. […] Ceux qui tombaient malades n'avaient point de remède ni à manger ni à s'appliquer ni à boire, et, privés de médicaments, ils dépérissaient, jusqu'au jour où je leur montrai à mélanger les baumes cléments qui écartent toute maladie. Je classai aussi pour eux les mille formes de l'art divinatoire. […] Et de même les trésors que la terre cache aux humains, bronze, fer, or et argent, quel autre les leur a donc révélés avant moi ? […] D'un mot, tu sauras tout à la fois : tous les arts (τέχναι) aux mortels viennent de Prométhée. »[1]

1. *Prométhée enchaîné*, v. 442-506, texte établi et traduit par P. Mazon, Paris, Les Belles Lettres

A côté de cette version des faits, il y en a une seconde, dans le chœur de l'*Antigone* de Sophocle, qui n'annule pas totalement la première mais centre tout sur l'homme, qui a su tout apprendre ou tout inventer :

> « Il est bien des merveilles en ce monde, il n'en est pas de plus grande que l'homme. Il est l'être qui sait traverser la mer grise, à l'heure où soufflent le vent du Sud et ses orages, et qui va son chemin au milieu des abîmes que lui ouvrent les flots soulevés. Il est l'être qui tourmente la déesse auguste entre toutes, la Terre, la Terre éternelle et infatigable, avec ses charrues qui vont chaque année la sillonnant sans répit. [...] Les oiseaux étourdis, il les enserre et il les prend, tout comme le gibier des champs et les poissons peuplant les mers, dans les mailles de ses filets, l'homme à l'esprit ingénieux (περιφραδὴς ἀνήρ). Par ses engins il se rend maître de l'animal sauvage qui va courant les monts, et, le moment venu, il mettra sous le joug et le cheval à l'épaisse crinière et l'infatigable taureau des montagnes. Parole, pensée vite comme le vent, aspirations d'où naissent les cités, tout cela, il se l'est enseigné à lui-même, aussi bien qu'il a su, en se faisant un gîte, se dérober aux traits du gel ou de la pluie, cruels à ceux qui n'ont d'autre toit que le ciel. Bien armé contre tout, il ne se voit désarmé contre rien de ce que lui peut offrir l'avenir (ἄπορος ἐπ' οὐδὲν ἔρχεται / τὸ μέλλον). Contre la mort seule, il n'aura jamais de charme permettant de lui échapper, bien qu'il ait déjà su contre les maladies les plus opiniâtres imaginer plus d'un remède. »[2]

Et l'on rejoint, comme à l'instant avec Prométhée, le thème du premier inventeur. Mais le premier inventeur est pleinement humain. Ce thème, qui a tant de succès dans la littérature grecque (on songe par exemple à la *Défense de Palamède* de Gorgias [§ 30] qui donne Palamède comme inventeur de la tactique militaire, des lois écrites, des lettres, des mesures et des poids, de l'arithmétique, des signaux lumineux et de « l'aimable distraction qu'est le jacquet »), peut déboucher sur des savoirs apparemment futiles. C'est ainsi qu'Hérodote raconte au livre I, 94 comment les Lydiens inventèrent les jeux d'osselets, de ballon, mais non, ajoute-t-il avec une précision presque comique, le jacquet. Cela se passait sous le règne d'Atys, fils de Manès, et comme une forte disette s'était abattue sur la Lydie, « de deux jours, l'un, ils jouaient toute la journée, pour se distraire de chercher à manger ; le lendemain, ils cessaient de jouer, et mangeaient. Ils vécurent de la sorte pendant dix-huit années »[3], avant que la moitié de la population ne soit obligée d'aller coloniser l'Ombrie.

Ces savoirs – à la fois généraux et particuliers, que l'on peut appeler civilisation –, toutes les sociétés humaines ne les possèdent pas, et un thème rhétorique

(Collection des Universités de France [CUF]), 1921.

2. V. 332-363, texte établi par A. Dain et traduit par P. Mazon, Paris, Les Belles Lettres (CUF), 1955.

3. Texte établi et traduit par Ph.-E. Legrand, Paris, Les Belles Lettres (CUF), 1932.

consiste à dire qu'Athènes ne les a pas gardés pour elle seule mais qu'elle en a fait bénéficier les autres. Isocrate écrit dans le *Panégyrique* que Déméter donna aux Athéniens (§ 28) « les récoltes, qui nous ont empêché de vivre à la façon des bêtes, et l'initiation, qui, à ceux qui y participent, donne pour la fin de la vie et pour toute l'éternité de plus douces espérances », et il ajoute (§ 29) : « notre cité fut non seulement aimée des dieux mais amie des hommes (φιλανθρώπως ἔσχεν) au point qu'ayant la disposition de si grands biens, elle ne les refusa pas aux autres et donna à tous une part de ce qu'elle avait reçu. »[4]

Pour acquérir à son tour un savoir que l'on vous transmet, les Grecs ont toujours insisté sur le fait qu'il fallait posséder à la fois le goût d'apprendre, le goût de s'exercer constamment, le désir de bien faire et d'être, en quelque manière, le « premier de la classe ». Ainsi le Cyrus de Xénophon dans la *Cyropédie* (I, 2, 1) :

> « Cyrus, d'après les récits et les chants qu'on entend encore aujourd'hui chez les Barbares, avait reçu de la nature une figure d'une très grande beauté, une âme très généreuse, passionnée pour l'étude et pour la gloire (φιλομαθέστατος καὶ φιλοτιμότατος) au point d'endurer toutes les fatigues, d'affronter tous les périls pour mériter des louanges. »[5]

Les Grecs n'ont jamais cru à la facilité, même si parfois, comme Platon, mais pour des raisons philosophiques qui tiennent à la théorie de la réincarnation, ils se sont amusés à dire que l'on n'apprenait jamais rien à personne, mais qu'on le lui faisait redécouvrir : ainsi l'esclave du *Ménon* dont il faut tout l'humour de Platon pour nous faire croire qu'il « redécouvre » tout seul, par le moyen de ce que nos pédagogues modernes appelleraient la « méthode inductive », que pour doubler la surface d'un carré il faut passer par la diagonale.

Dans tous les cas, en réalité, ce que l'on voit fonctionner, c'est le couple maître-disciple, et le vocabulaire grec pour dire cette relation est très intéressant. Διδάσκαλος vient de διδάσκειν « enseigner », et l'étymologie montre que c'est fatigant. Le verbe est, en effet, formé sur une racine *-da* (idée de connaissance, mais aussi d'habileté technique chez Homère), il présente un redoublement (*dida*) et un suffixe en *-sko* : comme le dit le dictionnaire étymologique de Chantraine, c'est « factitif et itératif ». On peut noter avec amusement qu'en grec moderne, le maître (δάσκαλος) a perdu son redoublement : on espère encore que cela sera factitif, mais sans doute ne veut-on plus – signe des temps – que ce soit itératif. Le disciple grec, μαθητής, lui, apprend (sur μανθάνω) et peut-être

4. Texte établi et traduit par G. Mathieu et E. Brémond, 4e édition revue et corrigée, t. 2, Paris, Les Belles Lettres (CUF), 1961.

5. Texte établi et traduit par M. Bizos, Paris, Les Belles Lettres (CUF), 1971.

aussi comprend-il, (autre sens de μανθάνω), en partageant la démarche intellectuelle (racine *math-*) de son maître, comme il partage son mode de vie. Et à plein temps, puisque les mots en -της (πολίτης « le citoyen », τεχνίτης « l'artisan ») indiquent un état. Une autre série de mots, pour désigner les disciples, est très concrète en grec : on dit, du ve siècle jusqu'aux Évangiles au moins, οἱ συνόντες, οἱ συμφοιτῶντες, οἱ μετ' αὐτοῦ « ceux qui sont avec, fréquentent, accompagnent ». Et il semble bien que ces expressions n'évoquent pas seulement une même famille d'esprit mais une vie commune et une sorte d'adoption au sein de la famille réelle, d'où une idée de filiation qui est très importante, au moins au début.

De fait, dans les représentations les plus anciennes, le savoir se transmet de père en fils au sein de familles qui le détiennent d'un ancêtre divin dont elles se réclament et auquel elles rendent un culte, se consacrant, les unes à la poésie, les autres à la médecine – ce qui, sous le patronage d'Apollon, n'est pas si éloigné qu'on pourrait le penser. On nous parle ainsi dans les textes des Homérides, pour les poètes épiques, ou encore des Asclépiades, pour les médecins. On remarque aussi le sens très juridique du serment hippocratique, comme s'il s'agissait de se prémunir contre les risques que peut entraîner la transmission du savoir hors de la famille naturelle et religieuse ; on procède donc à une sorte d'adoption dont les conséquences ne sont pas uniquement morales ou sentimentales :

> « Je jure par Apollon médecin, par Asclépios, par Hygie et Panacée, par tous les dieux et toutes les déesses, les prenant à témoins, de remplir, selon ma capacité (κατὰ δύναμιν) et mon jugement (κρίσιν ἐμήν), ce serment et ce contrat ; de considérer d'abord mon maître en cet art à l'égal de mes propres parents (ἴσα γενέτῃσιν ἐμοῖσι) ; de mettre à sa disposition des subsides et, s'il est dans le besoin, de lui transmettre une part de mes biens ; de considérer sa descendance à l'égal de mes frères (ἀδελφοῖς ἴσον ἐπικρινέειν ἄῤῥεσι), et de leur enseigner cet art (τὴν τέχνην ταύτην), s'ils désirent l'apprendre, sans salaire ni contrat (ἄνευ μισθοῦ καὶ ξυγγραφῆς) ; de transmettre les préceptes, les leçons orales et le reste de l'enseignement à mes fils, à ceux de mon maître, et aux disciples liés par un contrat et un serment (μαθηταῖσι συγγεγραμμένοισί τε καὶ ὡρκισμένοις), suivant la loi médicale, mais à nul autre. »[6]

Toutefois, cette fidélité à un unique maître ou à une unique école de pensée sera appelée à se nuancer ou à disparaître. On remarque, par exemple, que Galien – dans son traité *De cognoscendis curandisque animi morbis* VIII, 41 –

6. Traduction de J. Jouanna, *Hippocrate*, Paris, Fayard, 1992, p. 523. Texte grec de l'édition Littré.

rapporte que son père lui avait dit : « Tu ne dois pas te proclamer d'emblée membre d'une école mais te donner le temps d'apprendre à connaître et à juger les différentes doctrines »[7], et que c'est bien ainsi qu'il procéda pour se former.

Je ne m'attarderai pas sur les systèmes éducatifs dans l'Antiquité, pour en arriver tout de suite aux paradoxes platoniciens. Ce qui est intéressant en effet chez Platon, c'est le passage constant de l'observation du quotidien à la logique du concept, et vice versa, qui, à chaque fois, relativise ce qu'on obtient. Les réflexions du *Lachès* s'inscrivent dans l'observation de la pratique courante. Celui qui n'a pas eu quelqu'un pour lui transmettre son savoir et qui se lance tout seul dans une activité quelconque est suspect. Il est indispensable d'avoir un maître qui serve de garant d'une certaine connaissance, de référence, et même de carte de visite sociale. Mais le Socrate de Platon affirme deux voies de la connaissance : on la tient d'un maître ou on l'a trouvé tout seul, et donc on peut être son propre maître. Qu'a-t-on, chez Platon, trouvé tout seul ? et où se situe la problème de la transmission du savoir ? Il ne s'agit pas des inventions pratiques, comme c'est le cas pour le petit Hermès (dans l'hymne homérique) qui découvre une tortue et rit à l'idée qu'il va en fabriquer une lyre : ce type de savoir peut toujours se transmettre à autrui. Et ce n'est d'ailleurs pas ce qui occupe Lysimaque et Mélésias : ils veulent trouver un maître susceptible de rendre les âmes de leurs fils « aussi parfaites que possibles ». A priori, ce n'est pas une demande incongrue : les anciens poètes encourageaient les jeunes gens à ne pas démériter de l'*arétè* de leurs ancêtres, aussi bien à la guerre que dans le domaine politique. Mais, là où les sophistes offrent volontiers leurs services en tous domaines, le Socrate de Platon affirme (186a-b) :

> « Si nous déclarons que nous avons appris cet art, nous devons leur faire connaître quels maîtres nous avons eus, et prouver que ces maîtres, hommes de mérite eux-mêmes, avaient soigné habilement de jeunes âmes avant de nous transmettre leur enseignement. Si quelqu'un de nous déclare n'avoir pas eu de maître, mais peut du moins nous montrer ses œuvres, il doit nous dire quels individus, Athéniens ou étrangers, esclaves ou libres, sont devenus grâce à lui des hommes d'un mérite reconnu. Si nous ne pouvons rien faire de tout cela, prions nos amis de s'adresser à d'autres et ne nous exposons pas, en corrompant leurs fils, à la plus grave responsabilité envers les parents. »[8]

Mais Socrate précise, toujours dans le *Lachès* (186c), qu'il n'a pas eu de maître de sagesse et qu'il n'est pas inventeur lui-même : la transmission de

7. Traduction de P. Moraux, *Galien de Pergame, souvenirs d'un médecin*, Paris, Les Belles Lettres, 1985, p. 43.
8. Traduction d'A. Croiset, Paris, Les Belles Lettres (CUF), 1921.

ce savoir n'existe pas, pas même sur le modèle de la filiation hippocratique, malgré tous ces jeunes gens qui l'entourent. Dans l'*Apologie* (33a), il dit qu'il n'a pas de disciples : « Des disciples, à vrai dire, je n'en ai jamais eu un seul. Si quelqu'un désire m'écouter quand je parle, quand je m'acquitte de ce qui est mon office, jeune ou vieux, je n'en refuse le droit à personne… » Puis, selon un argument que l'on trouve partout dans la littérature grecque, dès les sophistes, chez Antiphon, chez Isocrate, il ajoute (33b) : « Après cela, si quelqu'un de ceux-là tourne bien ou mal, de quel droit l'imputerait-on à mes leçons, quand je n'ai promis ni donné de leçons à personne ? »[9] D'où la thèse insoutenable des premiers écrits que Platon consacre à Socrate dans des dialogues où il le met en scène comme meneur de jeu, sans jamais s'y inclure lui-même comme élève : le vrai maître, qui se définit par la conscience qu'il a de son ignorance, n'a pas reçu d'enseignement, sauf peut-être des dieux (en tout cas la Pythie de Delphes reconnaît Socrate comme le plus sage[10]), et ne transmet que le doute, ce qui fait éclater le couple conceptuel acquisition-transmission, puisque (*Ménon*, 96c) « s'il n'y a pas de maîtres, il n'y a pas de disciples ». Et d'une certaine façon, il est certain que Socrate n'a pas de disciples puisque Platon, qui évidemment ne daigne pas parler de Xénophon, loin d'imiter Socrate, fonde bel et bien une école où, de toute évidence, il enseigne quelque chose jusqu'à le codifier dans l'extraordinaire entreprise normative que sont les *Lois*, où il invente même un ministre de l'Éducation Nationale, tenant sans doute que la vertu peut s'enseigner, par le dialogue socratique, justement, ou bien par la coercition.

Si l'on abandonne la question de l'acquisition et de la transmission de la plus haute valeur morale, un autre savoir fondamental, qui sépare l'homme de l'animal, est l'acquisition et la transmission du sens de l'écoulement du temps, des événements marquants de l'histoire des hommes, bref la mémoire consciente des générations, et de leurs œuvres. Avec le premier historien dont il nous reste autre chose que des fragments, les buts et les moyens sont nettement définis.

Hérodote annonce qu'il écrit pour transmettre le souvenir d'un passé humain (τὰ γενόμενα ἐξ ἀνθρώπων) qui, avec le temps, ne doit pas s'effacer de la mémoire (τῷ χρόνῳ ἐξίτηλα γένηται) ni perdre sa gloire (ἀκλέα γένηται). Comme un aède, il choisit des actions grandes et étonnantes, aussi bien chez les Grecs que chez les Barbares, mais en fin de compte, expliquer pourquoi ils combattirent les uns contre les autres (τά τε ἄλλα καὶ δι' ἣν αἰτίην ἐπολέμησαν ἀλλήλοισι) n'est qu'un à-côté de son œuvre dont il ne cessera de s'écarter dans de nombreuses et passionnantes digressions où il prend soin de

9. Traduction de M. Croiset, Paris, Les Belles Lettres (CUF), 1920.

10. Le plus σόφος dans l'*Apologie* de Platon (21a), le plus libre, le plus juste et le plus σώφρων dans celle de Xénophon (§ 14).

préciser s'il a vu les choses lui-même – transmission au premier degré d'un savoir – ou si on les lui a racontées – transmission au deuxième degré, souvent frustrante car, coquetterie littéraire ou choix délibéré, il lui arrive souvent de dire qu'il connaît d'autres traditions sur un sujet mais qu'il les laissera de côté. Thucydide gardera cette distinction, du moins l'affirme-t-il au livre I, XXII, 2 :

> « En ce qui concerne les actes qui prirent place au cours de la guerre, je n'ai pas cru devoir, pour les raconter, me fier aux informations du premier venu, non plus qu'à mon avis personnel : – ce qui est une pointe contre Hérodote – ou bien j'y ai assisté moi-même, ou bien j'ai enquêté sur chacun auprès d'autrui avec toute l'exactitude possible. »[11]

Mais chez Thucydide, on trouve un élément supplémentaire ; la transmission des faits n'a pas seulement valeur d'information, elle a valeur didactique, ce qui suppose que les événements peuvent se reproduire et que le passé pourra éclairer l'avenir car, avec un bel optimisme, Thucydide pense aux générations futures capables de tirer un enseignement du vécu de leurs ancêtres. Dès ce même chapitre XXII, 4 du livre I, il écrit :

> « A l'audition, l'absence de merveilleux dans les faits rapportés paraîtra sans doute en limiter le charme ; mais, si l'on veut voir clair dans les événements passés et dans ceux qui, à l'avenir, en vertu du caractère humain qui est le leur, présenteront des similitudes ou des analogies, qu'alors on les juge utiles, et cela suffira. »

En fait, il traite l'histoire en médecin, et l'on pourrait appliquer à l'ensemble de son projet ce qu'il dit au livre II, XLVIII, 3 de la peste d'Athènes : « Pour moi, je dirai comment cette maladie se présentait ; les signes à observer pour pouvoir le mieux, si jamais elle se reproduisait, profiter d'un savoir préalable et n'être pas devant l'inconnu. »[12] Encore faut-il, bien sûr, vivre dans un pays qui ne connaît pas de grands cataclysmes, selon l'avis des prêtres égyptiens qui, à en croire le *Timée* de Platon, estiment que les Grecs et les autres peuples sont d'éternels enfants pour qui (22b) : « l'écriture, à chaque fois, se trouve de constitution récente, ainsi que toutes les autres nécessités de la civilisation, quand revient, à intervalles réglés, comme une maladie, fondre sur [eux] le torrent du ciel, ne laissant survivre que les illettrés et les gens incultes. »[13]

11. Texte établi et traduit par J. de Romilly, Paris, Les Belles Lettres (CUF), 1953, comme dans la citation suivante.
12. Texte établi et traduit par J. de Romilly, Paris, Les Belles Lettres (CUF), 1962.
13. Traduction de L. Robin, t. II, Paris, Gallimard (La Pléiade), 1950.

Comme Thucydide, Mme de Romilly croyait aux vertus de la lucidité : ses écrits sur l'enseignement en détresse, son action pour la sauvegarde des enseignements littéraires en témoignent. Comme lui, elle tentait de croire que le passé pouvait éviter les erreurs de l'avenir, mais surtout, comme le chœur de l'*Antigone* de Sophocle qu'elle aimait citer, elle avait foi dans l'homme « fécond en ressources », dût-il, à chaque fois, tout recommencer au début.

Dominique Arnould

ARCHIVAGE ET AFFICHAGE DES AFFRANCHISSEMENTS A DELPHES : LES OBLIGATIONS JURIDIQUES ET LEUR ÉVOLUTION*

A Delphes, l'acte d'affranchissement prend la forme d'un contrat de vente passé entre le propriétaire de l'esclave et le dieu Apollon : c'est un contrat de droit privé, conclu devant témoins et assorti de garanties. A partir de 200 av. notre ère et pour une raison que nous ignorons, ces contrats font l'objet d'une transcription sur la pierre. Ce qui est alors nouveau, ce n'est pas la procédure elle-même de l'affranchissement, c'est la publicité pérenne qui est désormais accordée au contrat par sa gravure. On peut supposer que la copie en était jusque-là affichée sur un support périssable, très probablement sur un λεύκωμα, un panneau de bois peint en blanc, sur lequel, nous dit Hésychius, étaient inscrites les ventes de biens, qu'il s'agisse d'un terrain ou d'un esclave[1].

* Références aux sources épigraphiques :

FD III = *Fouilles de Delphes*, t. III : *Épigraphie* (1909-1985).

SGDI = J. Baunack, in H. Collitz, F. Bechtel éd., *Sammlung der griechischen Dialekt-Inschriften* II.3-5, 1899.

SIG[3] = H. Pomtow, in W. Dittenberger, *Sylloge Inscriptionum Graecarum*[3], 1915.

Les actes d'affranchissement feront l'objet d'une prochaine publication dans le *Corpus des inscriptions de Delphes*, t. V, mais il n'a pas paru utile de donner ici et par anticipation les références à ce corpus.

1. Hésychius, *s.v.* « ἐν λευκώμασι » : ἔθος ἦν τὰ πιπρασκόμενα χωρία ἢ σώματα δημοσίᾳ ἀπογράφεσθαι ἐν σανίσι λευκαῖς, οἱ δὲ πυξίοις κεχρισμένοις λευκῇ γῇ, τὰ ὀνόματα καὶ τῶν κτημάτων καὶ τῶν ἀνδραπόδων καὶ τῶν πριαμένων αὐτά, ἵν' εἴ τις βουληθῇ αἰτιάσασθαι ἐπ' ἀδείας ἔχοι ἐντυχὼν τῷ λευκώματι. – L'existence, à Delphes, de tels « panneaux d'affichage » est attestée pour des documents publics. Lors de la célébration des *Eumeneia*, institués en 159/8, par exemple, chaque tribu doit fournir dix hommes pour la course aux flambeaux et respecter les dispositions suivantes : « que les chefs des tribus désignent ceux qui participeront à la course ; si l'un des chefs ne présente pas ses coureurs en bon ordre, la cité pourra lui infliger une amende de dix statères d'argent, qui seront consacrés ; que les magistrats recouvrent l'argent dès avant la fin de la fête, qu'ils en gardent la moitié pour eux-mêmes et fassent entrer l'autre moitié en compte ; s'ils ne peuvent le recouvrer, qu'ils fassent l'inscription au panneau public selon l'usage », ἀναγραψάτωσαν ἐν τὸν δαμόσιον πίνακα, καθὼς νομίζεται (*SIG*[3] 671-A, l. 11-15 ; autres éditions : G. Daux, *Delphes au IIe et au Ier siècle*, Bibliothèque des Écoles françaises d'Athènes et de Rome, 140, 1936, p. 682-686, et FD III 3, 238 ; J. Pouilloux dir., *Choix d'inscriptions grecques*, 1960 (réimpr. 2003), n° 11 ; K. Bringmann, H. von Steuben, *Schenkungen hellenistischer Herrscher an griechische Städte und Heiligtümer : historische und archäologische Auswertung*, 1995,

La gravure des affranchissements – que l'on suit sur environ trois siècles : de 200 av. notre ère à la fin du Ier siècle de notre ère – permet de suivre l'évolution de la procédure et, en particulier, l'apparition de clauses de plus en plus contraignantes pour l'affranchi. Elle permet aussi de suivre les modalités suivies pour l'archivage et l'affichage de ces documents, qui concernent l'un et l'autre le devenir du contrat après sa conclusion. Du reste, ces deux éléments se trouvent réunis dans une formule répétitive qui fait son apparition à partir de *ca* 20 de notre ère et dont le schéma le plus courant, emprunté à la première mention, est le suivant :

> τὴν ὠνὴν τιθέμεθα [κατὰ τ]ὸν νόμον, τὴν μὲν εἰς τὸ ἱερὸν τοῦ Ἀπόλ|λωνος ἐνχαράξαντες, ἣν δὲ τῇ Διοδώρου χ[ειρὶ γρ]ά̲ψαντε̲ς̲ ε̲ἰς τὸ δημόσιον γρα[μ]ματοφυλάκι[ον] διὰ τοῦ γραμματέως Νικάνορος[2].

Au terme de cette formule, la loi – κατὰ τὸν νόμον – fait désormais obligation au vendeur de déposer l'acte de vente dans les archives de la cité par l'intermédiaire du secrétaire de la cité et d'en faire graver le texte dans le sanctuaire d'Apollon Pythien[3].

Cette disposition nouvelle marque une rupture avec les usages antérieurs, tels qu'on peut les saisir dans la documentation pour les deux siècles qui précèdent. Durant toute cette période, en effet, deux éléments caractérisent l'archivage des affranchissements : le dépôt du contrat chez un tiers et l'absence de professionnalisation. L'archivage de ces contrats, en effet, n'est pas du ressort des autorités civiles ou religieuses : le contrat original est déposé chez un particulier qui en assure la conservation[4]. A travers les formules ἁ ὠνὰ παρὰ τὸν δεῖνα, τὰν ὠνὰν φυλάσσει ὁ δεῖνα, τὰν ὠνὰν ἔχει ὁ δεῖνα, *vel simile*, plusieurs textes désignent la ou les personnes qui conserveront l'acte de vente – car il peut y avoir plusieurs dépositaires, notamment lorsque le vendeur est étranger à la

n° 93 [E3], p. 151-152. Quant au nom des particuliers qui empruntent sur les fonds donnés par Attale II à la cité, il est transcrit « sur deux tableaux blanchis », ἐμ πίνακας λελευκωμένους δύο : voir le texte cité ci-dessous n. 17, avec les références.

2. *FD* III 6, 27, l. 13-14. C'est dans ce contrat que la formule apparaît pour la première fois ; elle est ensuite reproduite avec des variantes de détail.

3. Il est des cas où la mention de cette transcription n'apparaît pas, mais l'inscription est précisément là pour prouver qu'elle a bien été effectuée : cf. *FD* III 4, 502.

4. Bien que le mot ne soit jamais utilisé dans la documentation delphique, le dépositaire du contrat est à proprement parler un συγγραφοφύλαξ, attesté dans la documentation de l'Égypte ptolémaïque ; M.-F. Boussac, « Archives personnelles à Délos », *Comptes rendus des Séances de l'Académie des Inscriptions et Belles-Lettres* pour 1993, fasc. 3 (juillet-octobre), p. 683, applique le même terme au propriétaire de la maison de Skardhana, où ont été retrouvés près de 16 000 sceaux. – Sur le rapport entre le συγγραφοφύλαξ et le συμβολοφύλαξ dans l'Égypte ptolémaïque, voir F. Burkhalter, « Symbolophylax », in M.-F. Boussac, A. Invernizzi éd., *Archives et Sceaux du monde hellénistique. Actes du congrès, Turin, Villa Gualino, 13-16 janvier 1993*, *Bulletin de correspondance hellénique* (*BCH*), *Supplément* 29, 1996, p. 293-301 ; autres références réunies par M.-F. Boussac, art. cit., p. 683, n. 19.

cité de Delphes[5]. Sans doute l'un des prêtres, l'un des bouleutes et, surtout, le néocore sont-ils parfois désignés à cet office, mais ils le sont sans régularité. Du reste, si la conservation des contrats était liée à leur fonction, on mentionnerait de manière exclusive ou l'un des prêtres ou l'un des bouleutes ou le néocore, mais pas tantôt l'un, tantôt l'autre ; en outre, pour une période donnée, tous les contrats devraient être confiés à la garde ou du prêtre ou du néocore ou du bouleute – ce qui n'est pas le cas, puisque des particuliers en sont également dépositaires. On pourrait donc reprendre pour Delphes une remarque de Louis Gernet à propos d'Athènes : « dans des cités qui ne pratiquent communément que le dépôt chez un tiers – à Athènes et dans son rayon d'influence – il y a des exemples d'un usage curieux, celui où le tiers est un magistrat, mais un magistrat agissant à titre gracieux et non pas comme chargé d'un office régulier »[6]. D'ailleurs, si l'on trouve une fois – *une seule fois*, en fait – la mention ἁ ὠνὰ παρὰ τοὺς ἄρχοντας sans que le nom des bouleutes soit autrement précisé[7], il n'est pas rare à rebours qu'un prêtre, un archonte ou un bouleute soit désigné comme dépositaire du contrat sans que sa qualité soit indiquée : de fait, il n'agit pas alors ès qualités.

Ces particuliers ne sont pas davantage des spécialistes ou des professionnels de l'archivage. Si tel était le cas, la même personne aurait été nécessairement sollicitée à plusieurs reprises par différents vendeurs : or, sur les 86 personnes connues à qui l'on confie la garde des contrats, la plupart – 75 très exactement – ne sont sollicitées qu'une seule fois à cette fin :

Nombre de sollicitations	Nombre de personnes
1	75
2	6
3	1
4	1
5	2
11	1

5. H. Rädle, *Untersuchungen zum griechischen Freilassungswesen*, 1969, p. 86, estime que lorsqu'un même acte mentionne des témoins et des dépositaires du contrat originaires de la même cité, « so ist klar, daß man auf Beweisbarkeit der Freiheit gerade in diesen Städten besonderen Wert legte ». – L'existence de dépôts multiples pose la question de l'acte authentique. La situation est peut-être à rapprocher de celle que décrit F. Burkhalter pour l'Égypte ptolémaïque, art. cit. (n. 4), p. 294 : elle évoque les « actes dressés sous forme de *Doppelurkunden*, c'est-à-dire rédigés en double exemplaire sur une même feuille de papyrus ; la première copie, qui avait valeur d'original, était soigneusement enroulée, ficelée et munie de sceaux ; la seconde, ouverte et dépourvue de sceaux – exposée, par conséquent, aux risques de falsification –, pouvait être consultée en toute occasion ».

6. L. Gernet, *Droit et Société dans la Grèce ancienne*, 1955, p. 230-231.

7. *SGDI* 1863.

Dans cet ensemble, les personnes sollicitées plus d'une fois sont des notables : sollicité à trois reprises, Ξένων Βούλωνος est prêtre d'Apollon, comme Ἄθαμβος Ἀγάθωνος, sollicité à cinq reprises ; les trois autres à avoir été sollicités plus d'une fois sont des néocores : le néocore Ἀτεισίδας Ὀρθαίου Δελφός est sollicité au moins à quatre reprises[8], le néocore Καλλίερος Μέντορος Δελφός[9] est sollicité cinq fois et le néocore Μένης Πεισιστράτου Δελφός une dizaine de fois[10]. Mais on devine que ce dernier s'est peut-être imposé plus qu'il n'a été réellement sollicité, en tout cas qu'il a aimé à s'entremettre avant d'accéder au néocorat et plus encore dans l'exercice de ses fonctions de néocore : il apparaît en effet comme témoin dans pas moins de 107 affranchissements. – En d'autres termes, ces personnes à qui l'on confie la garde du contrat ne sont pas des notaires, pas même toujours des notables. Ce sont, pour qui requiert leur service, des « personnes de confiance », comme le dit Démosthène dans le *Contre Apatourios*, auprès desquelles on dépose des contrats de toute nature, et pas seulement des actes d'affranchissement : tel est le cas, par exemple, de la fondation testamentaire d'Alkésippos de Calydon[11].

On perçoit les effets très concrets de cette double disposition lorsqu'on analyse un à un chacun des documents. Dans bien des cas, on fait appel aux personnes présentes au moment de la conclusion du contrat ou que l'on sait pouvoir mettre à contribution aisément : on ne sera donc pas surpris de constater, par exemple, que, dans le cas des affranchissements à vendeurs étrangers, le dépositaire du contrat est témoin – et donc physiquement présent à Delphes – dans 60 % des cas et qu'il n'est pas nécessairement originaire de la même cité que le vendeur ; pour les affranchissements à vendeurs delphiens, pour lesquels la contrainte est moins forte, ce chiffre n'est plus que de 35 %[12].

Pour cette première période, la conservation des contrats se pose donc en termes identiques à ceux que l'on rencontre, par exemple, à Athènes ou à Délos pendant la période de l'Indépendance ou dans l'antique cité de Kallipolis ou encore dans l'Égypte ptolémaïque : dépôt du contrat chez un tiers, absence de professionnalisation[13]. A Delphes comme dans d'autres cités, on se trouve donc

8. *FD* III 2, 232 (?), 237; *SGDI* 1698 et *FD* III 6, 65.

9. *SGDI* 1843, 1832, 1761, 1764 et 1749.

10. *SGDI* 1819, 1912, 1913, 1760, 1956, 2295, 2028, 2275, 1705, 2202 et *FD* III 2, 232 (?).

11. *SGDI* 2101.

12. Sur les 85 contrats qui font mention d'un tel dépôt, 45 sont le fait de Delphiens et 40 le fait d'étrangers. – Dans l'article cité ci-dessus n. 4, F. Burkhalter observe que dans la documentation papyrologique « le *syngraphophylax* figure normalement au nombre des témoins » (p. 294, n. 2).

13. Pour Athènes, voir p. ex. les remarques de L. Gernet, *op. cit.* (n. 6), p. 230-231. Pour Délos, voir Cl. Vial, « La conservation des contrats à Délos pendant l'Indépendance », in *Comptes et Inventaires dans la cité grecque. Actes du colloque international d'épigraphie tenu à Neuchâtel du 23 au 26 septembre*

pour cette période dans la situation évoquée par Démosthène dans le *Contre Apatourios* (§ 36) : « partout et toujours, si les parties qui ont passé un contrat écrit scellent l'acte et le déposent chez une personne de confiance, c'est pour pouvoir, en cas de contestation, se reporter au texte et trancher le cas » (L. Gernet trad., Collection des Universités de France [CUF]).

Pour compléter ce premier tableau, il faut encore mentionner pour cette même période quelques textes qui apportent des précisions supplémentaires :

SGDI 2116	ἁ ὠνὰ κεῖται ἔν τε τῶι ἱερῶι τοῦ Ἀπόλλωνος <καὶ> παρὰ Κλέωνα τὸν ναοκόρον καὶ Φιλοκράτη, Εὔ[α]ρχον, Ἀριστόδαμον, Ἀμφισσεῖς, Καλλίαν Ἡρακλειώταν, [Δ]ρωπίναν Καλλιπολίταν.
SGDI 1912	ἁ ὠνὰ ἐν τῶι ἱερῶι καὶ παρὰ τὸν νακόρον Μένητα καὶ ἀντιγραφὰ παρὰ Πανκλῆ.
SGDI 1913	*idem.*
SGDI 2153	ἁ ὠνὰ παρὰ τὸν θεὸν ἐν ναῷ.
FD III 2, 125	ἁ ὠνὰ παρὰ [τὸν] ἄ̣ρχοντα Νεόξενον καὶ ἐν τῶι ἱερῶι τοῦ Ἀπόλλωνος τοῦ Πυθίου.

Je ne crois pas que l'on puisse faire fond sur ces quelques références pour parler, sans autre forme de procès, d'un dépôt de l'original « dans les archives du temple »[14] et, si la procédure avait été régulière, il serait surprenant que l'on n'en trouve pas de plus explicites références ; des expressions comme τὰν ὠνὰν ἕξει τῷ θεῷ Ἀβρόμαχος Δελφός, Λέων Ἴσιος ou ἁ ὠνὰ παρ' Ἀνδρόνικον τῷ θεῷ[15] me paraissent de nature à condamner l'hypothèse d'un dépôt régulier du contrat dans « les archives du temple ». De même, lorsque le contrat précise les modalités de l'archivage par les simples mots τὸ πινά̣κιον παρὰ Καλλίκωνα, il

1986 en l'honneur de Jacques Tréheux, D. Knoepfler éd., 1988, p. 49-60 (avec cette remarque p. 56 : « les Déliens avaient certainement coutume de déposer chez des amis des contrats qu'ils passaient entre eux ») ; M.-F. Boussac, art. cit. (n. 4), p. 677-693, avec une riche bibliographie. Les sceaux découverts dans une maison de l'antique Kallipolis ont été publiés par A. Pantos, *Τὰ σφραγίσματα τῆς Αἰτωλικῆς Καλλιπόλεως*, 1985. – Pour l'Égypte, voir les remarques de F. Burkhalter, art. cit. (n. 4), en part. p. 294 : « avant que l'usage d'enregistrer les actes privés auprès d'un notaire ne soit institué en Égypte, les *Doppelurkunden* étaient normalement déposés auprès d'une personne de confiance, choisie d'un commun accord par les parties : le *syngraphophylax*. Tout semble indiquer que ce choix était occasionnel, et qu'il n'existait pas de *syngraphophylax* professionnel, chargé officiellement de la conservation des contrats. »

14. R. Dareste, B. Haussoullier, Th. Reinach, *Recueil des inscriptions juridiques grecques : texte, traduction, commentaire*, II, 1898, p. 261. Même affirmation chez H. Rädle, *op. cit.* (n. 5), p. 86 ; M. Wörrle, in W. Lambrinudakis et M. Wörrle, « Ein hellenistisches Reformgesetz über das öffentliche Urkundenwesen von Paros », *Chiron* 13, 1983, p. 360 ; Y. Garlan, *Les Esclaves en Grèce ancienne*, 1982, p. 89 ; voir également le développement de P. Themelis, *Horos* 3, 1985, p. 38.

15. Respectivement *SGDI* 2011 et 2246.

désigne l'original[16]. Je comprends donc les indications des contrats *SGDI* 1912 et 1913 de la manière suivante : l'expression ἐν τῶι ἱερῶι renvoie à l'inscription proprement dite, le document original étant déposé chez le néocore Μένης et une copie auprès de Παγκλῆς d'Amphissa ; à partir de là, je propose de corriger le texte *SGDI* 2116 et d'écrire sur ce modèle : ἁ ὠνὰ κεῖται ἔν τε τῶι ἱερῶι τοῦ Ἀπόλλωνος <καὶ> παρὰ Κλέωνα τὸν ναοκόρον καὶ Φιλοκράτη, κτλ. Il est également fait référence à l'original et à l'inscription ἐν τῶι ἱερῶι dans le contrat *FD* III 2, 125. Seul le texte *SGDI* 2153 ferait donc état d'un véritable dépôt de l'original (?) *dans le temple*, ce qui ne signifie pas nécessairement *dans les archives du temple*, archives dont l'existence en tant que système organisé et officiellement reconnu n'est pas même établie[17].

Après 125, les mentions du lieu de conservation se font plus rares : pour les quelque 150 années qui vont de 125 av. notre ère à *ca* 20 de notre ère, treize affranchissements seulement mentionnent les conditions de la conservation du contrat[18], ce qui ne signifie pas que l'on abandonne pour autant ce mode d'archivage qui privilégie l'intervention des particuliers et demeure suspendu au choix du vendeur[19]. La dernière mention apparaît dans un affranchissement de la prêtrise XXVI (*ca* les deux premières décennies du Ier s. de n. è.) sous la forme τὰν ὠνὰν φυλάσει Διοκλῆς Φιλιστίωνος[20].

Cette dernière mention est intéressante en ce qu'elle permet de rendre plus sensible encore la modification importante qui intervient peu après dans le mode d'archivage des affranchissements. En effet, sous la prêtrise XXV (fin du Ier s. av. n. è.), l'on voit pour la première fois la mention du dépôt d'une copie de l'acte dans les archives de la cité : τὸ ἀντίγραφον ἐτέθη τᾶς ὠνᾶς ἐν τὰ δαμόσια

16. *SGDI* 2236. Dans l'affranchissement *SGDI* 2275, il faut rétablir le mot τὸ πινάκιον au lieu de τὸ πυξίδιον, donné par l'éditeur.

17. On comparera avec la situation attestée par les dispositions qui sont prises par le cité de Delphes pour les prêts consentis à des particuliers sur les fonds donnés par Attale II, et qui distinguent le dépôt dans le temple et le dépôt dans les archives publiques : « que [les commissaires] transcrivent les noms des emprunteurs, ainsi que leurs gages, sur deux tableaux blanchis et qu'ils en donnent lecture à l'assemblée ; que les gages soient de valeur suffisante et libres de charge ; qu'ils déposent l'un des tableaux dans le temple, l'autre aux archives publiques » (*SIG*³ 672, l. 28-31 ; autres éditions : *SGDI* 2642 ; G. Daux, *op. cit.* [n. 1], p. 686-698 ; J. Pouilloux, *op. cit.* [n. 1], nº 13 ; K. Bringmann et H. von Steuben, *op. cit.* [n. 1], p. 154-158, no 94). – De manière exceptionnelle, le décret en l'honneur du gymnasiarque Archélaos, fils d'Hygieinos (*ca* 100 de n. è.) fait de même l'objet d'une inscription (γραφῆμεν) « dans les archives publiques de la cité et dans le temple d'Apollon Pythien » (*SGDI* 2731 = *FD* III 3, 233).

18. Voir p. ex. l'affr. *SGDI* 2208 (prêtrise XVI : *ca* 60-50) et *FD* III 3, 334 (prêtrise XVII : milieu du Ier s. av. n. è.).

19. Cf. G. Klaffenbach, *SitzungsBerichte*, *Deutsche Akademie der Wissenschaften zu Berlin*, 6, 1960, p. 38, n. 1 : « in das Belieben des Freilassers gestellt war, wo er das Original der Freilassungsurkunden wollte, und ob und wieviele Abschriften er weiteren Personen anvertrauen wollte. »

20. *FD* III 3, 301.

γράμματα[21]. La formule est d'abord sans lendemain dans les affranchissements, mais, une vingtaine d'années plus tard, *ca* 20 de notre ère, apparaît la formule citée au début de cette présentation, qui s'impose désormais dans la quasi-totalité des textes et par laquelle la loi fait obligation au vendeur de déposer le contrat dans les archives de la cité διὰ τοῦ γραμματέως τᾶς πόλιος. Seuls deux affranchissements semblent encore hésiter et associer deux formes de dépôt :

FD III 6, 43 — Τίθεμαι τᾶς ὠνᾶς τὸ μὲν ἀντίγραφον ἐν τὰ δαμόσια τᾶς πόλιος γράμματα (...), τὸ δὲ αὐτόγραφον ἐπίστευσα τῷ θεῷ[22].

FD III 4, 502 — ἀποτίθεμαι μίαν μὲν ὠνὴν εἰς τὰ δημόσια τῆς Δελφῶν πόλεως γράμματα κατὰ τὸν τῆς πόλεως νόμον διὰ το[ῦ] γραματέως Λυσιμάχου, ἑτέραν δὲ εἰς Ἡρακλείδαν Προθύμου.

On observe en réalité trois modifications concomitantes :

– en premier lieu, une modification radicale dans le mode d'archivage des documents privés, désormais enregistrés dans les archives de la cité. Déposés durant les deux siècles précédents chez des particuliers, ils font désormais expressément l'objet d'un dépôt dans les archives de la cité, dont ils reçoivent ainsi la garantie – une garantie qui, pour reprendre une appréciation de Dion Chrysostome, est « plus digne de foi que les autres, parce que celui qui y recourt prend la cité à témoin ». Le même Dion Chrysostome exprime d'ailleurs un jugement qui s'applique parfaitement au nouveau mode d'archivage des affranchissements delphiques : πάντες ἡγοῦνται κυριώτατα ταῦτα ἔχειν ὅσ' ἂν δημοσίᾳ συμβάλλωσι διὰ τῶν τῆς πόλεως γραμμάτων καὶ οὐκ ἔνι λυθῆναι τῶν οὕτω διῳκημένων οὐδὲν οὔτ' εἴ τις ὠνήσαιτο παρά του χωρίον ἢ πλοῖον ἢ ἀνδράποδον αὔτ' εἴ τῳ δανείσειεν οὔτ' ἂν οἰκέτην ἀφῇ τις ἐλεύθερον οὔτ' ἂν δῷ τινι δωρεάν[23]. L. Gernet rappelle avec raison que « Dion Chrysostome n'est pas un juriste, c'est un rhéteur »[24] : son appréciation n'en a que plus de prix, parce qu'elle nous permet d'évaluer comment était perçue cette disposition par ceux qui y recouraient[25].

21. *SGDI* 2156.

22. Faut-il comprendre cette dernière expression comme l'équivalent de ἐν ναῷ, comme dans l'affranchissement *SGDI* 2153 déjà cité ? A partir de cette rédaction unique, G. Colin, *BCH* 22, 1898, p. 193, estime qu'il est de règle de confier l'original « à Apollon, c'est-à-dire sans doute aux prêtres ou au néocore du temple ».

23. Dion Chrysostome, 31.51. – A titre de comparaison, voir le statut des documents privés dans l'Égypte ptolémaïque : J. Mélèze-Modrzejewski, « Le document grec dans l'Égypte ptolémaïque », in *Atti del XVII Congresso internazionale di Papirologia*, Naples, 19-26 mai 1983, Centro internazionale per lo studio dei papiri ercolanesi, Naples, 1984, p. 1173-1187, en part. p. 1179-1180 ; F. Burkhalter, « Archives locales et archives centrales en Égypte romaine », *Chiron* 20, 1990, p. 191-215.

24. L. Gernet, *op. cit.* (n. 6), p. 231.

25. A propos d'une inscription thasienne, G. Daux, *BCH* 50, 1926, p. 228, n. 2, observait que l'enregistrement des contrats privés dans les archives publiques « présentait, pour les parties intéressées,

– en deuxième lieu, apparaît la mention d'un magistrat jusque-là inconnu, le secrétaire de la cité, dont j'ai montré ailleurs que la charge était annuelle et itérative[26]. On ne peut savoir si cette magistrature est nouvelle ou si c'est la modification dans le mode d'archivage qui la fait soudainement émerger dans la documentation. Quoi qu'il en soit, ce secrétaire de la cité n'intervient pas dans la rédaction du contrat, qui revient au vendeur lui-même ou à un tiers, comme l'indiquent les apostilles qui se multiplient à cette date. On jugera d'ailleurs des éventuelles compétences du secrétaire de la cité en la matière lorsqu'on saura que Διονύσιος Διονυσίου, qui occupe cette fonction sous la prêtrise XXVII (*ca* 20 de n. è. jusqu'au milieu du Ier s.), reconnaît dans un affranchissement de la prêtrise XXIX qu'il « ne sait ni lire ni écrire »[27]. Mais sa présence est nécessaire pour valider l'enregistrement de l'acte dans les archives de la cité[28].

– enfin, troisième modification, l'apparition de la nouvelle formule s'accompagne d'un changement du lieu de gravure. Le théâtre devient désormais le lieu privilégié pour l'inscription des affranchissements : non pas les murs de *parodoi*, utilisés au IIe s. av. notre ère, mais le podium de l'*orchestra*, les bases avoisinantes et les colonnes du bâtiment de scène.

Cette modification du système de conservation des contrats est à associer à deux autres évolutions de portée différente. Elle est tout d'abord à mettre en rapport avec une formule qui apparaît en même temps, mais qui n'a pas son caractère systématique. Au début du second siècle, l'acte de vente était conclu devant le temple. Or au moment même où l'on voit imposer le dépôt de l'acte dans les archives de la cité, certains textes font figurer dans leur intitulé la mention ἐν τᾶ ἐκκλησίᾳ[29]. Dans le passage d'un lieu religieux à un lieu proprement civil, on mesure toute l'évolution qui s'est produite en un peu plus de deux siècles : la cité prend désormais à son compte une garantie que le sanctuaire n'est

des avantages certains : il donnait à l'acte une consécration officielle et permettait un règlement mieux autorisé et plus rapide des contestations qui pouvaient s'élever par la suite ».

26. D. Mulliez, *BCH* 108, 1984, p. 374-379.

27. *FD* III 6, 53 (corr. l. 1 : D. Mulliez, *BCH* 107, 1983, p. 450, § d) : Dionysios fils de Dionysios, ou le secrétaire municipal qui ne savait pas écrire, à comparer avec « Pétaus, fils de Pétaus, ou le scribe qui ne savait pas écrire » (H. C. Youtie, *CE* 81, 1966, p. 127-143, repris avec *add.* dans *Scriptiunculae*, 1973). – Cet exemple précis achève de condamner, me semble-t-il, la conception d'un secrétariat municipal exercé par la même personne durant plusieurs années, ce qui supposerait en l'occurrence de réelles compétences.

28. Et non pas, comme l'écrit G. Colin, *BCH* 22, 1898, « pour rendre l'acte authentique ». D'ailleurs, comme on le voit avec les affranchissements *SGDI* 2156, *FD* III 6, 5 et 43, il arrive que l'on ne dépose dans les archives de la cité qu'une *copie* du contrat.

29. *FD* III 6, 27 et 31 ; *BCH* 108, 1984, p. 366-367. Mais on observera que cette forme d'affranchissement apparaît dès le second siècle av. notre ère pour des consécrations réalisées ἐν ἐννόμωι ἐκκλησίαι à Physkeis (*SGDI* 2097) ou à Élatée (*FD* III 2, 120) et envoyées à Delphes pour être gravées dans le sanctuaire d'Apollon Pythien.

plus à même d'accorder. Par ailleurs et de manière plus générale, une évolution affecte plusieurs éléments du formulaire des actes d'affranchissement : le recours à la première personne du singulier pour la mention des personnes qui donnent leur consentement à la conclusion du contrat, le reçu attestant le paiement, la désignation du garant, les indications relatives à l'archivage et à l'affichage et, phénomène nouveau lui aussi, les éventuelles apostilles, autographes ou écrites par un tiers[30].

La date de *ca* 20 de notre ère est donc fondamentale dans l'évolution de la procédure et surtout dans la perception qu'on en a par les inscriptions. On constate dans le même temps un changement dans le mode d'archivage, une modification du style du contrat et l'apparition de nouveaux éléments dans le formulaire. Le tout est contemporain de l'apparition d'un nouveau magistrat, le secrétaire de la cité, et d'une modification des lieux de gravure habituels. La rupture est donc complète. La question demeure posée de savoir s'il faut la relier à un mouvement de réforme plus vaste ou s'il ne s'agit que d'un *réajustement technique*.

Si l'on observe donc une rupture dans les dispositions prises en matière d'archivage, il n'en va pas de même en ce qui concerne la gravure. En ce domaine, trois questions se posent : y avait-t-il obligation de gravure ? Et si oui, à qui incombait-elle et quel sens faut-il lui donner ?

A partir du Ier siècle de notre ère, la loi fait explicitement obligation au vendeur de déposer l'acte de vente dans les archives de la cité *et* de faire graver une copie de cet acte dans le sanctuaire d'Apollon. Dans les textes antérieurs, on ne trouve nulle mention de cette obligation et l'absence de toute référence à une taxe sur la gravure, similaire à celle que l'on rencontre dans les affranchissements thessaliens, a parfois conduit à conclure qu'à Delphes, seul l'intérêt de l'une ou l'autre partie justifiait la publicité donnée au texte par l'inscription – ce qui revient à nier toute idée d'obligation de gravure[31]. Plus généralement, toutefois, on a admis que l'inscription était obligatoire et K.-D. Albrecht a réuni les différents arguments que l'on peut faire valoir en ce sens[32]. Le premier est purement pra-

30. A. Kränzlein, « Bemerkungen zu Form und Inhalt der delphischen Freilassungen », *Revue internationale des droits de l'Antiquité* (*RIDA*) 27, 1980, p. 84, a rapidement signalé qu'au début de l'ère chrétienne, on abandonnait un « objektive stilisierte Protokolle » pour adopter un « merkwürdiger Michstil » : « Gewisse Erklärungen der Freilasser werden nun subjektiv stilisiert. » Il mentionne le reçu, la désignation du garant et les indications relatives à l'archivage et à l'affichage, mais le passage à la première personne affecte d'autres éléments du contrat et s'accompagne d'une multiplication des apostilles.

31. Voir H. Pomtow, *Philologus* 57, 1898, p. 550, n. 31.

32. K.-D. Albrecht, *Rechtsprobleme in den Freilassungen der Böotier, Phoker, Dorier, Ost- und Westlokrer : untersucht mit besonderer Berücksichtigung der gemeinschaftlich vorgenommenen Freilassungsakte*, 1978, p. 202-203.

tique et consiste à considérer que le nombre même des actes d'affranchissement ne peut s'expliquer que par une obligation de publicité. Un autre argument prend en compte les affranchissements conclus à Delphes par des étrangers : la gravure à Delphes d'un affranchissement réalisé par un étranger n'a de sens que si elle est imposée par la loi, surtout quand une clause de *paramona* nous assure que l'esclave ne résidera pas à Delphes. Enfin, K.-D. Albrecht observe qu'en raison même des sommes que l'esclave investit dans son affranchissement proprement dit, il ne se serait pas engagé à payer en plus la gravure du texte s'il n'y avait eu là une obligation légale permettant la reconnaissance de son nouveau statut. Si l'on admet cette analyse, on admet par là même que la modification que l'on observe dans le mode d'archivage au début du Ier s. de notre ère va de pair avec une modification de la réglementation de l'affichage dont la responsabilité passerait désormais de l'affranchi au vendeur.

Mais il faut renoncer à considérer que l'obligation de gravure ait jamais incombé à l'affranchi ou encore que celui-ci avait tout intérêt à ce que le texte de son affranchissement fût gravé dans la pierre, comme si la pérennité de la gravure assurait la pérennité de son statut. L'obligation de gravure incombe au vendeur et, sur ce point, il n'y a nulle rupture entre les textes antérieurs au Ier siècle de notre ère et les suivants, la formule alors introduite dans les textes ne faisant que traduire explicitement une obligation inscrite dès avant dans la loi. C'est l'analyse répétée de la disposition des textes sur la pierre qui oblige à considérer que l'obligation de gravure est toujours revenue au vendeur. Pour ne rien dire des *apolyseis*[33] qui, à partir du Ier siècle av. notre ère, sont fréquemment gravées à côté des contrats qu'elles modifient, on pourrait signaler plusieurs exemples où des affranchissements dus aux mêmes vendeurs sont gravés, parfois à plusieurs années de distance, à proximité l'un de l'autre. Parmi les exemples disponibles, je citerai celui d'Ἀντίγονος Βαβύλου, qui fait graver un affranchissement auquel il procède (*FD* III 3, 275) au-dessous d'un affranchissement auquel procéda bien des années plus tôt son propre père et auquel il avait donné lui-même son consentement (*FD* III 3, 274). Je développerai surtout l'exemple qui me paraît le plus significatif : sur le mur sud du trésor des Athéniens, l'affranchissement *FD* III 2, 131 est curieusement disposé entre trois inscriptions dont la gravure est antérieure : l'affranchissement *FD* III 2, 130 au-dessus, la délimitation de frontière *FD* III 2, 136 à droite et le décret *FD* III 2, 141 en dessous. Les lignes 5 et 6 sont limitées à droite par l'invocation du texte *FD* III 2, 136 ; entre les deux dernières lignes du texte, l'interligne a été réduit presque de moitié à cause du texte déjà gravé en dessous. Si l'emplacement utilisé par le lapicide paraît par-

33. Les *apolyseis* délient l'affranchi(e) plus tôt qu'il n'était initialement prévu d'une obligation de résidence et de service inscrite dans le contrat et connue sous le nom de *paramona*.

fois échapper à toute logique, on peut en l'occurrence proposer une explication pour le choix de cette disposition. Εἰράνα, la vendeuse de l'affranchissement *FD* III 2, 131 est désignée sans patronyme ; or dans l'affranchissement gravé juste au-dessus, l'esclave affranchie s'appelle précisément Εἰράνα : dès lors, il paraît clair que la vendeuse de l'affranchissement *FD* III 2, 131, et l'esclave affranchie par le contrat *FD* III 2, 130, ne sont qu'une seule et même personne[34]. Devenue vendeuse à son tour, l'affranchie a souhaité que le contrat auquel elle procédait fût gravé sous son propre affranchissement, laissant au graveur le soin de s'accommoder des textes déjà gravés. On ne comprendrait pas ces regroupements si l'on ne supposait que le choix de telle ou telle place, sur un monument donné, répondait à une demande du vendeur à qui revenait donc le soin de faire procéder à la gravure du texte. Et si le vendeur faisait procéder à cette gravure, c'est qu'une disposition légale l'y obligeait. Du reste, l'affranchissement *SGDI* 1694 (milieu du IIe s. av. n. è.) pourrait fournir une confirmation de cette conclusion : ce texte, en effet, est le seul dans lequel l'acheteur ne soit pas le dieu Apollon, mais un ancien affranchi. Je comprends, dans la clause des lignes 10 à 14, que le vendeur reporte sur l'acheteur une obligation de gravure qui lui revient et l'assortit même d'une menace de poursuites pécuniaires en cas de défaillance.

Il faut encore faire intervenir dans le débat cinq textes[35] qui s'échelonnent entre 140 et *ca* 40 av. notre ère et qui comportent une indication relative à la gravure :

FD III 2, 225	ἀνẹ[γράφ]η ἐπὶ Τιμοκρίτου ἄρχονοντος, μην[ὸ]ς Ἰλαίου, βουλευόντων τὰν δευτέραν [ἑξάμ]ηνον Ἀριστίωνος τοῦ Ἀναξανδρίδα, Πραόχου τοῦ Ἀρχελ̣άου, γραμματ[ε]ύον[τος δὲ] Πάτρωνος τοῦ Ἰατάδα
Inédit (inv. 17257)	ἁ ὠνὰ ἀνεγράφη βουλευόντων Πολεμάρχου τοῦ Δάμωνος, Εὐ]κλείδα τοῦ [Αἰα]κ[ίδ]α.
FD III 3, 263	ἀνεγράφη βουλευό]ντων Διο[δώρου] τοῦ Δω<ρο>θέου, Σωστράτου <τοῦ> Διονυσίου.
Inédit	ἀνẹ[γ]ρ̣άφη [β]ουλευόντων Π[ολυ]τιμ̣ίδα τοῦ Ἀθ<ά>μβου, Μεγάρτα τοῦ Εὐαγγέλου.
(inv. 1852, côté droit)	
FD III 3, 282	ἁ ὠνὰ ἀνεγρά[φ]η βουλευόντων Ἀ[στοξένο]υ τοῦ Διονυσίου κα̣[ὶ] Εὐανγέλου τ[οῦ Ἀ]μύντα.

34. Le fait que le nom de son fils, Βίων, ne soit pas autrement attesté dans l'onomastique delphique, sinon pour un esclave affranchi quelques années plus tôt (*BCH* 113, 1989, p. 343-344), me paraît être un argument supplémentaire en faveur de cette explication.

35. Je ne prends pas en compte le texte inédit inv. 17252, largement restitué.

Ne disposerions-nous que de l'affranchissement *FD* III 2, 225 qu'il serait impossible de rien conclure, sinon que la gravure est datée. Mais les quatre autres documents ne font suivre l'indication de gravure que du nom des bouleutes. Comme il ne peut s'agir là d'un élément de datation, normalement fourni par la mention de l'archonte éponyme, il faut en conclure que les bouleutes sont chargés de contrôler la publicité donnée par l'ἀναγραφή aux affranchissements, comme ils le font pour la gravure des décrets[36]. Que l'ἀναγραφή soit contrôlée par les autorités civiques est une autre manière d'établir que la gravure répond bien à une obligation inscrite dans la loi.

Quel sens, enfin, donner à cette obligation ? On l'a déjà souvent répété, nombreux sont les textes gravés dans des endroits tels qu'ils ne sont pas lisibles dans des conditions normales. En d'autres termes, les affranchissements – comme bien d'autres inscriptions – ne sont pas gravés d'abord pour être lus. Et puisque l'obligation de gravure ne revient pas à l'affranchi, c'est que son objectif premier n'était pas de permettre la reconnaissance du nouveau statut de ce dernier : elle relève du droit général de la vente. En effet, pour qu'une vente soit réputée parfaite, le versement du prix de la vente était la condition nécessaire pour assurer le transfert de propriété du vendeur vers l'acheteur. Mais cette condition nécessaire n'était pas suffisante et il faut ici renvoyer à Théophraste :

> κυρία δὲ ἡ ὠνὴ καὶ ἡ πρᾶσις εἰς μὲν κτῆσιν, ὅταν ἡ τιμὴ δοθῇ καὶ τὰ ἐκ τῶν νόμων ποιήσωσιν, οἷον ἀναγραφὴν ἢ ὅρκον[37] ἢ τοῖς γείτοσι τὸ γιγνόμενον.
>
> « le contrat d'achat et de vente est parfait, en ce qui concerne l'acquisition de la propriété, quand le prix est payé et que les formalités légales, telles que l'inscription, ou le serment, ou l'appel aux voisins, sont remplies »[38].

36. Il y aurait lieu d'affiner l'analyse par une enquête portant sur l'ensemble de la documentation delphique, mais je ne doute pas de ce rôle des bouleutes dans la gravure des textes. Il est vrai que les décrets mentionnent rarement à qui revient cette charge et se contentent le plus souvent de la formule ἀναγράψαι δὲ τὸ ψάφισμα ; mais, en survolant la documentation, je ne vois que les bouleutes qui soient désignés à cette fonction : voir *FD* III 2, 20, 89, 92, et *FD* III 3, 238 et 242, tous textes de la première moitié du IIe s. avant n. è. De même, lorsque la cité décide de faire transcrire la loi sur les devoirs des enfants envers leurs parents, très certainement votée antérieurement, la transcription mentionne uniquement les bouleutes qui en sont chargés (L. Lerat, *Revue de Philologie, de Littérature et d'Histoire anciennes* 1943, p. 62-86, dont il faut corriger le commentaire sur ce point : le nom de l'archonte n'a pas été omis par le lapicide). La formule utilisée dans la fondation testamentaire d'Alkésippos *SGDI* 2101 – ἀναγραψάντω δὲ οἱ ἄρχοντες ἐν τῶι ἱερῶι καὶ ἁ ἀνάθεσις κυρία ἔστω – est probablement la plus explicite : c'est la gravure à laquelle font procéder les bouleutes (οἱ ἄρχοντες) qui confère sa validité ultime à la consécration.

37. Certaines éditions donnent οἶκον qui n'a pas de sens ici. L'affranchissement *SGDI* 2072 associe l'ἀναγραφή et le ὅρκος, prononcé en présence des prêtres.

38. Théophraste, *Traité des lois*, cité par Stobée, 44.22 ; traduction de R. Dareste, *La Science du droit en Grèce : Platon, Aristote, Théophraste*, 1893, p. 308.

Ce que J. Demeyere commente en ces termes : « si le paiement du prix suffit à transférer la propriété *inter pares*, certaines formalités sont requises pour rendre cette translation opposable aux tiers, du moins quand il s'agit d'immeubles » et en rappelant que, selon Hésychius, « la publicité était nécessaire aussi pour les ventes d'esclaves »[39]. Ainsi replacée dans le cadre général du droit de la vente en Grèce, l'obligation de gravure qui incombe au vendeur prend toute sa signification : elle assure la publicité de la vente et, en la rendant de la sorte « opposable aux tiers », prévient toute contestation à venir. L'indication d'Hésychius relative à la nécessaire publicité qu'il faut accorder aux ventes d'esclaves s'inscrirait, en fait, dans le même cadre[40].

Je souhaiterais conclure cette présentation par quelques mots sur le rapport entre le document déposé dans les archives et sa transcription sur les murs du sanctuaire. Plusieurs affranchissements, en effet, font référence au texte gravé dans le sanctuaire d'Apollon Pythien à travers des formules qui laissent penser que l'inscription pouvait servir de référence tout autant que l'acte de vente original :

SGDI 1919 ἀπέσταν καὶ ἀπελύθην Ἱεροκλῆς καὶ Ἱερόκλεα Ἀγαθαμερίδος τᾶς παραμονᾶς τᾶς παρὰ Ἱεροκλῆ καὶ Ἱερόκλεαν τᾶς ἀναγεγραμμένας ἐν τῶι ἱερῷ.

SGDI 1762, 1763, 1764 et 1743 :
κύριος ἔστω ὁ παρατυχὼν συλέων κατὰ τὰν ἀναγραφὰν καὶ ὠνὰν τὰν ἐν τῶι ἱαρῶι ἀναγεγραμμέναν.

SGDI 1815 κύριοι ὄντω συλέοντες κατὰ τὰν ὠνὰν καὶ ἀναγραφὰν.

SGDI 2261 ἁ δὲ ὠνὰ κυρία ἔστω ἁ ἀναγεγραμμένα ἐν τῶι ἱερῶι τοῦ Ἀπόλλωνος.

A travers ces différentes expressions, l'on pourrait croire que l'inscription a servi de document de *référence*[41] ; mais il faut prendre garde qu'il ne peut s'agir là, en toute occurrence, que d'une approximation juridique : le document original seul avait valeur probante en cas de contestation, ce qu'indique d'une certaine manière Démosthène dans l'extrait du *Contre Apatourios* déjà cité. L'inscription n'est qu'une copie du contrat original et, en cas de contestation,

39. J. Demeyere, « La formation de la vente et le transfert de la propriété en droit grec classique », *RIDA* 1, 1952, p. 262 et n. 155. Mais je ne comprends pas pourquoi J. Demeyere ajoute qu'« on ne peut citer à l'appui d'Hésychius les actes d'affranchissement de Delphes *vu leur caractère particulier* [je souligne] » : ils me paraissent au contraire tout à fait représentatifs de cette disposition légale.

40. Hésychius, *s.v.* « ἐν λευκώμασι », cité *supra* (n. 1).

41. Ce qui ne permet pas de conclure pour autant que « die Steineaufzeichnung war der maßgebliche Text » (H. Rädle, *op. cit.* [n. 5], p. 87, avec renvoi aux études d'A. Heuss et G. Klaffenbach).

peut d'autant moins faire foi qu'elle est dépourvue des éléments l'authentifiant (apostilles autographes ou sceaux) et qu'elle n'est pas même nécessairement une copie intégrale de ce document original. En effet, à côté d'affranchissements qui comptent plusieurs dizaines de lignes, quelques-uns sont réduits à leurs éléments essentiels, *i. e.* à ce qui les rend assimilables à aucun autre. L'affranchissement *SGDI* 1934, auquel procèdent deux frères en 157/6, en constitue l'exemple le plus probant :

Ἄρχοντος Πατρέα, μηνὸς Ἐνδυσποιτροπίου, ἀπέ-
δοτο Κλέων, <Ἀ>λκῖνος, τῶι Ἀπόλλωνι σῶμα ἀνδρεῖον ὧι
ὄνομα Ἴαρχος, ἀργυρίου μνᾶν τριῶν. Βεβαιωτὴρ κατὰ
4 τὸν νόμον· Λαιάδας Βαβύλου. Μάρτυροι.

La transcription est à ce point résumée que l'éditeur a considéré la gravure de ce document comme inachevée, puisque la liste nominative des témoins n'a même pas été gravée et que l'on s'est contenté de la simple mention μάρτυροι (*sic*). En réalité, la gravure est complète, mais la transcription n'a retenu en l'occurrence que les éléments essentiels du contrat : la date, le nom des contractants, l'objet de la transaction, le prix, le nom du garant et la présence de témoins. La transcription n'est donc *pas nécessairement* une copie mécanique du document original[42]. Que l'on ait cru pouvoir utiliser cette transcription comme référence pour soutenir les droits du nouvel affranchi n'est qu'un exemple supplémentaire de la distance qui sépare parfois la définition juridique d'un acte ou d'une pratique et la perception qu'en avaient ceux-là mêmes qui y recouraient.

Dominique Mulliez

42. La remarque vaut aussi pour d'autres documents : il y a loin, par exemple, entre une « proxénie » qui se contente d'énumérer les privilèges accordés par la cité et de les dater, et le décret honorifique original dont elle est issue, avec ses éléments de datation, ses considérants développés et l'énoncé de toutes les décisions, c'est-à-dire non seulement la liste des privilèges, mais aussi la façon dont ils seront communiqués, affichés ou mis en œuvre.

Addendum : cet article avait été remis à l'impression lorsque j'ai pris connaissance – trop tardivement – de l'étude de P. Sänger, « Überlegungen zur Semantik von τεῦχος in der Verwaltungssprache der Papyri und Inschriften », *Archiv für Papyrusforschung und verwandte Gebiete* 53 (2007), p. 15-30, en part. p. 23-24 et 26-27 pour Delphes. Les données en seront reprises dans la synthèse développée qui accompagnera la publication du corpus des affranchissements de Delphes.

« LES MYSTÈRES DE LA RHÉTORIQUE »

Jacqueline de Romilly a marqué de son empreinte l'étude de la rhétorique grecque. Dès 1956, dans son livre intitulé *Histoire et Raison chez Thucydide*, elle étudiait les discours antithétiques, le mot « raison », dans ce titre, incluant l'art du raisonnement, l'argumentation, la disposition, l'expression. En 1975, elle publia *Magic and Rhetoric in Ancient Greece*, sur lequel nous allons revenir. En 1988, c'était *Les Grands Sophistes dans l'Athènes de Périclès*, ouvrage qui comprenait un chapitre sur la rhétorique des sophistes. Par ailleurs, dans ses autres publications et dans ses cours, notamment au Collège de France, elle faisait intervenir la rhétorique, en s'appuyant par exemple sur les orateurs attiques pour ses recherches sur les idées morales et politiques. Ses disciples ont continué dans cette ligne, en tenant compte des sources oratoires, à leur tour, dans leurs travaux.

Une telle prise en considération de la rhétorique est remarquable, parce qu'elle n'était pas dictée d'avance. Jacqueline de Romilly commença sa vie d'helléniste à une époque antérieure au *rhetorical turn* des années 1950-1960. Sa formation et ses premières publications s'effectuèrent en un temps où la rhétorique, en France, était peu considérée en tant que domaine de recherche. Dans ces conditions, ce n'est pas Jacqueline de Romilly qui vint à la rhétorique : c'est la rhétorique qui vint à elle. En étudiant Thucydide, elle observa que le raisonnement de l'historien mettait en forme les faits et imposait leur interprétation. Attentive comme elle l'était au fonctionnement de l'intelligence et à la formulation des idées, elle sut voir, et faire voir, que les mécanismes intellectuels mis en œuvre dans le récit et dans les discours historiques – comme aussi dans la tragédie – étaient tributaires, à la fin du ve siècle av. J.-C., des innovations introduites par la rhétorique.

Ne craignons pas d'ajouter, puisque ici nous rendons hommage à Jacqueline de Romilly, qu'elle avait une pratique personnelle de la rhétorique, étant une des grandes oratrices du milieu intellectuel de sa génération, remarquable par sa voix, sa présence, sa clarté démonstrative, son esprit, ou encore sa force de conviction.

Ce dernier point – la force de conviction – est au centre de *Magic and Rhetoric in Ancient Greece*, le seul livre de Jacqueline de Romilly qui porte le mot « rhétorique » dans le titre. Cet ouvrage en anglais est issu de quatre conférences, les *Carl Newell Jackson Lectures*, que Jacqueline de Romilly prononça en 1974 à Harvard University, où elle fut accueillie par le professeur Glen Bowersock, alors directeur du département d'études classiques de cette université[1]. Le thème central du livre est la magie de la parole, plus précisément l'idée que les discours rhétoriques peuvent exercer, sur ceux qui les entendent, un pouvoir comparable à celui de l'incantation et de la sorcellerie. L'auteur montre que ce thème fit son apparition, dans l'histoire de la rhétorique, avec Gorgias. Il entra en concurrence avec une autre conception de la rhétorique, rationnelle celle-là, qui se développa au IVe siècle av. J.-C., et qui faisait reposer la persuasion sur des moyens logiques d'argumentation et d'expression. Le thème de la magie de la rhétorique, cependant, ne disparut pas, et Jacqueline de Romilly souligne son retour à l'époque impériale, chez les auteurs de la Seconde Sophistique. Ce livre était donc original parmi les études portant sur l'histoire de la rhétorique à l'époque. Il attirait l'attention sur une dimension magique, qui avait bien été identifiée par les savants à propos des conceptions de la poésie, mais qui n'avait pas été étudiée avec cette ampleur à propos de la rhétorique.

A la fin du livre, Jacqueline de Romilly cite André Breton[2]. Ailleurs, elle a évoqué son intérêt pour le surréalisme, à propos de Roger Caillois, son camarade d'École, promotion 1933, dont elle admirait les fulgurances inattendues de pensée et d'écriture[3]. Cette sensibilité au surréalisme contribue à expliquer une attitude réceptive à l'égard des prestiges de la parole. C'est ainsi que l'auteur d'*Histoire et Raison chez Thucydide* fit entrer l'irrationnel dans l'histoire de la rhétorique.

*

* *

A titre de contribution sur ce sujet, les pages qui suivent sont consacrées à une enquête sur l'expression « les mystères de la rhétorique ». Cette expression a rarement attiré l'attention des savants modernes et n'a pas été étudiée dans son développement historique[4]. Grâce aux outils d'interrogation électroniques,

1. L'ouvrage a été publié par Harvard University Press, Cambridge (Mass.)-Londres, 1975.
2. *Ibid.*, p. 85.
3. *Roger Caillois hier encore*, Montpellier, 2001.
4. Les remarques les plus développées ont été présentées par C. A. Behr et par M. Korenjak, cités respectivement *infra* n. 48 et n. 59.

nous avons cherché, dans la littérature gréco-latine et dans les textes byzantins du *Thesaurus Linguae Graecae*, les passages où sont associés le mot μυστήριον et les mots ῥήτωρ / ῥητορική, ainsi que les transcriptions latines *mysterium* et *rhetor* / *rhetorica* / *rhetorice*. Ont été ajoutés, subsidiairement et sans volonté d'exhaustivité, des cas où le mot μυστήριον ou des mots de la même famille sont employés sans avoir le mot « rhétorique » comme complément, mais dans un contexte rhétorique, ainsi que des textes dans lesquels apparaissent des mots, autres que μυστήριον, relevant du champ sémantique des mystères.

L'expression « les mystères de la rhétorique » est une métaphore. Il n'a jamais existé, dans l'Antiquité, de mystères, au sens de culte et de rites initiatiques et exclusifs, qui auraient été consacrés à la Rhétorique divinisée. Une telle métaphore n'est pas unique mais entre dans une série : il est question aussi, par exemple, dans les textes anciens, du ou des mystères de l'Amour[5], de l'amitié[6], de la philosophie[7], de la nature[8], de la vertu et du vice[9], voire des mystères de la goutte[10]. Dans le cas des « mystères de la rhétorique », l'expression a quelque chose d'inattendu, car elle associe les mystères, dont, en principe, on ne parle pas, avec l'art de parler ; elle associe le secret avec le discours public ; elle vise, en somme, les ἄρρητα de la ῥητορική, alors que la rhétorique, moins qu'aucun autre art, ne devrait être coupée du langage. On est donc en présence d'une métaphore piquante : piquante et, en même temps, hardie, car elle applique à la rhétorique une notion qui, pour les Anciens, était puissante et chargée d'un fort contenu religieux ; c'est pourquoi les occurrences ne sont pas nombreuses[11]. Le problème est de savoir s'il s'agit seulement d'une figure de style ou si cette formulation n'est pas plutôt porteuse de contenus importants pour notre connaissance des conceptions antiques de la rhétorique.

I. Un savoir abstrus

L'expression en cause n'est pas attestée dans la littérature grecque d'époque archaïque ou classique. Toutefois, l'idée que recouvre cette expression n'était pas totalement inconnue. Dans un passage des *Nuées* d'Aristophane, l'école

5. Platon, *Banquet* 209e ; Achille Tatius, *Leucippé et Clitophon* I, 9, 7 ; I, 10, 5. Mystères de Vénus ou d'Aphrodite : Ovide, *Art d'aimer* II, 609 ; Héliodore, *Éthiopiques* I, 17, 2.

6. Favorinus, *De l'exil* 15, 4 (éd. A. Tepedino Guerra, p. 88).

7. Lucien, *Hermotimos* 4.

8. Galien, *De usu partium* VII, 14 (éd. G. Helmreich, t. I, p. 419, 8). Cf. P. Hadot, *Le Voile d'Isis. Essai sur l'histoire de l'idée de Nature*, Paris, 2004.

9. Denys d'Halicarnasse, *Lettre à Pompée Geminos* VI, 7.

10. Lucien, *Podagra* 180.

11. A peine plus d'une demi-douzaine pour l'expression stricte « mystère(s) de la rhétorique ».

de Socrate (dans laquelle on enseigne beaucoup de matières, selon le comique, parmi lesquelles l'art de persuader) est présentée comme un lieu d'initiation à des mystères : le mystère du calcul des sauts de la puce, par exemple[12]. Chez Gorgias et chez Platon, la rhétorique est parfois présentée comme une magie, une sorcellerie, une incantation, ainsi que l'a démontré Jacqueline de Romilly[13]. Platon, en particulier, constitue une référence essentielle sur le sujet. Il était l'auteur de textes importants et influents sur l'expérience des mystères[14]. Il avait traité les thèmes du délire et de l'inspiration, et il avait commencé à appliquer ces thèmes à la rhétorique, pour la tourner en dérision[15]. D'où son omniprésence en arrière-plan du dossier. Les textes platoniciens ont pu contribuer à lancer l'idée de la rhétorique comme mystère, en un sens critique, bien qu'ils ne contiennent pas la tournure qui nous intéresse, l'association expresse du mot « mystère » avec le mot « rhétorique » n'y apparaissant pas. Point de « mystère » non plus chez les penseurs classiques de la rhétorique, comme Alcidamas, Isocrate ou Aristote. Les auteurs réunis dans le présent dossier sont allés au-delà de Platon ; ils ont ramassé l'idée en une métaphore et ont ouvert un débat, pour ou contre la conception mystique de la rhétorique.

Paradoxalement, la première occurrence d'une locution associant « mystères » et « rhétorique » apparaît, à notre connaissance, chez Cicéron, qui emploie l'expression « mystères des rhéteurs » à propos de l'usage des passions : [...] *de quibus dici non necesse est, ne rhetorum aperiamus mysteria* « [l'usage des passions] dont il n'est pas nécessaire de parler, pour ne pas dévoiler les mystères des rhéteurs »[16]. Il peut paraître étonnant de rencontrer ces deux mots grecs, *rhetorum* et *mysteria*, employés ensemble pour la première fois chez un auteur latin ; car ce sont des mots grecs, même s'ils ont été acclimatés dans la langue latine. C'est que Cicéron a reçu, interprété et problématisé un héritage grec ; de ce fait, le maître de la rhétorique latine, avec toute sa grandeur et son originalité, est un jalon essentiel dans l'histoire de la rhétorique grecque[17].

Ce que Cicéron appelle « mystères des rhéteurs » est l'art de jouer des passions, comme la colère par exemple, en feignant de les éprouver, pour mieux

12. V. 143, 258.

13. J. de Romilly, *op. cit.* (n. 1), chap. I et II.

14. C. Riedweg, *Mysterienterminologie bei Platon, Philon und Klemens von Alexandrien*, Berlin-New York, 1987, p. 1-69 ; W. Burkert, *Les Cultes à mystères dans l'Antiquité*. Trad. A.-Ph. Segonds, Paris, 2003, p. 88.

15. *Ménexène* 235c ; *Phèdre* 234d ; 238c-d.

16. *Tusculanes* IV, 55.

17. Une observation analogue est formulée, à propos de la transmission des œuvres rhétoriques de Théophraste, dans L. Pernot, « Théophraste, un innovateur dans le domaine de la rhétorique? », in *Comptes rendus des Séances de l'Académie des Inscriptions et Belles-Lettres* pour 2011, fasc. 3 (juillet-septembre), p. 1290.

les communiquer à l'auditoire[18]. Dans cette partie du livre IV des *Tusculanes*, il n'est pas question de recommander une telle attitude, car Cicéron s'oppose aux philosophes qui concédaient une trop grande utilité aux passions. C'est pour marquer une distance ironique face à la doctrine péripatéticienne des πάθη en rhétorique qu'est employée, de manière délibérément voyante, une expression issue du grec.

Quelques années auparavant, Cicéron avait déjà employé le mot « mystère », à propos de la rhétorique, dans un passage du *De oratore*[19] :

> *Quid ? si [...] petimus ab Antonio, ut ea, quae continet neque adhuc protulit [...], explicet nobis et illa dicendi mysteria enuntiet ?*
>
> « Pourquoi ne pas demander à Antoine de déployer pour nous la science qu'il conserve sans l'avoir jusqu'ici produite au jour et de révéler ces fameux mystères de l'éloquence ? »

A ce moment du dialogue, Crassus, qui a fini de parler, propose de demander à Antoine d'exposer sa propre conception de l'art oratoire. L'assistance réclame des règles, une méthode à suivre[20]. Pourquoi ne pas se tourner vers ce grand orateur qu'est Antoine ? Toutefois, Antoine affectait d'ignorer la théorie rhétorique ; il n'avait écrit qu'un petit traité publié, disait-il, à son insu et contre son gré ; en outre, il prétendait ne pas connaître les lettres grecques[21]. C'est donc en manière de pointe que Crassus désigne comme *mysteria* le savoir d'Antoine : il recourt à un mot grec face à celui qui disait mal connaître le grec, à un mot qui suggère un savoir volontairement caché face à celui qui disait n'avoir rien à révéler. Crassus suggère en souriant qu'Antoine en sait plus qu'il ne dit et qu'il doit cesser de garder sa science pour lui.

En l'état de la documentation, il est impossible de déterminer si Cicéron, dans les textes qui viennent d'être cités, est le créateur de la métaphore, ou s'il la reprend à d'autres qui, oralement ou par écrit, l'avaient utilisée avant lui.

Quintilien, à son tour, recourt à une comparaison avec les mystères, d'une façon moqueuse, en évoquant : *omnes fere qui legem dicendi quasi quaedam mysteria tradiderunt* « presque tous ceux qui ont transmis les lois de l'éloquence comme de certains mystères »[22]. Il entend critiquer les théoriciens qui fixent à l'orateur des règles absolues, en affirmant par exemple qu'à chaque question particulière il faut joindre des développements généraux, ou qu'il faut instruire

18. O. Heine, *Ciceronis Tusculanarum disputationum libri V*, 2. Heft, Stuttgart, 1957, p. 81.
19. I, 206.
20. *Ibid.* I, 205.
21. *Ibid.* I, 91, 94, 82.
22. *Institution oratoire* V, 13, 60.

le juge avant de l'émouvoir. Selon Quintilien, ces préceptes trop stricts sont le fait de rhétoriciens coupés des réalités du forum, qui ne voient pas que la véritable éloquence exige que l'orateur s'adapte aux circonstances et agisse selon les nécessités du moment. Le mot grec *mysteria*, ici encore, est une pointe. Il a été choisi parce que les cibles sont des théoriciens grecs, Théodore et Apollodore. D'autres passages de Quintilien reprennent le même thème, mais en utilisant le mot *sacra*[23].

Un témoignage grec, dans la veine critique, est dû au commentateur néoplatonicien Olympiodore d'Alexandrie (VIe s.). Ce texte revêt une importance particulière parce que, malgré sa date relativement tardive, il est le premier qui offre en grec l'expression « mystères de la rhétorique », avec le substantif μυστήριον (ici, comme le plus souvent, au pluriel) ayant pour complément le mot ῥητορική :

> Ἐπαρθεὶς ὁ Γοργίας ὑπὸ τῶν Σωκρατικῶν λόγων ἀποκαλύπτειν ὑπισχνεῖται τῷ Σωκράτει πάντα τὰ μυστήρια τῆς ῥητορικῆς. Λέγει οὖν ὅτι "τὴν δύναμιν τῆς ῥητορικῆς σαφῶς ἀποκαλύπτω σοι".
>
> « Poussé par les paroles de Socrate, Gorgias promet à celui-ci de lui dévoiler tous les mystères de la rhétorique. Il dit donc : "Je te dévoile clairement la puissance de la rhétorique". »

Le Gorgias de Platon, en réponse aux questions insistantes de Socrate, disait qu'il allait « essayer de dévoiler clairement toute la puissance de la rhétorique »[24]. Le verbe ἀποκαλύπτειν « dévoiler », dans cette phrase, n'a pas de valeur religieuse, mais désigne une explication d'ordre intellectuel. Dans le *Protagoras*, ce même verbe est utilisé, au sens de « dévoiler » sa pensée, par comparaison avec le fait de découvrir le torse d'un homme, en le dévêtant, pour mieux l'examiner[25]. L'objet sur lequel porte le dévoilement, dans la phrase du *Gorgias*, est lui-même d'ordre intellectuel, la notion de δύναμις signifiant, dans ce contexte, « pouvoir, faculté, capacité ». Mais le commentaire d'Olympiodore modifie l'esprit du texte platonicien, en substituant le mot « mystères » (μυστήρια) au mot « puissance » (δύναμις) ; ce changement de complément d'objet direct transforme la signification du verbe, en le projetant dans la sphère religieuse. Là où Platon voyait un dévoilement, Olympiodore voit une révélation. Cette lecture « mystique » des paroles de Gorgias est rendue possible par l'évolution

23. *Ibid.* V, 14, 27 : *Peregisse mihi uideor sacra tradentium artes, sed consilio locus superest* ; XII, 10, 14 : *Haec manus, quasi quibusdam sacris initiata…*

24. *Gorgias* 455d : Ἀλλ' ἐγώ σοι πειράσομαι, ὦ Σώκρατες, σαφῶς ἀποκαλύψαι τὴν τῆς ῥητορικῆς δύναμιν ἅπασαν. Cf. *ibid.* 460a : Καὶ πρὸς Διός, ὥσπερ ἄρτι εἶπες, ἀποκαλύψας τῆς ῥητορικῆς εἰπὲ τίς ποθ' ἡ δύναμίς ἐστιν.

25. 352a-b.

du sens des mots ἀποκαλύπτειν et ἀποκάλυψις, qui, après l'époque classique, se sont chargés d'une valeur religieuse pour désigner la révélation de mystères théologiques[26]. Porteur d'une culture religieuse plus riche et variée que celle du philosophe athénien, connaisseur et adversaire du christianisme, Olympiodore a libéré les potentialités qui existaient dans le passage platonicien. Tandis que Platon prêtait à Gorgias une tournure grandiloquente, le commentateur a conféré une portée nouvelle à la satire, en transformant le sophiste en charlatan pseudo-inspiré, en caricature de prophète, grâce à la métaphore des mystères.

Le mot « mystères » a donc servi à dénoncer ceux qui présentent la rhétorique comme un savoir abstrus et irrécusable, dont eux seuls seraient les détenteurs et qu'eux seuls seraient capables de révéler. Force était, dans la présente exposition, de commencer par le versant critique, à cause de la situation chronologique des textes de Cicéron, qui offrent les premières occurrences et qui sont critiques. Mais la métaphore des mystères fut également employée dans un sens laudatif. Le mot de « mystères » est un refus, mais c'est aussi une promesse. Comme l'écrit R. Turcan : « Il n'y a pas de mystères sans révélations. »[27]

Tel est le cas chez Denys d'Halicarnasse. Au moment d'aborder un sujet important et difficile (le caractère rythmique de la prose oratoire), l'auteur prévient que cette partie de la critique littéraire ressemble à des mystères, que la foule ne peut pas comprendre mais qu'il va essayer de rendre accessible à ses lecteurs : Μυστηρίοις μὲν οὖν ἔοικεν ἤδη ταῦτα « Voici un sujet qui ressemble à des mystères »[28]. Ici, nulle ironie, mais mise en valeur sincère du sujet. Dans le même esprit, la suite du paragraphe est tissée d'allusions à un fragment orphique. Ce n'est certainement pas un hasard si la comparaison avec les mystères intervient au moment où Denys s'apprête à traiter de Démosthène ; car le génie de cet orateur avait pour lui une dimension surnaturelle, comme on le verra plus loin[29].

Deux passages d'auteurs byzantins, datant du XIe siècle, complètent cet aspect du dossier. Le premier est extrait de la préface d'un commentaire au traité de rhétorique *Sur les formes* (*Peri ideôn*) d'Hermogène. L'auteur, Jean de

26. Cette évolution est soulignée dans les commentaires de l'Apocalypse de R. H. Charles, *A Critical and Exegetical Commentary on the Revelation of St. John*, Édimbourg, 1920, I, p. 4-5 ; E. Lohmeyer, *Die Offenbarung des Johannes*, Tübingen, 1953, p. 7.

27. *Liturgies de l'initiation bachique à l'époque romaine (Liber). Documentation littéraire, inscrite et figurée*, Paris, 2003, p. 39. Voir aussi, du même auteur, l'important article « Initiation », in *Reallexikon für Antike und Christentum*, 18, 1998, col. 87-159.

28. *La Composition stylistique* 25, 5.

29. Quintilien, *Institution oratoire* VI, 2, 25, pour introduire un approfondissement, parle d'ouvrir les *penetralia* du sujet (*penitus ipsa huius loci aperire penetralia*). La métaphore des *penetralia*, au sens de « sanctuaire secret », se retrouve *ibid.* XII, pr. 3, à propos de la philosophie (*sapientiae penetralibus*), et chez Tacite, *Dialogue des orateurs* 12, 2, à propos de la poésie (*haec eloquentiae primordia, haec penetralia*).

Sicile, qui est qualifié de « philosophe » dans le titre du commentaire, s'emploie à légitimer la rhétorique, en affirmant son utilité pour qui veut posséder la science politique et, de manière générale, progresser dans la philosophie. Par conséquent, écrit-il : ἀναγκαῖα τὰ τῆς πανδήμου ῥητορικῆς ὄργια καὶ μυστήρια, « les rites et les mystères de la rhétorique populaire sont nécessaires »[30]. L'expression « rhétorique populaire » (πάνδημος ῥητορική) mérite attention ; car elle est rare. On peut soupçonner Jean de Sicile de la devoir au néoplatonicien Synésios (IVᵉ-Vᵉ s. ap. J.-C.), seul autre auteur qui l'emploie, à notre connaissance, et qui l'emploie à une place en vue, au tout début de ses œuvres les plus célèbres[31]. Synésios se souvenait lui-même, certainement, de l'Ἀφροδίτη πάνδημος « Aphrodite populaire » du *Banquet* de Platon[32]. Il s'agit de distinguer deux niveaux, le niveau populaire, qui est celui de la rhétorique, et le niveau οὐράνιος « céleste », qui est celui de la philosophie.

Dans le texte de Jean de Sicile, le mot πάνδημος n'est pas péjoratif (non plus, du reste, que chez Synésios). Jean admet le caractère « populaire » de la rhétorique, en ce sens qu'elle enseigne à parler en public, devant le peuple ; et il considère que, lorsqu'elle est conforme à la vertu, la rhétorique n'est pas opposée à la philosophie mais en accord avec elle. C'est donc pour traduire la dignité de la rhétorique qu'il a recouru à la métaphore des mystères. Au premier abord, on est surpris de la rencontre entre les mots πάνδημος et μυστήρια, puisque, par définition, les mystères s'adressent à un nombre restreint d'initiés, et non à « tout le peuple ». Puis l'on comprend que cet oxymore veut indiquer que la rhétorique bien comprise, unie à la philosophie et à la vraie religion, est une discipline auguste et précieuse. C'est ainsi que le platonisme est récupéré au bénéfice de la rhétorique.

Jean Doxapatrès, quant à lui, fait référence aux mystères dans les premières lignes de son commentaire sur les *Exercices préparatoires* d'Aphthonios. Décrivant l'inquiétude éprouvée par les élèves qui passent de l'école du grammairien, où ils étudiaient les poètes, à l'école du rhéteur, où ils étudieront les exercices préparatoires de rhétorique puis la déclamation, il observe : τοῖς ἐκ ποιητικῶν μαθημάτων καὶ τῆς ἐκεῖθεν τερατολογίας ἐπὶ τὸ τῆς ῥητορικῆς ἥκουσιν ἄρτι μέγα μυστήριον [...] οὐκ ὀλίγον μὲν τὸ θάμβος « quand on a quitté l'étude de la poésie, avec ses récits merveilleux, et qu'on aborde tout juste le grand mystère

30. H. Rabe, *Prolegomenon sylloge*, Leipzig, 1931, p. 394, 12-13.

31. *Lettres* 1, *init.* : Παῖδας ἐγὼ λόγους ἐγεννησάμην, τοὺς μὲν ἀπὸ τῆς σεμνοτάτης φιλοσοφίας καὶ τῆς συννάου ταύτῃ ποιητικῆς, τοὺς δὲ ἀπὸ τῆς πανδήμου ῥητορικῆς ; cf. discours *A l'Empereur, sur la royauté*, 1 : λόγους γαύρους τε καὶ χλιδῶντας, οἵους ῥητορικὴ καὶ ποιητικὴ τίκτουσι, πάνδημοι τέχναι πάνδημα ἔκγονα. Jean de Sicile reprend cette expression un peu plus loin, p. 395, 17-18.

32. 180d-e.

de la rhétorique […], l'effroi n'est pas mince »[33]. Les élèves sont effrayés par la difficulté du domaine qu'ils affrontent. Mais, ajoute notre pédagogue, les meilleurs d'entre eux seront stimulés par la difficulté même et mettront toute leur application à la tâche. Savoir inconnu et nouveau, provoquant un frisson sacré : c'est en ce sens que la rhétorique est un mystère.

II. École et initiation

Les observations pédagogiques de Doxapatrès conduisent à une deuxième série de significations contenues dans la métaphore des mystères. A l'idée d'un savoir abstrus, qui a besoin d'être révélé, se combine l'idée d'une discipline à laquelle on s'initie progressivement, grâce à un enseignement.

> Ὁ δὲ ἀρξάμενος ἐκ τῶν βραχυτάτων ἄχρι τῶν τελεωτάτων διεξῆλθεν, ὥσπερ φασὶ καὶ μυεῖσθαι θεμιτὸν εἶναι τὰ μικρὰ πρῶτον.

> « Lui, en revanche, commença par les sujets les plus menus pour continuer jusqu'aux plus achevés, de même que, dit-on, la règle veut que l'on soit initié d'abord aux Petits Mystères. »[34]

Cette phrase est tirée de l'oraison funèbre du grammairien Alexandros de Cotiaion, rédigée par Aelius Aristide, qui fut son élève. Alexandros fut également un des précepteurs de Marc Aurèle. Aristide loue en lui l'enseignant et le chercheur, et il note qu'il avait pour méthode de s'élever des petites choses aux grandes, à la différence de ses trop nombreux collègues qui, dans leur désir de parvenir tout de suite aux grandes choses, négligeaient les petites. En cela, ajoute Aristide, Alexandros se conformait au précepte qui veut qu'on s'initie d'abord aux Petits Mystères avant d'aborder les Grands Mystères. Ce précepte, dont Aristide laisse aux lecteurs le soin de deviner l'origine, en usant d'un simple « dit-on », est une citation d'un passage du *Gorgias*, dans lequel Socrate prenait l'exemple de la succession des Petits et des Grands Mystères éleusiniens pour reprocher à Calliclès de ne pas suivre, dans la discussion, l'ordre voulu[35]. La référence aux mystères est donc, dans le texte d'Aelius Aristide, une manière de prôner une acquisition progressive du savoir, ce savoir étant conçu comme un bien caché et précieux. L'enseignement antique, on le sait, et notamment l'enseignement de la rhétorique, était très lent et graduel.

33. H. Rabe, *Prolegomenon sylloge*, *op. cit.* (n. 30), p. 80, 11-14.

34. Aelius Aristide, *Discours* XXXII, 7.

35. 497c. Voir J.-L. Vix, *L'Enseignement de la rhétorique au* II*e siècle ap. J.-C. à travers les discours 30-34 d'Aelius Aristide*, Turnhout, 2010, p. 528, n. 232.

Il faut mettre en face de ce passage d'Aristide un passage de Lucien, son contemporain, qui fait dire à un mauvais professeur de rhétorique qu'il est inutile de recevoir une initiation préalable. Εἰ μὴ προετελέσθης ἐκεῖνα τὰ πρὸ τῆς ῥητορικῆς « Si tu n'as pas reçu l'initiation préalable aux disciplines qui précèdent la rhétorique », cela n'a pas d'importance, dit le maître à l'élève, tu n'as qu'à continuer quand même, et tu parviendras à force d'effronterie[36]. Une telle leçon doit être comprise, naturellement, par antiphrase : Lucien critique ceux qui se contentent d'une méthode hâtive et, par là-même, il confirme l'existence d'un idéal progressif et initiatique de l'enseignement de la rhétorique.

Nombreux sont les auteurs qui expriment ce que nous pourrions appeler la conception « pédagogique » des mystères de la rhétorique, en présentant les écoles comme des sanctuaires dans lesquels les élèves s'initient ensemble à la connaissance. Cette conception aurait plu, croyons-nous, à Jacqueline de Romilly, qui durant toute sa vie défendit et illustra la notion la plus haute d'un enseignement désintéressé, riche de contenu, créateur d'une expérience partagée entre le professeur et les élèves, et laissant des marques inoubliables. Citons des exemples, qui figurent dans les œuvres de grands professeurs de rhétorique latins et grecs de l'époque impériale.

Quintilien déclare que « l'initiation aux mêmes études n'a pas moins de valeur sacrée que l'initiation au même culte »[37]. Philostrate assimile les séances dites « de la Petite Clepsydre » d'Hérode Atticus à un ἀπόρρητον « rite secret » : cette Petite Clepsydre était en effet un séminaire fermé, distinct des autres leçons du maître, auquel étaient admis seulement dix participants[38]. Eumène, le panégyriste d'Autun, compare plusieurs fois l'école de rhétorique à un temple, et cette comparaison était « l'expression d'un sentiment profond »[39]. Au IVe siècle, Himérios assimile son école à des mystères, ses élèves à des mystes et s'assimile lui-même au hiérophante[40] ; Libanios, de même, présente son école comme un sanctuaire des Muses et son enseignement comme une initiation aux rites d'Hermès[41]. Au VIe siècle, Choricios utilise l'expression τοῖς τὰ ῥητόρων τελουμένοις « ceux qui reçoivent l'initiation aux rites des rhéteurs » pour désigner les étudiants qui suivent les cours de rhétorique[42].

36. *Le Maître de rhétorique* 14 : ce passage est commenté par S. Zweimüller, *Lukian « Rhetorum praeceptor ». Einleitung, Text und Kommentar*, Göttingen, 2008, p. 285-288.

37. *Institution oratoire* I, 2, 20 : *neque enim est sanctius sacris isdem quam studiis initiari.*

38. *Vies des sophistes* II, 10, 1 (586).

39. É. Galletier, *Panégyriques latins*, I, Paris, 1949, p. 119.

40. *Or.* XXX, l. 21 ; XXXV, l. 1 ; LXIX, § 7-9 (éd. A. Colonna). Sur le vocabulaire des mystères chez Himérios, voir H. Völker, *Himerios, Reden und Fragmente*, Wiesbaden, 2003, p. 63-68.

41. Discours LVIII, 4.

42. VIII (*or.* 7), 5.

Ces tournures récurrentes traduisent un investissement psychologique profond, de la part des professeurs et des élèves, dans une activité fortement valorisée et considérée non seulement comme intellectuelle, mais encore comme spirituelle. Il faut rappeler les travaux de Pierre Hadot, qui ont montré que l'enseignement de la philosophie, dans l'Antiquité, avait une dimension religieuse, parce que le maître et les disciples vivaient en commun et partageaient les mêmes cultes, parce que l'enseignement reçu commandait un choix de vie et parce que l'exégèse des grands textes avait une valeur de révélation[43]. Les écoles de rhétorique, à l'époque impériale, partageaient certains de ces traits, d'autant plus que de nombreux professeurs enseignaient à la fois la philosophie et la rhétorique.

Un texte, notamment, pousse cette conception jusqu'au paradoxe. Dû à Himérios, sophiste, déjà cité, qui enseignait la rhétorique à Athènes, il est tiré d'une allocution composée en l'honneur d'un élève qui quittait l'école. Ce discours d'adieu, dont nous ne possédons plus que des extraits, présentait la particularité d'être composé sous forme dialoguée. Pour autant qu'on puisse en juger, il semble qu'à travers le masque des interlocuteurs du dialogue, la phrase que nous citons ci-après traduise le point de vue de l'élève, s'adressant au maître Himérios :

> οὐ μιμησάμενος τὸν μυστικὸν νόμον, ὃς ἐπόπτῃ τε καὶ μύστῃ μερίζει τὸν χρόνον, ἀλλὰ τὸν αὐτὸν ἐν ταὐτῷ μύστην τε ὁμοῦ καὶ προφήτην τῆς ἱερᾶς τελετῆς τῶν ἐν σοὶ λόγων δεξάμενος…
>
> « tu n'as pas imité la loi des mystères, qui assigne une période de temps différente à l'*epoptês* et au *mustês* : au contraire, tu as accueilli le même homme, en même temps, à la fois comme *mustês* et comme *prophêtês* de la sainte initiation à l'éloquence dans ton école. »[44]

Mustês et *epoptês* étaient deux degrés successifs de l'initiation aux Mystères d'Éleusis, tandis que *prophêtês* s'applique à celui qui transmet une révélation à autrui. L'interlocuteur fait donc gloire à Himérios, de manière paradoxale, de n'avoir pas respecté le caractère graduel qu'on loue d'ordinaire. Alors qu'il était d'usage de ménager une distinction entre les élèves débutants et ceux qui étaient plus aguerris, Himérios fit une exception en faveur d'un disciple exceptionnel, en le traitant à la fois comme élève et comme collègue. Cette promotion accélérée fait ressortir, *a contrario*, l'importance de la règle de progressivité, dont le thème des mystères est porteur.

43. P. Hadot, « Théologie, exégèse, révélation. Écriture dans la philosophie grecque », 1987, repris in *Études de philosophie ancienne*, Paris, 1998, p. 27-58 ; *Qu'est-ce que la philosophie antique ?*, Paris, 1995.

44. *Or.* X, § 4.

La métaphore des mystères, appliquée à l'enseignement de la rhétorique, est encore présente chez Michel Psellos (XIe s.). Dans une énumération des disciplines que les élèves pouvaient apprendre, l'auteur cite la géométrie, la philosophie, l'astronomie, en les caractérisant chacune d'une façon différente. Quand vient le tour de la rhétorique, il utilise la formulation suivante : τὰ τῆς ῥητορικῆς ἐμυοῦντο μυστήρια « [les élèves] étaient initiés aux mystères de la rhétorique »[45]. Cette expression a une fonction emphatique, parce que le passage a pour but de mettre en valeur les disciplines enseignées : autrefois, on bravait les éléments pour aller s'instruire loin de sa patrie. Tel n'est plus le cas des élèves d'aujourd'hui, auxquels Psellos reproche d'avoir déserté la classe.

Jean de Sardes (IXe s.), commentateur des *Exercices préparatoires* d'Aphthonios, avait apporté une précision : le cœur du mystère de la rhétorique, selon lui, était le mystère de la persuasion. Traitant de l'ordre dans lequel doivent être abordés les exercices préparatoires, et cherchant à expliquer pourquoi l'exercice de la fable vient en premier, Jean donne la raison suivante : ἀπὸ μύθου ποιούμεθα τὴν ἀρχήν, ὅτι ἐπὶ τὸ μέγα τῆς ῥητορικῆς μυστήριον, λέγω δὴ τὸ πιθανόν, τοὺς νέους εἰσάγομεν « nous commençons par la fable, parce que nous introduisons les jeunes gens au grand mystère de la rhétorique, je veux dire la persuasion »[46]. Effectivement, lorsque l'on compose une fable, il faut être persuasif, en ce sens qu'il faut adapter les paroles aux personnages et à la situation[47]. C'est là une première approche, pour les élèves, de ce qui sera leur objectif constant dans les compositions rhétoriques, la recherche de la persuasion.

La persuasion est un phénomène difficile à comprendre, puisqu'elle consiste à amener l'auditeur, sans contrainte apparente, à penser ce qu'il ne pensait pas, ou pas encore, auparavant. Face à cette énigme, on fit de *Peithô* une déesse. Les rhétoriciens, quant à eux, mirent la persuasion au centre de leurs préoccupations – puisque la définition la plus courante de la rhétorique est « art de persuader » – et cherchèrent à en donner les clés rationnelles. Toutefois, malgré toutes les recherches consacrées aux mécanismes de la persuasion, l'aura de mystère subsistait.

45. *Opera minora* (éd. A. R. Littlewood) 21, 41-42.

46. P. 11, 8-10 (éd. H. Rabe). Ce passage de Jean de Sardes est cité, sans nom d'auteur, par Doxapatrès, in H. Rabe, *op. cit.* (n. 30), p. 152, 18-20. Doxapatrès reprend encore la même idée, *ibid.*, p. 155, 9-11 : ὅτι τὸ πιθανὸν ἡμᾶς διδάσκει, ὅπερ ἐστὶ τὸ μέγα καὶ τελεώτερον τῆς ῥητορικῆς μυστήριον.

47. Plus précisément, il faut accepter l'invraisemblance de départ, inhérente à la fable, selon laquelle les animaux peuvent parler ; une fois posée cette convention, la vraisemblance est nécessaire (Jean de Sardes, *ibid.*, p. 34-35).

III. L'orateur, le discours, le public et les rivaux

A cause de cette aura de mystère, l'homme qui est maître de la persuasion apparaît comme un initié, et le discours, comme une cérémonie sacrée. La métaphore des mystères, qui s'applique à la rhétorique en tant que théorie et corps de doctrine, puis à la rhétorique en tant que discipline éducative et filière de l'enseignement, s'applique aussi à la pratique oratoire : à l'orateur, au discours, au public.

Le meilleur représentant de ce thème est Aelius Aristide. Ce sophiste, déjà rencontré plus haut, était dévot d'Asclépios, parce qu'il était convaincu que ce dieu lui octroyait une protection surnaturelle, à la fois du point de vue physique – en soignant ses maladies – et du point de vue moral – en encourageant sa carrière oratoire. Cette expérience ainsi que, de manière générale, la piété fervente du personnage l'amenèrent à se représenter la rhétorique comme une activité inspirée par les dieux et vouée au service des dieux. Tel est le contexte dans lequel, à plusieurs reprises, il utilisa des métaphores tirées des mystères et de l'initiation[48]. Deux illustrations méritent d'être citées.

Au début d'un hymne en prose en l'honneur de Dionysos, Aristide précise en quelle qualité il prend la parole : οὐ τῶν ἀμυήτων ἄρ' ἦμεν « nous ne faisons pas partie des non initiés. »[49] Par cette litote, Aristide se déclare initié, et le contexte indique qu'il s'agit de sa qualité d'initié aux mystères de la rhétorique, en l'occurrence à l'art de louer les dieux en prose, par opposition aux poètes qui louent les dieux en vers. En même temps, Aristide joue sur le fait que Dionysos était un dieu à mystères[50] et que le présent hymne prend place dans une cérémonie, ce qui démultiplie l'implication religieuse de la métaphore.

Dans un autre ouvrage, Aristide justifie une digression qu'il avait insérée dans un hymne précédent, et qui avait été critiquée par certains parce qu'il y parlait avantageusement de lui-même et de son activité oratoire. Cette digression, explique-t-il, fut causée par une inspiration subite, qui lui venait de la déesse Athéna, à laquelle était consacré l'hymne : elle était due à un état de transe, de

48. Outre les textes cités ci-après, voir Discours III, 50 ; XXVIII, 110, 135 (εἶτα μύστης ὢν τὸν ἱεροφάντην ἐξετάζεις;) ; XXXIV, 56 ; XXXVIII, 1. Le thème des « mystères de la rhétorique » chez Aristide a été remarqué par C. A. Behr, *Aelius Aristides and the Sacred Tales*, Amsterdam, 1968, p. 45, 107 ; « Studies on the Biography of Aelius Aristides », in *Aufstieg und Niedergang der römischen Welt*, II, 34, 2, 1994, p. 1164-1170.

49. Discours XLI, 2. L'imparfait du verbe ἦμεν s'explique par le contexte et par la particule ἄρα « de découverte » : littéralement, « adressons le présent discours au dieu pour signifier que nous ne faisions donc pas partie… » Sur cet hymne, voir J. Goeken, *Aelius Aristide et la rhétorique de l'hymne en prose*, Turnhout, 2012, p. 451 et suiv.

50. Voir R. Turcan, *Liturgies de l'initiation bacchique à l'époque romaine*, *op. cit.* (n. 27), et *Les Cultes orientaux dans le monde romain*, 3e tirage, Paris, 2004, chap. VII.

dépossession de soi, comme il en advient aux grands orateurs. Mais l'ignorant qui a critiqué Aristide est-il capable de comprendre cela ? Il est à craindre que non : Δέδοικα μὲν οὖν μὴ παρὰ κωφὸν λέγω καί τινα τρόπον ἐξορχῶμαι δεικνὺς ἀμυήτῳ τὰ ἱερά « J'ai bien peur de parler à un sourd et de profaner, en quelque sorte, les doctrines sacrées en les exposant à un non initié. »[51] La métaphore des mystères déploie ici sa richesse. Elle permet de caractériser la rhétorique inspirée comme une activité sacrée, l'orateur qui pratique une telle rhétorique comme un initié et un hiérophante, et ses adversaires comme des ignorants.

Le verbe ἐξορχεῖσθαι, que nous traduisons par « profaner », revient dans un autre discours d'Aristide, auquel il donne son titre, à propos des sophistes qui corrompent l'éloquence[52]. Les adversaires d'Aristide sont à la fois des profanes et des profanateurs.

Dans sa dévotion, Aelius Aristide était un cas extrême, mais non point isolé. Certains sophistes de la Seconde Sophistique vivaient des expériences religieuses intenses et se présentaient comme capables d'un commerce avec les dieux, recevant d'eux, par exemple, des injonctions en rêve. Il en est qui purent se considérer, à l'instar d'Aristide, comme initiés aux mystères de la rhétorique : tel le sophiste Hadrien de Tyr, qui, devenu titulaire de la chaire de rhétorique d'Athènes, était admiré – écrit Philostrate – à l'égal du hiérophante d'Éleusis[53].

Une confirmation est apportée, une fois encore, par Lucien. Dans le *Maître de rhétorique*, il décrit le mauvais orateur comme un non initié et comme un sacrilège, qui épie ce qu'il ne devrait pas voir (ἀτέλεστόν τινα καὶ κατάσκοπον τῶν ἀπορρήτων[54]) ; cette satire inverse ironiquement un thème qui, manifestement, avait cours. Dans le petit discours d'introduction intitulé *Dionysos*, il compare l'exhibition oratoire qu'il s'apprête à donner à un mystère bachique (τὴν τελετήν)[55]. On peut se demander si le *Dionysos* de Lucien vise le *Dionysos* d'Aristide ; malheureusement, la présence éventuelle d'allusions à Aelius Aristide chez Lucien est un problème qu'il n'est pas possible de trancher avec certitude. Quoi qu'il en soit, l'un et l'autre, Aristide le dévot et Lucien le railleur, offrent deux reflets opposés d'une seule et même conception.

En remontant dans le temps, il convient de rappeler un passage célèbre de Denys d'Halicarnasse, qui décrit les conséquences provoquées chez l'auteur par la lecture de Démosthène. Denys n'emploie pas le mot « mystère », mais cite des noms de mystères précis :

51. Discours XXVIII, 113.

52. Discours XXXIV *Κατὰ τῶν ἐξορχουμένων*. Sur la valeur du verbe ἐξορχεῖσθαι, voir Lucien, *De la danse* 15.

53. *Vies des sophistes* II, 10, 2 (587).

54. § 16.

55. § 5. Cette image est amenée par les § 1-4, qui contaient un « mythe bachique ».

Ὅταν δὲ Δημοσθένους τινὰ λάβω λόγον, ἐνθουσιῶ (...) Διαφέρειν τε οὐδὲν ἐμαυτῷ δοκῶ τῶν τὰ μητρῷα καὶ τὰ κορυβαντικὰ καὶ ὅσα τούτοις παραπλήσιά ἐστι τελουμένων.

« Chaque fois que je prends un discours de Démosthène, je suis saisi d'enthousiasme [...] Je me sens dans un état exactement semblable à celui des fidèles qui reçoivent l'initiation aux rites de la Grande Mère, des Corybantes ou à d'autres du même genre. »[56]

La réaction d'empathie décrite ici est exactement contraire à l'attitude du zoïle ignorant fustigé dans le discours d'Aristide *Sur la digression*. Compte tenu des passages examinés précédemment, il y a lieu d'ajouter foi aux propos de Denys d'Halicarnasse et de voir dans son émotion un exemple, donné par un expert, de participation aux mystères de la rhétorique.

*

* *

L'expression « les mystères de la rhétorique » a fait la preuve d'une permanence remarquable, pendant plus d'un millénaire, au cours de l'histoire de la langue grecque. La métaphore des mystères, dans sa concision (qualité qui est le propre de la métaphore), renferme en elle-même une conception de la rhétorique. Elle signifie que la rhétorique est une discipline difficile, d'apprentissage progressif, qui a ses lois, auxquelles il faut être initié. Le savoir rhétorique, comme le savoir porté par les mystères entendus au sens propre, est un savoir civilisateur et bienfaisant pour l'humanité[57]. La rhétorique peut faire pièce à la philosophie. Surtout, la métaphore des mystères suggère qu'il entre dans la persuasion une dimension divine. Elle est un point d'affleurement du thème de l'inspiration et du surnaturel en rhétorique[58]. Elle exprime un au-delà de la *tekhnê*.

Ces caractéristiques expliquent pourquoi cette métaphore s'est développée à l'époque post-classique. Amorcée dès Cicéron, l'évolution s'est poursuivie à l'époque impériale et à l'époque byzantine. Pour que la rhétorique en vînt à être qualifiée de mystère, il fallut une série de mutations, parmi lesquelles trois facteurs sont à retenir en particulier.

56. *Démosthène* 22, 2-3. Ces lignes font écho au célèbre passage du *Banquet* 215d-e, qui décrit l'effet que les paroles de Socrate produisent sur Alcibiade : Démosthène prend la place de Socrate.

57. Le thème de la bienfaisance est implicite dans les passages analysés ci-dessus. Pour des affirmations plus explicites, débordant la rhétorique et se référant au caractère bénéfique de l'initiation à la langue et à la culture en général, voir Aelius Aristide, Discours I, 330 ; XXIII, 22.

58. Sur cette conception, nous nous permettons de renvoyer aux observations que nous avons présentées dans *La Rhétorique de l'éloge dans le monde gréco-romain*, Paris, 1993, II, p. 625-635.

Déjà à l'époque classique, mais encore davantage par la suite, la rhétorique prit de plus en plus le relais de la poésie, les discours se chargeant de fonctions précédemment dévolues aux poèmes. C'est pourquoi les orateurs purent développer une aura mystique qui était auparavant l'apanage des poètes.

La vie politique et sociale de l'Empire romain et de l'Empire byzantin obéissait à des principes plus aristocratiques et élitistes que ceux de la démocratie athénienne. Dans un tel contexte, la référence aux mystères traduisait l'écart, la barrière existant entre le commun des mortels et les détenteurs de l'art de parole, art de conduire les autres et de les dominer[59].

Enfin, de manière générale, la littérature s'ouvrit à partir de l'époque impériale, plus largement qu'autrefois, à l'expression des expériences religieuses et du besoin de croire, et ce mouvement affecta la rhétorique. Au XIe siècle, selon G. Kustas, la rhétorique put être conçue comme un acte religieux, voire comme un sacrement, chargé de valeur théologique et philosophique[60].

Le développement de la métaphore « les mystères de la rhétorique » n'est donc pas dû à une évolution des mystères, mais à une évolution de la rhétorique, dans le cadre d'un développement social et spirituel de la civilisation. Cette métaphore est un aspect, ponctuel et significatif, de l'histoire des rhétoriques religieuses.

Laurent PERNOT

59. Ce point a été souligné par M. Korenjak, *Publikum und Redner. Ihre Interaktion in der sophistischen Rhetorik der Kaiserzeit*, Munich, 2000, p. 216.

60. G. L. Kustas, *Studies in Byzantine Rhetoric*, Thessalonique, 1973, p. 124, n. 1.

MUSIQUE ET PAYSAGE DANS LA POÉSIE GRECQUE DU Ve SIÈCLE AV. J.-C.

« Le silence était total sur ces lieux sacrés ; et c'était en quelque sorte le silence de ce qui n'est plus, mêlé à la mémoire de ce qui a été. Et pourtant j'étais là, moi, bien réelle ; je respirais l'air frais du matin ; j'entendais, dans ce silence même, que leur présence rehaussait, un ou deux oiseaux aussi libres que moi dans le sanctuaire où tout se taisait. Je n'aurais pas pu dire si l'émotion que je ressentais venait de ce que je retrouvais le passé, ou bien de ce que je le retrouvais en tant que passé, aboli et révolu. [...] Je percevais en moi comme l'écho de ces noms que je n'avais pas besoin de prononcer : les Phédriades, Castalie, et la tholos de Marmaria. Tout était là, présent, mêlé. [...] Et tout cela dans un silence entrecoupé de chants d'oiseaux »[1].

C'est en ces termes que Jacqueline de Romilly a exprimé l'émotion musicale qu'elle avait ressentie lors de deux matinées passées à Delphes, dans un petit ouvrage intitulé *De la flûte à la lyre*, où la musique habite les lieux.

La capacité de la musique à imiter les sons d'un paysage nous paraît aujourd'hui aller de soi, mais c'est le fruit d'une longue évolution qui part de Vivaldi (lorsqu'il suggère par exemple la chute des flocons de neige dans le premier mouvement de *L'Hiver*) pour aller au poème symphonique (ainsi *La Mer* de Debussy), un pas décisif ayant été franchi par Beethoven dans sa *Sixième Symphonie*. Dans l'Antiquité, la notion même de paysage est déjà problématique, car elle est tributaire d'une manière de concevoir son environnement propre aux sociétés modernes. Mais les Grecs entendaient bien des sons familiers qu'ils nommaient – voire reconnaissaient – dans la nature, des sons qu'ils connaissaient par leur pratique musicale. Que pouvons-nous savoir de cet environnement sonore ? R. Murray Schafer, dans *The Tuning of the World* (1977)[2], a développé pour la première fois le concept de « soundscape ». Les travaux des dernières années, notamment scandinaves[3], sur le paysage sonore des popula-

1. J. de Romilly, *De la flûte à la lyre*, Saint-Clément-de-Rivière, 2004, p. 110 et p. 120.

2. Une traduction française en a été publiée à Marseille en 2010, sous le titre *Le Paysage sonore, la Musique du monde*. Cette notion a été reprise en particulier par J.-M. Fritz dans *Paysages sonores du Moyen Âge*, paru en 2000.

3. Voir en particulier C. S. Lund, « The Archaeomusicology of Scandinavia », *World Archaeology*, 3, 1981, p. 246-265, et « Prehistoric Soundscapes in Scandinavia », in *Sounds of History, Report n° 6*

tions de l'âge du Fer en Europe du Nord, ont montré la possibilité d'en faire l'archéologie. Pour le monde grec, on peut ajouter aux vestiges et à l'iconographie les textes. Les poètes grecs en effet ont trouvé des mots pour décrire ce qu'ils entendaient et surtout donner l'impression à l'auditeur de les entendre à leur tour, ou du moins d'y reconnaître une expérience vécue. Au ve siècle, la poésie semble se construire entre deux pôles : celui où les entités surnaturelles causent les bruits et celui où la nature produit des sons d'elle-même, au point que l'on peut se demander si la nature n'est pas peu à peu considérée comme un instrumentiste.

Les sons de la nature : l'horizon sonore des Grecs

Le « paysage sonore » poétique des Grecs est perceptible dès l'épopée homérique, et Pindare s'en fait l'héritier : sans doute son origine béotienne et ses nombreuses pérégrinations n'y sont-elles pas étrangères. Toutefois, cet horizon sonore paraît limité, car il n'y a guère qu'un timbre naturel dominant dans l'œuvre de Pindare : le grave. Les sons aigus, comme on le verra, sont bien plus rares. Seuls les sons produits par la nature intéressent ici notre propos : nombreuses sont les scènes où le paysage n'est qu'une toile de fond pour des manifestations musicales, par exemple le cortège d'Apollon et des Muses. Mais généralement, elles sont dissociées des bruits que la nature fait par elle-même. On en citera néanmoins un exemple original dans les *Isthmiques*, où l'on trouve une certaine adéquation entre la nature et la manifestation sonore[4] :

> [...] πέφνεν δὲ σὺν κείνῳ
> Μερόπων ἔθνεα καὶ τὸν βουβόταν οὔρεϊ ἴσον
> Φλέγραισιν εὑρὼν Ἀλκυο-
> νῆ, σφετέρας δ'οὐ φείσατο
> χερσὶν βαρυφθόγγοιο νευρᾶς
> Ἡρακλέης.
>
> « [...] c'est avec lui qu'il tua
> le peuple des Méropes et le bouvier semblable à une montagne,
> Alcyonée, qu'il avait trouvés dans la plaine de Phlègres,
> et il ne ménagea pas
> de ses mains sa corde au son grave,
> lui, Héraklès. »[5]

from Sound Environment Center at Lund University, F. Mossberg éd., Lund, 2008, p. 12-29.

4. Pindare, *Isthmiques* VI, 31-35.

5. Sauf mention contraire, les textes proposés suivent l'édition de la Collection des Universités de France. Les traductions sont de l'auteur.

La plaine sert ici de cadre, sur lequel se détache le son de l'arc d'Héraklès, qui pourrait tout aussi bien être une lyre. Philippe Monbrun a bien montré que l'Apollon archer et l'Apollon lyricine manient un instrument à cordes semblable[6]. De fait, Pindare parle seulement de « nerf », ce qui renvoie à la corde de l'arc comme à celle de la lyre. Le bruit qui en est tiré, quant à lui, est qualifié de βαρύφθογγος, « au son grave ». C'est précisément ce type de composés qu'on trouve dans toute l'œuvre de Pindare pour qualifier les sons de la nature.

En effet, le lexique utilisé pour les décrire fait la part belle aux composés de βαρυ-, dont l'usage semble toutefois se limiter aux phénomènes célestes, en particulier la foudre. Il faut même préciser que ce n'est jamais la foudre ou le tonnerre qui est dit avoir un son en bas de tessiture, mais c'est Zeus, le dieu qui en est à l'origine, qui est doué de ces qualités.

Le terme le plus neutre est βαρύοπα, qui pourrait être indépendant du bruit du tonnerre si l'association n'était pas clairement faite dans le passage où Pindare l'emploie. On lit en effet dans la sixième *Pythique*[7] :

> μάλιστα μὲν Κρονίδαν,
> βαρύοπα στεροπᾶν κεραυνῶν τε πρύτανιν,
> θεῶν σέβεσθαι·
>
> « C'est surtout le fils de Chronos,
> à la voix grave, maître des éclairs et de la foudre,
> que parmi les dieux il faut honorer. »

Zeus à la voix grave est maître des éclairs et de la foudre, ce qui a conduit A. Puech dans la Collection des Universités de France à traduire : « maître qui fait gronder la foudre et les éclairs ». Il n'y a pas à douter que le feu du ciel soit lié à cette voix grave.

Plus précis est le composé βαρυσφάραγος : P. Chantraine rappelle que le verbe σφαραγέομαι et sa famille « expriment de façon expressive des bruits »[8]. Dans la huitième *Isthmique*, le père du divin Éaque, Zeus, est βαρυσφάραγος sans plus de précisions[9]. Comparons avec le début de la neuvième *Pythique*, où Apollon s'éprend de la nymphe Cyrène[10] :

> [...] τὰν ὁ χαιτάεις ἀνεμοσφαράγων
> ἐκ Παλίου κόλπων ποτὲ Λατοΐδας
> ἅρπασε

6. P. Monbrun, *Les Voix d'Apollon : l'arc, la lyre et les oracles*, Rennes, 2007.
7. Pindare, *Pythiques* VI, 23-25.
8. P. Chantraine, *Dictionnaire étymologique de la langue grecque*, Paris, 1968, p. 1095.
9. Pindare, *Isthmiques* VIII, 22.
10. Pindare, *Pythiques* IX, 5-7.

« […] jadis, le fils aux longs cheveux de Lètô
l'arracha aux vallées du Pélion
où retentissent les vents »

Le mètre anapestique ἀνεμοσφάραγος, dont le rythme imite les assauts du vent, supprime ici tout truchement d'un être surnaturel dans ce bruit auquel Pindare est sensible : les vents s'engouffrent dans les creux des montagnes, ce qui produit un son particulièrement intense, qui n'a d'équivalent que dans les orages provoqués par Zeus. Vents et tonnerre font le même bruit, et de fait ils peuvent être confondus dans la tempête.

Mais si le bruit est identique, Pindare l'associe tantôt aux uns, tantôt à l'autre. C'est vrai d'un autre composé : βαρύγδουπος, qui signifie clairement le bruit d'un choc, d'un fracas causé par la chute d'un corps sur un autre. On trouve un composé plus ou moins antonyme, pour qualifier des chants : μελίγδουπος[11]. Βαρύγδουπος se dit de Zeus à deux reprises dans les *Olympiques*[12], mais aussi des vents dans la quatrième *Pythique*. Dans les *Olympiques*, c'est un qualificatif de Zeus sans détail supplémentaire ; dans la *Pythique*, les Symplégades sont des pierres qui roulent en produisant un énorme fracas[13] :

δίδυμαι γὰρ ἔσαν ζω-
αί, κυλινδέσκοντό τε κραιπνότεραι
ἢ βαρυγδούπων ἀνέμων στίχε·

« Car deux de ces rochers étaient
vivants, et roulent plus rapides
que des tourbillons de vents au grave fracas. »

Sans tirer de conclusion hâtive, il vaut au moins la peine de remarquer que le terme est réservé à Zeus dans les épinicies qui l'honorent tout particulièrement, alors qu'il qualifie le phénomène naturel dans les *Pythiques*, où Pindare semble avoir été plus sensible au paysage, peut-être à cause du cadre naturel du sanctuaire de Delphes. Mais ce n'est là guère plus qu'une intuition. En revanche, de manière plus sûre, ce composé doit être rapproché du dernier que l'on trouve chez Pindare : βαρύκτυπος, car ils sont construits de la même manière, avec une forme intensive (κτύπος à côté de τύπος, et γδοῦπος à côté de δοῦπος). C'est à peu près le même bruit, mais on note que Pindare réserve βαρύκτυπος non plus à Zeus, mais à Poséidon, l'Ébranleur du sol. Ce n'est donc plus le bruit de la foudre mais celui des tremblements de terre, attribué au trident du dieu marin,

11. Pindare, *Néméennes* XI, 18.
12. Pindare, *Olympiques* VI, 81 et VIII, 44.
13. Pindare, *Pythiques* IV, 209-210.

dans trois occurrences[14]. Pindare reprend certes une invention d'Hésiode, qui une seule fois attribue ce qualificatif à l'*Ennosigaios*, contre trois fois à Zeus ; l'*Hymne homérique à Déméter*, quant à lui, l'a utilisé quatre fois pour Zeus[15].

	Zeus	Poséidon
βαρυγδούπῳ/ βαρυγδούπου	*Olympiques* VI, 81 *Olympiques* VIII, 44	
βαρύκτυπον βαρυκτύπου		*Olympiques* I, 72 *Péan* VI *Néméennes* IV, 87

A ce concert du ciel et de la terre ne répondent que les cris des lions, pour lesquels on trouve deux composés faits à partir de βαρυ- : βαρύκομπος et βαρυφθέγγομαι, que nous avons rencontré pour l'arc d'Héraklès. Pour ce dernier terme, Pindare s'inspire de l'hymne homérique à Aphrodite[16], où les lions sont βαρύφθογγοι. L'exact opposé se trouve chez Bacchylide, où ce sont les oiseaux ou les abeilles qui sont λιγύφθογγοι[17] ; Homère est le seul à avoir employé λιγύφθογγος auparavant, mais comme une épithète réservée aux hérauts.

Le rugissement des lions est grave, mais il est aussi grondant. C'est cette deuxième famille de termes (βρέμω) qu'il faut prendre en compte pour l'analyse du vocabulaire sonore chez Pindare. Ainsi, pour les lions, on trouve les formes ἐριβρεμετᾶν et ἐρίβρομος[18]. Pindare emprunte certes ἐρίβρομος aux *Hymnes homériques*, où Dionysos est ainsi nommé, mais il ne l'emploie pas pour les dieux, de même qu'il ne fait aucun usage de ὑψιβρεμετής, qui caractérise Zeus sept fois dans l'*Iliade* et l'*Odyssée* et une fois dans l'*Hymne à Hermès*[19]. Il semble donc que Pindare ait choisi de les réserver à des choses connues, plus immédiatement accessibles, et non à des entités surnaturelles : ici un animal, là les flots.

14. Pindare, *Olympiques* I, 72 ; *Néméennes* IV, 87 ; *Péans* IV, 41 (fragment 52d Snell).

15. *Hymne homérique à Déméter* 3, 334, 441 et 460.

16. *Hymne homérique à Aphrodite* 159.

17. Bacchylide, *Épinicies* V, 23 et X, 10.

18. Pindare, *Isthmiques* III-IV, 64, et *Olympiques* XI, 20. Ἐρι- est une forme intensive : voir P. Chantraine, *Dictionnaire étymologique de la langue grecque*, Paris, 1968, p. 370-371.

19. Homère, *Iliade* I, 354 ; XII, 68 ; XIV, 54 ; XVI, 121 ; *Odyssée* V, 4 ; XXIII, 331 ; *Hymne homérique à Hermès* 329.

	Lions	Oiseaux	Abeilles
βαρύκομποι	Pindare, *Pythiques* V, 57		
βαρυφθεγκτᾶν	Pindare, fragment 239 Snell		
λιγύφθογγοι λιγύφθογγον		Bacchylide, *Épinicies* V, 23	Bacchylide, *Épinicies* X, 10
ἐριβρεμετᾶν	Pindare, *Isthmiques* III-IV, 64		
ἐρίβρομοι	Pindare, *Olympiques* XI, 20		

Si l'Achéron, fleuve des Enfers, a un cri grave comme Zeus (βαρυβόαν πορθμὸν πεφευγότε Ἀχέροντος)[20], la haute mer gronde fortement (πόντον ἐρίβρομον)[21]. C'est toute la différence entre le fleuve mythologique et la mer, le monde des dieux et le monde des hommes. Mais il y a un point commun entre le monde souterrain et l'Océan, le danger qu'ils représentent tous les deux. De manière générale, ce qui est grave et/ou gronde, ce sont les phénomènes qui inspirent l'inquiétude du poète, le sentiment d'une impuissance devant les éléments. Il n'est guère qu'une exception qu'on trouve chez Bacchylide[22], et encore s'explique-t-elle aisément. La mer résonne (ἔκλαγεν) des chants aigus de victoire, car Thésée vient de recevoir l'anneau des mains d'Amphitrite : la mer perd son son naturel, pour laisser la place à celui des humains. S'agissant de la mer, Pindare ne fait aucun usage, du moins dans les vers qui nous ont été transmis, du composé πολύφλοισβος, courant chez Homère et chez Hésiode, et qui est spécifique au bruit sourd de la mer. Il semble que Pindare ait volontairement restreint son horizon sonore au grave et au grondement. Bruits célestes et maritimes, tel est l'environnement sonore du poète.

Aussi le site de Delphes se prête-t-il tout particulièrement à une évocation sonore : situé dans la zone la plus sismique de Grèce, régulièrement arrosé par

20. Pindare, frag. 143 Snell, *ap*. Plutarque, *De la superstition* 167f = *De l'amour* 763c = *Des notions communes contre les Stoïciens* 1075a.

21. Pindare, frag. 351 Snell.

22. Bacchylide, *Dithyrambes* III, 127-128.

les pluies des nuages qui se déchirent sur les Phédriades, tout y gronde. C'est ce paysage que Pindare plante dans le début de la sixième *Pythique*, censée avoir été chantée sur les lieux mêmes de la victoire. La répétition du terme ἐρίβρομος, pour désigner la terre dont le nombril est à Delphes, le célèbre *omphalos,* et les nuages qui déversent les pluies, est éloquente[23] :

[...] ὀμφαλὸν ἐριβρόμου
χθονὸς ἐς νάϊον προσοιχόμενοι
Πυθιόνικος ἔνθ' ὀλβίοισιν Ἐμμενίδαις
ποταμίᾳ τ' Ἀκράγαντι καὶ μὰν Ξενοκράτει
ἑτοῖμος ὕπνων θησαυρὸς ἐν πολυχρύσῳ
Ἀπολλωνίᾳ τετείχισται νάπᾳ

Τὸν οὔτε χειμέριος ὄμβρος, ἐπακτὸς ἐλθὼν ἐριβρόμου νεφέλας
στρατὸς ἀμείλιχος, οὔτ' ἄνεμος ἐς μυχούς
ἁλὸς ἄξοισι παμφόπῳ χεράδει
τυπτόμενον·

« [...] vers le temple, nombril de la terre
grondant fort, nous nous dirigeons :
Pour une victoire pythique, là, pour le bonheur des Emménides,
pour Agrigente sise auprès de son fleuve et pour Xénokratès,
un trésor d'hymnes est prêt, construit
dans le vallon plein d'or d'Apollon.

Ni l'averse d'hiver, venue de l'étranger, dure armée
des nuages grondant fort, ni le vent ne le précipiteront
vers le fond des mers, battu par un torrent de graviers
qui emporte tout. »

Décor grandiose donc que pourraient venir frapper la foudre de Zeus et le trident de Poséidon, à ceci près que les dieux ne sont ici plus en cause : les sons sont ceux des phénomènes climatiques. Pindare affectionne le génitif, ce qui s'explique par le rythme de cette forme qui est un péon quatrième, ce qui participe de l'harmonie imitative. Si les composés en βαρυ- utilisés par Pindare n'ont pas de fortune dans la tragédie attique, ce n'est pas le cas des formes liées à la racine de βρέμω : Dionysos, Bromios, y règne en maître.

De fait, il est un composé qui n'existe pas chez Pindare et qui associe les deux qualités sonores que nous avons relevées dans notre examen : βαρύβρομος dont on trouve une première utilisation chez Lasos d'Hermione et chez Bacchylide. Ce dernier l'emploie pour la mer[24], et c'est donc bien un son naturel.

23. Pindare, *Pythiques* VI, 3-14.
24. Bacchylide, *Dithyrambes* III, 27.

En revanche, Lasos l'avais pris pour qualifier quelque chose de purement artificiel, d'autant plus qu'il le revendique comme une création personnelle[25] :

> Δάματρα μέλπω Κόραν τε Κλυμένοι' ἄλοχον
> μελιβόαν ὕμνον ἀναγνέων
> Αἰολιδ' ἂμ βαρύβρομον ἁρμονίαν
>
> « Je chante Déméter et Korè, l'épouse du Célèbre,
> en faisant entendre un hymne au doux cri,
> dans l'harmonie éolienne, au grondement grave. »

C'est donc son chant qui est à la fois grave et grondant ; l'harmonie éolienne est mal connue, mais c'était sans doute la plus grave à l'époque de Lasos[26]. Or ce terme a été utilisé par Euripide pour désigner les sons naturels et ceux des instruments de musique. L'évolution du lexique laisse à penser que les Grecs peu à peu décrivent les sons de la nature par analogie avec leurs propres instruments.

L'orchestre de la nature

Il y a six attestations de βαρύβρομος dans l'œuvre d'Euripide, et ce uniquement dans les parties lyriques, sans doute parce que le terme a les mêmes propriétés musicales qu'ἐρίβρομος. Dans trois cas, il s'emploie pour des descriptions de la nature. Ainsi, dans les *Phéniciennes*, ce sont les tonnerres de Zeus, dans une allitération évidente évoquant le grondement par harmonie imitative, une invocation à la vengeance divine et au tonnerre[27] :

> ἰώ
> Νέμεσι καὶ Διὸς βαρύβρομοι βρονταὶ
> κεραύνιόν τε φῶς αἰθαλόεν
>
> « Iô
> Nemesis, tonnerres au grondement grave de Zeus,
> et lumière enflammée de la foudre ! »

25. Lasos d'Hermione, *Hymne à Déméter et Korè*, frag. 1, *ap.* Athénée, *Deipnosophistes* XIV, 624e-f (*Poetae Melici Graeci* [*PMG*] 702).

26. C'est un point que nous défendons dans un article sur la constitution progressive du système musical grec à l'époque archaïque : « Aux origines de la musique grecque antique : une nouvelle lecture des harmonies archaïques », in *Harmonie et Mélodie dans l'Antiquité*, actes à paraître du colloque international à l'École Normale Supérieure, 2-3 mars 2011, A. Bélis et S. Perrot éd., Paris.

27. Euripide, *Phéniciennes*, v. 182-183.

On peut rajouter un passage de l'*Hippolyte*, qui décompose l'expression[28] :

> ἔνθεν τις ἠχὼ χθόνιος, ὡς βροντὴ Διός,
> βαρὺν βρόμον μεθῆκε, φρικώδη κλύειν
>
> « Alors un son venu de la terre, comme le tonnerre de Zeus,
> produisit un grondement grave, effrayant à entendre. »

Si le terme n'est pas employé par Pindare, l'expression lui doit sans doute beaucoup. Ce qui gronde, c'est la rencontre de la terre et de la mer, dans un fragment de l'*Hypsipyle* et dans l'*Hélène*. Dans le premier cas, ce sont les falaises[29] :

> ἀκτὰς βαρυβρόμους ἱκόμαν
> ἐπί τ' οἶδμα θαλάσσιον, ὀρνίθων
> ἐρῆμον κοίταν
>
> « J'ai gagné les falaises au grondement grave
> et au gonflement de la mer, lit solitaire
> des oiseaux. »

Si les oiseaux sont évoqués, les alcyons de la mythologie, leur chant n'est pas pour autant décrit. Ce qui domine dans ces quelques vers, c'est bien la mer qui frappe les falaises, ce que l'on doit rapprocher d'un passage de l'*Hélène*[30] :

> ὀρεία ποτὲ δρομάδι κώ-
> λωι Μάτηρ ἐσύθη θεῶν
> ἀν' ὑλᾶντα νάπη
> ποτάμιόν τε χεῦμ' ὑδάτων
> βαρύβρομόν τε κῦμ' ἅλιον
> πόθωι τᾶς ἀποιχομένας
> ἀρρήτου κούρας.
> κρόταλα δὲ βρόμια διαπρύσιον
> ἱέντα κέλαδον ἀνεβόα
>
> « Jadis, courant dans la montagne,
> la mère des dieux s'est précipitée
> à travers le vallon boisé,
> le long du fleuve et de son flot d'eau,
> et au flux salé au grondement grave,
> avec le désir de retrouver sa fille
> disparue, dont on ne dit le nom.
> Les crotales grondants, émettant
> un bruit pénétrant, criaient. »

28. Euripide, *Hippolyte*, v. 1201-1202.
29. Euripide, *Hypsipyle*, *Tragicorum Graecorum Fragmenta Selecta*, v. 264-266.
30. Euripide, *Hélène*, v. 1301-1309.

Ces deux extraits montrent bien le panorama lexical dont les Grecs disposaient pour évoquer la mer, mais Euripide décrit exactement de la même manière le bruit du flot. Pour le dire en d'autres termes, la tonalité de ce morceau est en βαρύβρομος et les modulations se font au niveau lexical. Dans ce passage, on trouve deux occurrences de la racine **brem/*brom*. Dans la seconde, il s'agit du son des crotales, un instrument de percussion : deux plaques de bois ou de bronze qu'on choque l'une contre l'autre[31]. Nature et instrument de musique peuvent avoir un son semblable.

Mais l'*Hélène* permet sans doute d'aller encore plus loin. C'est une des pièces d'Euripide qui font le plus appel au vocabulaire musical, en particulier celui de l'*instrumentarium* grec. On le voit bien dans la suite de la pièce[32], où βαρύβρομος est cette fois appliqué à l'*aulos* :

> γέλασεν δὲ θεὰ
> δέξατό τ' ἐς χέρα
> βαρύβρομον αὐλὸν
> τερφθεῖσ' ἀλαλαγμῶι.
>
> « La déesse a ri
> et reçu dans ses mains
> l'*aulos* au grondement grave,
> se réjouissant de son hallali. »

Mieux encore, on le retrouve dans les *Bacchantes* (βαρυβρόμων ὑπὸ τυμπάνων)[33], mais cette fois il s'agit du son des *tympana*, des tambours qui accompagnent l'hymne pour Dionysos. Il est donc évident qu'il y a un lien entre tous ces sons dans l'esprit d'Euripide. Il reste toutefois à comprendre comment l'*aulos*, un instrument à vent, et les *tympana* ou les crotales, des instruments à percussion peuvent produire le même son. C'est peut-être lié justement aux sons naturels : en effet, si l'on considère de plus près la mer et le tonnerre, on se rend compte que dans les deux cas il y a souffle et fracas. Le vent fait gonfler la mer comme il souffle pendant la tempête ; et le choc des vagues sur les falaises devait être rapproché de celui de la foudre sur le sol. L'homogénéité de l'ensemble aura conduit à reporter cette double qualité à chacun des instruments, qui de fait sont souvent réunis, en particulier dans les cultes métroaque et dionysiaque[34]. La musique dans ces cultes est d'une certaine manière la reproduction, l'imitation, des sons de la nature, de la Terre Mère.

31. Voir A. Di Giglio, *Gli strumenti a percussione nella Grecia antica*, Florence, 2009, p. 31-45.
32. Euripide, *Hélène*, v. 1349-1352.
33. Euripide, *Les Bacchantes*, v. 156.
34. Voir A. Bélis, « Musique et transe dans le cortège dionysiaque », *Cahiers du Groupe interdisciplinaire du Théâtre antique* 4, 1988, p. 9-29.

Est-ce là une invention d'Euripide ? On sait que c'est un grand innovateur, mais il puisait tout de même dans la tradition poétique de Pindare, qui utilisait déjà le verbe βρέμω pour les sons des instruments à cordes, la *phorminx* et la lyre avec chant[35] :

> ἀλλ' ἀνὰ μὲν βρομίαν
> φόρμιγγ', ἀνὰ δ' αὐλὸν (...)
>
> « Sur la grondante
> *phorminx*, sur l'*aulos* [...] »
>
> λύρα δέ σφι βρέμεται καὶ ἀοιδά
>
> « On fait gronder pour lui la lyre et le chant »

Et surtout, il est un passage dans les fragments pindariques qui semble déjà associer les instruments de musique et les sons de la nature, le dithyrambe de Pindare sur Héraklès, fameux pour la question du *san*. Mais ce qui intéresse ici notre propos, c'est la suite des vers[36] :

> (...) σεμνᾷ μὲν κατάρχει
> Ματέρι πὰρ μ[εγ]άλᾳ ῥόμβοι τυπάνων,
> ἐν δὲ κέχλαδ[εν] κρόταλ' αἰθομένα τε
> δαῒς ὑπὸ ξαν[θα]ῖσι πεύκαις·
> ἐν δὲ Ναΐδων ἐρίγδουποι στοναχαί
> μανίαι τ' ἀλαλ[αί] τ' ὀρίνεται ῥιψαύχενι
> σὺν κλόνῳ. ἐν δ' ὁ παγκρατὴς κεραυνὸς ἀμπνέων
> πῦρ κεκίνη[ται τό τ'] Ἐνυαλίου
> ἔγχος, ἀλκάεσσά [τ]ε Παλλάδο[ς] αἰγίς
> μυρίων φθογγάζεται κλαγγαῖς δρακόντων
>
> « [...] Auprès de la vénérable Grande Mère
> ouvrent le ban les rhombes des *tympana,*
> et alors résonnent les crotales et la torche
> enflammée grâce à la blonde résine de pin ;
> et alors les gémissements au fracas fort des Naïades
> et les hurlements de folie s'élèvent avec le tumulte accompagnant
> le cou jeté en arrière. Et alors la foudre toute-puissante soufflant
> du feu s'agite, comme la lance
> de l'Enyalios et l'égide belliqueuse de Pallas
> résonne des cris de milliers de serpents. »

35. Pindare, *Néméennes* IX, 8 et XI, 7.
36. Pindare, *Héraklès ou Cerbère = Dithyrambes* II, 8-18 (frag. 70b Snell).

Il est clair que les sons des instruments à percussion évoqués ici se mêlent au bruit de la foudre. De fait, les crotales font le même son que la torche enflammée. Mais allons plus loin : le vocabulaire du son et l'évocation du feu, avec la torche et la foudre, autorisent de reconnaître dans ce passage une petite structure annulaire, où les éléments se répondent les uns aux autres :

σεμνᾷ μὲν κατάρχει
Ματέρι πὰρ μ[εγ]άλα ῥόμβοι τυπάνων,
ἐν δὲ **κέχλαδ[εν] κρόταλ'** αἰθομένα τε
δαῒς ὑπὸ ξαν[θα]ῖσι πεύκαις
ἐν δὲ Ναΐδων ἐρίγδουποι στοναχαί
μανίαι τ' ἀλαλ[αί] τ' ὀρίνεται ῥιψαύχενι
σὺν κλόνῳ. ἐν δ' ὁ παγκρατὴς κεραυνὸς ἀμπνέων
πῦρ κεκίνη[ται τό τ'] Ἐνυαλίου
ἔγχος, ἀλκάεσσά [τ]ε Παλλάδο[ς] αἰγίς
μυρίων **φθογγάζεται** κλαγγαῖς δρακόντων

On voit alors combien le son obsède presque le poète, et que pour le faire entendre il recourt aussi bien aux bruits naturels qu'artificiels. On peut même se demander si le choix d'évoquer seulement des instruments à percussion n'est pas le signe d'une volonté de faire comprendre que ces instruments peuvent reproduire le fracas du tonnerre et de la foudre, comme J. Strauss fils le fera bien plus tard dans sa polka *Unter Donner und Blitz*[37]. Notons pour finir que ce « carnaval », comme on a pu l'appeler[38], fête les noces... d'Harmonie.

Mais on peut aller plus haut dans le temps encore, car Pindare avait lui-même son modèle : l'*Hymne homérique à la Mère des Dieux*. Dans ce texte court, le son des instruments est clairement mis en parallèle avec le cri des animaux :

Μητέρα μοι πάντων τε θεῶν πάντων τ' ἀνθρώπων
ὕμνει Μοῦσα λίγεια Διὸς θυγάτηρ μεγάλοιο,
ᾗ κροτάλων τυπάνων τ' ἰαχὴ σύν τε βρόμος αὐλῶν
εὔαδεν, ἠδὲ λύκων κλαγγὴ χαροπῶν τε λεόντων,
οὔρεά τ' ἠχήεντα καὶ ὑλήεντες ἔναυλοι.
Καὶ σὺ μὲν οὕτω χαῖρε θεαί θ' ἅμα πᾶσαι ἀοιδῇ

« La mère de tous les dieux et de tous les hommes,
chante son hymne aigu, Muse, fille du grand Zeus,
elle qui a plaisir au cri des crotales et des *tympana* et au grondement des *auloi,*
et au cri des loups et des lions sauvages,
aux montagnes qui résonnent et aux vallons boisés.
A toi mon salut dans mon chant, et à toutes les déesses. »

37. J. Strauss fils, opus 324 (initialement intitulé *Sternschnuppe*).

38. Cf. *Comptes rendus des Séances de l'Académie des Inscriptions et Belles-Lettres* pour 1919, fasc. 3 (mai-juillet), p. 231.

Les influences sur Pindare sont évidentes : sont identiques le sujet et les instruments évoqués (crotales, *tympana),* et les parallèles d'expression visibles (le son des loups et des lions devient celui des serpents). Mais ces derniers montrent en même temps combien Pindare aussi s'en est écarté, en remplaçant les animaux par les dieux (les serpents sont ceux de l'égide d'Athéna), accordant ainsi une place centrale à la foudre, car Pindare met en scène Cybèle au milieu des Olympiens, et non seule dans la montagne parmi les bêtes sauvages. Et ce qu'il faut rendre à Pindare, c'est d'avoir dit précisément que les crotales et la torche faisaient le même son.

C'est donc dans un mouvement initié depuis longtemps que s'inscrit Euripide, qui doit le grondement des *auloi* aux *Hymnes homériques*, celui à la Mère des Dieux mais aussi celui à Hermès[39]. Et c'est Pratinas qui associe pour la première fois l'*aulos* à un son grave. Dans sa fameuse diatribe contre l'*aulos*[40], il qualifie en effet ce dernier de βαρύοπα*,* que Pindare avait réservé, on l'a vu, à la foudre de Zeus. Mais laissons à Euripide le fait d'avoir pris son parti de la synthèse du grave et du grondement, en faisant bon usage du composé βαρύβρομος et en élargissant l'idée de grondement aux instruments de percussion. Ajoutons enfin qu'à la même époque, la syrinx aussi est qualifiée de νυκτίβρομος, dans le *Rhésos*[41].

L'incarnation de la musique dans le paysage

Si donc il y a eu évolution au cours du ve siècle, de Pindare à Euripide, dans la conception des sons, est-il possible d'en trouver confirmation, ou du moins d'autres indices ?

Au vu de notre recueil de textes, les bruits de la nature se partagent en deux causes : soit l'élément naturel est l'auteur de son bruit, et c'est le cas principalement de la mer, soit l'élément naturel est provoqué par une puissance supérieure qui est proprement l'auteur du bruit, et c'est le cas de la foudre de Zeus ou des secousses de Poséidon. C'est là une dichotomie qui reflète deux manières d'appréhender le monde, mais aussi la musique : il y a un choix fait entre l'expérience sensible et le sentiment religieux.

39. *Hymne homérique à Hermès*, v. 452.
40. Pratinas, *Hyporchème*, frag. 1, *ap.* Athénée, *Deipnosophistes* XIV, 617e (PMG 708).
41. *Rhésos*, v. 552.

La poésie des sons au ve siècle semble osciller entre ces deux pôles. Il faut toutefois noter que le pôle divin se limite ici à ceux qui ébranlent le ciel ou la terre. Ils occupent une place majeure dans le panthéon mais ils ne doivent pas éclipser les êtres divins qui sont autant de formes de la nature. Mais il y a un être surnaturel particulièrement attaché à un paysage et doté clairement d'une nature musicale, dans les textes comme l'iconographie : c'est la Sirène, dont la figure connaît une très nette évolution depuis Homère pour devenir celles que décrit Euripide dans l'*Hélène,* capables de jouer aussi bien du *lôtos* lybien que de la *syrinx* et de la *phorminx*[42] :

> πτεροφόροι νεάνιδες,
> παρθένοι Χθονὸς κόραι,
> Σειρῆνες, εἴθ' ἐμοῖς γόοις
> μόλοιτ' ἔχουσαι Λίβυν
> λωτὸν ἢ σύριγγας ἢ φόρ-
> μιγγας αἰλίνοις κακοῖς
> τοῖς ἐμοῖσι σύνοχα δάκρυα,
> πάθεσι πάθεα, μέλεσι μέλεα.
> μουσεῖα θρηνήμα-
> σι ξυνωιδά πέμψελε
> Φερσέφασσα
> φονία, χάριτας ἵν' ἐπὶ δάκρυσι
> παρ' ἐμέθεν ὑπὸ
> μέλαθρα νύχια παιᾶνα
> νέκυσιν, ὀλομένοις λάβηι

> « Jeunes filles ailées,
> vierges nées de la Terre,
> Sirènes, puissiez-vous vous joindre
> à ma plainte avec le *lôtos*
> libyen, les *syrinx* ou
> les *phorminx,* et qu'à mes tristes
> lamentations répondent vos larmes,
> vos souffrances à mes souffrances, vos chants à mes chants.
> Puisse Perséphone la sanguinaire faire monter une musique
> à l'unisson de mon thrène,
> afin qu'en retour elle reçoive en plus des larmes de mes yeux,
> dans sa maison nocturne, mon péan
> pour les morts funestes. »

42. Euripide, *Hélène*, v. 167-178 (édition K. Alt).

Euripide fait des Sirènes les filles de la Terre et par là les intermédiaires idéaux entre la plainte d'Hélène et la déesse des Enfers ; certes, il les dit « porteuses d'ailes », mais cela n'implique pas qu'elles volent : une légende raconte que les Sirènes ont défié les Muses dans un concours musical et que, l'ayant perdu, elles y ont aussi laissé leurs plumes, et sont condamnées à ne plus pouvoir voler[43]. La comparaison s'impose ici avec un relief trouvé à Locres Épizéphyrienne, daté du vᵉ siècle, car y sont représentées des sirènes avec *aulos* et *phorminx*[44].

Il faut replacer ce relief dans l'évolution de l'iconographie de la sirène musicienne. Venue d'Orient sous la forme d'un démon barbu ailé, elle se féminise peu à peu, pour être dotée, à la fin du viᵉ siècle ou au début du vᵉ siècle, d'instruments de musique par les peintres de vases : J. de Romilly avait remarqué que les Sirènes homériques n'étaient pas vraiment des musiciennes[45]. Alors que de nombreuses études ont été consacrées à la sirène[46], aucune n'a fait ce constat simple : la Sirène, quand elle est musicienne, est toujours posée sur une base, que ce soit une simple ligne de sol ou un rocher représenté par le peintre[47]. La Sirène musicienne ne saurait donc s'abstraire du paysage. En fait, les Sirènes sont représentées sur le même modèle que les musiciens professionnels des concours, joueurs de cithare ou d'*aulos*, figurés sur une estrade, le *bêma*[48]. L'attitude des Sirènes, leur geste de musicienne, vont dans ce sens : elles sont toujours dans une posture droite, presque rigide, qui limite les mouvements. Elles sont donc attachées au sol, filles de la terre ; ce que ne contredisent pas les vases où on les voit voler, car dans ce cas elles ne sont pas musiciennes. La nature est donc le théâtre dans lequel se produisent les sirènes.

Plus exactement, il semble que la musique prêtée aux Sirènes soit une manière de concevoir les sons de ce paysage. Les Sirènes sont des musiciennes qui maîtrisent les trois familles d'instruments, en plus de la voix, comme on le voit

43. Pausanias, *Description de la Grèce* IX, 34, 2.

44. M. Rubinich, *Clavis Patrum Latinorum* (*CPL*) I, 1, p. 185 et *CPL* I, 4, fig. 4, pl. LXXXIII-LXXXIV ; L. Lepore, « Gli strumenti musicali locresi tra iconografia e realia », in *Caulonia tra Crotone e Locri, Atti del Convegno Internazionale, Firenze, 30 maggio - 1 giugno 2007*, L. Lepore, P. Turi éd., Florence, 2010, p. 428, pl. 30.8 et 30.30.

45. J. de Romilly, *op. cit.* (n. 1), p. 22.

46. Voir notamment *Lexicon Iconographicum Mythologiae Classicae*, *s.v.* Seirènè ; J. Leclercq-Marx, *La Sirène dans la pensée et l'art de l'Antiquité au Moyen Âge : du mythe païen au symbole chrétien*, Bruxelles, 2002.

47. Voir notamment le lécythe à figures noires inv. 1130 du Musée National d'Athènes (J. D. Beazley, *Attic Black-Figure Vase Painters* [*ABV*] 476), l'œnochoé à figures noires de la collection Callimanopoulos (J. D. Beazley, *Paralipomena*, 183.22 bis) et le lécythe à figures rouges inv. 1602 du Musée national d'Athènes (J. D. Beazley, *Attic Red-Figure Vase Painters* [*ARV²*] 557.120).

48. Voir A. Bélis, « Les mouvements des musiciens dans l'Antiquité », in *Musiques et Danses dans l'Antiquité*, M.-H. Delavaud-Roux éd., Rennes, 2011, p. 27-28.

sur une coupe à figures noires conservée au Metropolitan Museum à New York[49]. C'est peut-être l'indice que les Grecs, souhaitant évoquer les bruits mystérieux en certains lieux et places, comme les récifs d'Italie méridionale, ont essayé de les rendre en leur attribuant une origine divine certes, mais en s'inspirant de leurs habitudes des concours : ce sont des musiciennes professionnelles.

C'est ce que semble indiquer la confrontation entre Orphée et les Sirènes. Comme elles, Orphée est toujours représenté dans un paysage[50] et l'on sait que les auteurs, comme les fabricants d'images, en particulier les mosaïstes, se sont plu à voir dans Orphée celui qui pouvait déplacer les rochers, émouvoir animaux et végétaux. En cela, Orphée maîtrise le chant de la nature, ses sons, et c'est bien pour cette raison qu'il est le seul à pouvoir les surpasser de son chant à bord de la nef Argo ; et c'est aussi pour cette raison qu'Orphée deviendra avec le temps dépositaire des mystères de la nature, au point de donner naissance à une nouvelle religion. Thamyras est un Orphée qui échoue : toujours représenté lui aussi dans un paysage[51], il est incapable de chanter la nature et de rivaliser contre ses adversaires, les Muses. Il n'y a donc pas lieu de croire que ces paysages soient de purs décors : ils expriment un lien bien plus profond des Grecs à leur environnement sonore.

Concluons. Dans ce parcours de Delphes aux sirènes, nous avons tenté de montrer que la perception de l'espace sonore change. Si Pindare s'inscrit pleinement dans l'héritage de la poésie épique, en faisant de Zeus et de Poséidon la cause bruyante du tonnerre céleste ou de l'ébranlement terrestre, il crée un environnement sonore dont les caractéristiques fondamentales sont la gravité et le grondement. Les deux dieux sont intégrés à cet espace dont les limites sont toutefois plus vastes et quelques indices montrent que chez le Thébain s'élaborait une intuition qui sera reprise ingénieusement par Euripide dans la tragédie : l'idée que l'on peut comprendre les bruits du paysage par le truchement d'une expérience musicale commune, en rapprochant les sons mystérieux des sonorités bien humaines. Le fait que Pindare était aulète n'y est sans doute pas étranger. Cette invention participe d'une tentative de rationalisation du phénomène sonore qui commence à la fin du VIe siècle et dont il semble que l'iconographie de la sirène porte la trace. La réflexion sur la musique de la nature conduit à représenter des êtres surnaturels jouant d'instruments bien connus dans des postures bien connues. La nature devient un instrumentiste d'un auteur

49. Coupe à figures noires 57.12.7 (J. D. Beazley, *Paralipomena*, 285).

50. Voir par exemple la calpis à figures rouges du Musée du Petit Palais à Paris inv. 319 (J. D. Beazley, *ARV*² 1112.4).

51. Voir la calpis à figures rouges de l'Ashmolean Museum à Oxford, inv. G291 (J. D. Beazley, *ARV*² 1061.152).

à l'autre. Comme l'écrivait Jacqueline de Romilly dans sa préface à *De la flûte à la lyre*, «J'ai toujours tenté de déceler d'un texte à l'autre, d'une idée à la suivante, d'un auteur à son successeur, une évolution, une progression, qui se marque jusque dans les détails d'une œuvre.»[52] Une nature musicienne, c'est encore ainsi que l'imaginera bien plus tard Victor Hugo, un autre illustre académicien qui avait lui aussi « une certaine idée de la Grèce », dans *Les Travailleurs de la Mer*[53] :

> « Les vents courent, volent, s'abattent, finissent, recommencent, planent, sifflent, mugissent, rient ; frénétiques, lascifs, effrénés, prenant leurs aises sur la vague irascible. Ces hurleurs ont une harmonie. Ils font tout le ciel sonore. Ils soufflent dans la nuée comme dans un cuivre, ils embouchent l'espace ; et ils chantent dans l'infini, avec toutes les voix amalgamées des clairons, des buccins, des olifants, des bugles et des trompettes, une sorte de fanfare prométhéenne. Qui les entend écoute Pan. »

Sylvain Perrot

52. J. de Romilly, *op. cit.* (n. 1), p. 11-12.
53. V. Hugo, *Les Travailleurs de la mer* II, 3, 2.

LA VENGEANCE DE CYPRIS[1] ET LA CONSTRUCTION DE L'*HIPPOLYTE COURONNÉ* D'EURIPIDE

En 1976, Jacqueline de Romilly publiait, dans les mélanges en l'honneur de Jan Coenraad Kamerbeek, l'auteur de l'un des commentaires de référence aux tragédies de Sophocle, un article intitulé : « L'excuse de l'invincible amour dans la tragédie grecque »[2], article qui fut ultérieurement repris dans le recueil *Tragédies grecques au fil des ans*[3]. Elle y montrait que le thème de la toute-puissance de l'amour, qui est un *topos* de la poésie grecque depuis l'épopée, nourrit, dans la tragédie, une réflexion sur la nature de la passion et sur la responsabilité de l'homme dans les fautes entraînées par l'amour. Elle notait, ce faisant, l'évolution qui se fait jour dans l'utilisation de ce *topos*, depuis les *Danaïdes* d'Eschyle, où, dans le ton de l'hymne, il sert une affirmation de la loi divine d'Aphrodite[4], jusqu'aux *Troyennes* d'Euripide où, sous l'influence de la sophistique, il est discrédité comme une excuse invoquée par les mortels pour tenter de légitimer des amours coupables[5]. Je voudrais prolonger ces réflexions en montrant que l'*Hippolyte couronné* occupe une place singulière dans l'ensemble des tragédies centrées sur ce thème de l'« invincible amour ». Placée sous le double regard des dieux et des hommes, la mise en scène de la passion de Phèdre conjugue en effet, en les mettant en tension, les différentes implications de ce *topos*, qui revêt une fonction essentielle dans la construction du sens de la tragédie. La toute-puissance de Cypris est en effet affirmée de façon récur-

1. Bien que la déesse soit présente sous le nom d'Aphrodite dans la liste des personnages du drame, elle est presque toujours désignée dans le texte de la tragédie sous le nom de Cypris : cf. v. 2, 31, 101, 113, 117, 359, 372, 401, 415, 443, 522, 553, 557, 642, 725, 969, 1269, 1281, 1304, 1327, 1400, 1417, 1461 ; trois occurrences du nom Ἀφροδίτα se rencontrent cependant dans les passages lyriques (v. 532, 539, 765). Le nom Κύπρις, qui entre facilement dans le cadre du trimètre iambique, est celui que choisissent le plus souvent les poètes tragiques pour désigner la déesse de l'amour.

2. J. de Romilly, in J. M. Bremer, S. L. Radt, C. J. Ruijgh éd., *Miscellanea Tragica in honorem J. C. Kamerbeek*, Amsterdam, 1976, Hakkert, p. 309-321.

3. J. de Romilly, *Tragédies grecques au fil des ans*, Paris, Les Belles Lettres, 1995, p. 129-142.

4. Frag. 44 Radt (Athénée, 13, 600b).

5. *Troyennes*, en part. v. 983-990.

rente par les personnages confrontés au mal dont souffre l'héroïne, alors même que le rôle effectif de la déesse est ignoré de tous, jusqu'aux révélations finales d'Artémis. C'est de cette vérité unanimement admise que la nourrice tire argument, au premier épisode, pour tenter de persuader Phèdre de céder à sa passion, ouvrant la voie, par cet usage rhétorique du *topos*, à l'amoralisme et aux dérives sophistiques dénoncées par Hécube dans l'*âgon* des *Troyennes*. Détachée du contexte de la tragédie, chacune des occurrences de ce thème pourrait s'analyser comme l'expression d'une conception banale de l'amour. Mais la présence de la déesse Aphrodite à l'ouverture du drame[6] et la révélation corollaire de sa responsabilité dans la naissance de la passion de Phèdre pour Hippolyte interdisent de rejeter trop rapidement l'argument du divin comme pure figure de parole et de pensée. Il apparaît ainsi que, dans cette tragédie, le *topos* de l'invincible amour est revivifié et comme resémantisé par l'action de vengeance d'Aphrodite. Sur fond de cette action divine, les différentes apparitions du thème de l'invincible amour dans *Hippolyte* sont un des lieux privilégiés de l'ironie tragique, cependant que leur orchestration joue une fonction structurante dans l'économie de la tragédie.

Avant de mettre en évidence ce renouvellement de la perspective et ses effets sur la construction de l'*Hippolyte*, il importe de souligner que le motif de la vengeance d'Aphrodite et l'apparition de la déesse au prologue de la tragédie constituent des traits remarquables dans la série des drames grecs mettant en scène les effets dévastateurs de l'amour[7]. Ainsi, la déesse ne fait pas partie des *dramatis personae* dans les *Trachiniennes* de Sophocle, bien que l'action de Cypris et d'Érôs soit clairement reconnue à l'arrière-plan de la tragédie d'Héraclès et de Déjanire, et que leur invincible pouvoir y soit proclamé à plusieurs reprises[8]. Cette absence tend à réduire la portée de ces mentions de la toute-puissance de Cypris à la valeur d'une représentation commune de l'amour, en même temps qu'elle concentre toute l'attention des spectateurs sur l'action de Déjanire et sur le drame qui se joue sur le plan humain. Il ne semble pas

6. *Hippolyte*, v. 1-57. La présence, dans le dispositif scénique, d'une statue d'Aphrodite (cf. v. 101), contribue, après le prologue, à attirer l'attention du spectateur sur l'action de la déesse à l'arrière-plan de la tragédie.

7. Voir sur ce point F. I. Zeitlin, « The Power of Aphrodite: Eros and The Boundaries of the Self in Euripides' *Hippolytos* » in *Playing the Other, Gender and Society in Classical Greek Literature*, Chicago-Londres, The University of Chicago Press, 1996, en part. p. 278-284 (ensemble de l'étude p. 219-284).

8. *Trachiniennes*, v. 441-444 (Érôs) ; premier *stasimon*, v. 497-530 (célébration de la toute-puissance de Cypris à propos de la lutte d'Achélôos et Héraclès pour conquérir Déjanire ; voir en part. le vers 497), v. 860-861. Sur l'importance du thème de l'amour dans cette tragédie, voir notamment P. E. Easterling, « Sophocles, *Trachiniae* », *Bulletin of the Institute of Classical Studies* 15, 1968, p. 58-69 ; R. P. Winnington-Ingram, *Sophocles: an Interpretation*, Cambridge University Press, 1980, p. 73-90.

non plus, pour autant qu'on en puisse juger par les fragments conservés, que la déesse apparaissait dans les autres tragédies d'Euripide – *Sthénébée*, *Pélée*, *Phénix* – illustrant le motif de la femme de Potiphar[9], c'est-à-dire l'histoire de la femme mûre tombant amoureuse d'un jeune homme qui se refuse à elle et qui, pour se venger, le dénonce mensongèrement à son mari, espérant obtenir par là la punition du prétendu coupable. Si aucun rôle particulier n'est attribué à Aphrodite dans le scénario commun à ces histoires, au-delà de la reconnaissance de sa responsabilité comme inspiratrice de l'amour, qu'en est-il du groupe plus restreint des tragédies mettant en scène la passion malheureuse de Phèdre pour Hippolyte ?

On sait que Sophocle avait composé sur ce sujet, à une date qu'il est impossible de préciser, une tragédie intitulée *Phèdre*, et que l'*Hippolyte* que nous avons conservé avait été précédé par un premier drame d'Euripide, l'*Hippolyte voilé*[10]. Des maigres fragments qui subsistent de la pièce de Sophocle, on peut déduire que Phèdre y faisait l'aveu aux femmes du chœur de son amour pour Hippolyte[11] et que le jeune homme la repoussait[12]. Thésée, descendu aux Enfers et tenu pour mort[13], faisait sa réapparition au cours de la tragédie. Au-delà de ces éléments attendus, le détail de l'agencement des faits et l'orientation d'ensemble de la tragédie nous échappent. Tout au plus peut-on inférer du titre de la pièce que l'accent y était mis davantage sur le personnage de Phèdre que sur celui d'Hippolyte, sans que l'on puisse préciser le caractère prêté par le dramaturge à l'héroïne de sa tragédie. S'agissant de la présence, dans la pièce, de l'élément divin, on peut noter qu'aucun des fragments conservés n'est attribuable à une divinité. On y trouve en revanche quelques vers topiques sur le thème de la toute-puissance d'Érôs, qui impose sa loi aux dieux comme aux hommes, et auquel Zeus lui-même est contraint de céder[14]. Il est permis de penser que, comme dans l'*Hippolyte couronné*, ces vers étaient prononcés pour excuser la passion de

9. Illustré, dans la tradition biblique, par l'histoire de Joseph et de la femme de Potiphar (Genèse, XXXIX, 6-20), à laquelle il doit son nom, ce motif est représenté, dans la tradition grecque, par les légendes de Bellérophon et Sthénébée, de Pélée et Astydamie, de Phénix et Clytia, d'Hippolyte et Phèdre. Euripide semble avoir été particulièrement sensible au potentiel tragique de ce motif puisqu'il lui a consacré cinq tragédies, regroupées dans la première partie de sa carrière. Sur la présence de ce motif et ses variations dans le théâtre d'Euripide, voir F. Jouan, « Femmes ardentes et chastes héros chez Euripide », *Sacris Erudiri* 31, 1990, p. 187-208.

10. Pour une tentative de reconstitution des deux tragédies perdues, voir W. S. Barrett, *Euripides, Hippolytos, Edited with Introduction and Commentary*, Oxford, Clarendon Press, 1964, p. 10-45.

11. Frag. 679 et 680 Radt.

12. Frag. 678 et peut-être 682 Radt.

13. Frag. 686 et 687 Radt.

14. Frag. 684 Radt.

Phèdre[15]. Il ne semble donc pas qu'Aphrodite ait été un personnage du drame, mais la prudence s'impose ici compte tenu de la minceur des témoignages et au vu du caractère majoritairement gnomique des fragments conservés, qui ne favorise pas la reconstitution de l'intrigue.

La même conclusion, teintée de la même prudence, semble s'imposer pour l'*Hippolyte voilé*. On sait, grâce à l'Argument du second *Hippolyte*[16], que c'est pour corriger ce qui avait été considéré comme choquant dans sa première pièce qu'Euripide avait proposé, en 428, une nouvelle version de l'histoire de Phèdre et Hippolyte. Le qualificatif de πόρνας, « prostituée », appliquée à Phèdre dans les *Grenouilles* d'Aristophane[17], et l'affirmation de l'auteur de la *Vie* d'Euripide, selon laquelle Euripide aurait, dans son premier *Hippolyte*, stigmatisé l'impudicité des femmes – τὴν ἀναισχυντίαν [...] τῶν γυναικῶν[18] – ont conduit à supposer que c'était la représentation de Phèdre comme une femme impudique et débauchée qui avait été mal reçue du public. Les critiques déduisent généralement de ces témoignages, et de la comparaison avec la *Phèdre* de Sénèque, que la première tragédie d'Euripide mettait en scène une héroïne s'abandonnant sans retenue à sa passion et la déclarant elle-même à Hippolyte, avant de l'accuser mensongèrement auprès de Thésée pour se venger de son refus puis de se donner la mort. Cette Phèdre-là devait donc ressembler, bien davantage que celle de l'*Hippolyte couronné*, à la femme amoureuse telle qu'elle était représentée dans les mythes relevant du « Potipharmotiv », comme le suggère aussi son association à Sthénébée, dans le passage cité des *Grenouilles*. La déesse apparaissait-elle à l'ouverture de cette tragédie ? Rien n'autorise à le penser, mais là encore, le nombre et la nature des fragments conservés ne permettent pas d'arriver à une conclusion ferme sur ce point. Le fait que Sénèque n'ait pas fait de Vénus un personnage de sa tragédie[19] pourrait donner à penser qu'il en était de même dans son modèle grec, si l'on doit admettre, avec la plupart des critiques, que le dramaturge latin s'inspire surtout du premier *Hippolyte*. Mais la complexité de la question des sources de Sénèque et les problèmes posés par la reconstitution de la pièce perdue d'Euripide à partir de la *Phèdre* latine ont été dès longtemps

15. Ou peut-être pour fustiger le rejet de l'amour par Hippolyte (cf. W. S. Barrett, *op. cit.* [n. 10], p. 23).

16. Ἐμφαίνεται δὲ ὕστερος γεγραμμένος· τὸ γὰρ ἀπρεπὲς καὶ κακηγορίας ἄξιον ἐν τούτῳ διώρθωται τῷ δράματι, « Il est visible qu'il a été écrit en second ; car ce qui choquait et prêtait le flanc à la critique a été corrigé dans ce drame. »

17. *Grenouilles*, v. 1043 ; voir aussi *Thesmophories*, v. 497, où l'expression εἰ δὲ Φαίδραν λοιδορεῖ « s'il (sc. Euripide) insulte Phèdre », a parfois été interprétée comme une allusion à l'*Hippolyte voilé*.

18. *Vie d'Euripide* (éd. L. Méridier, *Euripide*, t. I, Collection des Universités de France [CUF]), l. 71.

19. Voir sur ce point les remarques de Ch. Segal dans *Language and Desire in Seneca's Phaedra*, Princeton University Press, 1986, p. 71, 224-226.

notés[20], et l'absence de Vénus dans la tragédie de Sénèque n'est donc pas un argument décisif.

Il n'est cependant pas déraisonnable de faire l'hypothèse que l'apparition d'Aphrodite dans le prologue de l'*Hippolyte couronné* compte bien, en effet, au nombre des innovations introduites par Euripide dans sa nouvelle version de l'histoire de Phèdre et Hippolyte[21]. Elle va de pair, en effet, avec la réhabilitation du personnage de Phèdre, qui semble être la leçon tirée par le dramaturge de l'échec de sa première pièce. Elle répondrait bien, ce faisant, à la nécessité, pour le poète, de faire apparaître d'emblée aux spectateurs l'originalité de sa nouvelle tragédie par rapport au premier drame auquel ils avaient refusé leurs suffrages, dix ou vingt ans auparavant[22]. Cette innovation dramaturgique vise à imposer une vision nouvelle des causalités à l'œuvre dans la passion de Phèdre. Rappelons en effet que, dans cette tragédie, l'origine du drame réside dans la volonté d'Aphrodite de châtier le jeune Hippolyte qui, dans sa dévotion exclusive à Artémis, refuse d'honorer la déesse de l'amour[23], ainsi qu'elle s'en explique à l'ouverture du drame :

> ὁ γάρ με Θησέως παῖς, Ἀμαζόνος, τόκος,
> Ἱππόλυτος, ἁγνοῦ Πιτθέως παιδεύματα,
> μόνος πολιτῶν τῆσδε γῆς Τροιζηνίας
> λέγει κακίστην δαιμόνων πεφυκέναι,

20. Voir en part. U. Moricca, « Le fonti della Fedra di Seneca », *Studi Italiani di Filologia Classica* 21, 1915, p. 158-224 ; E. Paratore, « Sulla “Phaedra” di Seneca », *Dioniso* 15, 1952, p. 199-234 ; P. Grimal, « L'originalité de Sénèque dans la tragédie de Phèdre », *Revue des Études latines* 41, 1963, p. 297-314 ; O. Zwierlein, *Senecas Phaedra und ihre Vorbilder*, Stuttgart, Franz Steiner Verlag, 1987.

21. Cf. J. Blomqvist (« Human and Divine Action in Euripides' *Hippolytus* », *Hermes* 110, 1982, p. 398-414), qui voit dans le rôle attribué aux dieux l'une des originalités du second *Hippolyte* par rapport au motif traditionnel de la femme de Potiphar, et l'une des innovations d'Euripide par rapport au premier *Hippolyte*.

22. On peut songer ici, par exemple, à la manière dont Sophocle, dès les premiers vers de son *Philoctète*, met en valeur ses principales innovations par rapport aux tragédies de ses devanciers : la transformation de Lemnos en une île déserte, et le rôle donné dans l'intrigue à Néoptolème.

23. Comme l'ont souligné les historiens des religions, l'opposition entre Aphrodite et Artémis est en partie construite par le dramaturge pour les besoins de l'intrigue et n'est pas un reflet parfaitement fidèle des réalités religieuses, dans lesquelles les fonctions et les champs de compétence des deux déesses se conçoivent plutôt sur le mode de la complémentarité : Artémis, qui protège la virginité et remplit la fonction de divinité courotrophe, est aussi l'une des divinités qui président à l'accouchement. Sur ce point, voir notamment J. D. Mikalson, *Honor Thy Gods. Popular Religion in Greek Tragedy*, Chapell Hill-Londres, The University of North Carolina Press, 1991, p. 144-147 ; Ch. Sourvinou-Inwood, *Tragedy and Athenian Religion*, Oxford, Lexington Books, 2003, p. 326-332 ; sur la signification religieuse et les enjeux anthropologiques de la polarité Aphrodite-Artémis, telle qu'elle est représentée dans la tragédie, voir L. Bruit Zaidman, « Mythe et symbole religieux dans l'*Hippolyte* d'Euripide. Hippolyte entre Artémis et Aphrodite » in *Myth and Symbol II. Symbolic Phenomena in Ancient Greek Culture*, S. des Bouvrie éd., (*Papers from the Norwegian Institute at Athens* 7), Bergen, 2004, p. 333-351.

ἀναίνεται δὲ λέκτρα κοὐ ψαύει γάμων·
Φοίβου δ' ἀδελφὴν Ἄρτεμιν, Διὸς κόρην,
τιμᾷ, μεγίστην δαιμόνων ἡγούμενος·
[...]
Τούτοισι μέν νυν οὐ φθονῶ· τί γάρ με δεῖ;
ἃ δ' εἰς ἔμ' ἡμάρτηκε, τιμωρήσομαι
Ἱππόλυτον ἐν τῇδ' ἡμέρᾳ·[24]

« le fils de Thésée, l'enfant de l'Amazone,
Hippolyte, qu'a élevé le chaste Pitthée,
est le seul citoyen de cette terre de Trézène
à dire que je suis la pire des divinités ;
il se refuse à l'amour et s'abstient du mariage.
C'est à la sœur de Phoibos, Artémis, la fille de Zeus,
qu'il réserve ses honneurs, la tenant pour la plus grande des divinités.
[…]
De ces égards je ne suis pas jalouse : pourquoi le devrais-je ?
Mais des offenses qu'il m'a faites, je châtierai
Hippolyte en ce jour. »

Il y a tout lieu de penser que la « radicalisation » du caractère d'Hippolyte, son hostilité déclarée à l'égard d'Aphrodite et la vengeance de la déesse constituent les principales innovations sur lesquelles s'est édifiée la palinodie du second *Hippolyte*. Dans ce contexte nouveau, Phèdre n'apparaît plus que comme un instrument entre les mains d'Aphrodite, et une victime collatérale de son plan, qui consiste à lui inspirer de l'amour pour le jeune homme et, ce faisant, à enclencher, si l'on peut dire, le scénario du « Potipharmotiv » pour provoquer la perte d'Hippolyte, par l'intermédiaire de Thésée. Ce scénario suppose cependant la mort de Phèdre qui, elle, n'est nullement coupable à l'égard d'Aphrodite, injustice que, sans la reconnaître expressément, la déesse atténue par la perspective d'une mort glorieuse pour elle[25].

L'originalité de cet agencement des faits s'apprécie peut-être mieux encore si l'on songe que les sources antiques associent à l'histoire de Phèdre une autre version de la vengeance d'Aphrodite. Dans cette autre version, c'est Phèdre elle-même – et non Hippolyte – qui est visée par le châtiment divin, en raison de son appartenance à la race du Soleil, que la déesse poursuit de sa haine depuis qu'Hélios a révélé, en les éclairant de ses rayons, ses amours coupables avec Arès – épisode fameux rappelé par l'aède Démodocos au chant VIII de l'*Odyssée*. Cette explication de la colère divine est attestée chez les poètes latins,

24. *Hippolyte*, v. 10-16 et 20-22.
25. *Ibid.*, v. 47.

notamment dans la IVe *Héroïde* d'Ovide[26], et c'est elle que Sénèque retient dans sa tragédie, comme le montrent ces vers qu'il fait prononcer à Phèdre au début de la pièce :

Stirpem perosa Solis inuisi Venus
per nos catenas uindicat Martis sui
suasque, probris omne Phœbeum genus
onerat nefandis : nulla Minois leui
defuncta amore est, iungitur semper nefas.[27]

« Vénus abhorrant la souche du Soleil haï,
se venge à travers nous des chaînes de son cher Mars,
qui furent aussi les siennes, et charge d'opprobres abominables
toute la race de Phébus : aucune fille de Minos n'a connu d'amour
paisible, toujours s'y mêle un interdit divin. »

Les deux derniers vers de ce passage rappellent que c'est en inspirant aux femmes de la race d'Hélios des amours coupables (*nefas*) et malheureuses (cf. *nulla [...] levi [...] amore*) que la déesse se venge de leur ancêtre. Phèdre est ainsi, après sa mère Pasiphaé et sa sœur Ariane, la troisième victime de Vénus. On voit à la fois ce qui rapproche et différencie ces deux versions de la vengeance. Dans un cas comme dans l'autre, la passion de Phèdre pour Hippolyte est présentée comme un effet – direct ou indirect – de la colère divine, sans que Phèdre soit elle-même personnellement coupable à l'égard de la déesse de l'amour. Mais dans l'*Hippolyte couronné* d'Euripide, la vengeance de la déesse est motivée et même légitimée par une faute contre l'ordre divin, consistant dans le refus d'un mortel de s'acquitter envers un dieu des honneurs qui lui sont dus. Dans la version retenue par Sénèque, en revanche, aucune faute humaine ne peut être invoquée pour expliquer la colère de Vénus : la faute initiale est imputable à la déesse elle-même, qui se venge d'avoir été surprise dans ses amours coupables et exposée au rire des dieux, en imposant un type de châtiment qui n'est pas sans rapport avec la faute dont elle a elle-même été convaincue.

Si cette autre version de la vengeance d'Aphrodite n'est pas expressément attestée dans les textes grecs de l'époque classique, le commentaire donné par le scholiaste au vers 47 de l'*Hippolyte* indique à tout le moins qu'elle était déjà connue à l'époque hellénistique. C'est cette explication que le commentateur, s'interrogeant sur la raison de la mort de Phèdre, avance en premier lieu, en invoquant le témoignage de Sosicratès, historien du IIe s. av. J.-C., connu comme l'auteur d'une *Histoire de la Crète* :

26. Ovide, *Héroïdes* IV, v. 54-63.
27. Sénèque, *Phèdre*, v. 124-128.

τὸ δὲ αἴτιον ὅτι πάσαις ταῖς ἀφ' Ἡλίου γενομέναις ἐμήνιεν Ἀφροδίτη, διὰ τὴν μηνυθεῖσαν ὑφ' Ἡλίου μοιχείαν (...) ὡς ἱστορεῖ Σωσικράτης.

« la cause en est la colère que la déesse nourrissait contre toutes les femmes de la race d'Hélios, parce que Hélios avait révélé son adultère […], comme le raconte Sosicratès. »

L'introduction de cette interprétation, qui est en contradiction flagrante avec les paroles d'Aphrodite que le scholiaste est censé éclairer, donne à penser qu'il s'agit là de la vulgate mythique ou, à tout le moins, d'une tradition suffisamment répandue pour s'imposer à l'esprit du commentateur, alors même que le texte d'Euripide propose une autre lecture de la vengeance divine. On voit ici à l'œuvre un exégète qui accorde plus d'importance, dans son travail d'interprétation, à la littérature secondaire et à l'érudition qu'à la source textuelle qu'il prétend expliquer. Et il est intéressant de noter qu'il ne renonce pas à cette explication dans la suite de son commentaire, mais qu'il en renouvelle au contraire l'expression, quand il suggère, comme alternative plus vraisemblable à sa première hypothèse, que la vengeance d'Aphrodite vise à la fois Phèdre et Hippolyte :

εἰκότως δὲ ἡ Ἀφροδίτη τὴν παρ' ἀμφοῖν εἰσπράττεται τιμωρίαν, παρὰ μὲν Φαίδρας, ὅτι ἀφ' Ἡλίου· παρ' Ἱππολύτου δέ, ὅτι οὐκ εἶχε τὰ περὶ αὐτὴν ἐν τιμῇ, ἀπαξιῶν τὴν πρὸς τὰς γυναῖκας ὁμιλίαν.

« mais vraisemblablement, c'est contre les deux personnages qu'Aphrodite exerce sa vengeance, contre Phèdre, parce qu'elle descend du soleil ; et contre Hippolyte, parce qu'il ne tenait pas en honneur le domaine d'Aphrodite, lui qui dédaignait la fréquentation des femmes. »

Mais ne peut-on aller plus loin et penser que la version « crétoise » de la vengeance d'Aphrodite était déjà connue d'Euripide, et que c'est elle qui apparaissait dans le premier *Hippolyte* ? La vision négative de Phèdre s'abandonnant aux dérèglements d'un amour interdit s'accorderait bien, en effet, avec la conception d'une vengeance dirigée contre Phèdre elle-même, et l'on aurait là un élément de continuité entre l'*Hippolyte voilé* et la *Phèdre* de Sénèque. A défaut de pouvoir trouver, dans les maigres restes de la tragédie perdue, une confirmation de cette hypothèse[28], on peut invoquer, pour l'étayer, quelques passages de l'*Hippolyte couronné* où le dramaturge semble faire allusion à cette autre version de la vengeance divine. Dans la scène du premier épisode au cours de laquelle la nourrice arrache à Phèdre l'aveu de son amour pour Hippolyte,

28. Les θεηλάτων κακῶν (« malheurs envoyés par les dieux ») du frag. 444 Kn. pourraient renvoyer à l'action de vengeance d'Aphrodite, mais le caractère vague de la formule n'impose pas absolument cette interprétation.

c'est en invoquant l'hérédité fatale qui pèse sur les femmes de sa race que l'héroïne ouvre la voie à ses révélations :

ΦΑ. Ὦ τλῆμον, οἷον, μῆτερ, ἠράσθης ἔρον,
ΤΡ. Ὃν ἔσχε ταύρου, τέκνον, ἢ τί φῂς τόδε;
ΦΑ. σύ τ', ὦ τάλαιν' ὅμαιμε, Διονύσου δάμαρ,
ΤΡ. Τέκνον, τί πάσχεις; συγγόνους κακορροθεῖς;
ΦΑ. τρίτη δ' ἐγὼ δύστηνος ὡς ἀπόλλυμαι.
ΤΡ. Ἔκ τοι πέπληγμαι· ποῖ προβήσεται λόγος;
ΦΑ. Ἐκεῖθεν ἡμεῖς, οὐ νεωστί, δυστυχεῖς.[29]

Phèdre – « Ô mère infortunée, de quel amour tu as brûlé…
La nourrice – Pour le taureau, mon enfant ? Ou que veux-tu dire par là ?
Phèdre – Et toi, ma pauvre sœur, épouse de Dionysos…
La nourrice – Mon enfant, que t'arrive-t-il ? Tu insultes des gens de ta race ?
Phèdre – La troisième, à mon tour, je meurs, malheureuse !
La nourrice – Je suis frappée de stupeur. Où veux-tu en venir avec ces paroles ?
Phèdre – C'est de ce passé-là, non d'hier, que date mon malheur. »

On peut penser qu'Euripide joue, dans ce passage, avec l'autre version de la vengeance d'Aphrodite, c'est-à-dire, si l'hypothèse précédemment avancée est exacte, avec le traitement qu'il en avait lui-même proposé dans le premier *Hippolyte*. Mais il le fait de façon allusive, en ne mentionnant pas la colère d'Aphrodite comme cause première de ces amours malheureuses, pour ne pas affaiblir la version nouvelle qu'il en donne, au début de la tragédie. Le dernier vers rappelle ainsi, à l'attention du spectateur, qu'il y a une autre ἀρχὴ κακῶν à l'histoire de la passion de Phèdre, mais l'allusion ne sert ici qu'à souligner l'ignorance où se trouve l'héroïne du plan divin dont elle est réellement victime. C'est dans cette perspective aussi que l'on peut lire la réaction du chœur, qui s'exclame, après l'aveu de Phèdre :

Τίς σε παναμέριος ὅδε χρόνος μένει;
Τελευτάσεταί τι καινὸν δόμοις.
Ἄσημα δ' οὐκέτ' ἐστὶν οἷ φθίνει τύχα
Κύπριδος, ὦ τάλαινα παῖ Κρησία.[30]

« Quel sort t'attend pendant la durée de ce jour ?
Il va s'accomplir du nouveau dans la maison.
Il n'est plus obscur, le terme où aboutit le destin
voulu par Cypris, ô malheureuse fille de Crète. »

29. *Hippolyte*, v. 337-343.
30. *Ibid.*, v. 369-372.

On pourrait bien sûr ne voir dans la remarque finale du chœur qu'une référence banale au pouvoir d'Aphrodite, qui est à l'œuvre dans la passion de Phèdre, comme dans toutes les histoires d'amour, heureuses ou malheureuses. Mais l'évocation d'un « destin » imposé par la déesse – τύχα / Κύπριδος –, en association avec une référence au passé crétois de l'héroïne, invite plutôt à déceler dans ce passage une nouvelle allusion à l'autre version de la vengeance d'Aphrodite. On voit que ces jeux d'Euripide avec la tradition mythique, qui interviennent dans le déchiffrement du sens des événements, sont l'un des véhicules de l'ironie tragique à l'œuvre dans le drame. Bien des siècles après Euripide, Racine convoquera lui aussi, dans sa *Phèdre*, cette double tradition de la vengeance de Vénus[31]. Si le dramaturge français privilégie en effet, dans le sillage de Sénèque[32], la version crétoise de la vengeance et le thème de l'hérédité fatale[33], il fait affleurer l'autre version de la légende, dans un passage de l'acte III où Phèdre, désireuse de se venger des dédains d'Hippolyte, suggère à Vénus de faire cause commune avec elle et de frapper l'impie qui la méprise en lui inspirant de l'amour[34]. La superposition des deux versions est là encore au service de l'ironie tragique, mais l'ironie consiste, chez Racine, dans le fait qu'Hippolyte est déjà amoureux, et que c'est précisément cela qui va précipiter sa perte.

Quoi qu'il en soit de son originalité, sur laquelle on ne peut pas statuer définitivement, la présence d'Aphrodite à l'ouverture de l'*Hippolyte couronné* a des répercussions essentielles sur la construction de la tragédie, et sur la réception du drame par le spectateur. Le silence dont l'héroïne cherche à couvrir sa passion[35] fait que la déesse est le seul personnage qui puisse prendre en charge le prologue pour exposer les éléments nécessaires à la compréhension du drame. Ce faisant, Aphrodite révèle que c'est elle qui se tient derrière l'action de la tragédie et que

31. Sur la figure de Vénus dans la *Phèdre* de Racine, voir M. Fumaroli, « Entre Athènes et Cnossos : les dieux païens dans *Phèdre* », *Revue d'Histoire littéraire de la France*, 1993/1, p. 45-55 (ensemble de l'article p. 30-61).

32. Il est intéressant de noter que dans la préface de sa *Phèdre*, Racine ne reconnaît sa dette qu'envers Euripide, alors que du point de vue de l'agencement des événements du drame, sa tragédie doit davantage à celle de Sénèque.

33. Racine, *Phèdre*, en part. v. 249-250, 277-278, 305-306, 678-682, 813-816.

34. *Ibid.* III, 3, v. 817-823 :
« Cruelle, si tu veux une gloire nouvelle,
Attaque un ennemi qui te soit plus rebelle.
Hippolyte te fuit, et bravant ton courroux,
Jamais à tes autels n'a fléchi les genoux.
Ton nom semble offenser ses superbes oreilles.
Déesse, venge-toi : nos causes sont pareilles.
Qu'il aime. »

35. *Hippolyte*, v. 39-40, 271, 273, 279, 297, 330, 393-397. La tragédie commence avec la rupture de ce silence.

la passion de Phèdre pour Hippolyte, née par l'effet de sa volonté – τοῖς ἐμοῖς βουλεύμασιν[36] – est l'instrument de sa vengeance. Ces révélations ouvrent la voie à une double lecture – divine et humaine – des événements qui en constituent la trame[37]. Même si Euripide prend soin de ménager quelques surprises au spectateur[38], ce dernier est d'emblée informé de l'issue du drame, avec l'annonce par la déesse de la mort des deux protagonistes[39]. La tirade d'Aphrodite lui livre aussi le sens, ou du moins l'un des sens possibles de la tragédie, qu'il est invité à lire comme une leçon donnée à un impie et une démonstration de la toute-puissance de Cypris[40].

Ce voile levé sur l'action divine lui donne aussi les moyens d'apprécier les tentatives de déchiffrement des événements auxquelles se livrent les personnages dans le cours de la pièce et de goûter, en connaissance de cause, les effets d'ironie tragique générés par leur propre vision de la passion de Phèdre. Dans cette confrontation entre le plan divin et l'interprétation humaine des événements, Euripide met le *topos* de l'invincible amour à l'épreuve de la vérité révélée par Aphrodite. Tout en étant dans l'ignorance de l'action de vengeance de la déesse, les différents personnages de la tragédie, après l'aveu de Phèdre, voient en effet dans la passion dont souffre l'héroïne l'effet de la toute-puissance de Cypris. Ils rappellent, en des accents souvent proches de ceux de la *Théogonie*[41] ou de l'*Hymne homérique à Aphrodite*[42], le pouvoir universel de l'Amour, auquel succombent toutes les créatures de la terre – hommes, dieux, animaux. A la déclaration liminaire de la déesse, qui se qualifie de πολλὴ [...] ἐν βροτοῖσι κοὐκ ἀνώνυμος / θεὰ [...] οὐρανοῦ τ' ἔσω[43], « déesse puissante et dont le nom n'est ignoré ni chez les mortels, ni au ciel », font d'abord écho

36. *Ibid.*, v. 28.

37. Sur l'articulation du plan divin et de l'action humaine dans la tragédie, voir B. Knox, « The *Hippolytus* of Euripides », *Yale Classical Studies* 13, 1952, p. 3-31, repris in *Word and Action, Essays on the Ancient Theater*, Baltimore-Londres, The Johns Hopkins University Press, p. 205-230 ; R. P. Winnington-Ingram, « Hippolytus: A Study in Causation », in *Euripide, Entretiens sur l'Antiquité classique*, VI, Vandœuvres-Genève, 1960, p. 171-197 ; J. Blomqvist, « Human and Divine Action in Euripides' *Hippolytus* », *Hermes* 110, 1982, p. 398-414 ; J. Bollack, « La mort au début (Euripide, *Hippolyte porte-couronnes*) », *Savoirs et Clinique* 5, 2/2004, p. 49-62.

38. Certains détails du plan de vengeance d'Aphrodite (les modalités de la révélation faite à Thésée, l'ordre des morts) sont laissés dans le vague à l'ouverture de la tragédie et il n'est pas question, dans le prologue, de l'apparition finale d'Artémis. La tirade d'exposition prise en charge par Hermès, dans l'*Ion*, se caractérise par ce même mélange de révélations et de fausses pistes. Même quand il fait annoncer par une divinité, au début de la tragédie, l'issue des événements, Euripide prend soin de maintenir en éveil l'intérêt du spectateur en ne lui livrant pas tous les détails de l'intrigue.

39. *Hippolyte*, v. 43-50.

40. Sur cette lecture de la tragédie, voir L. Bruit Zaidman, art. cit. (n. 23).

41. *Théogonie*, v. 120-122.

42. *Hymne homérique à Aphrodite*, v. 1-6, 34-44, 68-74.

43. *Hippolyte*, v. 1-2.

les avertissements du vieux serviteur, invitant Hippolyte à honorer une déesse σεμνή [...] κἀπίσημος ἐν βροτοῖς[44], « vénérable et insigne chez les mortels ». Cette leçon de piété, qui provoque une nouvelle déclaration d'hostilité du jeune homme à l'encontre des « dieux qu'on honore la nuit[45] », souligne la singularité du comportement religieux d'Hippolyte, en l'opposant aux principes et aux usages de la piété ordinaire, et confirme, ce faisant, le portrait à charge dressé par Aphrodite dans le prologue. Mais c'est surtout, nous l'avons dit, dans les réactions des personnages à la passion de Phèdre qu'intervient le rappel, plusieurs fois réitéré, de la toute-puissance de Cypris, modulant autant de variations sur le *topos* de l'invincible amour. Or, les formulations successives de ce *topos*, qui scandent le déroulement du drame pour culminer dans l'hymne du quatrième *stasimon*[46], reflètent un usage différencié du lieu commun par les locuteurs qui le font intervenir dans leur discours. L'héroïne elle-même évoque ses tentatives de résistance à sa passion comme un combat contre Cypris : le constat de la vanité de ses efforts, joint au souci de sa réputation, la conduit à la décision de mourir[47]. La nourrice, au contraire, tire argument du pouvoir universel de l'amour pour convaincre Phèdre de la banalité de son cas et l'inviter à vivre en cédant à sa passion. Développant un raisonnement a fortiori, avec une habileté sophistique que dissimule l'apparente simplicité de ses propos[48], elle fait valoir que, puisque les dieux eux-mêmes et Zeus, le plus puissant d'entre eux, succombent au pouvoir de l'amour, c'est faire preuve d'*hybris*, pour un humain, que de prétendre lui résister[49]. La conclusion de sa tirade, empreinte d'ironie tragique, résume le pragmatisme qui préside à l'ensemble de son discours :

> τόλμα δ' ἐρῶσα· θεὸς ἐβουλήθη τάδε.[50]
>
> « Ose aimer. C'est un dieu qui l'a voulu. »

A l'opposé de ces propos rassurants, le chœur, une fois informé de la passion de Phèdre, voit surtout la puissance de Cypris sous son aspect destructeur et présage une catastrophe pour l'héroïne. La première formulation de ses craintes

44. *Ibid.*, v. 103 (cf. déjà v. 99 : σεμνὴν δαίμον').
45. *Ibid.*, v. 106.
46. Sur cet hymne, cf. *infra* p. 111.
47. *Ibid.*, v. 400-402.
48. La nourrice, dans un premier temps, occulte totalement l'aspect immoral de la passion de Phèdre pour n'y voir qu'une illustration du pouvoir universel de l'amour (voir en part. v. 439). Elle minimise ensuite la gravité de la faute en faisant valoir que les amours coupables sont une réalité courante de la vie humaine et que la perfection morale n'est pas à la portée des hommes (v. 462-472). Elle décharge, enfin, sa maîtresse de toute responsabilité en la présentant comme victime d'une maladie à laquelle il s'agit de trouver un remède (v. 477-481), faisant un usage dévoyé de la représentation commune de la passion comme νόσος.
49. *Hippolyte*, v. 437-481.
50. *Ibid.*, v. 476.

intervient, nous l'avons rappelé, au moment où Phèdre se présente comme victime de la malédiction qui pèse sur les femmes de sa lignée[51]. Mais c'est surtout dans le premier *stasimon*, qui clôt la longue scène de l'aveu, que se déploie la vision pessimiste de l'Amour comme source de malheurs pour les humains. Après avoir rappelé que « ni le feu, ni les astres n'ont de trait plus puissant que celui d'Aphrodite »[52], les femmes de Trézène évoquent les risques qu'il y a à ne pas honorer Éros, « le souverain des hommes [...] dont la venue apporte aux mortels la destruction et toutes les calamités »[53]. Elles illustrent ensuite ce pouvoir destructeur en invoquant l'exemple de deux femmes victimes de l'amour, Iole et Sémélè, la première, sauvagement arrachée au foyer paternel par Héraclès, la seconde, foudroyée pour avoir voulu contempler son amant divin[54]. Il est intéressant de noter que l'exemple de Zeus et Sémélè était précédemment convoqué par la nourrice, conjointement avec celui d'Aurore et Céphalos, pour illustrer l'idée que les dieux étaient, tout comme les hommes, soumis à la loi d'Aphrodite[55]. La différence de perspective, qui reflète un engagement différent dans l'action – la nourrice cherchant à dissuader Phèdre de se tuer, le chœur se posant en spectateur impuissant des événements – se traduit ainsi par une utilisation différente des mêmes *exempla* mythiques[56]. Le chant du chœur, qui aurait pu se développer en un éloge du pouvoir d'Aphrodite, tourne presque, en définitive, au réquisitoire, d'autant que c'est Cypris qui est présentée, dans l'un et l'autre cas, comme l'auteur des violences faites aux mortelles au nom de l'amour[57]. Deux images empruntées au monde naturel concluent sur le même mode cette évocation du caractère redoutable de la déesse[58], qui fait planer la menace d'une fin malheureuse sur l'histoire de Phèdre, au moment même où la nourrice prétend remédier au mal de sa maîtresse en allant intercéder auprès d'Hippolyte.

Le *topos* de l'invincible amour contribue ainsi, en ses déclinaisons successives, à la caractérisation des personnages, à la définition de leur sens moral et de leur rapport à l'action. Pour Phèdre, qui a fait l'expérience d'une vaine résistance à Cypris, la considération de l'honneur ne laisse place à aucun compromis et l'universalité de l'amour ne peut en aucun cas servir d'excuse

51. *Ibid.*, v. 368-372. Cf. *supra* p. 102-103.
52. *Ibid.*, v. 530-532.
53. *Ibid.*, v. 538 et 542-544.
54. *Ibid.*, v. 545-564.
55. *Ibid.*, v. 451-458.
56. La nourrice se place du point de vue des dieux et passe sous silence les conséquences néfastes de ces amours divines pour les mortels aimés.
57. *Hippolyte*, v. 553, 557.
58. *Ibid.*, v. 563-564 : Δεινὰ γὰρ παντᾶ γ' ἐπιπνεῖ, μέλισσα δ' / οἵα τις πεπόταται, « partout elle déchaîne son souffle redoutable, et son vol est celui d'une abeille. »

à une passion coupable. A l'opposé de cette attitude héroïque, la nourrice fait passer les considérations morales derrière l'acceptation de la loi de Cypris, et le désir de voir survivre sa maîtresse lui dicte un langage empreint de réalisme et de pragmatisme, qui tend à minimiser la faute de Phèdre et à la décharger de toute responsabilité dans le malheur qui la frappe[59]. Le chœur, quant à lui, tire du spectacle de l'œuvre funeste de Cypris une leçon de mesure, souhaitant ne jamais connaître les excès de la passion[60], et annonce implicitement, par le choix d'exemples illustrant le pouvoir destructeur de l'amour, l'issue tragique de la passion de Phèdre. Le seul personnage à ne pas invoquer à titre d'excuse l'action de la déesse est, sans surprise, Hippolyte, qui, incarnant lui-même le refus de l'amour, voit dans la perversité de sa belle-mère la cause de sa faute.

Dans le même temps, ces références récurrentes à l'œuvre d'Aphrodite sont au service de l'ironie tragique, si on les rapporte au plan divin dont la passion de Phèdre est l'effet. Le *topos* de l'invincible amour fait en effet approcher les personnages de la vérité, en ce qu'il les conduit à imputer à la déesse le mal dont souffre Phèdre, mais il leur masque en même temps la singularité du cas de Phèdre, dans son articulation avec l'action de vengeance qui est à l'origine des événements de la tragédie. Euripide multiplie à plaisir dans le cours de la tragédie ces jeux de superposition et de décalage entre le discours des témoins humains et l'arrière-plan divin du drame. C'est ainsi qu'il fait intervenir à plusieurs reprises le motif de la colère divine dans les explications avancées par les personnages pour rendre compte du mal dont souffre l'héroïne. La première apparition – implicite – de ce motif se situe dans la *parodos* lorsque le chœur, cherchant dans l'intervention d'une divinité la cause de l'état de Phèdre, formule l'hypothèse que l'héroïne puisse être victime de « l'ardente chasseresse Dictynna », pour avoir négligé de l'honorer[61]. L'ironie se fonde ici sur un double rappel et un double écart par rapport à la tirade d'exposition d'Aphrodite : si Artémis est bien, en effet, l'une des deux divinités entre lesquelles se joue le drame, et si la tragédie trouve son origine dans l'offense faite à une divinité, la déesse offensée est en réalité Aphrodite, et le coupable de l'offense, Hippolyte. Le motif reparaît, dans un nouveau jeu avec le scénario divin de la tragédie, au début de l'analyse que fait la nourrice du mal dont souffre sa maîtresse :

> Οὐ γὰρ περισσὸν οὐδὲν οὐδ' ἔξω λόγον
> πέπονθας· ὀργαὶ δ' ἐς σ' ἀπέσκηψαν θεᾶς.[62]

59. Sur l'utilisation du *topos* de l'invincible amour comme rejet de responsabilité dans *Hippolyte*, voir J. de Romilly, *op. cit.* (n. 3), p. 133-135.

60. *Hippolyte*, v. 528-529.

61. *Ibid.*, v. 145-147.

62. *Hippolyte*, v. 437-438.

« Il n'y a rien d'extraordinaire ni d'inexplicable
dans ce qui t'arrive ; la colère d'une déesse s'est abattue sur toi. »

Le raisonnement consistant à attribuer à une divinité le mal dont souffre Phèdre rappelle l'hypothèse précédemment formulée par le chœur, mais la scène des aveux, intervenue entre-temps, aboutit cette fois à l'identification correcte de l'agent divin, Cypris, dont la nourrice évoque ensuite l'irrésistible pouvoir. L'ironie réside ici dans le fait que la nourrice voit dans la résistance de Phèdre à sa passion l'origine de la colère divine, et en conclut que le moyen de mettre fin à son mal est, au contraire, de céder au pouvoir de Cypris. Instruit par la tirade d'exposition, le spectateur sait, lui, que c'est contre Hippolyte qu'est dirigée la colère de la déesse, et que l'offense qui l'a provoquée est le refus absolu du jeune homme de se soumettre à la loi de l'amour.

L'ironie née de ces décalages avec l'arrière-plan divin du drame se prolonge dans le jeu qui consiste à faire, de l'action ou de la parole des personnages, le relais de l'action de la déesse. Lorsqu'elle sollicite le soutien de Cypris[63], au moment où elle prend l'initiative de révéler à Hippolyte l'amour de sa maîtresse, la nourrice ignore que c'est elle qui, en réalité, se met au service de la déesse, en favorisant la mise au jour des amours coupables de Phèdre et l'enchaînement des révélations qui doit aboutir à la double mort des protagonistes. Les dernières paroles prononcées par Phèdre, au moment où elle s'apprête à entrer dans la maison pour se donner la mort, font également ressurgir, à son insu, le plan de vengeance d'Aphrodite, mettant du même coup en évidence la faible marge de liberté laissée à l'homme dans la conduite des événements. Prenant acte de l'action destructrice de Cypris, Phèdre annonce en effet qu'elle entraînera dans sa perte Hippolyte pour lui donner une leçon de mesure – σωφρονεῖν μαθήσεται[64]. Dans son désir de se venger de celui qui l'a méprisée, elle se fait ainsi l'instrument de la vengeance divine, ce que souligne la présence, dans ses propos, du thème de la mesure et de l'*hybris*, qui renvoie aux paroles prononcées par Aphrodite à l'ouverture de la tragédie. Mais c'est plus nettement encore la parole de la nourrice qui relaie à l'intérieur de la pièce les déclarations liminaires de la déesse, lorsque le dramaturge lui fait dépeindre le pouvoir de Cypris en des termes très proches de ceux qu'elle avait elle-même employés pour affirmer sa toute-puissance et légitimer sa vengeance. Rappelons d'abord ces premières paroles d'Aphrodite :

« Tous ceux qui entre les bornes du Pont et celles de l'Atlas, ont leur séjour et voient la lumière du soleil, s'ils révèrent ma puissance, je les tiens en honneur ; mais

63. *Ibid.*, v. 522-523. Il faut imaginer que la nourrice adresse cette demande en se tournant vers la statue d'Aphrodite.

64. *Ibid.*, v. 725-731.

j'abats tous ceux qui nous traitent avec orgueil. Car c'est une vérité qui vaut aussi chez la race des dieux : ils prennent plaisir à être honorés par les hommes. »[65]

A quoi font écho, au premier épisode, ces mots que la nourrice applique à la passion de Phèdre :

« Cypris est irrésistible, quand elle attaque avec force. Celui qui cède, elle l'aborde avec douceur ; mais celui qu'elle trouve excessif et plein d'orgueil, elle le saisit et l'outrage, tu sais comment ! »[66]

Le parallélisme entre les deux passages, construits sur la distinction entre deux catégories de mortels, ceux qui révèrent la déesse en cédant à l'amour, et ceux qui, au contraire, refusent de l'honorer, est renforcé, dans la lettre du texte, par la reprise de la locution μέγα φρονεῖν [67] dans la désignation des mortels qui prétendent résister à l'empire d'Aphrodite. Il y a indéniablement quelque malice de la part d'Euripide à faire se rejoindre ainsi la parole de la déesse et celle du personnage le plus humble de la tragédie.

Mais la reprise de la leçon, appliquée successivement à Hippolyte et à Phèdre, n'invite-t-elle pas, en dernière analyse, à un retour critique sur la déclaration liminaire d'Aphrodite ? Car le traitement réservé par la déesse à Phèdre, dont elle provoque la perte dans le cadre d'un plan de vengeance dirigé contre Hippolyte, annule d'emblée la distinction entre mortels respectueux et mortels impies sur laquelle elle prétend fonder la légitimité de son action. De Phèdre, en effet, on ne peut dire, à la différence d'Hippolyte, qu'elle refuse d'honorer Aphrodite : mariée à Thésée, tombée amoureuse de son fils, elle incarne plutôt, au contraire, une forme de dévotion excessive à la déesse. Un passage de la tirade d'exposition – qu'il n'y a pas lieu d'athétiser[68] – rend compte de cette dévotion en évoquant le temple édifié par l'héroïne sur l'Acropole à la déesse de l'amour[69]. Sans doute une distinction est-elle maintenue par la déesse entre ses deux victimes, avec la perspective d'une mort glorieuse pour Phèdre

65. *Hippolyte*, v. 3-6.

66. *Ibid.*, v. 443-446.

67. V. 6 et v. 445.

68. *Contra* L. Méridier (*Euripide*, t. II, CUF), qui les athétise à la suite de O. Jahn, en soulignant (p. 30, n. 2) la contradiction entre la publicité donnée par Phèdre à son amour pour Hippolyte, à travers l'édification de ce temple, et le silence dont elle cherche à entourer sa passion, et que souligne amplement le texte. Mais ces vers, inspirés à Euripide par l'existence d'un temple d'Aphrodite ἐπ' Ἱππολύτῳ sur les pentes de l'Acropole, permettent, en dehors de leur fonction étiologique, de souligner l'opposition entre Hippolyte et Phèdre dans leur rapport à Aphrodite, et de mettre la déesse en contradiction avec elle-même, après ses déclarations liminaires sur son comportement à l'égard des mortels qui la révèrent. Il n'est pas exclu qu'ils comportent aussi une discrète allusion à la mort d'Hippolyte, puisque l'on sait que ce temple était associé au *mnèma* d'Hippolyte.

69. *Hippolyte*, v. 29-33.

(Ἣ δ' εὐκλεὴς μέν, ἀλλ' ὅμως ἀπόλλυται[70], « sa gloire sera sauve, mais elle mourra »). Mais l'enchaînement des événements dément cette prédiction d'Aphrodite, et le dramaturge, pour souligner cet écart avec le plan divin, fait dire à Phèdre, après l'échec de l'intervention de la nourrice auprès d'Hippolyte : οὐκέτ' εὐκλεεῖς / θανούμεθ'[71], « nous ne mourrons plus avec gloire », le démenti aux paroles de la déesse étant souligné par la reprise de l'adjectif εὐκλεής. Les déclarations de toute-puissance d'Aphrodite, relayées par les personnages de la tragédie, portent donc aussi, dans le détail de leur formulation, les éléments d'une critique de l'action de la déesse, et aboutissent à faire apparaître, paradoxalement, les limites de la maîtrise qu'elle exerce sur le cours des événements.

C'est en ce sens que l'on peut relire, pour finir, l'hymne à Aphrodite qui compose le quatrième *stasimon*[72], en questionnant son rapport avec le dénouement de la tragédie. Si ce chant représente l'ultime expression du *topos* de l'invincible amour, sa place et sa tonalité ne manquent pas de surprendre[73]. Cette célébration parfaitement conventionnelle du pouvoir de l'amour intervient en effet immédiatement après le récit de la mort d'Hippolyte, alors que l'on s'attendrait à ce que le chœur fasse écho au pathétique de ce récit en entonnant un chant de lamentation. L'impression de décalage est renforcée par la tonalité irénique de l'hymne, qui est en porte-à-faux par rapport à l'issue tragique des événements. Ce n'est pas en effet le pouvoir destructeur d'Aphrodite que chante ici le chœur, comme il le faisait dans le premier *stasimon*, alors même que les détails de l'agonie d'Hippolyte inviteraient à une telle lecture de son action, mais la force cosmique qu'elle incarne, et qui s'exerce sur tous les règnes de la nature. Faisant écho aux premières paroles de la déesse, ce *stasimon* semble, à première vue, destiné à créer un effet de clôture, pour marquer l'achèvement du plan de vengeance d'Aphrodite et restaurer, en quelque sorte, une lecture conventionnelle du *topos* de l'invincible amour, en remettant à distance la violence déployée par la déesse dans l'accomplissement de son plan. Mais cet effet de fermeture n'est qu'une feinte du poète, puisqu'à peine entendus les derniers mots du chant du chœur, c'est Artémis qui apparaît, ἀπὸ μηχανῆς, pour conclure le drame[74]. Cette ultime apparition est une surprise par rapport au dénouement annoncé par Aphrodite. Elle participe cependant d'une construction symétrique

70. *Ibid.*, v. 47.
71. *Ibid.*, v. 687-688.
72. *Ibid.*, v. 1268-1281.
73. Voir sur ce point le commentaire de Barrett, p. 391-392.
74. Sur cette apparition finale d'Artémis, voir B. E. Goff, *The Noose of Words, Readings of Desire, Violence and Language in Euripides' Hippolytos*, Cambridge-New York, Cambridge University Press, 1990, p. 106-113.

du début et de la fin de la tragédie[75] qui, tout en faisant du drame le lieu d'un rééquilibrage entre les pouvoirs d'Aphrodite et d'Artémis, laisse le dernier mot à la divinité adorée d'Hippolyte. Or, l'intervention finale de la déesse vient, en un sens, limiter et corriger les effets de la vengeance d'Aphrodite. Dès le début de la scène, Artémis s'attache en effet à rétablir le *kléos* d'Hippolyte, bafoué par les révélations mensongères de Phèdre, en faisant apparaître l'action vengeresse d'Aphrodite comme l'origine première des événements survenus dans le drame[76]. Cette fonction de l'intervention d'Artémis est mise en évidence par les mots qu'elle adresse à Thésée : « Je suis venue montrer en ton fils une âme juste, pour qu'il meure avec gloire, ὡς ὑπ' εὐκλείας θάνῃ. »[77] Il s'agit donc d'abord, pour Artémis, de laver aux yeux de Thésée la réputation de son protégé, ternie par l'accusation de viol proférée *post mortem* par Phèdre au moyen de la tablette suspendue à son cadavre. La formule citée est évidemment faite pour rappeler la déclaration initiale d'Aphrodite et son annonce d'une mort glorieuse pour Phèdre. Ainsi, le *kléos*, qu'Aphrodite entendait réserver à Phèdre, revient pour finir à Hippolyte, alors que Phèdre, nous l'avons vu, s'en trouve privée, en conséquence de l'initiative malheureuse de la nourrice. C'est là un premier correctif au plan de vengeance de la déesse de l'amour. Cette restauration du renom d'Hippolyte est suivie d'une réhabilitation *post mortem*, sous la forme de l'instauration d'un culte héroïque, qui, desservi par les jeunes vierges avant leurs noces, consacre paradoxalement le rétablissement, sous l'égide d'Artémis, d'un rapport équilibré à Aphrodite[78]. Enfin, et surtout, ces limitations apportées à la vengeance d'Aphrodite s'accompagnent de l'annonce, par Artémis, de sa propre vengeance :

> « même dans les ténèbres souterraines, ce n'est pas impunément que se seront abattus sur toi les coups de la colère de Cypris, selon son bon plaisir. Moi-même, de ma main, j'en abattrai un autre ; celui d'entre les mortels qui lui sera le plus cher, j'en tirerai vengeance, de mes traits infaillibles. »[79]

75. Cette construction, dont l'aspect le plus immédiat est l'encadrement de la tragédie par les deux divinités entre lesquelles se joue le drame, se traduit par un effet de symétrie inverse, dans l'articulation de cette apparition divine avec l'hymne qui lui fait pendant : au début de la tragédie, l'apparition d'Aphrodite est suivie d'un chant en l'honneur d'Artémis. C'est l'inverse à la fin du drame, où l'hymne à Aphrodite est suivi de l'apparition d'Artémis. Cette construction fait apparaître la tension entre les pôles représentés par les deux déesses comme l'arrière-plan sur fond duquel se déroulent les événements du drame.

76. *Hippolyte*, v. 1301-1303, 1327-1328, 1400.

77. *Ibid.*, v. 1299.

78. *Ibid.*, v. 1423-1430. Sur l'ironie que comporte cette réhabilitation *post mortem*, qui immortalise le souvenir de la passion de Phèdre, et sur le changement de perspective qu'elle opère dans la conception du *kléos*, voir les remarques de Ch. Segal, *Euripides and the Poetics of Sorrow*, Durham-Londres, Duke University Press, 1993, p. 123-126.

79. *Hippolyte*, v. 1416-1422.

Cette autre histoire est aussi l'annonce d'une autre tragédie.

Euripide revisite ainsi de manière féconde dans l'*Hippolyte couronné* le *topos* de l'invincible amour, en réactivant l'idée traditionnelle de la toute-puissance de Cypris dans le cadre d'une action articulée à un plan de vengeance divin. Les expressions de ce *topos* qui ponctuent le discours des personnages se prêtent à de nombreux effets d'ironie tragique, en ce qu'ils font ressurgir l'ombre de la déesse qui agit à l'arrière-plan du drame. A ces jeux d'ironie tragique, qui résultent d'entrecroisements subtils entre le discours des dieux et celui des hommes, s'ajoute la tension créée par la confrontation de deux visions antithétiques de l'amour, évoqué tantôt comme une force destructrice, tantôt comme une force procréatrice, en contradiction flagrante avec l'action en cours. On voit qu'Euripide fait aussi servir le *topos* à un questionnement sur la nature du pouvoir d'Aphrodite et l'on perçoit qu'il mobilise à l'occasion la forme et le ton de l'hymne pour amorcer une remise en question de ce pouvoir et une critique de l'action de la déesse. A l'horizon de ces réflexions se profile une lecture possible de l'*Hippolyte* comme anti-hymne à Aphrodite.

Christine MAUDUIT

L'ESPACE DE THÈBES, DES *SEPT CONTRE THÈBES* AUX *PHÉNICIENNES*[*]

Pour rendre hommage à Jacqueline de Romilly, qui dirigea il y a près de quarante ans ma thèse de troisième cycle qui devait devenir un livre sur *La Faute tragique*, il m'a semblé approprié de me tourner encore une fois vers la tragédie pour illustrer la fécondité de la méthode qu'elle m'a enseignée par ses séminaires comme par son livre sur *L'Évolution du pathétique d'Eschyle à Euripide* (1961). Mais au lieu d'examiner, comme elle l'a si bien fait, le traitement du temps dans la tragédie grecque[1], je voudrais aujourd'hui m'intéresser à l'espace en me bornant aux deux tragédies conservées qui ont pour cadre Thèbes et traitent du même sujet, les *Sept contre Thèbes* d'Eschyle et les *Phéniciennes* d'Euripide, poursuivant ainsi sur un autre plan une comparaison dont Jacqueline de Romilly avait montré l'intérêt dans son article sur « les *Phéniciennes* ou l'actualité dans la tragédie grecque » de 1965.

J'examinerai successivement 1) l'espace scénique, c'est-à-dire ce que le public pouvait voir dans l'*orchestra*[2] ; 2) l'espace extra-scénique qui est lié à la scène par le mouvement des acteurs et s'étend au-delà des deux *eidodoi* (« space without » ou « space beyond »[3]), ou se confond avec l'intérieur du palais quand la *skénè* est intégrée à l'espace scénique (« space within » ou « space behind »[4]) ; 3) l'espace imaginaire (appelé aussi « diegetic », « distanced » ou « conceived »[5]) qui comprend tous les lieux associés à l'histoire des héros ou mentionnés par les personnages et par le chœur.

* Pour les *Sept contre Thèbes*, le texte adopté est celui de G. O. Hutchinson ; et pour les *Phéniciennes*, celui de D. J. Mastronarde.

1. Cf. J. de Romilly, 1971, *Le Temps dans la tragédie grecque*.
2. Cf. N. Yaari, 2006, p. 100 : « the smallest and most concentrated circle spread out before the audience's eye on the orchestra ».
3. « Space without » (H. Scolnicov, 1967) ou « space beyond » (R. Rehm, 2002).
4. « Space within » (H. Scolnicov, 1967) ou « space behind » (R. Rehm, 2002).
5. « Diegetic » (H. Scolnicov, 1967), « distanced » (R. Rehm, 2002), « conceived » (N. Yaari, 2007).

J'espère ainsi démontrer qu'il n'existe pas une représentation unique de Thèbes qui serait le modèle de l'anti-cité – comme on l'a souvent dit après Pierre Vidal-Naquet (1986) et Froma Zeitlin (1990) – et éclairer, par une analyse précise des notations spatiales, deux tragédies qui posent chacune à sa manière le problème des rapports entre le privé et le public ou, pour le dire en grec, de l'*oikos* – la maison royale – et de la *polis*[6].

Dans les *Sept*, Thèbes – qui a été mise en danger par la famille royale et le refus de Laïos d'assurer le salut de la cité en mourant sans enfants, conformément à la prédiction d'Apollon (748-749 θνῄσκοντα γέν- / νας ἄτερ σῴζειν πόλιν) – est sauvée par la fin de la lignée des Labdacides, avec la mort des deux fils d'Œdipe qui ne laissent pas de descendants, comme l'indique clairement le vers 828, une conclusion rendue possible par la stricte séparation établie par le texte entre la cité de Cadmos et les Cadméens[7] d'une part, et la race de Laïos (691) et d'Œdipe[8] de l'autre.

Dans les *Phéniciennes*, qui mettent l'accent sur la famille (la transformation du texte de l'oracle donné à Laïos dans le prologue « Si tu engendres un fils, il te tuera et toute ta maison sera trempée de sang » [19-20 εἰ γὰρ τεκνώσεις παῖδ', ἀποκτενεῖ σ' ὁ φύς, / καὶ πᾶς σὸς οἶκος βήσεται δι' αἵματος.] est révélatrice), la cité est aussi par deux fois mise en danger par l'égoïsme des membres de la famille royale, d'abord par les deux fils d'Œdipe, puis par Créon. Mis en demeure par Jocaste de choisir entre la royauté et le salut de la cité aux vers 559-560 : « Allons, suppose que je te demande en te laissant le choix : veux-tu régner ou veux-tu sauver la cité ? », Étéocle fait le choix du sceptre[9], et Polynice n'hésite pas à marcher contre sa patrie pour obtenir sa part de pouvoir[10]. A son tour Créon, sommé par le devin Tirésias de choisir entre le salut de son fils et celui de la cité aux vers 951-952 : « Choisis maintenant entre deux destins: sauve ton fils ou sauve ta cité » (τοῖνδ' ἑλοῦ δυοῖν πότμοιν / τὸν ἕτερον· ἢ γὰρ παῖδα σῶσον ἢ πόλιν[11]) fait passer la vie de son fils avant sa patrie en s'exclamant au vers 919 : « Adieu cité » (χαιρέτω πόλις) et en précisant aux vers 963-964 : « Jamais je n'en viendrai à ce point de misère que mon fils égorgé serve d'offrande à la cité » (ἐγὼ γὰρ οὔποτ' ἐς τόδ' εἶμι συμφορᾶς / ὥστε σφαγέντα παῖδα προσθεῖναι πόλει).

Mais dans les *Phéniciennes*, l'origine du mal n'est plus liée à Laïos mais à Cadmos et à la naissance même de la cité, avec le meurtre du dragon fils d'Arès par son fondateur et la colère du dieu qui exige un sang humain pour prix du

6. Cf. S. Saïd, 1998.
7. *Les Sept contre Thèbes* (= *Sept.*) 1, 9, 39, 47, 303, 531, 543, 679, 823.
8. *Sept.* 691 : τὸ Λαΐου γένος et 203, 327, 654, 677, 801 : la descendance d'Œdipe.
9. *Les Phéniciennes* (= *Ph.*) 590-591.
10. *Ph.* 484-491.
11. Voir aussi *Ph.* 913-914, 917-918, 947-948.

sang versé[12]. Et Thèbes n'est finalement sauvée que par le choix héroïque de Ménécée : « J'irai et je sauverai la cité. Je donnerai ma vie en mourant pour cette terre » (997-998 εἶμι καὶ σώσω πόλιν / ψυχήν τε δώσω τῆσδ' ὑπερθανὼν χθονός).

I. L'espace scénique

A. Les *Sept contre Thèbes*

Dans les *Sept contre Thèbes* qui s'attachent exclusivement au sort de la cité avant de se concentrer, par un brusque retournement, sur le sort de la maison royale à la fin de la célèbre scène des boucliers, l'espace scénique se définit comme un espace public, avec un texte qui s'ouvre sur une harangue d'Étéocle aux « concitoyens de Cadmos » (1 Κάδμου πολῖται) et n'implique à aucun moment la présence visible d'un palais royal. Cet espace se confond plus précisément avec « le siège vénéré de l'Acropole » vers lequel le chœur des femmes thébaines s'est rendu : « Je suis venue vers cette acropole, séjour révéré ». (240-241 τάνδ' ἐς ἀκρόπτολιν, / τίμιον ἕδος, ἱκόμαν). C'est aussi un espace religieux occupé par des statues divines sans doute regroupées dans le fonds de l'*orchestra*, comme l'indique le vers 220 : «Cette assemblée des dieux que voici » (θεῶν/ ἅδε πανάγυρις)[13]. Ces « dieux protecteurs du pays » (πολισσοῦχοι θεοί) sont d'abord invoqués collectivement par Étéocle au vers 69. Ils sont ensuite suppliés par les femmes du chœur[14] qui se prosternent devant leurs statues aux vers 95-96 « Que puis-je, moi, sinon me prosterner devant les statues des dieux ? » (πότερα δῆτ' ἐγὼ <πάτρια> ποτιπέσω /βρέτη δαιμόνων;) et leur consacrent des offrandes aux vers 101-102 : « Quand donc, si ce n'est à cette heure, aurons-nous recours aux supplications accompagnées des voiles et des guirlandes » (πέπλων καὶ στεφέων πότ' εἰ μὴ νῦν ἀμ- /φὶ λιτάν' ἕξομεν;). On pense bien évidemment à l'*Iliade* où Hécube et les vieilles femmes de Troie reçoivent d'Hector l'ordre d'offrir à Athéna « protectrice de la cité » (ἐρυσίπτολις)[15] le voile le plus beau et le plus grand du palais pour qu'elle prenne en pitié leur ville[16]. Le chœur se tourne ainsi successivement vers les statues d'Arès, de Zeus, d'Athéna, de Poséidon, de Cypris, d'Apollon Lycien, de sa sœur Artémis et d'Héra[17] avant

12. *Ph.* 931-939.
13. Cf. V. Di Benedetto et E. Medda, 1997, p. 82.
14. *Sept.* 86, 92-93.
15. *Iliade* 6. 305, seule occurrence chez Homère.
16. *Iliade* 6. 86-92, 271-273, 302-305.
17. *Sept.* 104-107, 135-137 : Arès ; 116-117 : Zeus ; 127-130 : Athéna ; 130-132 : Poséidon ; 140-144 : Cypris ; 145-147, 159-162 : Apollon Lycien ; 149-151, 154-155 : Artémis ; 152-153 : Héra.

de conclure avec Pallas Onka[18] et de les unir tous dans sa supplication[19]. Cette présence scénique des dieux est relayée tout au long de la pièce par les multiples invocations du chœur aux divinités protectrices de la ville. On pourrait multiplier les citations. Je me contenterai ici de rappeler, pour souligner l'étroite association du religieux et du politique dans les *Sept,* les vers 14-15 du prologue où Étéocle invite les Cadméens « à se porter au secours de leur cité et des autels des dieux du pays pour prévenir la disparition de leurs honneurs » (πόλει τ' ἀρήγειν καὶ θεῶν ἐγχωρίων / βωμοῖσι, τιμὰς μὴ 'ξαλειφθῆναί ποτε), ainsi que la fréquence exceptionnelle de toute une série d'épithètes qui unissent étroitement les dieux à la cité[20], à ses remparts[21], à son territoire et à son *agora*[22], ainsi qu'à ses autels[23], et insistent sur leur stabilité[24] garante de l'existence de la cité. L'espace scénique devient ainsi la traduction visible du caractère sacré de la cité de Thèbes, un thème qui remonte lui aussi à l'*Iliade*, comme l'a bien montré S. Scully dans son livre *Homer and the Sacred City*.

A partir du moment où Étéocle quitte la scène pour aller affronter son frère à la septième porte, le déplacement de l'action de la cité à la famille se traduit dans l'espace scénique par un changement de focalisation. L'attention du public ne se porte plus sur la menace qui pèse sur la cité et les statues des dieux qui la protègent, mais sur la malédiction qui pèse sur la maison royale[25] et sur les cadavres des deux frères exposés au centre de l'*orchestra*. Leur arrivée est annoncée par le chœur aux vers 845-848 : « Ah, lamentables guerriers, vous avez accompli ce qu'on n'eût osé croire. Voici venus de pitoyables malheurs. Il ne s'agit plus de mots (οὐ λόγῳ). C'est bien évident (Τάδ' αὐτόδηλα), ce qu'a dit le messager est sous nos yeux (προὖπτος ἀγγέλου λόγος) ». Si on considère, avec la plupart des critiques[26], que les vers 861-874 et 1005-1078 sont une interpolation d'acteurs ajoutée après l'*Antigone* de Sophocle, voire même après les *Phéniciennes* d'Euripide, on admettra que la conclusion de la pièce – qui oppose le salut de la cité (793-799) à l'anéantissement de la race (800-805) – abolit également toute distinction entre les deux fils d'Œdipe, qui se voient tous deux

18. *Sept.* 164-165.
19. *Sept.* 166-180.
20. *Sept.* 69, 185, 271 : πολισσοῦχοι ; 109 : πολιάοχοι ; 822 : πολιοῦχοι ; 176 : φιλοπόλεις ; 253 : πολῖται.
21. *Sept.* 167-168 : γᾶς / τᾶσδε πυργοφύλακες.
22. *Sept.* 14 : θεῶν ἐγχωρίων ; 272 : πεδιονόμοις τε κἀγορᾶς ἐπισκόποις.
23. *Sept.* 773 : ξυνέστιοι πόλεος.
24. *Sept.* 97, 319 : εὔεδροί.
25. *Sept.* 740, 851, 877-878, 895, 915.
26. P. ex. O. Taplin, 1977, p. 177-184 ; W. G. Thalmann, 1978, p. 137-141 ; G. O. Hutchinson, 1985, p. 190-191, p. 209-211.

appelés au vers 830 πολυνεικεῖς et sans doute ἐτεοκλειεῖς[27], car ils ont tous deux cherché des querelles et acquis une vraie gloire. Ils sont en effet uniquement mentionnés au pluriel ou au duel, et étroitement unis par le chœur dans le thrène final.

B. Les *Phéniciennes*

A la différence des *Sept*, les *Phéniciennes* mettent l'accent sur le drame familial. L'espace scénique est le plus souvent occupé par une mère, Jocaste, (prologue, premier et quatrième épisodes) et un père, Créon (second épisode, deuxième *stasimon*, troisième et cinquième épisodes et *exodos*), et le chœur est composé d'étrangères et de barbares[28] qui sont liées par la race au fondateur de Thèbes, venu lui aussi de Phénicie, et à ses descendants : « Je vins au pays de Cadmos, envoyée aux remparts de Laïos, parent des illustres fils d'Agénor » (Καδμείων ἔμολον γᾶν, / κλεινῶν 'Αγηνοριδᾶν / ὁμογενεῖς ἐπὶ Λαΐου / πεμφθεῖσ' ἐνθάδε πύργους. 216-219[29]).

Ce déplacement de l'action de la cité à la famille se traduit par une transformation de l'espace scénique. Celui-ci est désormais défini à l'arrière-plan par un palais royal[30] dont le statut officiel est ambigu : il est le plus souvent défini comme la maison d'Œdipe[31] qui n'en sort que dans l'*exodos*. Ce symbole de la royauté est également revendiqué par ses deux fils, Polynice et Étéocle[32], et constitue l'enjeu de leur duel : « Elle [Jocaste] a su que ses fils allaient en venir aux armes pour la possession du palais royal » (ἤκουσε τέκνα μονομάχωι μέλλειν δορὶ / εἰς ἀσπίδ' ἥξειν βασιλικῶν δόμων ὕπερ 1325-1326). Mais aucun des deux n'y pénètre : Polynice se heurtera au refus d'Étéocle quand il demande à y entrer pour voir son père et ses sœurs aux vers 615-617, et rien n'indique dans le texte d'Euripide qu'Étéocle y entre à la fin du premier épisode ou qu'il en ressort au début du second[33].

Comme dans les *Sept*, l'espace scénique des *Phéniciennes* rend visible la présence des dieux. Mais il ne s'agit plus de divinités poliades qui feraient l'objet d'une supplication publique : aucun déictique ne suggère l'existence dans l'*orchestra* des autels ou des statues des dieux invoqués par le chœur dans l'épode

27. Cette addition, proposée par E. Petersen pour combler une lacune, a été adoptée par G. O. Hutchinson, 1985.

28. *Ph.* 278 : ξέναι γυναῖκες, 679, 680, 819, 1302 : βάρβαρος.

29. Voir aussi *Ph.* 243-249, 291-292.

30. *Ph.* 197 : δόμους τυραννικούς, 1326 : βασιλικῶν δόμων.

31. *Ph.* 318, 353, 1341, 1582.

32. *Ph.* 483-485 : Polynice et 602, 1231 : Étéocle.

33. D. J. Mastronarde, 1994, p. 347 : « There is no clear indication of Eteocles's movements in the words either at the end of the previous episode or here. »

du premier *stasimon*, à savoir Épaphos (676-681) et les deux déesses Perséphone et Gè/Déméter (683-688). C'est l'exilé Polynice qui signale à son entrée en scène l'existence d'un autel aux vers 274-275 : « le secours est proche – un autel en effet est là tout à côté » (ἀλλ' ἐγγὺς ἀλκή -βώμιοι γὰρ ἐσχάραι / πέλας πάρεισι). C'est encore lui qui pleure en voyant les autels des dieux aux vers 366-367 : « J'ai bien pleuré en arrivant, à revoir après si longtemps la maison et les autels des dieux » (πολύδακρυς δ' ἀφικόμην / χρόνιος ἰδὼν μέλαθρα καὶ βωμοὺς θεῶν). C'est enfin lui qui s'adresse aux autels des dieux ancestraux en quittant la scène aux vers 604-605 (ὦ θεῶν βωμοὶ πατρώιων [...] κλύετέ μου) avant de faire ses adieux à la maison et à Apollon Agieus, le dieu protecteur de la maison dont le pilier ou l'autel se dressait sans doute devant la porte du palais, aux vers 631-632 (καὶ σύ, Φοῖβ' ἄναξ 'Αγυιεῦ, καὶ μέλαθρα, χαίρετε, / ἥλικές θ' οὑμοὶ θεῶν τε δεξίμηλ' ἀγάλματα.)

Dans les *Phéniciennes,* l'espace scénique donne également à voir le brouillage des frontières qui caractérise la pièce : à la différence des *Sept* où les portes de la citadelle ne laissent à aucun moment pénétrer l'étranger ou l'ennemi, la Thèbes des *Phéniciennes* est une ville ouverte. La *parodos* introduit un chœur de femmes barbares à côté d'une maison grecque (278-279). Le premier épisode s'ouvre avec le chef de l'armée ennemie Polynice, que les verrous des gardiens ont laissé pénétrer facilement à l'intérieur des remparts (261-262 τὰ μὲν πυλωρῶν κλῇιθρά μ' εἰσεδέξατο / δι' εὐπετείας τειχέων ἔσω μολεῖν).

Dans le prologue, l'espace scénique est d'abord un espace privé, occupé par Jocaste qui sort de la porte du palais, puis par le pédagogue et Antigone qui apparaissent « sur l'extrémité supérieure du palais » (90 μελάθρων ἐς διῆρες ἔσχατον), c'est-à-dire sur le toit en terrasse de la *skénè* d'où ils peuvent apercevoir directement l'espace extra-scénique, c'est-à-dire les murailles de Thèbes et l'armée des assiégeants. Il sert ensuite de cadre à des affrontements familiaux comme à des débats qui mettent en jeu aussi bien le destin de la cité que celui de la famille, comme le second épisode (690-783) avec Étéocle et Créon, ou le troisième épisode (834-1018) avec Tirésias, Ménécée et Créon.

Par contre, l'*exodos* se concentre exclusivement sur la famille. La victoire thébaine évoquée par un récit de messager reste à l'arrière-plan : « Une fois la victoire acquise, les uns dressaient la statue du Zeus de la déroute tandis que d'autres dépouillaient de leurs boucliers les cadavres argiens et les emportaient à l'intérieur du rempart » (1472-1475 / ὡς δ' ἐνικῶμεν μάχηι, / οἱ μὲν Διὸς τροπαῖον ἵστασαν βρέτας, / οἱ δ' ἀσπίδας συλῶντες 'Αργείων νεκρῶν / σκυλεύματ' εἴσω τειχέων ἐπέμπομεν). La portée du sacrifice de Ménécée semble elle aussi minimisée par la brièveté de son évocation (3 vers) et par l'absence de spectacle, car son cadavre n'apparaît pas sur la scène. Créon, comme il le souligne aux vers 1315-1316, l'a fait porter dans sa maison avant de venir chercher Jocaste pour qu'elle le lave et l'expose. L'espace scénique ne donne donc à voir que le malheur de la famille d'Œdipe avec l'arrivée sur la scène des trois cadavres de Polynice, d'Étéocle et de Jocaste qui s'est suicidée sur le corps de ses fils, une arrivée annoncée par le messager aux vers 1476-1477 : « Avec Antigone, ils les apportent jusqu'ici : leurs parents pourront les pleurer » (ἄλλοι δὲ τοὺς θανόντας 'Αντιγόνης μέτα / νεκροὺς φέρουσιν ἐνθάδ' οἰκτίσαι φίλοις.). Le récit cède alors la place au spectacle, comme le souligne le coryphée : « Ce n'est plus seulement par ouï-dire [οὐκ εἰς ἀκοὰς ἔτι] que m'atteint le malheur de la maison. On peut désormais voir (πάρα γὰρ λεύσσειν) ces trois cadavres qui viennent de succomber, partageant dans une mort commune une éternité de ténèbres » (1480-1484) et comme l'indique une série de déictiques[34]. Le thrène du chœur des *Sept* est remplacé par les plaintes des acteurs, d'abord Antigone puis Œdipe, plaintes auxquelles le chœur ne s'associe que très brièvement en deux vers (1582-1583) en mettant, comme Antigone[35], l'accent sur le malheur de l'*oikos*.

L'intervention de Créon au vers 1584 : « maintenant cessez vos lamentations » (οἴκτων μὲν ἤδη λήγεθ') ne met pas seulement fin aux plaintes d'Antigone. Elle condamne Œdipe à un exil[36] qui est pour lui l'équivalent de la mort : « Pourquoi Créon veux-tu absolument me tuer, car c'est me tuer que me bannir de Thèbes » (1620-1621 τί μ' ἄρδην ὧδ' ἀποκτείνεις, Κρέον; / ἀποκτενεῖς γάρ, εἴ με γῆς ἔξω βαλεῖς). Elle introduit aussi, conformément aux volontés d'Étéocle[37] et à l'*Antigone* de Sophocle, une distinction entre les deux cadavres aux vers 1627-1630 :

> « Quant à ces deux corps, il est temps de porter l'un dans la maison. L'autre, celui qui vint avec d'autres saccager sa patrie, le cadavre de Polynice, jetez le sans sépulture hors des limites de ce pays » (νεκρῶν δὲ τῶνδε τὸν μὲν εἰς δόμους χρεὼν / ἤδη κομίζειν, τόνδε δ', ὃς πέρσων πόλιν / πατρίδα σὺν ἄλλοις ἦλθε, Πολυνείκους νέκυν, / ἐκβάλετ' ἄθαπτον τῆσδ' ὅρων ἔξω χθονός).

Mais Créon se heurte à l'opposition d'Antigone qui refuse de rentrer au palais pour y attendre son union avec Hémon et s'engage à ensevelir son frère, malgré l'interdiction de la cité[38]. Elle choisit au contraire de partager l'exil de son père. A la fin de la tragédie, le lien physique entre la famille d'Œdipe et le palais royal est donc rompu, en même temps que son unité se reconstitue par-delà la mort et l'exil, une conclusion imposée par le tableau final où Œdipe

34. *Ph.* 1502 τρισσὰ φέρουσα τάδ' αἵματα, 1520 τούσδε, 1551-1552 πάρα γὰρ στενάχειν / τάδ', 1563 τάδε σώματα νεκρῶν.

35. *Ph.* 1494-1497, 1502-1504, 1579-1581.

36. *Ph.* 1589-1594.

37. *Ph.* 774-776.

38. *Ph.* 1635-1638, 1657.

guidé par sa fille va successivement embrasser les cadavres de sa femme et de ses fils aux vers 1693-1702.

II. Hors-scène

A. Les *Sept contre Thèbes*

Les deux *eidodoi* qui relient la scène à l'espace extra-scénique sont d'importance très inégale. La première, qui mène de l'Acropole au reste de la ville, ne sert qu'à l'entrée des femmes du chœur. La seconde, qui conduit vers les murailles, prend dans les *Sept* une importance exceptionnelle car elle est empruntée pour les entrées et les sorties des deux acteurs, Étéocle et le messager, ainsi que pour la sortie des figurants muets qui représentent les citoyens de Thèbes harangués par Étéocle au début du prologue[39]. Les remparts auxquels elle mène servent de cadre à tous les événements de la pièce : l'assaut argien, la victoire thébaine et la mort des deux frères se déroulent en effet hors scène. Ils sont infiniment plus présents, grâce à un emploi systématique des déictiques, que l'espace visible qui est plus rarement mentionné.

Les murailles sont mentionnées dès le prologue avec l'ordre qu'Étéocle donne à ses concitoyens : « Tous aux parapets et aux portes des remparts [ἔς τ' ἐπάλξεις καὶ πύλας πυργωμάτων]. Élancez-vous, précipitez-vous en armes, garnissez les créneaux [θωρακεῖα], placez-vous sur les terrasses des tours [κἀπὶ σέλμασιν πύργων] et aux issues des portes [πυλῶν ἐπ' ἐξόδοις] » (30-34) ainsi que le premier récit du messager qui constitue un compte rendu fidèle et détaillé fait par un témoin oculaire[40] de ce qui se passe « là-bas » (τἀκεῖθεν 41) « au-delà des portes » (68 τὰ τῶν θύραθεν). Dans la *parodos*, le chœur ne se contente pas de faire voir la poussière qui signale l'approche de l'ennemi et les chefs argiens qui s'avancent contre les sept portes aux vers 90-91 : « l'armée de boucliers blancs se dresse au-delà des murailles » (ὑπὲρ τειχέων / ὁ λεύκασπις ὄρνυται λαὸς). Il fait aussi entendre l'approche des assaillants. L'image et le son finissent même par se confondre quand le chœur dit qu'il voit le fracas (103 κτύπον δέδορκα). Le dialogue entre Étéocle et le chœur qui lui succède est lui aussi empli d'allusions aux portes[41] et aux fortifications[42] et se clôt sur la promesse d'Étéocle

39. Cf. O. Taplin, 1977, p. 136.
40. *Sept*. 42 : αὐτὸς κατόπτης δ' εἴμ' ἐγὼ τῶν πραγμάτων·
41. *Sept*. 165, 213, 249.
42. *Sept*. 216, 234, 261.

de placer six défenseurs, avec lui comme septième « aux issues des sept portes » (284 εἰς ἑπτατειχεῖς ἐξόδους). Le premier *stasimon* fait également voir l'armée qui entoure les murailles[43] et la foule des ennemis en train de marcher sur les remparts[44] avant de demander aux dieux de lancer le désastre sur ceux qui sont en dehors des murailles[45].

C'est seulement dans le second épisode et la célèbre scène des boucliers – une scène que l'on peut lire comme le substitut symbolique d'un combat qui ne peut être représenté sur la scène – que les sept portes, jusqu'ici mentionnées collectivement, acquièrent une identité précise, tout comme leurs assaillants et leurs défenseurs. Depuis la fin du XIXe siècle et le débat entre Fabricius (1890) et Wilamowitz (1891), jusqu'aux travaux récents de D. Berman (2002 et 2007), la critique n'a cessé de s'interroger sur le rapport entre la topographie des *Sept* et la réalité archéologique de la Thèbes de l'âge de bronze. Seules trois des portes mentionnées par Eschyle sont précisément situées par le texte de la tragédie : la porte Proïtide est voisine de l'Isménos[46], la quatrième porte est proche du sanctuaire de Pallas Onka[47], et la cinquième, la porte Borée[48] qui, comme son nom l'indique, doit être placée au nord de la Cadmée, se trouve près du tombeau d'Amphion[49]. On a bien évidemment tenté d'utiliser la description de Pausanias, qui mentionne l'ancienne muraille et les sept portes « qui subsistent encore aujourd'hui » (9.8.4), et localise précisément plusieurs d'entre elles ainsi que les reconstructions des murailles de la Thèbes de l'âge de bronze proposées par les archéologues qui ont fouillé le site – comme A. D. Keramopoullos (1917) et, plus récemment, S. Symeonoglou (1985) – pour donner à la description d'Eschyle une réalité archéologique. Mais on peut douter – comme le faisait déjà Wilamowitz – de la fiabilité du Périégète, quand on sait que Thèbes fut entièrement détruite par Alexandre, et admettre, avec Mastronarde[50], que la topographie de Pausanias est une invention post-classique créée à partir des textes mêmes qu'elle a servi à éclairer.

L'annonce de la victoire thébaine introduit une opposition entre les six premières portes : « Le rempart tient bon, et nous avions muni nos portes de champions aptes à les défendre. Dans l'ensemble tout va bien aux six portes » (799 καλῶς ἔχει τὰ πλεῖστ' ἐν ἓξ πυλώμασιν·), et la septième qu'Apollon le dieu

43. *Sept.* 291, 345-346.
44. *Sept.* 295-297.
45. *Sept.* 313-314.
46. *Sept.* 378-379, 392.
47. *Sept.* 486-487.
48. *Sept.* 527.
49. *Sept.* 528 : τύμβον κατ' αὐτὸν Διογενοῦς 'Αμφίονος.
50. D. J. MASTRONARDE, 1994, p. 647-650.

Septime s'est réservée pour achever sur la descendance d'Œdipe le châtiment de Laïos et de sa déraison de jadis :

> « Mais la septième porte c'est l'auguste dieu Septime, sire Apollon qui se l'est réservée pour achever sur la descendance d'Œdipe les antiques et funestes décisions de Laïos » (800-802 τὰς δ' ἑβδόμας ὁ σεμνὸς ἑβδομαγέτας/ ἄναξ 'Απόλλων εἵλετ', Οἰδίπου γένει / κραίνων παλαιὰς Λαΐου δυσβουλίας).

Le vocabulaire de la guerre se déplace alors de la cité à la famille et la septième porte devient le cadre de la victoire des Imprécations sur la race de Laïos :

> « Les Imprécations ont poussé la clameur aiguë du triomphe : la race a pris la fuite dans une déroute totale. Le trophée d'*Atè* se dresse à la porte où ils se frappaient tout à l'heure, et sur sa double victoire, le Ciel s'est arrêté. » (954-960 τελευταῖαι δ' ἐπηλάλαξαν / 'Αραὶ τὸν ὀξὺν νόμον, τετραμμένου / παντρόπῳ φυγᾷ γένους. ἕστακε δ' ῎Ατας τροπαῖον ἐν πύλαις / ἐν αἷς ἐθείνοντο, καὶ δυοῖν κρατή- / σας ἔληξε δαίμων).

Ainsi, les cris de bon augure qui accompagnent le triomphe et le trophée d'Atè se substituent aux cris qui accompagnent d'ordinaire les sacrifices (276-278) et au trophée promis aux dieux par Étéocle en cas de victoire (276-277 ὧδ' ἐπεύχομαι, / θήσειν τροπαῖα).

B. Les *Phéniciennes*

Dans les *Phéniciennes*, avec l'intégration de la *skénè* dans l'espace scénique, le hors scène devient plus complexe, avec d'un côté l'espace intérieur du palais qui s'étend au-delà de la façade du palais, de l'autre l'espace extérieur auquel mènent les deux *eisodoi*.

Le palais prend dès le prologue un double aspect. C'est d'abord dans la tirade de Jocaste l'espace où Œdipe, enfermé par ses fils, les a maudits[51]. Mais il se confond ensuite dans la teichoscopie avec les appartements réservés aux jeunes filles[52], et l'échelle de cèdre[53] empruntée par Antigone pour apparaître sur le toit de la *skénè*.

Dès le premier épisode, le palais est présenté comme un lieu de désolation, une maison vide depuis l'exil de Polynice outrageusement chassé par son frère[54], habitée par une Jocaste qui a pris le deuil et un vieillard aveugle qui ne cesse de

51. *Ph.* 64, 66-68.
52. *Ph.* 89, 194.
53. *Ph.* 100.
54. *Ph.* 318-319.

regretter le couple fraternel et tente de se suicider en s'élançant sur son épée ou en suspendant une corde aux poutres[55].

Dans le quatrième épisode, il devient même, comme le palais des Atrides dans l'*Agamemnon*, un lieu hanté par la danse destructrice d'une divinité[56].

Dans l'*exodos*, la maison personnifiée s'associe à la douleur de la famille : Créon l'invite à entendre la nouvelle de la mort des fils d'Œdipe et le chœur l'imagine en train de les pleurer si elle pouvait comprendre[57]. Elle se transforme alors en un lieu sombre évocateur de mort[58], avec la cour où erre le vieil Œdipe, quand il quitte son lit et l'obscurité de sa chambre[59], tel « un fantôme pâle et évanescent/invisible de l'éther, un mort venu d'en bas, un songe ailé » (1543-1545 πολιὸν αἰθέρος ἀφανὲς εἴδωλον ἢ / νέκυν ἔνερθεν ἢ / πτανὸν ὄνειρον), une description qui contraste de manière saisissante avec la toute puissante ombre d'Œdipe dont la malédiction commandait la fin des *Sept contre Thèbes*[60].

A ce hors-scène du dedans s'opposent le hors-scène du dehors et les lieux où aboutissent les deux *eisodoi*.

La première *eisodos* – qui, comme dans les *Sept,* mène à la ville – n'est empruntée que par Polynice qui a traversé la cité l'épée à la main tournant la tête de tous côtés (363-364 ὥστε ξιφήρη χεῖρ' ἔχων δι' ἄστεως / κυκλῶν πρόσωπον ἦλθον.), puis par Tirésias accompagné de sa fille et de Ménécée. Celui-ci a en effet traversé la ville pour se rendre au palais à partir du siège sacré où il prophétise, comme le montre la question qu'il pose au fils de Créon : « Dis-moi la distance qu'il nous reste à peu près à parcourir à travers la ville pour rejoindre ton père » (841-843 εἰπέ μοι / πόση τις ἡπίλοιπος ἄστεως ὁδὸς / πρὸς πατέρα τὸν σόν), et regagne sa maison par le même chemin : « Ramène-moi, ma fille, à la maison » (953-954 ἡγοῦ, τέκνον, / πρὸς οἶκον).

Cette première *eisodos* est, comme dans les *Sept*, totalement éclipsée par la seconde qui conduit aux murailles, aux remparts et aux portes[61]. Celle-ci est empruntée successivement par Étéocle pour son entrée (446), Polynice pour sa sortie (637), Créon pour son entrée (697), Étéocle pour sa sortie annoncée aux vers 748-749, Créon pour sa sortie (990), Ménécée pour sa sortie à la fin du troisième épisode (1018), le premier messager pour son entrée au début du quatrième épisode, puis par Jocaste et Antigone pour leur sortie à la fin du quatrième épisode (1283), enfin dans l'*exodos* pour les entrées de Créon (1308-1309), du

55. *Ph.* 327-329, 331-333.
56. *Ph.* 352-353 : εἴτε τὸ δαιμόνιον κατεκώμασε / δώμασιν Οἰδιπόδα· Cf. *Agamemnon* 1189-1190.
57. *Ph.* 1342-1343 : Créon et 1344 : le chœur.
58. Cf. A. Lamari, 2010, p. 189-190.
59. *Ph.* 1536-1538, 1541.
60. *Sept.* 976, 987: πότνιά τ' Οἰδίπου σκιά.
61. *Ph.* τεῖχος 22 fois, πύργος 14 fois, πύργωμα 1 fois, πύλαι 20 fois, πυλώματα 1 fois.

second messager annoncé aux vers 1332-1334 et d'Antigone avec les corps de Jocaste et de ses fils, annoncée aux vers 1480-1484.

Comme dans les *Sept*, ces murailles avec leurs sept portes et leur fossé[62] qui constituent le centre de l'action sont rendues présentes aux spectateurs par une série de déictiques[63]. Elles gagnent même en proximité puisque Antigone et le pédagogue peuvent, de la terrasse où ils sont montés, voir ce qui s'y passe et le décrire au public, ce que souligne aussi le messager au vers 1357 : « l'enceinte des murs n'est pas très éloignée » (οὐ μακρὰν γὰρ τειχέων περιπτυχαί).

Leur description, tout comme celle des combats qui s'y déroulent, joue sur deux registres, celui du mythe et celui de la réalité contemporaine.

Le mythe d'abord. On rappelle dans le prologue que les remparts de Thèbes sont « l'ouvrage de pierre d'Amphion » (λαϊνέοισιν Ἀμφίονος ὀργάνοις 115). Le chœur, dans le second *stasimon*, évoque lui aussi leur construction : « la *phorminx* éleva les remparts de la ville, la lyre d'Amphion dressa la citadelle entre les deux fleuves jumeaux » (823-825 φόρμιγγί τε τείχεα Θήβας / τᾶς Ἀμφιονίας τε λύρας ὕπο πύργος ἀνέσταν / διδύμων ποταμῶν πόρον ἀμφὶ μέσον)[64], et montre comment elles servirent de cadre aux meurtres perpétrés par la Sphinx :

> « la Sphinx s'approchait des murailles pour enlever de ses serres vers la lumière inaccessible de l'éther la descendance de Cadmos et la précipiter vers les Enfers » (807-811 Σφιγγὸς ἀμουσοτάταισι σὺν ᾠδαῖς, / ἅ ποτε Καδμογενῆ τετραβάμοσι χαλαῖς / τείχεσι χριμπτομένα φέρεν αἰθέρος εἰς ἄβατον φῶς / γένναν, τὰν ὁ κατὰ χθονὸς Ἅιδας / Καδμείοις ἐπιπέμπει).

Mais aussi la réalité la plus contemporaine, comme l'a bien montré Y. Garlan[65]. Car le Capanée des *Phéniciennes*, qui « calcule l'escalade des remparts en mesurant les murs de haut en bas » (180-181 προσβάσεις τεκμαίρεται / πύργων, ἄνω τε καὶ κάτω τείχη μετρῶν), ressemble fort aux Platéens assiégés de la guerre du Péloponnèse qui évaluèrent la hauteur de la circonvallation spartiate « en dénombrant les rangées de brique sur la partie de la muraille qui leur faisait face » (Thuc. 3.20.3). On signalera aussi dans la description de l'assaut final l'emploi de termes quasi techniques qui ne se retrouvent que chez Énée le tacticien (32.5) ou dans des inscriptions[66] pour « la pierre assez grosse pour remplir un chariot, un moellon détaché des corniches » (1157-1158 λᾶαν ἐμβαλὼν κάραι / ἁμαξοπληθῆ, γεῖσ' ἐπάλξεων ἄπο), lancée par Périclymène sur Parthénopée aux vers 1157-1158. Cette présence de l'actualité dans la

62. *Ph.* 79, 245, 287, 749, 748, 974, 1058, 1078, 1094.
63. *Ph.* 79, 593, 714, 1163.
64. Cf. *Odyssée* 11, 260-265, Hésiode frag. 182 Merkelbach-West, Eumélos frag. 13 Barnabé.
65. Y. Garlan, 1966.
66. P. Jannoray, 1940-1941, p. 39.

description des murailles ne surprend guère dans une tragédie qui lui fait une grande place, comme l'avait bien montré sur un tout autre plan J. de Romilly[67]. Elle se retrouve en particulier dans la description du débat qui oppose aux vers 712-747 Étéocle et Créon sur la stratégie à adopter pour repousser l'assaillant, avec, d'un côté, Étéocle qui entend faire sortir les troupes et se refuse à les tenir à l'intérieur du rempart[68], comme le voulaient nombre d'Athéniens au moment de la première invasion de l'Attique[69], et de l'autre un Créon qui, comme Périclès[70], vante la valeur de la prudence, propose une stratégie purement défensive et conseille d'éviter une sortie des troupes thébaines[71].

Il faudrait aussi confronter précisément à l'affrontement symbolique de la scène des boucliers la description du combat faite par le premier messager. Celui-ci fait une large place à des mouvements de masse et change le point focal des murailles. Car l'événement qui décide du sort de Thèbes ne se déroule plus à la septième porte mais au point où le fils de Créon « debout au sommet du rempart (πύργων ἐπ' ἄκρων στὰς) s'est tranché la gorge de son épée noire, salut de cette terre (τῆιδε γῆι σωτήριον) (1090-1092), en se précipitant dans le noir et profond repaire du serpent comme l'a prescrit le devin »[72].

De fait, le bel ensemble des portes, des assaillants et de leurs défenseurs est totalement déconstruit, par Euripide. Car la teichoscopie ne mentionne que les assaillants sans mentionner les portes. Celles-ci n'apparaissent pas non plus là où les attendrait le lecteur d'Eschyle, c'est à dire dans le second épisode, au moment où Étéocle, conformément à l'avis de Créon, décide aux vers 740-750 de poster un chef à chaque porte, car « nommer chacun d'eux ferait perdre trop de temps quand l'ennemi campe / est installé sous nos murs » (751-752 ὄνομα δ' ἑκάστου διατριβὴ πολλὴ λέγειν, / ἐχθρῶν ὑπ' αὐτοῖς τείχεσιν καθημένων). Enfin, le récit du messager (1104-1140), qui énumère les Argiens et les portes, ne cite aucun

67. J. de Romilly, 1965.

68. *Ph.* 712 : « C'est l'heure pour nous de faire une sortie » (ἐξοιστέον τἄρ' ὅπλα Καδμείων πόλει.), 714 : « Au delà des fossés que voici, pour se battre » (ἐκτὸς τάφρων τῶνδ', ὡς μαχουμένους τάχα.) et 720 : « Je n'entends pas, sache-le, tenir l'armée dans les remparts » (ὡς οὐ καθέξω τειχέων ἔσω στρατόν).

69. Thucydide II, 21, 3: « Les Acharniens [...] insistaient particulièrement pour que l'on sortît. La ville était en effervescence, [...] n'avait que colère pour Périclès et le vilipendait parce qu'étant stratège, il ne faisait pas sortir les troupes pour combattre, (οἵ τε 'Αχαρνῆς [...] ἐνῆγον τὴν ἔξοδον μάλιστα. παντί τε τρόπῳ ἀνηρέθιστο ἡ πόλις, [...] καὶ τὸν Περικλέα ἐν ὀργῇ εἶχον, [...] ἐκάκιζον ὅτι στρατηγὸς ὢν οὐκ ἐπεξάγοι).

70. Thucydide II, 13, 2 : « Il les avertissait [...] de ne pas sortir pour livrer bataille mais de veiller sur la ville, en s'y renfermant » (παρῄνει δὲ [...], ἔς τε μάχην μὴ ἐπεξιέναι, ἀλλὰ τὴν πόλιν ἐσελθόντας φυλάσσειν).

71. *Ph.* 721 : « La victoire tient tout entière à la prudence » (καὶ μὴν τὸ νικᾶν ἐστι πᾶν εὐβουλίας), 731.

72. *Ph.* 1010-1011 et 931-932.

défenseur. Ce n'est qu'un spectacle quelque peu gratuit, un simple préambule au véritable combat, comme le souligne la conclusion du messager : « Tels furent les spectacles qui s'offraient à mes yeux tandis que je portais le mot d'ordre aux commandants des bataillons » (1139-1140 παρῆν δ' ἑκάστου τῶνδέ μοι θεάματα / ξύνθημα παρφέροντι ποιμέσιν λόχων.), ce qui explique qu'on ait pu considérer ces vers comme une interpolation. Même Mastronarde, qui plaide en faveur de l'authenticité des vers 1104-1140[73], doit reconnaître dans sa conclusion que personne, lui y compris, n'a établi que ce passage constituait une contribution importante à la tragédie[74]. En outre, Euripide se livre à partir du texte d'Eschyle à tout un jeu de variations : il remplace la porte d'Athéna Onka (*Sept* 485-486) et celle de Borée (*Sept* 527) par la porte Ogygie (*Ph.* 1113) et la porte Crénée (*Ph.* 1123). A l'exception de Capanée qui reste à la porte Électre[75], tous les autres assaillants changent de place[76] et l'ordre implacable des chiffres ordinaux qui conduisait Étéocle à affronter son frère à la septième porte disparaît. Celle-ci n'est d'ailleurs plus occupée par Polynice mais par Adraste[77] et le duel des deux fils d'Œdipe est livré « au milieu des deux armées » (1240 κἀν μεταιχμίοις).

La deuxième partie du récit du messager (1143-1186), qui met au moins autant l'accent sur le rôle des masses que sur les exploits individuels, s'achève par la retraite d'Adraste qui ramène ses troupes derrière le fossé[78], et la sortie victorieuse des Thébains : « Des remparts de la ville nous avons donc, pour aujourd'hui écarté la ruine » (1196-1197 πύργων μὲν οὖν γῆς ἔσχομεν κατασκαφὰς / εἰς τὴν παροῦσαν ἡμέραν·).

Ce premier récit est complété par l'annonce du duel des deux frères et le récit de ses préliminaires. Mais celui-ci a pour unique enjeu la possession du palais et de la royauté symbolisée par le palais[79], et n'affecte en rien le salut de la ville. Il est longuement raconté dans le cinquième épisode par un second messager. Le théâtre de l'action se déplace alors au milieu des deux armées[80]. Plus précisément, c'est à la porte Électre que Jocaste retrouve ses deux fils « dans une prairie fleurie de lotus » (1571 λωτοτρόφον κατὰ λείμακα) dont la beauté fait ressortir par contraste l'horreur du duel fratricide. Toutefois, le récit ne se clôt pas sur ce double meurtre mais sur un nouvel affrontement des deux armées qui se termine

73. D. J. Mastronarde, 1978 *passim* et D. J. Mastronarde, 1994 : p. 456-459.
74. D. J. Mastronarde, 1978 : p. 128.
75. *Sept.* 423 et *Ph.* 1129.
76. *Ph.* 1104-1109 la porte Néiste : Parthénopée, 1109-1112 la porte Proïtide : Amphiaraos, 1113-1118 la porte Ogygie : Hippomédon, 1119-1122 la porte Homoloïs : Tydée, 1123-1127 La porte Crénée : Polynice.
77. *Ph.* 1134-1138.
78. *Ph.* 1187-1188.
79. *Ph.* 1325-1326.
80. Voir aussi *Ph.* 1279, 1361.

par la victoire argienne, ce qui contribue encore à minimiser la portée politique de ce duel superflu.

III. L'espace imaginaire

A. Les *Sept contre Thèbes*

Dans les *Sept*, l'espace thébain retient à peu près exclusivement l'attention du public. Si l'armée argienne est bien présente, l'espace argien lui-même n'est mentionné qu'une fois par le messager dans le prologue, à propos des souvenirs que les chefs argiens destinent à leur maison et qu'ils accrochent au char d'Adraste aux vers 49-50. De même, le sanctuaire prophétique de Pytho, au centre du monde, n'est mentionné qu'une fois à propos de Laïos aux vers 745-749.

Par contre, Thèbes, représentée comme un espace clos entouré de sept murs et de sept portes[81] est omniprésente avec ses maisons et leurs foyers[82], son *agora* sur laquelle veillent les dieux maîtres de ce pays[83] et ses monuments comme le temple de Pallas Onka, voisin de la quatrième porte[84], et la tombe d'Amphion[85], proche de la cinquième porte.

Thèbes, c'est aussi pour Étéocle comme pour le chœur un territoire, « la plaine bienfaisante » (17 εὐμενεῖ πέδῳ), « un terroir, le meilleur qui soit [...], une terre à la glèbe profonde », (304-306 γαίας πέδον / τᾶσδ' ἄρειον [...] τὰν βαθύχθον' αἶαν) arrosée par « l'eau de Dircé, la plus nourricière de toutes les sources que font jaillir Poséidon qui ceint la terre et les enfants de Téthys » (307-311) et par l'Isménos[86].

Le pays des Spartes nés du sol même est aussi présenté métaphoriquement comme la « patrie » des Thébains[87] et, plus encore, comme « la mère et la plus chère des nourrices » (16 Γῇ τε μητρί, φιλτάτῃ τροφῷ), « la mère qui les a mis au monde » (416 τεκούσῃ μητρὶ), « la source maternelle que Polynice contre toute justice entend tarir » (584 μητρὸς δὲ πηγὴν τίς κατασβέσει δίκη;). En contrepartie, Thèbes attend de ses citoyens qu'ils s'acquittent de la dette qu'ils ont contractée envers elle en donnant leur vie pour sa défense[88].

81. *Sept*. 165, 284.
82. *Sept*. 73.
83. *Sept*. 272.
84. *Sept*. 485-486.
85. *Sept*. 528.
86. *Sept*. 273, 378.
87. *Sept*. 582 : πόλιν πατρῴαν, 585 : πατρίς τε γαῖα, 640 : πατρῴας γῆς, 668 : πατρῴας χθονὸς.
88. *Sept*. 477 : Mégarée « en mourant paiera sa dette au sol qui l'a nourri » (θανὼν τροφεῖα

Dans la première partie de la tragédie, l'accent est mis sur la menace qui pèse sur la ville assiégée[89] avec la description de l'armée argienne qui s'avance en armes tout près en soulevant la poussière[90] et menace, comme une vague, de l'engloutir[91], la plaine souillée de l'écume blanche que bavent leurs coursiers[92] et livrée au fracas des armes[93] (83 ἕλε δὲ γᾶς ἐμᾶς πεδί' / ὁπλῶν κτύπος) et des chars qui l'entourent (152 ὄτοβον ἁρμάτων ἀμφὶ πόλιν) ainsi que l'évocation du gémissement qui sort des profondeurs de son sol[94] et ses maisons menacés de destruction[95]. Il faut surtout citer l'anticipation de la prise de la ville aux vers 220-222 et le tableau impressionnant de la prise de la ville qui occupe l'essentiel du premier *stasimon*[96].

Cette menace est aussi concrétisée par les blasons des boucliers de Capanée avec un soldat armé à la légère qui porte une torche et proclame « j'incendierai la ville » (434 Πρήσω πόλιν.), ou d'*Eteoclos* avec un hoplite qui gravit les degrés d'une échelle appliquée au mur ennemi qu'il prétend renverser (466-467) et une devise qui proclame qu'Arès lui-même ne pourra le jeter à bas du rempart[97].

Mais comme pour le hors-scène et les remparts, la première partie de la tragédie impose aussi, en contrepoint, l'image de la défaite à venir :

1. avec le serment des Argiens qui jurent non seulement de prendre la ville mais aussi, en cas d'échec, de « mêler leur sang à la terre en y mourant » (48 ἢ γῆν θανόντες τήνδε φυράσειν φόνῳ), avec un déictique qui rend la scène présente à l'imagination du public ;

2. avec la prédiction d'Amphiaraos qui annonce qu'il enrichira (littéralement « engraissera ») la terre de Thèbes (ici encore avec un déictique), devin caché dans la terre ennemie (587-588 ἔγωγε μὲν δὴ τήνδε πιανῶ χθόνα, / μάντις κεκευθὼς πολεμίας ὑπὸ χθονός) ;

3. avec la maison de Créon que son fils ornera des dépouilles des Argiens s'il est vainqueur[98] ;

4. avec ses temples auxquels Étéocle promet des sacrifices et des trophées en cas de victoire : « si tout s'achève heureusement, si notre ville est sauvée, je ferai couler le sang des brebis et des taureaux sur les autels divins et j'érigerai des

πληρώσει χθονί).

89. *Sept*. 22, 120-121, 184, 247.
90. *Sept*. 59-62.
91. *Sept*. 114-115.
92. *Sept*. 60-61.
93. *Sept*. 83, 151-153, 345.
94. *Sept*. 247.
95. *Sept*. 73, 454.
96. *Sept*. 321-368.
97. *Sept*. 468-469.
98. *Sept*. 478-479.

trophées, et des vêtements de nos ennemis je ferai des offrandes pendues aux murs de leurs saintes demeures » (274-278 εὖ ξυντυχόντων καὶ πόλεως σεσωσμένης, / μήλοισιν αἱμάσσοντας ἑστίας θεῶν, / ταυροκτονοῦντας θεοῖσιν ὧδ' ἐπεύχομαι, / θήσειν τροπαῖα, καὶ λάφυρα δαΐων / στέψω πρὸ ναῶν δουρίπληχθ' ἁγνοῖς δόμοις).

Avec le duel et la mort des deux frères, l'espace thébain se recentre sur la famille avec une terre qui a bu le sang des deux frères[99], l'image d'une ville qui s'associe au deuil de la famille, ne gémit plus sur son encerclement, mais sur la mort des deux frères[100], et un territoire qui se réduit désormais pour les deux fils d'Œdipe à l'espace de leur tombeau[101].

Ce qui retient désormais l'attention, c'est la maison des Labdacides, qui ne fait son apparition dans le texte qu'aux vers 648-649 avec la description du bouclier de Polynice et la promesse de la Justice de rendre à l'exilé la terre paternelle et la fréquentation de son palais (Κατάξω δ' ἄνδρα τόνδε καὶ πόλιν / ἕξει πατρῷαν δωμάτων τ' ἐπιστροφάς.), puis avec les paroles du chœur qui évoque l'Érinys installée dans le palais et invite Étéocle à l'en faire sortir en offrant un sacrifice aux dieux[102], déplore les épreuves récentes de la maison qui viennent s'ajouter à ses maux anciens[103] et revient à plusieurs reprises sur les malheurs et la ruine de la maison provoqués par deux frères qui ont fait sa perte[104].

B. Les *Phéniciennes*

Qu'en est-il de Thèbes dans les *Phéniciennes* ?

Thèbes reste la ville aux sept portes[105]. L'espace proprement urbain est évoqué aux vers 366-368 par Polynice qui pleure en revoyant le cadre de sa jeunesse : « le palais et les autels des dieux, les gymnases où il a grandi et l'eau de Dircé» (366-368 πολύδακρυς δ' ἀφικόμην, / χρόνιος ἰδὼν μέλαθρα καὶ βωμοὺς θεῶν / γυμνάσιά θ' οἷσιν ἐνετράφην Δίρκης θ' ὕδωρ·). Dans la teichoscopie, Euripide mentionne deux monuments pour localiser deux guerriers : aux vers 145-150 : « Quel est celui-là qui dépasse le tombeau de Zéthos ? [...] C'est Parthénopée, le fils d'Atalante » (Αν. τίς δ' οὗτος ἀμφὶ μνῆμα τὸ Ζήθου περᾷ […] 150 θε. ὅδ' ἐστὶ Παρθενοπαῖος, 'Αταλάντης γόνος.). Parthénopée se trouve, comme chez Eschyle, près de la tombe où étaient enterrés les deux jumeaux Zéthos et Amphion, mais Euripide substitue le nom de Zéthos à celui de son

99. *Sept.* 736-737, 821, 937-939.

100. *Sept.* 247 : στένει πόλισμα γῆθεν, ὡς κυκλουμένων. et 900-902 : διήκει δὲ καὶ πόλιν στόνος, / στένουσι πύργοι, στένει / πέδον φίλανδρον.

101. *Sept.* 729-733.

102. *Sept.* 699-701.

103. *Sept.* 852-853.

104. *Sept.* 879-882, 895-896, 994-995.

105. *Ph.* 79, 245, 287, 748, 1058.

frère Amphion[106]. Aux vers 158-160, Polynice, lui, est « là-bas, près du tombeau des sept filles de Niobé » (160 θε. ἐκεῖνος ἑπτὰ παρθένων τάφου πέλας/ Νιόβης). Le messager cite également « Le temple de Pallas aux boucliers d'or » vers lequel Étéocle tourne ses regards pour prier la déesse avant le duel final (1372-1373 'Ετεοκλέης δὲ Παλλάδος χρυσάσπιδος / βλέψας πρὸς οἶκον ηὔξατ'·).

Comme les descriptions des murailles, les références à la plaine thébaine et à ses deux fleuves, Isménos[107] et Dircé[108], jouent sur les deux tableaux du mythe et de la réalité.

Elles constituent des repères qui permettent de localiser l'armée argienne dans la teichoscopie[109], puis le combat à venir dans les discours d'Étéocle dans le premier comme dans le second épisode[110], enfin la première bataille racontée par le messager dans le quatrième épisode[111]. La victoire thébaine racontée par le second messager dans l'*exodos* a lieu elle aussi dans la plaine[112]. Ici encore, on trouve une variante significative par rapport au texte d'Eschyle : Tydée, à qui Amphiaraos interdisait de franchir l'Isménos aux vers 377-379 des *Sept* (Τυδεὺς μὲν ἤδη πρὸς πύλαισι Προιτίσιν / βρέμει, πόρον δ' 'Ισμηνὸν οὐκ ἐᾷ περᾶν/ὁ μάντις·), se retrouve au vers 131 des *Phéniciennes* en train de franchir Dircé (τὸν δ' ἐξαμείβοντ' οὐχ ὁρᾷις Δίρκης ὕδωρ;).

Les mentions de la plaine et de ses fleuves permettent aussi d'enraciner dans le réel les grands mythes thébains auxquels ils servent de cadre. Il s'agit parfois d'une simple indication topographique : le troisième *stasimon* précise que la Sphinx emportait les jeunes gens « à partir des bords de Dircé » (1026-1027 Διρκαίων [...] ἐκ / τόπων). Par contre, comme l'ont bien montré E. Rawson et M. Arthur[113], le premier *stasimon* célèbre longuement la riche végétation de la plaine thébaine et les eaux fécondantes de ses fleuves : la fondation de Thèbes par Cadmos a pour cadre « les riches plaines à blé de Béotie, là où de l'eau d'un beau fleuve traverse les terres verdoyantes et les sillons profonds de Dircé » (642-648 πεδία [...] πυροφόρα [...] καλλιπόταμος ὕδατος ἵνα τε νοτὶς ἐπέρχεται †γύας† Δίρκας χλοηφόρους / καὶ βαθυσπόρους γύας·) et la naissance de Dionysos prend place elle aussi au milieu d'une riche végétation : « Le lierre aussitôt en guirlandes enroula autour de l'enfant ses flexibles rameaux et le glorifia en le couvrant » (651-654 κισσὸς ὃν περιστεφὴς / ἑλικτὸς εὐθὺς ἔτι

106. *Sept*. 528 : τύμβον κατ' αὐτὸν Διογενοῦς 'Αμφίονος·
107. *Ph.* 101, 347, 793, 827.
108. *Ph.* 102, 131, 238, 647, 730, 826, 932, 1026.
109. *Ph.*101-102, 110-111.
110. *Ph.* 521-522, 718.
111. *Ph.*1098-1100.
112. *Ph.* 1470-1471.
113. E. Rawson, 1970, p. 113 et M. Arthur, 1977, p. 170-171.

βρέφος / χλοηφόροισιν ἔρνεσιν / κατασκίοισιν ὀλβίσας ἐνώτισεν). De même, dans le second *stasimon*, la construction par Amphion d'une citadelle se place « sur la bande de terre entre les deux fleuves jumeaux, là où Dircé baigne la plaine verdoyante en avant de l'Isménos » (825-827 διδύμων ποταμῶν πόρον ἀμφὶ μέσον, / Δίρκα χλοεροτρόφον ἃι πεδίον / πρόπαρ 'Ισμηνοῦ καταδεύει,).

A la différence des *Sept*, la carte imaginaire de Thèbes inclut aussi le Cithéron, la montagne qui sépare Thèbes de l'Attique mais qui ne sert de cadre qu'à des mythes thébains et joue en particulier un rôle important dans l'histoire d'Œdipe[114]. Dans le prologue comme dans le premier *stasimon*, il se caractérise par l'association de la fertilité et de la sauvagerie : c'est à la fois « la prairie d'Héra et la montagne rocheuse du Cithéron » (24 λειμῶν' ἐς Ἥρας καὶ Κιθαιρῶνος λέπας), « le vallon au feuillage divin, riche en bêtes sauvages, l'œil enneigé d'Artémis » (801-802 ὦ ζαθέων πετάλων πολυθηρότα- / τον νάπος, 'Αρτέμιδος χιονοτρόφον ὄμμα Κιθαιρών). Mais dans l'*exodos*, quand Œdipe maudit la montagne qui le sauva, il ne retient que la sauvagerie d'un lieu où il était destiné à servir de « lamentable nourriture aux bêtes fauves » (1603 θηρσὶν ἄθλιον βοράν).

La caverne du dragon fils d'Arès, où Ménécée se donne la mort, appartient tout à la fois au passé mythique et au présent tragique. Elle apparaît d'abord dans le premier *stasimon* en liaison avec la fondation de Thèbes par Cadmos à travers une description qui combine ironiquement fertilité et sauvageries : « Là se trouvait le serpent sanguinaire d'Arès, gardien cruel, qui surveillait les sources et leurs courants verdoyants de ses prunelles toujours en mouvement » (657-661 ἔνθα φόνιος ἦν δράκων / Ἄρεος, ὠμόφρων φύλαξ, / νάματ' ἔνυδρα καὶ ῥέεθρα / χλοερὰ δεργμάτων κόραισι / πολυπλάνοις ἐπισκοπῶν·). Mais à mesure que la tragédie progresse, l'aspect idyllique de la caverne disparaît, que ce soit aux vers 931-932, quand Tirésias apprend à Créon que son fils doit être égorgé « dans l'antre, où le dragon, fils de la Terre, veillait sur les eaux de Dircé » (θαλάμαις, οὗ δράκων ὁ γηγενὴς / ἐγένετο Δίρκης ναμάτων ἐπίσκοπος), 1010-1011 où Ménécée affirme sa décision d'aller « dans le profond et noir repaire du dragon » (σηκὸν ἐς μελαμβαθῆ / δράκοντος) en appliquant à l'antre une épithète qui a une connotation funéraire[115], et 1315 où Créon a recueilli le corps de son fils « dans le précipice du dragon » (1315 κρημνῶν ἐκ δρακοντείων).

La métaphore qui assimile Thèbes à une mère prend elle aussi une valeur plus négative que dans les *Sept*. Car la terre n'est plus la bienveillante nourrice

114. O. Taplin, 2010, p. 240, p. 244.
115. Cf. D. J. Mastronarde, 1994, p. 430.

des citoyens. Elle donne au contraire la vie à des monstres, le dragon[116] et les Spartes dont la naissance est évoquée dans le premier *stasimon* :

> « Sur les conseils de Pallas la déesse née sans mère, il [Cadmos] jeta les dents sur le sol, il les sema dans les sillons profonds. La terre en fit surgir une vision d'hommes en armes au-dessus de l'extrême surface du sol. Mais le meurtre au cœur de fer les unit de nouveau au sol ami » (666-673 δίας ⟨δ'⟩ ἀμάτορος / Παλλάδος ⟨δίκεν⟩ φραδαῖς / ἐς βαθυσπόρους γύας / γαπετεῖς {δικὼν} ὀδόντας / ἔνθεν ἐξανῆκε Γᾶ / πάνοπλον ὄψιν ὑπὲρ ἄκρων / ὅρων χθονός· σιδαρόφρων / δέ νιν φόνος πάλιν ξυνῆψε Γᾶι φίλαι).

comme dans le second :

> « Tu enfantas, Terre, tu enfantas jadis, ainsi qu'on le raconte dans mon pays natal, la race issue des dents du dragon sauvage à la crête sanglante, gloire et honte de Thèbes » (818-821 ἔτεκες, ὦ Γαῖ', ἔτεκές ποτε, / βάρβαρον ὡς ἀκοὰν ἐδάην ἐδάην ποτ' ἐν οἴκοις, / τὰν ἀπὸ θηροτρόφου φοινικολόφοιο δράκοντος / γένναν ὀδοντοφυᾶ, θήβαις κάλλιστον ὄνειδος·).

Dans le discours du devin Tirésias, la Terre devient même une sorte de Moloch qui exige un sang neuf en échange du sang jadis versé :

> « Si elle reçoit fruit pour fruit, et pour le sang versé, du sang humain, la Terre vous sera propice, elle qui autrefois fit jaillir la moisson des Spartes casqués d'or » (937-940 χθὼν δ' ἀντὶ καρποῦ καρπὸν ἀντί θ' αἵματος / αἷμ' ἢν λάβηι βρότειον, ἕξετ' εὐμενῆ / Γῆν, ἥ ποθ' ἡμῖν χρυσοπήληκα στάχυν/ Σπαρτῶν ἀνῆκεν).

La bonté n'est donc plus, comme dans les *Sept,* une caractéristique essentielle du terroir (17 εὐμενεῖ πέδῳ), elle doit se payer fort cher. Le troisième *stasimon* fait même du meurtre du dragon la source de l'*atè* envoyée par les dieux sur la terre thébaine, à commencer par les ravages de la Sphinx[117].

Thèbes reste dans les *Phéniciennes* une cité menacée par l'ennemi qui l'assiège. Mais étant donné la substitution d'un chœur de Phéniciennes à un chœur de Thébaines, les évocations du danger par le chœur n'ont plus la même charge émotionnelle : elles sont plus brèves et plus descriptives dans la *parodos*[118] et se limitent, dans le premier *stasimon*, à une opposition recherchée entre la musique d'Arès et celle de Dionysos[119]. Les allusions à l'encerclement de la ville par les troupes argiennes, à son éventuelle défaite ou à sa prise se trouvent pour la plupart dans les arguments mis en avant par les personnages[120],

116. *Ph.* 931 : δράκων ὁ γηγενὴς, 935 : γηγενεῖ δράκοντι.
117. *Ph.* 1065-1066 : ὅθεν ἐπέσυτο τάνδε γαῖαν / ἁρπαγαῖσι δαιμόνων τις ἄτα.
118. *Ph.* 239-242, 250-252.
119. *Ph.* 784-800.
120. *Ph.* 488-489, 629 : Polynice ; 561-564 : Jocaste ; 710-711, 858-859 : Créon ; 881-883 : Tirésias.

dans la métaphore qui assimile Tydée à un Prométhée porte-feu[121], dans les citations par le messager des menaces lancées contre Thèbes par Parthénopée ou Capanée[122] ou dans la description des emblèmes qui figurent sur les boucliers de Capanée ou d'Adraste.[123]

A la différence des *Sept,* la Thèbes des *Phéniciennes* n'est plus un espace clos et ses frontières sont devenues poreuses[124]. Son histoire commence avec l'arrivée du Phénicien Cadmos, un itinéraire reproduit dans le présent de la tragédie par le chœur des Phéniciennes. C'est aussi la ville jadis quittée par Œdipe exposé sur le Cithéron par son père et par Polynice chassé par son frère. Le premier épisode, qui s'ouvre par l'entrée de Polynice dans la ville, se clôt sur son départ. L'annonce faite par Créon d'une attaque argienne imminente est rendue possible au début du second épisode par l'arrivée d'un prisonnier échappé du camp argien[125]. Le troisième épisode se clôt par la vaine tentative de Créon de faire sortir son fils de Thèbes pour l'envoyer à Dodone[126], et la tragédie s'achève par le départ pour l'exil d'Œdipe et d'Antigone bannis de Thèbes par Créon. Ce qui explique l'importance que prend dans les *Phéniciennes* le contexte géographique.

La Phénicie n'est jamais qu'une entité géographique, une terre entourée par la mer, quittée jadis par Cadmos[127] et patrie du chœur[128]. Elle est éclipsée dans la tragédie par Delphes, Argos et Athènes.

Delphes apparaît dès le prologue avec la consultation de l'oracle par Laïos, puis par Œdipe[129]. Dans la *parodos*, le chœur évoque aussi longuement ce qui était sa destination première. Comme l'a bien vu M. Arthur[130], Delphes est le pendant et l'opposé de Thèbes. « Les cimes enneigées du Parnasse » (206-207 ὑπὸ δειράσι νιφοβόλοις / Παρνασσοῦ) correspondent au «Cithéron, l'œil enneigé d'Artémis» (802 Ἀρτέμιδος χιονοτρόφον ὄμμα Κιθαιρών), l'eau de la source Castalie à celle de Dircé[131], et « l'antre divin du dragon » (232 ζάθεά τ' ἄντρα δράκοντος) Python tué par Apollon à l'antre du dragon tué par Cadmos[132]. Une riche végétation associée à Dionysos avec la vigne à Delphes et le lierre à Thèbes caractérise les deux lieux[133]. Mais ces parallèles ne font que mettre en relief

121. *Ph.* 1120-1122.
122. *Ph.* 1154-1155, 1174-1176.
123. *Ph.* 1130-1133, 1137-1138.
124. S. Goldhill, 2007, p. 139.
125. *Ph.* 708-711.
126. *Ph.* 970-990.
127. *Ph.* 5-6 Κάδμος [...] ἐκλιπὼν Φοίνισσαν ἐναλίαν χθόνα·
128. *Ph.* 204, 280.
129. *Ph.* 15-20, 32-35.
130. M. Arthur, 1977, p. 166-168.
131. *Ph.* 222 : Κασταλίας ὕδωρ et 131, 368 : Δίρκης ὕδωρ.
132. *Ph.* 657-661, 931-932, 1010-1011, 1315.
133. *Ph.* 229-231, 651-654.

l'opposition entre Delphes où le meurtre du dragon débarrasse définitivement la terre de ses monstres et Thèbes où il marque le début des maux.

A la différence des *Sept*, Argos, dans les *Phéniciennes*, est devenu un territoire défini, – comme Thèbes – par ses rivières : les eaux de Lerne[134] et les flots de l'Inachos[135]. Pour Jocaste, elle reste la « maison étrangère » où son fils a contracté une « union étrangère »[136]. Polynice, qui s'y est réfugié et y a épousé la fille du roi, la considère encore comme une cité étrangère dans le premier épisode (369-370 ξένην πόλιν / ναίω,). Il ne la revendique comme sienne qu'au moment d'affronter son frère, quand il se place sous le patronage d'Héra : « Auguste Héra, je t'appartiens puisque j'ai épousé la fille d'Adraste et que j'habite ton pays » (1364-1365 Ὦ πότνι' Ἥρα, σὸς γάρ εἰμ', ἐπεὶ γάμοις / ἔζευξ' Ἀδράστου παῖδα καὶ ναίω χθόνα). La cité se résume à un seul bâtiment, le palais royal avec son portique[137] où Polynice s'est battu avec Tydée avant d'y entrer comme gendre d'Adraste.

La géographie des *Phéniciennes* inclut aussi Athènes. D'abord avec Tirésias puis avec Œdipe. Au début du troisième épisode, Tirésias en revient « ramené hier de chez les descendants d'Érechtée» (852-853 Ἐρεχθειδῶν ἄπο / δεῦρ' ἐκκομισθεὶς τῆς πάροιθεν ἡμέρας·). Comme Thèbes, cette cité, en guerre contre le Thrace Eumolpe, a dû sa victoire aux oracles du devin[138]. La mention de ces deux noms, Érechtée et Eumolpe, suffit pour rappeler à un public formé d'Athéniens que leur cité fut alors sauvée par l'héroïsme de Praxithéa qui avait accepté de sacrifier sa fille pour le salut de la patrie – un mythe qu'Euripide lui-même avait porté sur la scène dans son *Érechtée*. Ce rappel qui précède immédiatement le refus de Créon de sacrifier son fils contribue indirectement à mettre en relief l'égoïsme thébain. La même image positive d'Athènes se retrouve à la fin de la tragédie qui oppose les deux cités : d'un côté une Thèbes qui avec Créon exile Œdipe, de l'autre une Athènes qui lui fera bon accueil sur « la terre sacrée de Colone, le séjour du dieu cavalier » (1707 ἱερὸς Κολωνός, δώμαθ' ἱππίου θεοῦ).

Conclusion

Dans les *Sept contre Thèbes*, Eschyle a transformé ce qui était d'abord un mythe argien – comme le suggère le premier vers de la *Thébaïde* : « Chante,

134. *Ph.* 126, 186-189, 613.
135. *Ph.* 573-574.
136. *Ph.* 339-340 ξένοισιν ἐν δόμοις ἔχειν,/ ξένον δὲ κῆδος ἀμφέπειν.
137. *Ph.* 415.
138. *Ph.* 854-855.

Muse, Argos la très sèche d'où les héros [...] » (frag. 1 Barnabé Ἄργος ἄειδε θεὰ πολυδίψιον ἔνθεν ἄνακτες) – en une tragédie thébaine, comme le montre la présentation de l'espace à tous les niveaux : scénique, extra-scénique et imaginaire. Il a ainsi construit une Thèbes qui, loin d'être une anti-Athènes : « The negative model to Athens' manifest image »[139], peut apparaître comme son double[140] : une cité protégée par les dieux et une mère pour ses habitants. Elle finit par échapper à la destruction grâce à l'anéantissement d'une famille royale qui s'était attiré la haine d'Apollon à cause du crime de Laïos. C'est seulement à la fin de la tragédie que le sort de la famille royale passe au premier plan, un message qui se traduit en termes d'espace par un changement de focalisation : l'*oikos* prend alors le pas sur la *polis*, sur la scène avec les cadavres des deux frères comme dans l'espace extra-scénique dominé par la maison des Labdacides.

Les *Phéniciennes* d'Euripide proposent une image plus complexe des relations de la famille et de la cité. D'un côté, une famille qui met en danger l'existence même de la cité, d'abord à Thèbes avec l'égoïsme des fils d'Œdipe et de Créon, un égoïsme mis en relief par l'idéalisme du jeune Ménécée, mais aussi à Argos, ruinée comme Troie par une union funeste et le mariage d'une seule femme[141]. De l'autre, une cité fondée sur des meurtres qui doit payer sa survie du sang de ses enfants et de la ruine des maisons d'Œdipe et de Créon. Le traitement de l'espace reflète à sa manière cette complexité.

L'espace scénique est défini dès le début par la présence à l'arrière-plan du palais d'Œdipe et constitue du début à la fin une extension de cet espace privé : les autels des divinités protectrices de la maison ont remplacé les statues des dieux poliades. L'espace extra-scénique est désormais divisé en deux, avec d'un côté l'intérieur du palais, et de l'autre l'espace qui s'étend au-delà des deux *eisodoi* et se définit par opposition aux *Sept contre Thèbes* : les portes ne sont plus exactement les mêmes et le geste décisif qui assure le salut de Thèbes ne se déroule plus à la septième porte, où se déroulait le duel des deux frères, mais au point des remparts qui domine l'antre du dragon et sert de cadre au sacrifice de Ménécée. L'espace imaginaire est lui aussi totalement transformé : la campagne thébaine éclipse l'espace proprement urbain. Dans les *stasima*, sa description idyllique est rejetée dans un passé mythique ou sert à souligner, par un contraste ironique, l'horreur des événements qui s'y déroulent. Enfin, la présence de Delphes, d'Argos et d'Athènes dans la carte imaginaire de la tragédie contribue à minimiser l'opposition entre Thèbes et Argos, également victimes de l'égoïsme

139. F. Zeitlin, 1990, p. 131.

140. Cf. P. A. Bernardini, 2000, p. 227, et N. Yaari, 2006.

141. *Ph.* 580-582 : « on dira : "Quelle union funeste tu nous a infligée, Adraste, nous sommes perdus par le mariage d'une seule femme" » (ἐρεῖ δὲ δή τις· Ὦ κακὰ μνηστεύματα / Ἄδραστε προσθείς, διὰ μιᾶς νύμφης γάμον / ἀπωλόμεσθα). Cf. *Iliade* 22.107.

de la famille royale, et à construire une image négative de Thèbes qui s'oppose tout à la fois à Delphes et à Athènes.

Suzanne Saïd

*

* *

BIBLIOGRAPHIE

M. Arthur, 1977, « The Curse of Civilization. The Choral Odes of the *Phœnissæ* », *Harvard Studies in Classical Philology* 81, p. 163-185.

D. W. Berman, 2002, « Seven-Gated Thebes and Narrative Topography in Aeschylus' *Seven against Thebes* », *Quaderni urbinati di Cultura classica* 71/2, p. 73-100.

–, 2007, *Myth and Culture in Aeschylus' Seven against Thebes*, Rome.

P. A. Bernardini éd., 2000, « La città di Tebe nell' "Eracle" di Euripide », in *Presenza e Funzione della città di Tebe nella cultura Greca*, Rome, p. 219-232.

V. Di Benedetto et E. Medda, 1997, *La tragedia sulla scena*, Turin.

E. Fabricius, 1890, *Theben, Eine Untersuchung über die Topographie und Geschichte der Hauptstadt Böotiens*, Fribourg, J. C. B. Mohr.

Y. Garlan, 1966, « De la poliorcétique dans les *Phéniciennes* d'Euripide », *Revue des Études anciennes* 68, p. 264-277.

S. Goldhill, 2007, « What Is in a Wall? », in *Visualizing the Tragic. Drama, Myth and Ritual in Greek Art and Literature. Essays in Honour of Froma Zeitlin*, C. Kraus, S. Goldhill, H. P. Foley et J. Elsner éd., Oxford, p. 127-147.

G. O. Hutchinson éd., 1985, *Aeschylus' Septem contra Thebas*, Oxford.

P. Jannoray, 1940-1941, « Nouvelles inscriptions de Lébadée », *Bulletin de Correspondance hellénique*, 1940-1941, p. 36-59.

A. D. Keramopoullos, 1917, Thebaika Arkh. Delt. 3, p. 1-503.

A. Lamari, 2010, *Narrative, Intertext, and Space in Euripides' Phœnissæ*, Berlin, (ch. 5: « Space », p. 159-193).

D. J. Mastronarde, 1978, « Are Euripides "Phœnissæ" 1104-1140 Interpolated? », *Phoenix* 32/2, p. 105-128.

D. J. Mastronarde éd., 1994, *Euripides Phoenissae ed. with introduction and commentary*, Cambridge.

E. Rawson, 1970, « Family and Fatherland in the Phœnissæ », *Greek, Roman and Byzantine Studies* 11, p. 109-127.

R. Rehm, 2002, *The Play of Space: Spatial Transformations in Greek Tragedy*, Princeton.

J. de Romilly, 1961, *L'Évolution du pathétique d'Eschyle à Euripide*, Paris.

–, 1965, « Les *Phéniciennes* d'Euripide ou l'actualité dans la tragédie grecque », *Revue de Philologie, de Littérature et d'Histoire anciennes* 91, p. 28-47.

–, 1971, *Le Temps dans la tragédie grecque,* Paris, J. Vrin (Essais d'art et de philosophie).

S. Saïd, 1989, « L'espace d'Euripide », *Dioniso* 59, p. 107-136.

–, 1998, « Tragedy and Politics », in *Democracy, Empire and the Arts in Fifth-Century Athens*, D. Boedeker et K. A. Raaflaub éd., Cambridge (Mass.), p. 275-295.

H. Scolnicov, 1967, *The Theatrical Space*, Cambridge.

S. Scully, 1990, *Homer and the Sacred City*, Ithaca NY.

S. Symeonoglou, 1985, *The Topography of Thebes from the Bronze Age to Modern Times*, Princeton.

O. Taplin, 1977, *The Stagecraft of Aeschylus*, Oxford.

–, 2010, « Echoes from Mount Cithaeron », in *Allusion, Authority and Truth*, P. Mitsis, C. Tsagalis éd., Berlin, p. 235-248.

W. G. Thalmann, 1978, *Dramatic Art in Aeschylus's Seven against Thebes*, Yale.

P. Vidal-Naquet, 1986, « Œdipe entre deux cités », in J.-P. Vernant, P. Vidal-Naquet, *Mythe et Tragédie*, t. II, Paris, p. 175-211.

U. von Wilamowitz Moellendorf, 1891, « Die sieben Thore Thebens », *Hermes* 26, p. 191-242.

N. Yaari, 2006, « Anchoring Thebes: Defining Place and Space in Ancient Greek Theatre », *Drama* 3, p. 94-110.

F. Zeitlin, 1990, « Thebes: Theater of Self and Society in Athenian Drama », in *Nothing to do with Dionysos? Athenian Drama in Its Social Context*, J. Winkler, F. Zeitlin éd., Princeton, p. 130-167.

PLATON ET LE TIRAGE AU SORT

Dans l'introduction de ses *Problèmes de la démocratie grecque*, Jacqueline de Romilly décrit les différences, considérables, entre la démocratie grecque antique et la démocratie moderne, qui n'interdisent pas, estime-t-elle, de puiser dans les réflexions antiques sur la démocratie des leçons pour les démocraties contemporaines[1]. Selon les premiers théoriciens du libéralisme, une différence fondamentale tient à la définition de la liberté : la liberté politique « des Anciens » n'a rien à voir, d'après eux, avec la liberté individuelle « des Modernes »[2]. Elle consistait dans l'exercice direct du pouvoir par les citoyens, et non, comme la liberté des Modernes, dans « la jouissance paisible de l'indépendance privée », selon une formule de Benjamin Constant[3]. De fait, à Athènes, le peuple exerçait le pouvoir en participant à l'Assemblée, et par le biais du choix par tirage au sort des membres du Conseil des Cinq-Cents, des Juges et de très nombreux magistrats, utilisation abondamment documentée dans la *Constitution d'Athènes* d'Aristote et par les témoignages archéologiques[4] qu'on a retrouvés aussi dans diverses autres cités ; car la démocratie grecque ne se limite pas à la démocratie athénienne, bien que celle-ci soit de loin la mieux connue[5]. Dans la perspective

1. J. de Romilly, *Problèmes de la démocratie grecque*, Paris, 2006 (1975), p. 4 : « Ce régime était indiscutablement une démocratie. Mais ce n'était point une démocratie semblable aux nôtres », et p. 1 : « Seule une conscience claire des différences peut, en effet, donner du prix aux ressemblances fondamentales. » Sur le jugement porté par Jacqueline de Romilly à l'égard de la question générale de la démocratie, je me permets de renvoyer à mon étude « Jacqueline de Romilly, l'enseignement et la démocratie », *Bulletin de l'Association Guillaume Budé*, 2011, 2, p. 53-62.

2. B. Constant, *De la liberté des Anciens comparée à celle des Modernes*, Paris, 1819 (repris dans *De la liberté chez les Modernes, Textes choisis*, Paris, 1980) ; voir aussi, dans une perspective élargie à la question de la religion, le dernier chapitre de la troisième partie de N.-D. Fustel de Coulanges, *La Cité antique*, Paris, 1864 : « De l'omnipotence de l'État. Les Anciens n'ont pas connu la liberté individuelle. »

3. B. Constant, *op. cit.* (n. 2), p. 501.

4. Voir notamment l'introduction de M. Sève à sa nouvelle traduction de cette œuvre : *Aristote, Constitution d'Athènes. Le régime des Athéniens*, Paris, 2006, p. 23-47, avec les principales indications bibliographiques.

5. Voir par exemple J.-Ch. Moretti, « *Klèrôtèria* trouvés à Délos », *Bulletin de Correspondance hellénique* (*BCH*) 125, 2001, p. 133-143, et en général E. Robinson, *Democracy beyond Athens: Popular Government in the Greek Classical Age*, Cambridge, 2011.

ouverte par des études antérieures[6], sera d'abord examiné ici le jugement complexe que Platon porte sur cette pratique du tirage au sort en matière politique, de la *République* au *Politique* et aux *Lois*. Mais le recours au tirage au sort, on le verra, est attesté dans l'œuvre de Platon bien au-delà de la question du régime politique proprement dit, pour résoudre – ou tenter de résoudre – plusieurs problèmes pratiques et philosophiques d'une grande importance.

On ne peut guère parler de Platon sans évoquer d'abord Socrate, qui est encore l'interlocuteur principal de la *République*. Xénophon rapporte de la façon la plus nette son opposition absolue au tirage au sort en matière politique :

> « Par Zeus, disait son accusateur, il faisait que ses disciples méprisaient les lois établies, en soutenant que c'était une stupidité de désigner les magistrats de la cité par tirage au sort, alors que personne ne voudrait d'un pilote, ni d'un architecte, ni d'un flûtiste tiré au sort, ni n'en voudrait pour d'autres activités qui pourtant, en cas d'erreur, causent beaucoup moins de dommages que les erreurs commises dans les affaires publiques ; de tels propos, disait-il, excitaient la jeunesse à mépriser le régime politique établi et la rendait violente. »[7]

Ce texte implique, d'une part, que le régime politique démocratique athénien était couramment identifié à l'emploi du tirage au sort pour désigner les magistrats. Cela n'est nullement une spécificité socratique[8]. Il implique, d'autre part, la condamnation absolue d'un mode de désignation ne faisant aucune place au savoir en matière politique. Cela n'est pas non plus spécifiquement socratique[9]. Comme cela a été observé[10], Platon, lui, n'attribue jamais à Socrate des propos aussi directs. Il met cependant, lui aussi, en rapport étroit démocratie et tirage au sort, au livre VIII de la *République* :

> Δημοκρατία δὴ οἶμαι γίγνεται ὅταν οἱ πένητες νικήσαντες τοὺς μὲν ἀποκτείνωσι τῶν ἑτέρων, τοὺς δὲ ἐκβάλωσι, τοῖς δὲ λοιποῖς ἐξ ἴσου μεταδῶσι πολιτείας τε καὶ ἀρχῶν, καὶ ὡς τὸ πολὺ ἀπὸ κλήρων αἱ ἀρχαὶ ἐν αὐτῇ γίγνονται.
>
> γίγνονται F : γίγνωνται A D M
>
> « La démocratie advient quand les pauvres sont vainqueurs de leurs adversaires, qu'ils en tuent une partie et en exilent l'autre et qu'ils partagent à égalité entre le

6. Voir notamment « Tirage au sort et démocratie en Grèce ancienne », *La Vie des idées*, 22 juin 2010 (http://www.laviedesidees.fr/Tirage-au-sort-et-democratie-en.html, avec traduction anglaise et renvois bibliographiques complémentaires).

7. Xénophon, *Mémorables* I, 2, 9.

8. Voir aussi, p. ex., Hérodote, III, 80 ; Euripide, *Suppliantes*, v. 406 et suiv. ; Aristote, *Politique* IV, 9, 1294b 8 ; Aristote, *Rhétorique* I, 8, 1365b 32.

9. On trouve une condamnation similaire dans l'œuvre sophistique en dialecte dorien connue sous le nom de *Dissoi Logoi* « Discours doubles », c. 7 (DK n° 90, p. 414-415).

10. Cf. G. Vlastos, « The historical Socrates and Athenian democracy », *Political Theory* 11, 1983, p. 495-516, p. 510-511 (cité par L.-A. Dorion in Xénophon, *Mémorables,* t. I, M. Bandini et L.-A. Dorion éd., Paris, Collection des Universités de France [CUF], 2000, *ad loc.*).

reste de la population le régime politique et les magistratures, et[11] les magistratures y sont le plus souvent attribuées par des tirages au sort. »[12]

La phrase est une simple description, sans jugement exprimé. Le célèbre et ravageur tableau de la démocratie qui vient ensuite n'est pas explicitement mis en rapport avec l'emploi du tirage au sort : il caricature plus généralement l'anarchie démocratique, l'absence d'*archè* dans ce régime qui, par conséquent, n'est pas véritablement une *politeia* mais une « foire aux constitutions ». Comme on le sait, à chaque régime correspond un naturel individuel spécifique. Non seulement le régime démocratique, collectivement, ne connaît aucune autorité, mais l'individu démocratique, loin d'obéir à la raison, est la proie des désirs non nécessaires autant que des désirs nécessaires, sans aucun garde-fou. C'est dans la description du tempérament individuel qu'apparaît, de façon fugitive, une mention du tirage au sort. A supposer en effet que l'individu démocratique ne soit pas trop pris de folie et d'ivresse, c'est, dit Platon, selon une répartition entièrement aléatoire qu'il livre la « magistrature » (*archè*) de lui-même, successivement, à chacun des plaisirs qui lui viennent à l'esprit, et qui sont tous égaux pour lui, et chaque plaisir est comme un magistrat tiré au sort qui succède en lui à un autre magistrat également tiré au sort :

> Ἀλλ' ἐὰν εὐτυχὴς ᾖ καὶ μὴ πέρα ἐκβακχευθῇ, ἀλλά τι καὶ πρεσβύτερος γενόμενος τοῦ πολλοῦ θορύβου παρελθόντος μέρη τε καταδέξηται τῶν ἐκπεσόντων καὶ τοῖς ἐπεισελθοῦσι μὴ ὅλον ἑαυτὸν ἐνδῷ, εἰς ἴσον δή τι καταστήσας τὰς ἡδονὰς διάγει, τῇ παραπιπτούσῃ ἀεὶ ὥσπερ λαχούσῃ τὴν ἑαυτοῦ ἀρχὴν παραδιδοὺς ἕως ἂν πληρωθῇ, καὶ αὖθις ἄλλῃ, οὐδεμίαν ἀτιμάζων ἀλλ' ἐξ ἴσου τρέφων.

11. Texte du *Vindobonensis* 55 (*suppl. phil. gr.* 39), adopté aussi par J. Burnet (Oxford Classical Texts), E. Chambry (CUF) et, notamment, B. Jowett et L. Campbell. Sur ce manuscrit, qui représente vraisemblablement une tradition ancienne, voir notamment E. R. Dodds, dans son édition du *Gorgias* (Oxford, 1959, p. 41-47). Le manuscrit A a un verbe au subjonctif, qui fait dépendre cette proposition du verbe principal : « La démocratie advient [...] quand le plus souvent, en elle, les magistratures [...] » Ce texte est assez étrange : ὡς τὸ πολὺ est généralement plutôt employé dans la principale correspondant à une temporelle au subjonctif, et non dans la temporelle, et, surtout, la reprise ἐν αὐτῇ est peu compréhensible dans une description du processus d'avènement du régime : « quand, en elle [la démocratie], le plus souvent les magistratures [...] » J. Adams défend vigoureusement le subjonctif, mais traduit en note : « and the magistracies in the city are for the most part given by lot » (p. 233) ! Son commentaire mérite cependant d'être cité : « These words, which depend, of course, on ὅταν, explain ἐξ ἴσου-ἀρχῶν, and should be taken in close connexion with that clause, as Ast long ago pointed out. The difference in tense (μεταδῶσι but γίγνωνται), no less than the meaning, clearly indicates that the two clauses do not express two separate and distinct acts. It is by means of the lot than ἰσότης is secured; and hence democracy is not established until offices are assigned thereby. » Si l'on n'adopte pas le subjonctif, cette analyse sur la différence des temps et sur la façon dont ἐξ ἴσου-ἀρχῶν est explicité par la proposition suivante reste à mon avis valable, comme le montre d'ailleurs sa propre traduction.

12. Platon, *République* VIII, 557a 2-6.

« Mais s'il est fortuné et n'est pas trop entraîné par la folie, si, en prenant de l'âge, une fois passé l'essentiel du tumulte, il reçoit par portions les désirs qui tombent sur lui et ne se donne pas tout entier à leur irruption, alors il les met à égalité et vit en livrant l'administration de lui-même successivement à celui qui survient, comme s'il l'obtenait du sort, jusqu'à ce qu'il en soit rassasié[13], puis à un autre, sans en déclarer aucun inconvenant, en les nourrissant tous à égalité. »[14]

Cependant, il faut décrypter cette comparaison avec le tirage au sort ; Platon n'attaque pas frontalement et explicitement l'institution. C'est d'ailleurs la généralité de la description de la démocratie et du tempérament démocratique qui, entre autres raisons, a permis d'utiliser ces pages dans l'histoire ultérieure des idées politiques, à propos de régimes politiques démocratiques pourtant très différents de la démocratie athénienne.

La place du tirage au sort dans la réflexion de la dernière partie du *Politique*, dialogue d'où Socrate a quasiment disparu, est à la fois plus nette et plus complexe. A la recherche de l'essence de la *technè* royale, Platon y définit, par « découpage » (287c 3), pour les exclure de son enquête, les arts accessoires, sans lesquels il ne peut y avoir de cité ni de politique, mais qui ne constituent pas ce savoir suprême, et qui ne fournissent, au service du politique, que des instruments, des récipients, des lieux de vie, des protections diverses, des décorations, des matières premières, des moyens d'entretenir le corps, des procédés pour diriger les troupeaux. De la même façon, du côté des hommes, ne sont pas directement concernés par l'art politique, non seulement les esclaves, évidemment exclus, mais aussi les hommes liés à des activités serviles – comme ceux qui se consacrent au commerce ou sont au service d'autrui – et même les hérauts, et aussi – malgré leur prétention à y participer – les secrétaires (290b 1), ainsi que les spécialistes de la divination et les prêtres, pourtant particulièrement honorés, notamment en Égypte (290c 4 et suiv.). Parmi eux, observe l'Étranger, figure à Athènes « le roi désigné par le sort » (290e 6), qui est chargé des sacrifices les plus antiques et solennels. Or ce dernier cas, qui est celui de l'un des Archontes athéniens, l'Archonte-Roi, est immédiatement transformé en une catégorie générale, d'une façon très étrange :

Τούτους τε τοίνυν τοὺς κληρωτοὺς βασιλέας ἅμα καὶ ἱερέας, καὶ ὑπηρέτας αὐτῶν καί τινα ἕτερον πάμπολυν ὄχλον σκεπτέον, ὃς ἄρτι κατάδηλος νῦν ἡμῖν γέγονεν ἀποχωρισθέντων τῶν ἔμπροσθεν.

13. Le verbe πληροῦν évoque peut-être aussi la métaphore de la magistrature car il est fréquemment employé au sens d'« exercer » une charge, et, dans la tradition textuelle, il est assez souvent confondu avec κληροῦν : le citoyen est rempli de sa magistrature (de son désir) au lieu de l'exercer. L'emploi distributif de ἀεὶ et celui du verbe λαγχάνω sont tout à fait similaires à ceux des inscriptions concernant les magistratures attribuées par le sort.

14. Platon, *République* VIII, 561b 3-4.

« Il faut alors examiner ces rois et prêtres tirés au sort, ainsi que leurs acolytes, et toute une autre troupe très nombreuse dont l'existence vient de nous apparaître, une fois les précédents éliminés. »[15]

Cette foule devient alors le « chœur concernant les affaires de la cité » (291c 1), dont aucune définition claire n'est donnée, et qui est décrit par des comparaisons énigmatiques avec des lions, des Centaures, des Satyres. Il faudrait donc distinguer absolument ces gens-là aussi de la fonction politique, mais sans qu'on sache qui ils sont exactement. Leur point commun semble être leur faculté de transformation et leur caractère plutôt monstrueux. On peut penser que cette description imagée et vague a surtout pour fonction de préparer ce qui suit, à savoir l'analyse de la diversité et de la variabilité des régimes politiques qui existent : monarchie, oligarchie, démocratie – avec les subdivisions qui s'introduisent entre monarchie et tyrannie, puis entre aristocratie et oligarchie, et enfin entre deux sortes de démocratie, selon le critère du respect des lois. Platon décrit ainsi une série de régimes sujets à diverses transformations, plus ou moins aléatoires et plus ou moins monstrueuses, car il leur manque le principal facteur définissant un bon politique, la connaissance de la science politique, et cela, quel que soit le régime. De notre point de vue, il est remarquable que cette catégorie soit introduite par la mention du critère du tirage au sort, qui semble conduire tout droit à l'apparition d'un groupe de soi-disant « politiques » aussi divers que dangereux.

La science d'un véritable homme politique, elle, comme c'est le cas pour la science d'un bon médecin (293b), dispenserait d'avoir des lois écrites, et vaudrait mieux que des lois, même si c'est « plutôt difficile à entendre » (293e 8-9), car la loi ne peut s'adapter aux situations mobiles des hommes ; elle raisonne « en gros » (294e-295a) ; et on ne peut la modifier facilement (296a), on ne peut – malheureusement – la violenter même pour l'améliorer (296d). Le problème est qu'un mauvais chef est possible. Il risque de susciter par réaction l'établissement d'un régime où le seul critère sera le respect de lois écrites, rédigées tant bien que mal, et plutôt mal que bien. Platon revient alors à un tel régime (298a-300a). Et, par surprise, le tirage au sort revient aussi, mais généralisé, démocraties variées et oligarchies se trouvant assimilées comme des régimes où on confie à n'importe qui la tâche de faire appliquer les textes écrits, en l'absence d'art politique, ce qui est aussi absurde que de désigner par tirage au sort un

15. Platon, *Politique* 291a 1-4. Signalons ici au passage qu'il existait un jeu d'enfant appelé *basilinda* : « Les enfants procèdent à un tirage au sort, et celui qui est le roi donne ses ordres, tandis que celui qui a tiré au sort la place de serviteur doit accomplir tout ce qui lui est ordonné » (Pollux, *Onomasticon* IX, 110).

pilote ou un médecin (et nous retrouvons ici l'argumentation prêtée à Socrate par Xénophon ou soutenue dans les *Dissoi Logoi*) :

> Κατ' ἐνιαυτὸν δέ γε ἄρχοντας καθίστασθαι τοῦ πλήθους, εἴτε ἐκ τῶν πλουσίων εἴτε ἐκ τοῦ δήμου παντός, ὃς ἂν κληρούμενος λαγχάνῃ· τοὺς δὲ καταστάντας ἄρχοντας ἄρχειν κατὰ τὰ γράμματα κυβερνῶντας τὰς ναῦς καὶ τοὺς κάμνοντας ἰωμένους.
>
> « Et établir année après année comme magistrats gouvernant la foule, pris ou bien parmi les riches ou bien parmi tout le peuple, ceux qui auront été tirés au sort et auront obtenu cette charge ; et que ces magistrats, une fois établis, gouvernent selon les écrits, à la barre des navires, ou bien dans les soins des malades. »[16]

Et il en ira de même des tribunaux qui vérifieront la gestion de ces magistrats :

> Ἐπειδὰν γὰρ δὴ τῶν ἀρχόντων ἑκάστοις ὁ ἐνιαυτὸς ἐξέλθῃ, δεήσει δικαστήρια καθίσαντας ἀνδρῶν, ἢ τῶν πλουσίων ἐκ προκρίσεως ἢ σύμπαντος αὖ τοῦ δήμου τοὺς λαχόντας, εἰς τούτους εἰσάγειν τοὺς ἄρξαντας καὶ εὐθύνειν, κατηγορεῖν δὲ τὸν βουλόμενον ὡς οὐ κατὰ τὰ γράμματα τὸν ἐνιαυτὸν ἐκυβέρνησε τὰς ναῦς οὐδὲ κατὰ τὰ παλαιὰ τῶν προγόνων ἔθη.
>
> « Quand l'année sera écoulée pour chacun des magistrats, il faudra installer des tribunaux composés des hommes qui auront obtenu ce lot, ou bien parmi les riches à partir d'une sélection préalable, ou bien parmi l'ensemble du peuple, faire comparaître les anciens magistrats devant ces juges et vérifier leur gestion, et laisser chacun, s'il le souhaite, lancer une accusation au motif qu'ils n'auront pas, durant leur année, respecté les écritures ni les anciennes habitudes des ancêtres dans la conduite des navires. »[17]

Dans ce dernier passage, on peut se demander si le tirage au sort ne concerne que le peuple, ou s'il est aussi applicable aux riches ; la mention d'une « sélection préalable », avec une expression proche de celle qu'emploie notamment la *Constitution d'Athènes* à propos du régime solonien[18], doit cependant faire penser que les riches comme les pauvres sont ainsi choisis, et cela est cohérent avec notre façon de traduire le premier passage. Le tirage au sort apparaît ici comme le mode de sélection approprié de magistrats dépourvus de compétences spécifiquement politiques, que ce soit dans une démocratie ou dans une oligarchie, et cela, c'est vraiment « absurde » et « difficile à accepter », estime Socrate le Jeune.

Le motif du tirage au sort intervient donc de façon très curieuse dans ce dialogue. D'abord, pour évoquer un mode de désignation donnant une autorité de nature principalement religieuse et traditionnelle à l'archonte-roi athénien et à

16. Platon, *Politique* 298e 5-9.
17. *Ibid.*, 298e 12 - 293a 5.
18. Cf. Aristote, *Const. Ath.* VIII, 1 (ἐκ προκρίτων).

d'autres magistrats, une autorité qui peut passer pour l'art politique, et qui introduit de fait dans le dialogue une foule de prétendants à l'art politique, mais qui, aux yeux de Platon, ne l'est pas ; ensuite, pour décrire un mode de désignation démocratique ou oligarchique, qui ne fait que multiplier de pseudo-gouvernants devant obéir à des lois écrites, en désespoir de cause, faute de savoir l'art politique. Dans cette perspective, la mention du tirage au sort dépasse la question de la démocratie, et permet de mettre en valeur d'abord son aspect traditionnel et ancestral, voire religieux, et ensuite, en sens inverse, de faire apparaître le principal reproche fait par Platon à tous ces régimes, fussent-ils démocratiques ou oligarchiques et partisans de la « constitution des ancêtres » : ils donnent le pouvoir, et le contrôle du pouvoir, à des incompétents. Le tirage au sort apparaît ainsi, malgré un prestige que Platon ne peut que reconnaître, comme un régime d'égalité qui nie la compétence.

On retrouve, me semble-t-il, dans les *Lois* cette double perspective, et même avec plus de netteté encore, si l'on compare un passage programmatique du livre III avec les mesures prises pour la fondation de la cité des Magnètes. Dans le livre III, Platon établit une liste des titres unanimement reconnus comme ouvrant un droit à l'exercice du pouvoir (*archè*, 689e 4-690c 9). Il y en a sept. La progression, décrite comme une « succession », est à la fois généalogique et logique. Elle passe, comme ailleurs dans le même livre, de la famille à la cité. On commence par trois titres qui reposent sur l'antériorité de la naissance : l'*archè* exercée par les parents sur leurs enfants, par les nobles sur les gens sans naissance, par les anciens sur les jeunes. Un changement de perspective (marqué par une particule) apparaît avec le passage au quatrième et au cinquième mode de commandement, qui reposent sur la nécessité que représente la force : il s'agit en effet du pouvoir des maîtres sur les esclaves et du pouvoir des forts sur les faibles. Le lien est implicite. Platon se situe ici explicitement dans la perspective d'une fameuse citation de Pindare, reprise par la sophistique et par Calliclès dans le *Gorgias*. La catégorie suivante est explicitement opposée à la précédente, par le biais d'une apostrophe ironique à Pindare lui-même, désormais mentionné : le sixième titre à exercer un commandement est, lui, vraiment conforme à la nature, c'est le savoir ; ce titre, dit l'Athénien des *Lois*, ne repose pas, lui, sur la violence et c'est véritablement un titre naturel à exercer le pouvoir, un titre qui correspond aussi au « pouvoir de la loi sur des gens qui l'acceptent » (690c 1). Platon assimile ici, me semble-t-il, le philosophe-roi de la *République* à la construction des *Lois*, d'une façon très remarquable, qui semble résoudre le plus simplement du monde le problème posé dans le *Politique*, en le supprimant : compétence et pouvoir de la loi sur des gens qui l'acceptent deviennent interchangeables. Puis vient enfin, par surprise, car on ne l'attendait plus, le dernier titre à exercer le pouvoir, le septième (un chiffre qui a, bien sûr, une valeur particulière) :

ΑΘ. Θεοφιλῆ δέ γε καὶ εὐτυχῆ τινα λέγοντες ἑβδόμην ἀρχήν, εἰς κλῆρόν τινα προάγομεν, καὶ λαχόντα μὲν ἄρχειν, δυσκληροῦντα δὲ ἀπιόντα ἄρχεσθαι τὸ δικαιότατον εἶναί φαμεν. ΚΛ. ᾿Αληθέστατα λέγεις.

« L'Athénien. – En mentionnant ce qu'on peut appeler un septième mode de commandement que les dieux aiment et qui repose sur la bonne fortune, nous en venons à ce qu'on appelle lot du sort ; quand on l'obtient, on commande, quand on fait un mauvais tirage, on s'en va et on obéit : voilà, disons-nous, ce qu'il y a de plus juste. Clinias. – C'est parfaitement vrai. »[19]

La phrase, en grec, est un peu alambiquée, ce que je tente de rendre en traduisant les deux indéfinis par « ce qu'on peut appeler » et « ce qu'on appelle ». Mais elle vient incontestablement au terme d'une gradation, marquée par l'intervention de la nécessité et de l'universalité pour le cinquième titre à commander, puis de « la plus grande réputation » pour le sixième et enfin du pouvoir « ami des dieux » pour le tirage au sort. Le tirage au sort, qui est caractérisé comme typique de la démocratie dans la *République*, est manifestement ici l'objet d'éloges, et il apparaît avant tout comme le choix des dieux, même si deux indéfinis suggèrent la réticence, ou l'hésitation, de l'Athénien à l'égard des propos qu'il est en train de tenir.

De fait, le même Athénien, plus loin, dans le livre VI des *Lois*, adopte une position fort différente lorsqu'il s'agit, cette fois, de décider concrètement comment on choisira les conseillers de la cité des Magnètes, et il propose alors une distinction bien connue entre deux sortes d'égalité[20] :

Δυοῖν γὰρ ἰσοτήτοιν οὔσαιν, ὁμωνύμοιν μέν, ἔργῳ δὲ εἰς πολλὰ σχεδὸν ἐναντίαιν, τὴν μὲν ἑτέραν εἰς τὰς τιμὰς πᾶσα πόλις ἱκανὴ παραγαγεῖν καὶ πᾶς νομοθέτης, τὴν μέτρῳ ἴσην καὶ σταθμῷ καὶ ἀριθμῷ, κλήρῳ ἀπευθύνων εἰς τὰς διανομὰς αὐτήν· τὴν δὲ ἀληθεστάτην καὶ ἀρίστην ἰσότητα οὐκέτι ῥᾴδιον παντὶ ἰδεῖν. Διὸς γὰρ δὴ κρίσις ἐστί [...]

« Les deux égalités qui existent ont le même nom, mais sont en fait à peu près contraires à beaucoup d'égards : la première, n'importe quelle cité, n'importe quel législateur peuvent l'employer pour les honneurs, l'égalité en mesure, en poids et en nombre, en la dirigeant par le sort pour les répartitions ; la plus véritable et la meilleure égalité, en revanche, ce n'est plus à tout un chacun de la voir. Elle relève du jugement de Zeus. »[21]

19. Platon, *Lois* III, 690c 5-9.

20. Cf. p. ex. K. Schöpsdau in : *Platon. Nomoi (Gesetze). Buch IV-VII (Platon. Werke, IX 2)*, Göttingen, 2003, p. 389-391, et J. de Romilly, *op. cit.* (n. 1), p. 50-52.

21. Platon, *Lois* VI, 757b 1-6.

Cette fois, le septième et dernier mode de commandement, attribué par le sort, que décrit Platon au livre III, ne vaut en réalité plus grand-chose. Il est trop facile et trop arithmétique. Le jugement de Zeus, ce n'est plus le sort, mais c'est le respect de l'égalité dite géométrique, qui est proportionnelle aux capacités – c'est-à-dire en particulier à la richesse – de chacun. Victor Ehrenberg, dans sa synthèse de la *Real-Encyclopädie* sur le tirage au sort, note à juste titre que dans le second passage cité des *Lois*, Platon oppose tirage au sort et volonté divine (ce qui rectifie une erreur antérieure de Fustel de Coulanges[22]). Cependant, même ce passage – si on le lit au-delà de ces quelques lignes – va dans le même sens que celui du livre III. Platon, en effet, reconnaissant *in fine* que l'on ne peut échapper à une certaine dose de tirage au sort si l'on veut éviter l'hostilité du peuple, recommande ensuite qu'on prie la divinité pour qu'elle fasse du tirage au sort, autant que possible, un moyen juste de répartir les charges :

> Διὸ τῷ τοῦ κλήρου ἴσῳ ἀνάγκη προσχρήσασθαι δυσκολίας τῶν πολλῶν ἕνεκα, θεὸν καὶ ἀγαθὴν τύχην καὶ τότε ἐν εὐχαῖς ἐπικαλουμένους ἀπορθοῦν αὐτοὺς τὸν κλῆρον πρὸς τὸ δικαιότατον. οὕτω δὴ χρηστέον ἀναγκαίως μὲν τοῖν ἰσοτήτοιν ἀμφοῖν, ὡς δ' ὅτι μάλιστα ἐπ' ὀλιγίστοις τῇ ἑτέρᾳ, τῇ τῆς τύχης δεομένῃ.

> « C'est pourquoi il est nécessaire d'utiliser l'égalité du tirage au sort pour éviter l'hostilité du grand nombre, en demandant quant à nous à la divinité et à la bonne fortune, dans ce cas aussi, de redresser le sort dans le sens de la plus haute justice ; c'est ainsi qu'il faut utiliser nécessairement à la fois les deux sortes d'égalité, tout en limitant au minimum l'emploi de la seconde, qui utilise la chance. »[23]

Ici encore, Platon est réservé sur l'efficacité de l'intervention de la divinité pour redresser le tirage au sort, mais il se réfère à des prières accompagnant le recours au tirage au sort en matière politique[24]. Pour lui, cette institution est impossible à rejeter entièrement, en raison de la pression exercée dans la Grèce de son temps par les masses populaires et en raison du prestige de son caractère religieux, qui permet de rendre acceptable, même du point de vue platonicien,

22. *Real-Encyclopädie*, t. XIII, 2, 1927, col. 1451-1504, *s. v.* Lösung, cf. col. 1462. Sur l'historiographie de cette question, voir notre étude « Le tirage au sort des magistrats à Athènes : un problème historique et historiographique », in *Pubblico sorteggio e cleromanzia : alcuni esempi*, F. Cordano, C. Grottanelli éd., Università degli Studi di Milano, 2001, p. 63-81.

23. Platon, *Lois* VI, 757e 2 - 758a 2.

24. J. de Romilly observe très justement cette valeur religieuse : « Platon lui-même, pourtant si hostile à son emploi en politique, en conserve le principe pour certaines fonctions religieuses et il lui restitue alors sa valeur pieuse depuis longtemps oubliée. Il écrit dans les *Lois* : « Pour les sacerdoces, on laissera le dieu lui-même indiquer ses préférences en les tirant au sort, ce qui reviendra à s'en remettre à la fortune divine » (759b) » (J. de Romilly, *op. cit.* [n. 1], p. 10). Mais, à mon avis, le tirage au sort conserve encore très largement un rôle religieux à l'époque classique en dehors de Platon, et Platon n'en limite pas l'usage aux fonctions religieuses (cf. n. 25).

l'intégration d'une petite dose de tirage au sort, minime et toute symbolique, dans le choix des magistrats de la cité des *Lois*[25].

Le cas d'une cité réelle, Sparte, tel du moins qu'il est présenté par Platon, va dans le même sens, d'autant qu'il est présenté dès le livre III, juste après l'analyse des différents titres à exercer une *archè*. Comment est sauvegardée la royauté spartiate contre le danger de l'excès qui guette toute âme humaine (III, 691c 1) ? Un dieu a d'abord dédoublé la monarchie. Un humain, avec l'aide divine, a mêlé[26] ensuite la *gérousia* à la monarchie. Puis un « troisième sauveur » (le plus important, donc, en fin de compte, en vertu d'une locution proverbiale attestée notamment dans *Les Euménides*[27]) a ajouté « comme un frein, le pouvoir des éphores, en le rapprochant du pouvoir du sort » :

> Ὁ δὲ τρίτος σωτὴρ ὑμῖν ἔτι σπαργῶσαν καὶ θυμουμένην τὴν ἀρχὴν ὁρῶν, οἷον ψάλιον ἐνέβαλεν αὐτῇ τὴν τῶν ἐφόρων δύναμιν, ἐγγὺς τῆς κληρωτῆς ἀγαγὼν δυνάμεως.
>
> « Le troisième sauveur, voyant que le pouvoir, chez vous, était encore plein d'enflure et de colère, lui a imposé, comme un frein, la fonction des éphores, en la rapprochant des fonctions tirées au sort. »[28]

Cette première théorie d'une constitution mixte encore imparfaite décrit un régime dans lequel, comme dans la liste qui précède, le « pouvoir » (ou la « fonction ») attribué(e) par le sort arrive à la fin, comme une sorte de couronnement, et

25. Voici quelques exemples seulement. Les trois *astynomes* sont, parmi la plus haute classe, sur proposition de tout citoyen, tirés au sort parmi les six qui obtiennent le plus de voix (VI, 763e 2). Est *magistrat des chœurs* celui qui est tiré au sort parmi dix élus (765b 4), sont *juges des exercices gymniques et hippiques* trois citoyens tirés au sort sur vingt élus (c 5). Les tribunaux, dont le caractère populaire est synonyme de bon régime (sinon les habitants s'estiment « exclus de la cité »), associent la foule par tirage au sort, mais sans grande précision (768b 4). Quant aux *vérificateurs des comptes*, qui doivent être des champions de vertu si l'on veut que la cité reste une et dont le rôle est absolument décisif (XII, 945b 2 et suiv.), certains, déclare d'abord l'Athénien, seront tirés au sort annuellement, et d'autres désignés à partir d'une liste préalable et pour une durée plus longue. Mais les modalités exposées plus tard (d 5 et suiv.), qui suivent un véritable cérémonial, ne font presque plus aucune place au tirage au sort. Dans le sanctuaire d'Apollon et du Soleil, trois candidats de plus de cinquante ans sont proposés au vote par chaque citoyen ; on retient sur cette liste préalable la moitié qui obtient le plus de voix, puis on recommence à voter jusqu'à ce qu'il ne reste plus que trois noms. C'est seulement en cas d'égalité qu'on s'en remettra « à la bonne destinée et à la bonne fortune », et que le « tirage au sort » sera utilisé, Platon mentionnant ici à nouveau le caractère religieux du tirage au sort, et à nouveau restreignant son usage autant qu'il le peut (946b 2-3). Voir aussi J.-F. Pradeau, *Platon, les démocrates et la démocratie. Essai sur la réception contemporaine de la pensée politique platonicienne*, Bibliopolis, 2005, p. 145-146 (avec bibliographie).

26. Sur le modèle médical implicite, cf. J. Jouanna, « Le médecin modèle du législateur dans les *Lois* de Platon », *Ktèma* 3, 1978, p. 77-91.

27. Eschyle, *Euménides*, v. 759 et suiv. (et K. Schöpsdau, *op. cit.* [n. 20], p. 435-436).

28. Platon, *Lois* III, 692a 2-6.

elle s'inscrit dans une gradation comparable, sans d'ailleurs – malheureusement pour nous – que Platon soit très explicite sur le rôle effectif, qui semble seulement très partiel d'après l'expression curieuse qu'il emploie, du tirage au sort dans le choix des éphores[29]. On pourrait voir dans le « Diagramma » imposé par Ptolémée à Cyrène, en 322/321, un exemple historique de ce panachage méticuleux entre des institutions clairement oligarchiques (le cens, un conseil des Anciens, un âge minimum de cinquante ans) et un tirage au sort (pour le choix de la Boulè et, en partie, la constitution des tribunaux) destiné à faire accepter ce régime à des démocrates vaincus[30].

Ainsi, en matière politique, le prestige religieux et traditionnel du choix par tirage au sort se heurte à sa condamnation philosophique, du point de vue de la science politique, et, du point de vue de la réalité contemporaine, l'exemple-même de Sparte, mais surtout la puissance des masses populaires imposent, en sens inverse, quelques accommodements, très limités, à la doctrine platonicienne.

Mais Platon ne limite pas l'usage du tirage au sort au choix des magistrats de la cité. Celui-ci intervient aussi dans la constitution-même de celle-ci, qu'il s'agisse de la cité de la *République* ou de celle des *Lois*, et même dans la destinée de l'âme humaine. Nous examinerons successivement la réglementation des unions sexuelles dans la *République*, la fondation de la cité des Magnètes dans les *Lois* et deux de ses mythes eschatologiques, où cet usage prend une importance philosophique considérable.

Au livre V de la *République*, la communauté des femmes et des enfants pose quelques problèmes. Laissera-t-on les gardiens s'unir comme ils le veulent ? Non, ce serait incompatible avec l'eugénisme indispensable à un État sélectionnant les philosophes-rois qui le gouverneront. Il faut que les naissances mettent au jour les enfants les plus vaillants et les plus beaux. Socrate propose une solution assez étonnante pour faire accepter les mesures contraignantes indispensables :

> Κλῆροι δή τινες οἶμαι ποιητέοι κομψοί, ὥστε τὸν φαῦλον ἐκεῖνον αἰτιᾶσθαι ἐφ' ἑκάστης συνέρξεως τύχην ἀλλὰ μὴ τοὺς ἄρχοντας.
>
> « Il faudra, je crois, organiser des tirages au sort astucieux, pour que dans chaque appariement, la personne jugée médiocre accuse la fortune et non les magistrats. »[31]

Un eugénisme, donc, organisé par les magistrats, mais dissimulé par l'usage du tirage au sort afin d'éviter les contestations ! Le tirage au sort joue ici le rôle d'un paravent, destiné à masquer la décision des gouvernants, à la rendre

29. La réalité de l'intervention du tirage au sort pour le choix des éphores est très controversée (cf. N. Richer, *Les Éphores. Études sur l'histoire et sur l'image de Sparte*, Paris, 1999, p. 292-295).

30. *Supplementum Epigraphicum Graecum* (*SEG*), IX, 1 : voir notamment A. Laronde, *Cyrène et la Libye hellénistique*, Paris, 1987, p. 95-128.

31. Platon, *République* V, 460a 8.

acceptable en la faisant passer pour le choix du destin dans une procédure certainement religieuse, dépendant de la « fortune ». Dans un cadre différent, nous retrouvons ici ce tirage au sort à rôle principalement persuasif qu'on observait dans le domaine politique proprement dit. Il s'agit uniquement d'éviter des difficultés. Cet aveu socratique de la *République* montre que Platon ne croyait pas tout à fait, ou même ne croyait guère, à la garantie divine dont parle par deux fois l'Athénien des *Lois*. Il devait y croire néanmoins quelque peu, puisqu'il prévoit aussi un recours à l'oracle de Delphes pour un cas particulièrement litigieux, et juge bon de rappeler cette procédure étrange dans sa très brève récapitulation du *Timée*[32].

Un second usage du tirage au sort se rencontre, selon toute vraisemblance, dans la fondation, beaucoup plus réaliste, de la cité des *Lois*. Cela n'est d'ailleurs pas surprenant. Dans la réalité, le départ des colons de la métropole s'effectuait parfois par tirage au sort. C'est ce que dit Hérodote à propos de la fondation de Platéa, en Libye : « Décision des Théréens : envoyer un frère, désigné par le tirage au sort, en laissant un frère sur place. »[33] L'inscription cyrénaïque dite du serment des fondateurs montre, indépendamment d'Hérodote, que cette décision était enregistrée sur la pierre au IVe siècle, et surtout qu'elle était validée par des procédures religieuses extrêmement contraignantes et anciennes, notamment de serment et de malédiction en cas de rupture de serment[34]. Ces tirages au sort désignaient celui qui devait partir et, en même temps, lui attribuaient un lot, à en juger par une anecdote que rapportait Archiloque selon Athénée, relative à un certain Aithiops, parti fonder Syracuse[35]. Un tel principe de fondation est

32. En effet, tout raffinés que soient ces tirages, il reste la possibilité de l'union entre frères et sœurs, qu'un tirage au sort peut décider : la Pythie sera alors consultée, comme une sorte de procédure d'appel (« La loi autorisera frères et sœurs à cohabiter si le tirage au sort en décide ainsi et si la Pythie rend aussi son oracle en ce sens », 461e 4). Cf. « Pour qu'ils soient le plus possible d'un naturel parfait, ne vous souvenez-vous pas que nous avions dit que les magistrats et les magistrates devaient recourir à des procédés secrets en vue de l'union des mariages, par le moyen d'une sorte de tirage au sort, afin que les mauvais et les bons s'unissent séparément avec leurs semblables, sans qu'aucune hostilité en découle pour ce motif, car ils penseraient que le sort était la cause de leur union » (*Timée* 18e 1). Sur le rapport entre l'oracle de Delphes et le sort, voir mon étude « Énigmes et tirage au sort dans la religion grecque : quelques remarques », in *Actes du XXXIIIe Congrès de l'Association des Professeurs de langue ancienne de l'enseignement supérieur*, M. Decorps et E. Foulon éd., Clermont-Ferrand, 2000, p. 37-56 (avec bibliographie).

33. Hérodote. IV, 153 (Θηραίοισι δὲ ἔαδε ἀδελφεόν τε ἀπ' ἀδελφεοῦ πέμπειν πάλῳ λαχόντα), avec une expression quasiment officielle qui peut renvoyer à un décret de Théra, comme semble le confirmer l'inscription du « serment des fondateurs ». La règle est faite pour éviter aux fils uniques de partir.

34. *SEG* IX, 3 (Meiggs-Lewis [*ML*], 5) : voir notamment F. Chamoux, *Cyrène sous la monarchie des Battiades*, Paris, 1953, p. 105-114.

35. Athénée, IV, 63.

enregistré dans l'usage du mot *klèros*, à la fois lot du sort et lot de terre attribué[36]. Les lots, une fois les clérouques arrivés dans la colonie, étaient mesurés avec soin par des « géonomes » (le mot est attesté dans le cas de Bréa vers 445 avant J.-C.)[37], et Aristophane confirme la procédure pour les clérouquies athéniennes dans les *Nuées* (v. 203). Le mot est donc parfaitement à sa place aussi dans les *Lois* : « Que la terre et les habitations soient divisées de la même façon en autant de parts, un homme et un lot formant un ensemble » (V, 737e). Le tirage au sort intervient-il pour autant à ce stade ? La réponse dépend du sens qu'on donne à un texte délicat :

> Ὦ πάντων ἀνδρῶν ἄριστοι, τὴν ὁμοιότητα καὶ ἰσότητα καὶ τὸ ταὐτὸν καὶ ὁμολογούμενον τιμῶντες κατὰ φύσιν μὴ ἀνίετε κατά τε ἀριθμὸν καὶ πᾶσαν δύναμιν τὴν τῶν καλῶν κἀγαθῶν πραγμάτων· καὶ δὴ καὶ νῦν τὸν ἀριθμὸν μὲν πρῶτον διὰ βίου παντὸς φυλάξατε τὸν εἰρημένον, εἶτα τὸ τῆς οὐσίας ὕψος τε καὶ μέγεθος, ὃ τὸ πρῶτον ἐνείμασθε μέτριον ὄν, μὴ ἀτιμάσητε τῷ τε ὠνεῖσθαι καὶ τῷ πωλεῖν πρὸς ἀλλήλους -οὔτε γὰρ ὁ νείμας κλῆρος ὢν θεὸς ὑμῖν σύμμαχος οὔτε ὁ νομοθέτης- νῦν γὰρ δὴ πρῶτον τῷ ἀπειθοῦντι νόμος προστάττει, προειπὼν ἐπὶ τούτοις κληροῦσθαι τὸν ἐθέλοντα ἢ μὴ κληροῦσθαι, ὡς πρῶτον μὲν τῆς γῆς ἱερᾶς οὔσης τῶν πάντων θεῶν, εἶτα ἱερέων τε καὶ ἱερειῶν εὐχὰς ποιησομένων ἐπὶ τοῖς πρώτοις θύμασι καὶ δευτέροις καὶ μέχρι τριῶν, τὸν πριάμενον ἢ ἀποδόμενον ὧν ἔλαχεν οἰκοπέδων ἢ γηπέδων τὰ ἐπὶ τούτοις πρέποντα πάσχειν πάθη.
>
> κλῆρος A (in ras.) O : κλῆρον A^2 O^4
>
> « Ô vous les meilleurs de tous les hommes, puisque vous honorez naturellement la similitude, l'égalité, l'identité et l'accord mutuel, ne relâchez pas la pratique du beau et du bien selon le nombre et selon tout votre pouvoir. En particulier, maintenant, tout d'abord, le nombre qui a été dit, préservez-le durant toute votre vie, ensuite, la hauteur et la taille de vos biens que vous avez fixée par le partage initial en respectant la mesure, n'en perdez pas la valeur par des achats et des ventes entre vous – car ni le sort, qui a fait le partage, et qui est un dieu, ni le nomothète ne seront vos alliés [*ou bien* : ni celui qui a attribué un lot, étant un dieu, ni le nomothète ne seront vos alliés]. Maintenant en effet, d'abord, la loi, en proclamant que c'est à ces conditions que les volontaires ont été tirés au sort ou ne l'ont pas été, à savoir que d'abord, la terre est sacrée entre tous les dieux, ensuite que prêtres et prêtresses devront faire des prières à l'occasion des premiers, des seconds et encore des troisièmes sacrifices, ordonne à qui n'obéit pas que tout homme qui achète ou vend de ce qu'il a obtenu du sort en matière d'habitation ou de terre subisse la punition qui convient en ce cas. »[38]

36. Éd. Meyer, *Geschichte des Altertums*, 1893, II, p. 297 : « Überall in Griechenland wird das in erblichem Privateigentum befindliche Grundstück als Los (κλῆρος) bezeichnet ».

37. *Inscriptiones Graecae* I^3, 34, l. 6 (*ML* 49, avec la n. 2 p. 131).

38. Platon, *Lois* V, 741a 6-c 6.

Même si on n'accepte pas le nominatif κλῆρος, qui est la *lectio difficilior*, avec la divinisation explicite, et unique, de ce mot de κλῆρος qu'il suppose[39], et qu'on préfère l'accusatif κλῆρον avec le sens de « lot », la suite de la phrase (κληροῦσθαι *bis*, ἔλαχεν) ne laisse pas de doute : à nouveau le sort et la divinité sont mis en rapport étroit, sans la moindre réserve, par Platon[40]. Le nomothète et la divinité répartissant les lots sont les autorités les plus légitimes dans la liste des titres à exercer le pouvoir. Elles sont fondues ici, pour attribuer le sol, au point qu'il est difficile, dans la syntaxe, de distinguer le contenu propre de la loi et les prières et les menaces accompagnant la répartition.

Ainsi, malgré son hostilité de principe à l'égard de la démocratie, Platon ne peut exclure l'utilisation du tirage au sort comme source du pouvoir, à la fois pour une raison d'opportunité, parce que ce serait se heurter de front aux masses populaires – ce qui lui paraît impossible – et pour une raison de fond, parce que le tirage au sort est le titre le plus en accord avec la divinité pour accéder au pouvoir et à la propriété. D'un autre côté, comme il apparaît dans le *Politique*, ce mode de désignation est tout à fait opposé à l'exigence d'un art politique pour gouverner. Il est vrai qu'en l'absence de roi-philosophe, si l'on a de bonnes lois, des administrateurs tirés au sort peuvent les faire appliquer. On s'explique par là l'attitude au total complexe et, malgré tout, nuancée de Platon. D'autant plus nuancée que d'autres emplois du tirage au sort, notamment pour la fondation d'une colonie parfaite, dans les *Lois*, ou déjà pour l'organisation de la cité de la *République*, lui apparaissent indispensables.

Cette complexité apparaît jusque dans deux mythes eschatologiques platoniciens. On pourrait *a priori* se demander ce que le tirage au sort vient y faire. Il y joue en réalité un rôle très important. Sa présence, une innovation par rapport au simple jugement rétributif du mythe final du *Gorgias*, s'explique parce que Platon fait du moment où l'âme est entre deux incarnations dans un corps, le moment d'un choix, et d'un choix décisif, celui de tel ou tel sort, le mot étant alors pris au sens large de « destin » qu'il a pris en latin et en français. La métempsycose ainsi conçue permet de penser que l'homme choisit librement, et irrévocablement, de s'engager ou non dans une vie vertueuse – ce qui sert de modèle à chacun de nos choix dès cette vie.

39. Voir cependant aussi le récit du *Critias* : lorsque les dieux se partagent le monde « selon les lots de Justice » ils obtiennent automatiquement – semble-t-il, par un tirage au sort qui est aussi parfaitement réussi qu'une allocation selon la sagesse – les lieux qui leur sont chers, comme le montre le cas d'Athéna et d'Héphaïstos à Athènes (δίκης δὴ κλήροις τὸ φίλον λαγχάνοντες, 109b 5).

40. Cf. J. de Romilly, *op. cit.* (n. 1), p. 10, n. 7 : « Le texte est contesté, mais le sens, en ce qui concerne la pensée, est le même. »

Dans le mythe du *Phèdre*, les âmes changent d'existence corporelle tous les mille ans :

Τῷ δὲ χιλιοστῷ ἀμφότεραι ἀφικνούμεναι ἐπὶ κλήρωσίν τε καὶ αἵρεσιν τοῦ δευτέρου βίου αἱροῦνται ὃν ἂν θέλῃ ἑκάστη.

« La millième année, les unes et les autres [les justes et, après exécution de leur peine, les injustes] viennent pour l'attribution et le choix de leur seconde vie, et choisissent chacune celle qu'elle veut. »[41]

La formulation est ambiguë : s'agit-il d'une attribution par le sort (*klèrôsis*) ou bien d'un choix (*hairésis*) ? Il faut probablement comprendre la phrase par comparaison avec les procédures de consultation des oracles, où il semble bien qu'il y ait, en dehors des cas de promantie, deux étapes[42] : on tire au sort l'ordre de passage ; puis vient le moment décisif de l'oracle. C'est ce que montre surtout le mythe parallèle de la fin de la *République*, auquel le passage du *Phèdre* renvoie probablement, mythe où les deux étapes sont décrites d'une façon certainement en rapport avec les pratiques connues, et où le lien entre tirage au sort et choix est bien précisé. Il faut lire ici le texte complet, avec l'intervention solennelle de Lachèsis (dont le nom est formé sur la base du verbe λαγχάνω), fille de la Nécessité :

Σφᾶς οὖν, ἐπειδὴ ἀφικέσθαι, εὐθὺς δεῖν ἰέναι πρὸς τὴν Λάχεσιν. Προφήτην οὖν τινα σφᾶς πρῶτον μὲν ἐν τάξει διαστῆσαι, ἔπειτα λαβόντα ἐκ τῶν τῆς Λαχέσεως γονάτων κλήρους τε καὶ βίων παραδείγματα, ἀναβάντα ἐπί τι βῆμα ὑψηλὸν εἰπεῖν· 'Ανάγκης θυγατρὸς κόρης Λαχέσεως λόγος. Ψυχαὶ ἐφήμεροι, ἀρχὴ ἄλλης περιόδου θνητοῦ γένους θανατηφόρου. Οὐχ ὑμᾶς δαίμων λήξεται, ἀλλ' ὑμεῖς δαίμονα αἱρήσεσθε. Πρῶτος δ' ὁ λαχὼν πρῶτος αἱρείσθω βίον ᾧ συνέσται ἐξ ἀνάγκης. Ἀρετὴ δὲ ἀδέσποτον, ἣν τιμῶν καὶ ἀτιμάζων πλέον καὶ ἔλαττον αὐτῆς ἕκαστος ἕξει. Αἰτία ἑλομένου· θεὸς ἀναίτιος. Ταῦτα εἰπόντα ῥῖψαι ἐπὶ πάντας τοὺς κλήρους, τὸν δὲ παρ' αὑτὸν πεσόντα ἕκαστον ἀναιρεῖσθαι πλὴν οὗ, ἓ δὲ οὐκ ἐᾶν· τῷ δὲ ἀνελομένῳ δῆλον εἶναι ὁπόστος εἰλήχει. Μετὰ δὲ τοῦτο αὖθις τὰ τῶν βίων παραδείγματα εἰς τὸ πρόσθεν σφῶν θεῖναι ἐπὶ τὴν γῆν, πολὺ πλείω τῶν παρόντων.

« Il leur fallut, une fois arrivés, se présenter aussitôt à Lachésis. Un prophète les rangea d'abord en ordre, puis prit des sorts et des modèles de vie sur les genoux de Lachésis, et, monté sur une tribune élevée, déclara : “Parole de Lachèsis, fille de Nécessité. Ames éphémères, voici le début d'un nouveau tour de piste de génération mortelle et porteuse de mort. Ce n'est pas la divinité qui vous tirera au sort,

41. Platon, *République* X, 249b 1-4.

42. Cf. J. Pouilloux, « Promanties collectives et protocole delphique », *BCH* 76, 1952, p. 484-513 (en part. p. 503, n. 2, pour une comparaison entre le protocole delphique et le mythe de la *République*), et *Inscriptions de Delphes, Lois sacrées et Documents religieux*, G. Rougemont éd., t. I, Paris, 1977, n° 13.

mais vous qui choisirez votre divinité. Que celui qui a obtenu du sort la première place choisisse le premier la vie à laquelle il sera lié par nécessité. Mais la vertu, elle, n'a pas de maître : chacun en aura plus ou moins selon qu'il l'honorera ou ne l'honorera pas. La responsabilité appartient à celui qui aura choisi : le dieu n'est pas responsable." Il dit, et jeta les sorts (*klèroi*) sur l'assemblée, et chacun de ramasser celui qui était tombé à côté de lui, sauf lui [Er] : à lui, on ne le permettait pas. Celui qui avait ramassé un sort savait clairement quel rang il avait obtenu du sort. Après cela, en second lieu, il disposa en face d'eux, par terre, les modèles de vie, en bien plus grand nombre qu'il n'y avait de présents. »[43]

Il y a deux étapes. D'abord, le tirage des *klèroi*, qui ne sont pas les « lots » de vie, mais des sorts sur lesquels, très vraisemblablement, figure un numéro d'ordre : leur répartition est aléatoire (« il avait obtenu du sort » : l'on retrouve le verbe λαγχάνω[44]), sans qu'il y ait, ici, de préposé à l'affichage ou à la proclamation des résultats. C'est une variante humoristique, qui fait un peu foire d'empoigne, de scènes usuelles du tirage au sort, beaucoup plus organisées, par exemple dans l'épopée ou la tragédie (un seul sort « tombe » hors du casque)[45], ou dans la vie quotidienne d'Athènes (un afficheur installe les plaques au fur et à mesure sur le *klèrôtérion* avant qu'un deuxième tirage ne les sélectionne ou ne les élimine)[46]. Cette étape montre l'égalité, quasiment démocratique, entre les âmes, au moment décisif, mais risquerait d'introduire une terrible inégalité pour la vie future. Ensuite intervient un choix, dans l'ordre déterminé par le tirage au sort.

Le premier exemple montrera bientôt que, même favorisé par le sort, l'homme peut faire et fait un mauvais choix. Le numéro 1 choisit une vie de tyran, qui le rendra malheureux. Le tirage au sort ne donne donc qu'un avantage illusoire, les hommes étant ce qu'ils sont, c'est-à-dire non philosophes : « Le dieu (on trouve déjà ici l'assimilation du sort et de la divinité qui est probablement aussi attestée dans les *Lois*) n'est pas responsable »[47], contrairement à ce que pense le malheureux numéro 1, qui accuse non sans mauvaise foi la τύχη. C'est la divinité du tirage au sort elle-même, la propre fille de la Nécessité, qui l'avait dit haut et fort, et le « prophète » avait ajouté en son nom :

43. Platon, *République* X, 617d 3 - 618a 3.

44. Sur le sens de ce verbe, cf. J.-L. Perpillou, *Recherches lexicales en grec ancien. Étymologie, analogie, représentations*, Louvain-Paris, 1996, « Λαγχάνω ou l'appropriation légitime », p. 165-204, avec les réserves exprimées dans mon étude « Lots héroïques : remarques sur le tirage au sort de l'*Iliade* aux *Sept contre Thèbes* », *Revue des Études grecques* 113, 2000, p. 305, n. 20.

45. Cf. P. Demont, *op. cit.* (n. 44).

46. Cf. mon étude « Le *klèrôtèrion*, "'machine' à tirer au sort" et la démocratie athénienne », *Bulletin de l'Association Guillaume-Budé*, 2003, p. 26-52.

47. Platon, *République* X, 617e 5.

Καὶ τελευταίῳ ἐπιόντι, ξὺν νῷ ἑλομένῳ, συντόνως ζῶντι κεῖται βίος ἀγαπητός, οὐ κακός. Μήτε ὁ ἄρχων αἱρέσεως ἀμελείτω μήτε ὁ τελευτῶν ἀθυμείτω.

« Même le dernier à se présenter, s'il fait son choix avec intelligence, et à condition de mener une vie en accord avec celui-ci, aura une existence appréciable et pas mauvaise. Que le premier à choisir ne soit pas négligent, que le dernier ne perde pas confiance ! »[48]

Mais rien n'y fait. Ceux qui, dans leur existence précédente, ont été favorisés, habitués qu'ils sont au bonheur, choisissent mal, et inversement, ceux qui ont souffert choisissent mieux.

Διὸ δὴ καὶ μεταβολὴν τῶν κακῶν καὶ τῶν ἀγαθῶν ταῖς πολλαῖς τῶν ψυχῶν γίγνεσθαι καὶ διὰ τὴν τοῦ κλήρου τύχην· ἐπεὶ εἴ τις ἀεί, ὁπότε εἰς τὸν ἐνθάδε βίον ἀφικνοῖτο, ὑγιῶς φιλοσοφοῖ καὶ ὁ κλῆρος αὐτῷ τῆς αἱρέσεως μὴ ἐν τελευταίοις πίπτοι, κινδυνεύει ἐκ τῶν ἐκεῖθεν ἀπαγγελλομένων οὐ μόνον ἐνθάδε εὐδαιμονεῖν ἄν, ἀλλὰ καὶ τὴν ἐνθένδε ἐκεῖσε καὶ δεῦρο πάλιν πορείαν οὐκ ἂν χθονίαν καὶ τραχεῖαν πορεύεσθαι, ἀλλὰ λείαν τε καὶ οὐρανίαν.

« C'est pourquoi pour la plupart des âmes intervenaient de grands changements du bonheur au malheur, et inversement, et aussi en fonction du hasard du tirage au sort ; car tout homme qui, parvenu à la vie d'ici, serait philosophe d'une façon saine et dont le rang de passage fixé par tirage au sort ne serait pas dans les derniers, pourrait bien, à en juger par ce qui nous est rapporté de là-bas, non seulement trouver le bonheur ici-bas, mais même cheminer d'ici-bas jusqu'à l'autre monde, et inversement, sur une route non pas ardue et terrestre, mais plane et céleste. »[49]

La récapitulation mêle, de façon indissoluble, les deux aspects, tirage au sort de l'ordre du choix, et choix, le tirage au sort venant se rappeler au souvenir malgré tout, un peu par surprise, puisque la possibilité qu'une vie philosophique ne suffise pas à assurer le bonheur semble malgré tout envisagée. On note qu'avec ces inversions successives du bonheur au malheur, c'est tout le tragique de la destinée humaine qui se trouve expliqué. Mais le dernier exemple humain, celui d'Ulysse – qui fait un choix plus philosophique encore que son fameux choix de la mortalité, au chant VI de l'*Odyssée*, chez Calypso, renforce la leçon donnée par le premier exemple : même celui qui est défavorisé par le tirage au sort peut faire un bon choix. Le tirage au sort pour l'ordre de passage joue ici un rôle narratif attesté dès l'épopée, notamment à propos d'Ulysse : il permet de mettre en position finale le héros sur lequel on veut attirer l'attention. On peut donc échapper au cycle :

48. *Ibid.*, X, 619b 2-6.
49. *Ibid.*, X, 619d 6 - 619e 6.

Κατὰ τύχην δὲ τὴν ᾿Οδυσσέως λαχοῦσαν πασῶν ὑστάτην αἱρησομένην ἰέναι, μνήμῃ δὲ τῶν προτέρων πόνων φιλοτιμίας λελωφηκυῖαν ζητεῖν περιιοῦσαν χρόνον πολὺν βίον ἀνδρὸς ἰδιώτου ἀπράγμονος, καὶ μόγις εὑρεῖν κείμενόν που καὶ παρημελημένον ὑπὸ τῶν ἄλλων, καὶ εἰπεῖν ἰδοῦσαν ὅτι τὰ αὐτὰ ἂν ἔπραξεν καὶ πρώτη λαχοῦσα, καὶ ἁσμένην ἑλέσθαι.

« Le hasard fit que l'âme d'Ulysse avait tiré le dernier rang : elle s'avança pour faire son choix. Délivrée de son ambition par le souvenir de ses souffrances passées, elle passa beaucoup de temps à tourner en rond, à la recherche d'une vie d'homme tranquille[50] ; elle en découvrit une à grand-peine, dans un coin, qui avait été négligée par les autres ; elle déclara en la voyant que si elle avait obtenu du sort la première place, elle aurait fait la même chose, et, tout heureuse, elle la choisit. »[51]

On le voit bien. C'est la description de procédures associant le sort et le choix qui permet, dans ce récit mythique, de faire comprendre et de faire accepter aux lecteurs de Platon la conciliation du hasard et de la nécessité dans l'ordre du monde qu'ils connaissent. Et l'alliance délicate et fragile de ces deux modes de sélection, si importante dans la vie politique, sert aussi, une fois mise en récit selon les règles de la consultation oraculaire, de modèle d'intelligibilité pour les choix de l'âme au-delà de la mort, mais certainement aussi, puisque le mythe a valeur propédeutique dès ce monde-ci, pour les choix que chacun doit faire dans cette vie-ci[52]. Dans cette perspective, la mise en scène spectaculaire du tirage au sort initial est certes contredite par la leçon qu'il faut ensuite tirer du mythe, mais elle manifeste l'ouverture à tous de la possibilité du bon choix, le seul véritablement libre, celui qui est inspiré par la vertu, et non par les vies passées et l'ignorance. Ce nouvel usage, qu'on pourra aussi trouver « astucieux », du tirage au sort montre que le sort ne préjuge pas du sort de nos vies.

Résumons-nous. En politique, malgré la condamnation socratique du recours démocratique au tirage au sort, qu'il entérine tout en l'élargissant, dans la *République*, à une condamnation générale de la démocratie, Platon, après les hésitations du *Politique*, accepte dans les *Lois* une dose de tirage au sort pour des raisons d'opportunité, et instille un semblant de démocratie dans un régime

50. Sur cette tranquillité de vie, voir mes remarques dans « Socrate et l'*apragmosynè* chez Platon », in *Études platoniciennes,* VI *Socrate : vie privée, vie publique*, Les Belles Lettres, Paris, 2009, p. 43-54.

51. Platon, *République* X, 620c 2-620d 3.

52. Sur la double portée du mythe, cf. S. Halliwell, « The Life-and-Death Journey of the Soul: Interpreting the Myth of Er », in *The Cambridge Companion to Plato's Republic*, G. R. F. Ferrari éd., Cambridge, 2007, notamment p. 466-471. Je réserve pour une autre étude (« Note sur un jeu enfantin avec tirage au sort chez Platon », in *Homaje Juan Antonio López Férez*, Madrid, 2013, p. 237-240) quelques observations sur l'usage humoristique que fait Platon du jeu enfantin « de la coquille », impliquant lui aussi une forme de tirage au sort, à propos de l'amour dans le *Phèdre* (241b 4) et à propos du chemin d'accès à la lumière du Bien dans la *République* (V, 521c 5).

oligarchique, pour faciliter son acceptation par la foule, ce qui peut correspondre à des pratiques réelles, comme on l'observe à Cyrène peu après. Mais en même temps, il émet l'espoir, un espoir présenté comme très fragile, que la divinité utilisera cette possibilité d'intervenir dans les affaires humaines par le biais de ce septième titre à exercer un pouvoir, comme, suggère-t-il, elle l'a fait, en troisième sauveur, dans le cas du régime spartiate. Il doit d'ailleurs recourir aussi au tirage au sort pour d'autres aspects essentiels de la constitution de ses cités idéales : afin d'apparier comme il faut les gardiens de la *République*, avec, dans certains cas problématiques, recours à l'oracle de Delphes, et afin de répartir les lots de la cité des Magnètes. Dans le premier cas, la part du dieu est faible, dans le second, en revanche, elle est mise à égalité avec l'intervention du nomothète. Il y a donc une oscillation de la pensée de Platon à l'égard de cette pratique courante de la société grecque antique qu'est le tirage au sort, en fonction des objectifs et des occasions de son emploi. Cela se comprend sur un plan plus général, comme on le voit dans le mythe final de la *République*. L'intellectualisme platonicien privilégie la compétence morale et intellectuelle et lui laisse le plus possible la place libre, mais l'ordre du monde est régi par une nécessité supérieure. Le tirage au sort est l'une des expressions de cette nécessité, il explique partiellement – car la responsabilité humaine est toujours en jeu – les alternances de la vie humaine, tout en permettant au philosophe, eût-il tiré le dernier lot, d'accéder au véritable bonheur[53].

Paul DEMONT

53. Une enquête similaire dans l'œuvre d'Aristote, que je développerai dans un autre cadre, donne des résultats tout différents : le tirage au sort y est uniquement envisagé dans le cadre des différents régimes politiques, sans aucune mention de sa valeur religieuse.

BRASIDAS AUX PIEDS RAPIDES : ASPECTS DE L'HÉRITAGE ÉPIQUE CHEZ THUCYDIDE[1]

> ...cette histoire, qui fournit de si hautes garanties,
> et qui tend de façon si émouvante à la parfaite objectivité du savant,
> est bien celle où l'intervention de l'auteur est aussi la plus profonde.
> Tout y est construit, voulu. Chaque mot, chaque tour, chaque silence,
> chaque remarque, contribue à dégager une signification
> qui a été distinguée par lui et imposée par lui.
>
> Jacqueline de Romilly, *Histoire et Raison*, 1956, p. 12.

Deux auteurs ne cessent de revenir dans l'œuvre de Jacqueline de Romilly : Thucydide, qu'elle a édité, traduit et commenté tout au long de sa carrière, et Homère, vers lequel elle n'a cessé de se tourner. Si elle ne semble pas avoir envisagé d'étude visant à rapprocher ces deux figures de l'Antiquité qu'elle a tant contribué à faire connaître et à éclairer, elle n'a jamais cessé de nous rappeler qu'Homère était partout présent, et que son héritage traversait l'ensemble de la littérature grecque. Thucydide ne fait pas exception et, bien loin de rejeter l'épopée, il s'en inspire et l'utilise souvent. Nous entendons revenir ici sur la carrière de Brasidas telle qu'il l'évoque aux livres IV et V, pour tenter de démontrer que le récit de l'historien est construit sur le modèle de l'*aristie* épique (ou ἀριστεῖα).

Dans *Histoire et Raison,* Jacqueline de Romilly laisse entrevoir que la figure de Brasidas occupe une place à part dans le récit de Thucydide. Dans son analyse minutieuse de la bataille d'Amphipolis[2], elle constate que Brasidas « a seul l'initiative et la direction des opérations », et souligne avec quelle rigueur ses prévisions se vérifient exactement dans la bataille proprement dite. Elle est frappée par la présence étonnante, au sein même du récit, de « détails concrets non en rapport avec les cadres théoriques » et signale « qu'il peut n'être pas sans

1. Sauf indication contraire, l'ensemble des traductions proposées dans cet article sont celles de Jacqueline de Romilly, pour Thucydide, et celles de Paul Mazon, pour Homère.

2. Jacqueline de Romilly, *Histoire et Raison chez Thucydide*, Paris, Les Belles Lettres, 1956, p. 136-138.

intérêt de noter que tous ont trait à la personne de Brasidas, ou bien à sa mort et à celle de Cléon ». C'est sur ce genre de « détails » que nous entendons nous pencher à notre tour, après Gordon Howie et Simon Hornblower[3].

I

Quelques mots pour commencer à propos de l'influence d'Homère sur l'œuvre de Thucydide. Le constat n'est pas neuf. Il remonte au moins à l'Antiquité tardive à en croire ce témoignage de Marcellinus : « Comme nous l'avons dit, Thucydide a par-dessus tout imité Homère, que ce soit dans le choix des mots, dans la rigueur de la composition, dans la force de ses interprétations, dans la beauté ou encore dans la rapidité.[4] » L'imitation dont parle Marcellinus porte avant tout sur le choix des mots. De fait, depuis les travaux de Smith au tout début du XXe siècle[5], la recherche anglo-saxonne a mis en évidence la présence d'« homérismes » dans le texte de *La Guerre du Péloponnèse,* et a souligné leur rôle essentiel pour l'interprétation de l'œuvre[6]. Un « homérisme » est un mot dont l'emploi est rare dans la prose classique mais fréquent, voire courant, dans l'épopée. Ces mots ne sont pas légion chez Thucydide, ce qui rend leur emploi d'autant plus significatif. De fait, ils occupent toujours des positions stratégiques au sein de la narration.

3. Sur la question de l'aristie de Brasidas, cf. G. Howie, « Η ΑΡΙΣΤΕΙΑ ΑΠΟ ΤΟΝ ΟΜΕΡΟ ΕΩΣ ΤΟΝ ΞΕΝΟΦΩΝΤΑ », *Parnassos* 34, 1992, p. 425-488, avec un résumé en anglais p. 447-448 ; et plus récemment, du même auteur, « The Aristeia of Brasidas: Thucydides' Presentation of Events at Pylos and Amphipolis », in *Papers of the Langford Latin Seminar: Greek and Roman Poetry, Greek and Roman Historiography*, vol. 12, F. Cairns éd., 2005, p. 207-284 ; mais aussi l'étude classique de S. A. Hornblower, « Thucydides' presentation of Brasidas: IV, 11-V, 11 as the *aristeia* of Brasidas », in *A Commentary on Thucydides*, Oxford, Clarendon Press, 1991-1996, vol. 2, p. 38-61.

4. Marcellinus, Περὶ τοῦ Θουκυδίδου βίου καὶ τῆς ἰδέας αὐτοῦ, 37 : Μάλιστα δὲ πάντων, ὅπερ εἴπομεν, ἐζήλωσεν Ὅμηρον καὶ τῆς περὶ τὰ ὀνόματα ἐκλογῆς καὶ τῆς περὶ τὴν σύνθεσιν ἀκριβείας, τῆς τε ἰσχύος τῆς κατὰ τὴν ἑρμηνείαν καὶ τοῦ κάλλους καὶ τοῦ τάχους (*Storie dello storico Tucidide*, éd., trad. et commentaire de L. Piccirilli, Genève, Il Melangolo, 1985).

5. Ch. F. Smith, « Traces of Epic Usage in Thucydides », in *Transactions and Proceedings of the American Philological Association*, vol. 31, Baltimore, The Johns Hopkins University Press, 1900, p. 69-81.

6. On citera surtout les travaux de J. W. Allison, *Word and Concept in Thucydides*, éd. Christine Perkell, Atlanta, 1997 ; et « Homeric Allusions at the Close of Thucydides' Sicilian Narrative », in *The American Journal of Philology*, vol. 118, n° 4, Baltimore, The Johns Hopkins University Press, 1997, p. 499-516 ; mais également ceux de L. Kallet, « Intra- and Intertextual Patterns of Failure: Herodotos, Homer and Thucydides », in *Money and the Corrosion of Power in Thucydides. The Sicilian Expedition and its Aftermath*, University of California, 2001, p. 85-120. Les paragraphes qui suivent reprennent pour une large part leurs travaux.

Ainsi, au début du livre I, dans le discours des Corcyréens, Thucydide rapproche ces derniers des Phéaciens de l'*Odyssée*[7] : [...] ναυτικῷ δὲ καὶ πολὺ προύχειν ἔστιν ὅτε ἐπαιρόμενοι καὶ κατὰ τὴν Φαιάκων προενοίκησιν τῆς Κερκύρας κλέος ἐχόντων τὰ περὶ τὰς ναῦς[8]. La connotation épique du terme κλέος est indiscutable, d'autant que le mot apparaît au sein d'une digression faisant explicitement référence au monde de l'*Odyssée*. Κλέος n'apparaît que trois fois chez Thucydide qui ailleurs emploie toujours le mot δόξα. C'est donc un effet de style. La première occurrence de κλέος fait suite, dans l'Archéologie, au récit « rationnel » que l'historien nous propose de la guerre de Troie[9], et la troisième apparaît à la fin de l'oraison funèbre de Périclès[10] dont Williams a montré qu'elle jouait subtilement sur des considérations éthiques héritées de l'épopée[11].

Mais c'est à la fin du récit de l'expédition de Sicile qu'apparaissent les homérismes les plus expressifs, comme en témoignent ces deux passages situés à la fin du livre VII, alors que les Athéniens effectuent leur pénible retraite[12] :

> **VII, 75, 4-5 :** « [...] si l'énergie ou les forces physiques venaient à manquer à l'un ou à l'autre [des soldats blessés], ce n'était pas sans quelques appels encore aux dieux, quelques derniers gémissements [οἰμωγῆς], qu'ils restaient là, abandonnés. D'où ce résultat que, plongée tout entière dans les larmes ([δάκρυσι πλησθὲν] et ainsi en désarroi, l'armée ne prenait pas facilement le départ, alors que, pourtant, elle quittait une terre ennemie, et que les maux qu'elle avait déjà soufferts, ceux qu'elle redoutait obscurément d'avoir à souffrir encore, fussent d'une sorte à défier les larmes. Un sentiment de honte aussi, en même temps que de remords [Κατήφειά τέ τις ἅμα καὶ κατάμεμψις] les accablait. »

> **VII, 87, 5-6 :** « Il se trouva que ce fut là l'événement le plus considérable de notre guerre, et même, à mon avis, des événements grecs dont on a gardé le souvenir, exploit sans égal pour les vainqueurs, chef-d'œuvre d'infortune pour les vaincus. Battus partout et de toutes les manières, éprouvés du malheur sans ménagement aucun sous aucun rapport, c'était, comme on dit, le désastre à son comble : infanterie, navires, rien qui n'eût péri ! et sur tant d'hommes partis, bien peu revinrent au foyer [ἀπενόστησαν]. Ainsi en avait-il été des événements de Sicile. »

7. Pour une analyse de ce passage, cf. C. J. Mackie, « Homer and Thucydides: Corcyra and Sicily », *The Classical Quarterly, New Series* 46, n° 1, Cambridge, 1996, p. 103-113.
8. I, 25,4 : « [...] pour la marine, ils se targuaient même parfois d'une grande supériorité, qu'appuyait, en particulier, l'ancien établissement à Corcyre des Phéaciens, célèbres pour leurs compétences de marins » (traduction de J. de Romilly modifiée).
9. I, 10,2.
10. II, 45,2.
11. M. F. Williams, *Ethics in Thucydides. The Ancient Simplicity*, Boston, 1998, p. 120-128.
12. Cf. J. W. Allison, « Homeric Allusions at the Close of Thucydides' Sicilian Narrative », in *The American Journal of Philology* 118, n° 4, Baltimore, The Johns Hopkins University Press, 1997, p. 499-516.

Il est admis depuis longtemps que les livres VI et VII comptent parmi les plus aboutis et les plus travaillés de l'œuvre de Thucydide. A cet égard, l'expression δάκρυσι πλησθὲν n'est pas sans intérêt. C'est la seule fois où elle apparaît dans l'ensemble de *La Guerre du Péloponnèse*. L'emploi du verbe simple πίμπλημι est rare en langue classique, surtout en prose, et surtout avec δάκρυσι, substitut attique d'un instrumental homérique en -φι(ν)[13]. June Allison rapproche l'expression d'un passage du chant XX de l'*Odyssée* où les prétendants, sous l'influence d'Athéna, rient et pleurent en même temps à la vue des viandes qui se mettent à saigner[14] :

> « Ils voulaient sangloter, les yeux emplis de larmes [δακρυόφιν πίμπλαντο]. Alors Théoclymène, au visage de dieu : « Pauvres gens ! à quel mal êtes-vous donc en proie ? De la tête aux genoux, la nuit vous enveloppe ; elle noie vos visages ; sous vos sanglots ardents [οἰμωγὴ], vos joues fondent en larmes ! »[15]

On rencontre également dans ce passage le terme οἰμωγή, caractéristique de la plainte liée au deuil[16]. Dans un autre passage[17], un scholiaste nous renvoie également au deuil de Troie et à la mort d'Hector en citant l'*Iliade*[18]. Sur le plan du sens, le rapprochement est assez tentant dans la mesure où l'armée athénienne serait mise ici sur le même plan que les Troyens assiégés[19]. Quoi qu'il en soit, Thucydide exploite ici pleinement les résonances d'un mot fréquent dans l'épopée, et relativement rare en prose.

La seconde expression dont la connotation épique est particulièrement forte est l'expression κατήφειά τέ τις ἅμα καὶ κατάμεμψις. Le terme κατήφεια est un hapax chez Thucydide ; la forme est rare chez Homère puisqu'elle n'apparaît que trois fois dans l'*Iliade*[20]. Le terme κατάμεμψις figure, lui, deux fois chez l'historien[21]. Nous ne connaissons aucune attestation du mot avant lui, de sorte qu'il s'agit sûrement de l'un de ces abstraits en -σις dont l'époque était friande.

13. Cf. *Iliade* XVII, v. 695-696 : τὼ δέ οἱ ὄσσε / δακρυόφι πλῆσθεν, θαλερὴ δέ οἱ ἔσχετο φωνή.
14. J. W. Allison, art. cit. (n. 12).
15. *Odyssée* XX, v. 348-353 (traduction de Victor Bérard).
16. Cf. *Iliade* XXII, v. 408-409 (la réaction des Troyens à la mort d'Hector) : ἀμφὶ δὲ λαοὶ κωκυτῷ τ' εἴχοντο καὶ οἰμωγῇ κατὰ ἄστυ, « et alentour, les gens sont tous en proie aux sanglots, aux gémissements, par toute la ville ».
17. VII, 71,6 : où Thucydide emploie l'expression οἰμωγῇ τε καὶ στόνῳ.
18. *Iliade* XXII, v. 409, in K. Hude, *Scholia in Thucydidem ad optimos codices collata*, Leipzig, 1927, rééd. New York, 1973, p. 402 (l. 3-4).
19. VII, 11,4, où Nicias compare lui-même l'armée athénienne à une cité assiégée.
20. III, v. 51 ; XVI, v. 498 ; XVII, v. 556.
21. II, 41,4 ; VII, 75,5.

Néanmoins, ce doublet de Thucydide semble s'inspirer d'un autre doublet qu'Homère utilise pour rapprocher la mort de Patrocle de celle de Sarpédon :

Les derniers mots de Sarpédon à Glaucos :

« Je te serai à tout jamais un sujet de honte et d'opprobre [κατηφείη καὶ ὄνειδος], si les Achéens arrivent à me dépouiller de mes armes, moi qui suis tombé au milieu des nefs. Tiens donc vigoureusement et stimule tout ton monde [ἀλλ' ἔχεο κρατερῶς, ὄτρυνε δὲ λαὸν ἅπαντα]. »[22]

A propos du corps de Patrocle :

« Pour toi, Ménélas, ce sera un sujet de honte et d'opprobre [κατηφείη καὶ ὄνειδος], si les chiens rapides déchirent un jour, sous le rempart de Troie, le fidèle ami de l'illustre Achille. Tiens donc avec vigueur, et stimule tout ton monde [ἀλλ' ἔχεο κρατερῶς, ὄτρυνε δὲ λαὸν ἅπαντα]. »[23]

Il est d'autant plus probable que l'expression κατήφειά τέ τις ἅμα καὶ κατάμεμψις soit une variation à partir de κατηφείη καὶ ὄνειδος, que Thucydide évoque auparavant une « douleur mêlée de crainte » frappant les soldats contraints d'abandonner les cadavres de leurs camarades.

Enfin, l'emploi du verbe ἀπονοστέω, autre *hapax legomenon*, connote évidemment l'*Odyssée* et toute la thématique du retour qui lui est attachée dans l'imaginaire grec. On peut d'ailleurs penser, comme le fait Allison[24], aux vers du chant XIII où, à la suite du récit d'Ulysse, Alkinoos prend la parole et dit : « Puisqu'à mon seuil de bronze et sous les hauts plafonds de ma demeure, Ulysse, te voici parvenu, tu n'auras plus, je crois, pour rentrer au logis [ἀπονοστήσειν], de longues aventures, quels que soient les malheurs autrefois endurés.[25] »

De la résonance épique du verbe se dégage alors un contraste saisissant pour l'auditeur grec de l'époque classique, entre une épopée où le héros rentre chez lui, et une réalité où les Athéniens ont entrepris une odyssée terrible, un voyage sans retour, sans compensation pour leurs souffrances[26].

Ces quelques exemples montrent que Thucydide utilisait ponctuellement la langue de l'épopée pour susciter l'émotion et intensifier le pathétique. Parce qu'elles sont ponctuelles, ces touches sont expressives et ne se révèlent ni incompatibles ni contradictoires avec la méthode de Thucydide. Elles ajoutent au récit de quoi en relever l'intérêt à l'audition ou à la lecture, sans nuire aucunement à la véracité du fond.

22. *Iliade* XVI, v. 498-501.
23. *Iliade* XVII, v. 556-559.
24. J. W. Allison, art. cit. (n. 12).
25. *Odyssée* XIII, v. 4-6 : traduction de V. Bérard.
26. Pour une analyse précise de ce passage, voir C. J. Mackie, art. cit. (n. 7).

II

Abordons maintenant Brasidas. Dans *Le Banquet* de Platon, Alcibiade fait l'éloge de Socrate et nous dit qu'il ne ressemble à aucun homme du temps passé ni du temps présent, contrairement à Achille qui, lui, a eu des émules : οἷος γὰρ Ἀχιλλεὺς ἐγένετο, ἀπεικάσειεν ἄν τις καὶ Βρασίδαν καὶ ἄλλους, καὶ οἷος αὖ Περικλῆς, καὶ Νέστορα καὶ Ἀντήνορα, εἰσὶ δὲ καὶ ἕτεροι.[27]

Brasidas a laissé aux Anciens l'image, sinon d'un héros, du moins d'un chef de guerre hors du commun. On a souvent été frappé par l'admiration de Thucydide envers celui qui lui a imposé une cuisante défaite en Thrace et dont il fait néanmoins un portrait particulièrement élogieux[28] :

> **IV, 81, 1-3 :** « A Sparte, l'homme avait à tous égards une réputation d'énergie [δραστήριος ἐς τὰ πάντα] et, une fois hors de son pays, il devait faire preuve des plus grandes capacités [πλείστου ἄξιον γενόμενον] au service de celui-ci. Sur le moment même, en se montrant juste et modéré envers les cités, il entraîna la plupart d'entre elles à la défection, ou encore il s'empara des places grâce à des trahisons [...]. Et pour les hostilités qui reprirent plus tard, après les affaires de Sicile, le mérite et l'intelligence [ἀρετὴ καὶ ξύνεσις] dont Brasidas avait alors fait preuve, soit qu'on les eût appréciés directement soit qu'on les connût par ouï-dire, contribuèrent particulièrement à donner aux alliés d'Athènes de l'empressement pour Sparte. Car, comme il fut le premier que l'on vit hors de son pays et qu'il sembla pourvu de toutes les qualités [δόξας εἶναι κατὰ πάντα ἀγαθὸς], il laissa aux gens la croyance bien arrêtée que tous les autres lui ressemblaient. »

L'historien vante l'exceptionnelle énergie du général (δραστήριος ἐς τὰ πάντα), sa valeur et son intelligence (ἀρετὴ καὶ ξύνεσις). Il dépeint un homme « digne de la plus haute considération » (πλείστου ἄξιον γενόμενον[29]) et qui semble, aux yeux de beaucoup, « pourvu de toutes les qualités » (δόξας εἶναι κατὰ πάντα ἀγαθὸς). Bien que le mot ἥρως n'apparaisse pas ici, Brasidas a déjà toutes les caractéristiques d'un héros : courage, force, dynamisme et intelligence. Comme le Péléide, Brasidas a conquis la gloire au prix d'une mort prématurée, et l'on croit comprendre, à lire Thucydide, que le rôle du Spartiate dans ce

27. Platon, *Banquet* 221c : « on peut trouver l'image d'Achille dans Brasidas et dans d'autres ; Périclès peut rappeler Nestor, Anténor, et ces cas ne sont pas isolés. » (Référence citée par S. A. Hornblower qui s'appuie lui-même sur G. Howie, *op. cit.* [n. 3]).

28. J. de Romilly, « Introduction au livre IV », in *La Guerre du Péloponnèse*, éd. et trad. J. de Romilly et R. Weil, Les Belles Lettres, 1967, p. XVII : « quand [Thucydide] parle de [la] part [de Brasidas] dans les événements, il le fait avec une telle sobriété que son récit commande, à cet égard, un respect plein d'étonnement ».

29. On notera que l'expression fait écho à un commentaire de Thucydide sur Périclès : II, 65,4 : πλείστου ἄξιον νομίζοντες εἶναι.

que l'on a coutume de nommer la guerre d'Archidamos fut au moins aussi déterminant que celui d'Achille dans l'*Iliade*. C'est en tout cas l'interprétation que nous proposons des détails qui, dans le texte, érigent Brasidas en une sorte de nouvel Achille préparant ainsi son élévation *post mortem* au rang de héros par les habitants d'Amphipolis.

Présent dans seulement trois des vingt-et-une années qui constituent le récit de Thucydide, Brasidas est pourtant le personnage le plus nommé de l'œuvre (94 fois), le plus souvent au nominatif (61 %), de sorte qu'il domine clairement l'action de ces trois années de guerre et de la campagne de Thrace[30]. C'est d'abord son aptitude tant à parler qu'à agir efficacement qui rapproche Brasidas du héros tel qu'il est défini par Phénix au chant IX de l'*Iliade*, à savoir « un bon diseur d'avis, un bon faiseur d'exploits[31] ». On trouve un écho à cette formule dans les propos que Brasidas tient à ses soldats devant Amphipolis : Ἐγώ τε δείξω οὐ παραινέσαι οἷός τε ὢν μᾶλλον τοῖς πέλας ἢ καὶ αὐτὸς ἔργῳ ἐπεξελθεῖν[32]. C'est ce même balancement, présent chez Homère, qui définit le héros épique.

Comme tous les héros iliadiques – Achille au premier chef –, Brasidas est rapide[33]. Ses actions sont quasi systématiquement associées à des adverbes ou à des locutions adverbiales exprimant la vitesse et la soudaineté : en témoigne la récurrence des adverbes εὐθύς, αἰφνιδίως ou encore ἄφνω, et la fréquence de locutions adverbiales formées à partir du nom τάχος, à savoir κατὰ τάχος, ἐν τάχει ou encore ὡς τάχιστα, dans les passages où le Spartiate est en action[34]. C'est pourtant surtout la récurrence de l'image de la course qui rappelle Achille, lequel, comme chacun sait, se voit souvent gratifié de l'épithète πόδας ὠκύς.

Chez Thucydide, peu de stratèges se déplacent avec leur armée « au pas de course » (δρόμῳ). Ce sont le plus souvent des Athéniens[35] mais aucun ne le fait

30. Devant les noms de Nicias et de Démosthène, l'un et l'autre nommés quatre-vingt-dix fois, puis de Gylippe (quarante-neuf fois), Cléon (vingt-sept fois) et enfin Périclès (vingt-quatre fois).

31. *Iliade*, IX, v. 443 : Μύθων τε ῥητῆρ' ἔμεναι πρηκτῆρα τε ἔργων. Pour cette idée, voir S. A. Hornblower, *A Commentary on Thucydides*, Oxford, Clarendon Press, t. 1, p. 225-226 (à propos de I, 139.4) et t. 2, p. 40.

32. V, 9,10 : « Je vous montrerai que je ne suis pas seulement bon à donner des conseils aux autres, mais que je sais également, quand il faut agir, donner moi aussi l'assaut. »

33. S. A. Hornblower, *op. cit.* (n. 3), avait déjà été sensible à cette prégnance de la course dans les passages avec Brasidas.

34. II, 86.6 (bataille navale de Naupacte) ; IV, 70,1 et IV, 70,2 (affaire de Mégare) ; IV, 84,1 (expédition contre Acanthe) ; IV, 103,1 et IV, 103,5 (campagne contre Amphipolis) ; IV, 104,2 et IV, 105,1 (prise d'Amphipolis) ; IV, 110,1 (attaque de Toronè) ; IV, 112,3 (attaque de Toronè) ; IV, 116,1 (prise de Lécythos) ; IV, 121,2 (à Skionè) ; IV, 125,4 (seconde expédition contre Arrhabaios) ; IV, 128,1 (retraite suite à l'expédition contre Arrhabaios) ; IV, 135,1 (tentative contre Potidée) ; V, 8,1 et V, 8,4 (bataille d'Amphipolis) ; V, 9,8 (dernières recommandations de Brasidas).

35. Le premier à se déplacer en courant est le Spartiate Aristeus (I, 63,1) ; viennent ensuite Pausanias (I, 134,1) qui fuit au pas de course, les Ambraciotes (I, 134,2), les Athéniens à Pylos (IV, 31,1) et à Minôa (IV, 67,4), les Athéniens et les Béotiens à Délion (I, 96,1), les barbares d'Arrhabaios (IV,

aussi souvent que le Spartiate Brasidas qui court dès sa première apparition, lors de la prise de Méthone (431-430 av. J.-C.) :

II, 25,2 : « Mais il y avait justement dans la région Brasidas, fils de Tellis, un Spartiate [...]. Traversant à la course [διαδραμὼν] l'armée athénienne, qui était dispersée par le pays et s'inquiétait seulement du rempart, il se jette dans Méthone : au prix d'un petit nombre d'hommes, qu'il perdit dans cette percée [ἐσδρομῇ] il réussit à sauver la ville et, pour ce coup d'audace, fut le premier de la guerre qui reçut, à Sparte, des félicitations. »

Sur les huit fois où le terme technique δρόμῳ porte sur le déplacement d'un individu (et non pas d'une armée[36]), cinq qualifient les déplacements de Brasidas. En outre il convient d'y ajouter les emplois du verbe διατρέχειν et du nom ἐσδρομή qui figurent dans les exemples ci-dessous :

IV, 78,5 (Traversée de la Thessalie[37]) : « Quant à lui, écoutant ses guides, il n'attendit pas de voir des forces plus grandes s'amasser pour l'empêcher de passer et partit sans perdre un instant, à vive allure [δρόμῳ]. »

IV, 79,1 (Traversée de la Thessalie) : « C'est ainsi que Brasidas réussit à traverser en courant [διέδραμε] la Thessalie avant qu'on eût prit des mesures pour l'en empêcher, et arriva chez Perdiccas en Chalcidique. »

IV, 112,1 (Prise de Toronè) : « Alors Brasidas, à la vue du signal, partit au pas de course [δρόμῳ], lançant ses troupes, qui unirent leurs cris et semèrent un grand effroi parmi les habitants. »

IV, 128,1 (Expédition contre Arrhabaios) : « Mais lui [Brasidas] s'en rendit compte : il avertit ses trois cents hommes, en leur désignant la colline qu'ils pourraient le mieux prendre, de s'y rendre au pas de course [δρόμῳ], aussi vite que chacun pourrait, sans souci de l'ordre... »

V, 9,6 (Dernière harangue de Brasidas à Amphipolis) : « Je vais, moi, avec mes hommes, sans leur laisser aucun temps [Ἐγὼ μὲν ἔχων τοὺς μετ' ἐμαυτοῦ καὶ φθάσας], si je puis, me jeter à la course [δρόμῳ] en plein milieu de leur armée. »

V, 10,6 (dernier assaut de Brasidas à Amphipolis) : « Alors lui-même, sortant par la porte qui donnait sur la palissade et par la première porte du grand mur d'alors, se lança au pas de course [δρόμῳ] tout droit par la route où, aujourd'hui, quand on suit la partie la mieux défendue du terrain, on voit se dresser un trophée... »

Aussi peut-on affirmer que la course est l'une des principales caractéristiques de Brasidas qui, au même titre qu'Achille, peut donc être dit, *mutatis*

127,2), Pasitélidas à Toronè (V, 3,1), les Syracusains pris par surprise par les Athéniens (VI, 69,1), les Athéniens contre les Épipoles (VI, 97,2 ; 100,1 et 100,4) et enfin les Athéniens lors de l'attaque du Pirée (VIII, 94,3).

36. Aristeus (I, 63,1), Pausanias (I, 134,1), Pasitélidas (V, 3,1) et Brasidas.

37. C'est ici le début de l'*aristeia* proprement dite de Brasidas.

mutandis, « aux pieds rapides ». On nous objectera non sans raisons que δρόμος est un terme militaire assez courant et qu'il est un peu loin du célèbre πόδας ὠκύς homérique. Pour des raisons de cohérence évidentes, Thucydide n'aurait jamais pu écrire πόδας ὠκύς Βρασίδας. C'eût été trop explicite et eût paru contradictoire avec la rupture prônée dans l'Archéologie. Écrire πόδας ὠκύς, simple citation de l'épopée, serait incongru dans un récit d'opérations militaires. Tout y deviendrait artificiel et douteux et Thucydide trahirait la rigueur de sa démarche. Il sait néanmoins que son public connaît Homère comme nous connaissons aujourd'hui les *Fables* de La Fontaine : par cœur ; lui-même est pénétré depuis l'enfance des œuvres d'Homère. Ainsi, dans la culture grecque d'époque classique, la course à la guerre est en quelque sorte pour Achille ce que la ruse est au renard dans notre esprit. Dans un tel contexte culturel, Thucydide n'a nul besoin d'écrire πόδας ὠκύς pour faire penser à Achille. Aussi est-ce l'esprit et non pas la lettre du héros épique que Thucydide réinvestit ici dans son récit.

Par ailleurs, du point de vue de la composition d'ensemble de l'œuvre, l'historien souhaite attirer l'attention sur Brasidas dans la mesure où c'est par lui qu'il nous livrera la leçon d'Amphipolis : c'est un modèle que l'histoire a érigé en héros à Amphipolis, et c'est justement pour nous faire comprendre cette consécration que Thucydide le grandit en faisant intervenir des images héritées de l'épopée.

Le Spartiate est enfin étroitement associé à la figure d'Athéna[38], la déesse qui assiste les héros de l'épopée (Achille et Diomède notamment). Il s'agit là d'un fait d'autant plus surprenant que les dieux sont à peu près absents du récit de Thucydide. Dans le cas de Brasidas, la première allusion à Athéna apparaît lors de la prise de Lécythos (fin du livre IV), la seconde avant la bataille d'Amphipolis (début du livre V), c'est-à-dire au point culminant de ses exploits militaires.

> **Prise de Lécythos :** « Quant à Brasidas, comme il y a à Lécythos un sanctuaire d'Athéna, et qu'il se trouvait avoir proclamé, au moment d'attaquer, qu'il donnerait trente mines d'argent au premier qui escaladerait le rempart, il jugea que la prise de la ville avait eu lieu par un moyen autre qu'humain, aussi remit-il les trente mines à la déesse en les versant au trésor du sanctuaire, et, détruisant Lécythos, qui fut rasée, il fit de la place entière un lieu consacré. »[39]

38. Cf. G. Howie, 2005, art. cit. (n. 3), p. 275.

39. IV, 116. 2 : Ὁ δὲ Βρασίδας (ἔστι γὰρ ἐν τῇ Ληκύθῳ Ἀθηνᾶς ἱερόν, καὶ ἔτυχε κηρύξας, ὅτε ἔμελλε προσβαλεῖν, τῷ ἐπιβάντι πρώτῳ τοῦ τείχους τριάκοντα μνᾶς ἀργυρίου δώσειν) νομίσας ἄλλῳ τινὶ τρόπῳ ἢ ἀνθρωπείῳ τὴν ἅλωσιν γενέσθαι, τάς τε τριάκοντα μνᾶς τῇ θεῷ ἀπέδωκεν ἐς τὸ ἱερὸν καὶ τὴν Λήκυθον καθελὼν καὶ ἀνασκευάσας τέμενος νῆκεν ἅπαν.

Avant la seconde bataille d'Amphipolis : « Comme on avait pu voir que Brasidas était descendu de Kerdylion, qu'il était dans la ville – offerte aux regards de l'extérieur – en train d'offrir un sacrifice au sanctuaire d'Athéna et de prendre ces diverses mesures, on apporta les nouvelles à Cléon… »[40]

En attribuant à Athéna la récompense en argent initialement destinée à un soldat, Brasidas fait symboliquement de la déesse un membre éminent de son armée, l'adjuvant surnaturel de ses exploits qui, dès lors, se parent d'une aura sacrée. Nous sommes d'ailleurs au cœur de l'expédition thrace, à un moment où Brasidas se trouve au sommet de sa gloire, et c'est précisément le moment choisi par Thucydide pour ajouter ces deux allusions inutiles à l'économie du récit, ces « détails concrets non en rapport avec les cadres théoriques » dont parlait Jacqueline de Romilly. Quant à leur motivation, elle s'explique, selon nous, à la lumière d'une présentation de Brasidas en héros épique.

III

De fait, la carrière de Brasidas s'apparente à une *aristeia*[41]. Thucydide joue à plusieurs reprises sur les canons de l'héroïsme épique quand il retrace les progrès du général[42].

A Pylos, tout d'abord, Thucydide précise que « nul ne se signala autant que Brasidas » (Πάντων δὲ φανερώτατος Βρασίδας ἐγένετο)[43]. L'expression Πάντων δὲ φανερώτατος est commentée en ces termes par Howie : "[it is] a metaphor with a visual sense belonging to the same semantic field as the gleam of arms at the beginning of an aristeia"[44]. Un autre détail mérite qu'on s'intéresse de plus près à cet épisode, dont on peut dire avec Howie qu'il rivalise avec le génie de l'*Iliade*[45] :

40. V, 10.2 : Τῷ δὲ Κλέωνι, φανεροῦ γενομένου αὐτοῦ ἀπὸ τοῦ Κερδυλίου καταβάντος καὶ ἐν τῇ πόλει ἐπιφανεῖ οὔσῃ ἔξωθεν περὶ τὸ ἱερὸν τῆς Ἀθηνᾶς θυομένου καὶ ταῦτα πράσσοντος, ἀγγέλλεται ὅτι [...].

41. Pour une présentation détaillée de l'*aristeia* épique, cf. T. Krischer, « Formale Konventionen in der homerischen Epik », *Zetemata* 56, Munich, 1971.

42. Cette communication a été préparée et rédigée avant que nous ayons eu connaissance du dernier article de G. Howie sur la question (« The Aristeia of Brasidas: Thucydides' Presentation of Events at Pylos and Amphipolis », in *Papers of the Langford Latin Seminar: Greek and Roman Poetry, Greek and Roman Historiography* 12, éd. F. Cairns, 2005, p. 207-284) ; ses idées sont, en définitive, très proches des nôtres. Nous nous y référerons à maintes reprises au cours de notre étude.

43. IV, 11.4.

44. G. Howie, 2005, art. cit. (n. 3), p. 212.

45. *Ibid.*

IV, 12,1 : « Lui, tout en enflammant les autres, avait contraint son pilote à s'échouer et courait à l'échelle. Mais, comme il tentait de débarquer, il fut jeté à la renverse par les Athéniens ; criblé de coups, il perdit connaissance [ἐλιποψύχησέ[46]] et tomba lui-même dans l'avant du navire, tandis que son bouclier lui glissait du bras dans la mer [ἡ ἀσπὶς περιερρύη ἐς τὴν θάλασσαν] : porté à terre et recueilli par les Athéniens, ce bouclier servit plus tard au trophée [πρὸς τὸ τροπαῖον ἐχρήσαντο] qu'ils élevèrent à l'occasion de cette attaque. »

L'attention toute particulière que Thucydide porte au bouclier de Brasidas n'a aucun équivalent dans l'œuvre. C'est la seule fois qu'il évoque l'armement d'un personnage. Comme Achille, Brasidas subit l'humiliation d'avoir perdu ses armes au combat et de les voir passer à l'ennemi. Comme Diomède et Agamemnon, Brasidas reçoit une blessure qui l'oblige à se retirer temporairement du combat. Le bouclier du général est présenté comme la pièce maîtresse du trophée dressé plus tard par les Athéniens. En ce sens, il devient le symbole de leur victoire et laisse entendre que Brasidas était déjà perçu comme un soldat d'exception, sinon comme un héros[47].

Lorsqu'il réapparaît dans le cours du récit, un an après sa blessure à Pylos, Brasidas est devenu stratège et, pour la première fois, il est seul en Thrace à la tête d'une expédition. C'est alors une suite ininterrompue de succès dont le point culminant est la bataille d'Amphipolis contre Cléon. Un tel retour sur la scène militaire rappelle lui aussi, comme le souligne Howie, l'*aristeia* épique : « Albeit on a larger temporal and spatial scale, these exploits can be seen as equivalent to the recovery and vigorous re-engagement of the epic *aristeus*. [Brasidas'] strength, too, is enhanced. »[48]

Après s'être emparé des cités d'Amphipolis, de Toronè et de Lécythos, Brasidas obtient le ralliement de la ville de Skionè qui l'accueille avec tous les égards :

IV, 121,1 : « **[...]** ils multipliaient les égards dans l'accueil fait à Brasidas : c'est ainsi, en particulier, qu'ils le gratifièrent publiquement d'une couronne d'or [χρυσῷ στεφάνῳ] en tant que libérateur de la Grèce et lui accordèrent à titre privé les bandelettes et les prémices comme on fait pour les athlètes [ὥσπερ ἀθλητῇ]. »

46. Sur la résonance épique de ce mot, voir S. A. Hornblower, *op. cit.* (n. 3), *ad loc.*

47. G. Howie, 2005, art. cit. (n. 3), p. 212-214 : « [it is] a detail evidently included for the sake of Brasidas' personal honour [...]. The singling out during the fighting is comparable with that in Diomedes' aristeia, where fire created by Athena on his helmet and shield (V, v. 1-8) substitutes for the gleam of arms newly donned. The exhortation also fits the epic pattern. Hector and Patroclus deliver "paraeneses" at the beginning of major aristeias [XI, v. 286 sqq.; XVI, v. 269 sqq.]. [...] As for the manner of Brasidas' elimination, we may compare Agamemnon, who is wounded in the forearm and fights on till overwhelmed by pain (XI, v. 248-283). »

48. G. Howie, 2005, art. cit. (n. 3), p. 214.

La mention, ici, des honneurs athlétiques n'est pas anodine : ceux-ci font partie intégrante de l'héroïsme épique où être un grand athlète constitue une étape nécessaire vers la reconnaissance de sa valeur : c'est là un moyen de se couvrir de gloire au sein d'une communauté pacifique, comme celle des Phéaciens dans l'*Odyssée*. On pense aussi aux jeux athlétiques qu'Achille organise en l'honneur de Patrocle, au chant XXIII de l'*Iliade* où, par exemple, Nestor reçoit sans concourir les honneurs athlétiques[49].

C'est enfin lors des funérailles de Brasidas qu'on mesure le plus clairement son caractère d'exception :

> **V, 11,1 :** « Après cela les alliés firent à Brasidas des obsèques officielles, auxquelles ils prirent part tous en armes : ils l'ensevelirent dans la ville, à l'entrée de la place actuelle ; depuis ce jour, les gens d'Amphipolis, ayant mis une enceinte autour du monument, égorgent des victimes, qu'ils lui offrent en tant que héros [ὡς ἥρωΐ], et ils lui ont accordé, à titre d'honneurs, des jeux avec des sacrifices annuels… »

Brasidas quitte le récit de Thucydide avec les honneurs héroïques. C'est le seul passage où le terme ἥρως est utilisé pour définir le statut d'un personnage. En effet, l'autre emploi du mot chez Thucydide figure dans l'expression « prendre les dieux et les héros à témoins » qui n'apparaît que dans les discours[50]. Ainsi, le récit de la carrière de Brasidas se clôt sur l'héroïsation du personnage : il est un demi-dieu honoré à la manière de Patrocle[51]. Il semble que tous les détails que Thucydide avait semés dans son récit ne servaient qu'à préparer cette apothéose finale.

Plus la stature de Brasidas grandit, plus Athènes est en difficulté, de sorte qu'entre la prise de Sphactérie et la bataille d'Amphipolis, on assiste à un complet retournement de situation. L'affaire de Pylos et l'expédition de Brasidas en Thrace sont, à bien des égards, symétriques[52]. Les Athéniens refusent d'abord la paix que proposent les Lacédémoniens en difficulté à Pylos. Un an plus tard, alors que Brasidas leur a pris bon nombre de cités thraces, ces mêmes Athéniens signent un armistice avec les Spartiates, pensant qu'ainsi « Brasidas

49. Cf. en particulier l'attitude d'Antiloque (*Iliade* XXIII, v. 543-554). Sur cet épisode, voir aussi S. A. Hornblower, *Thucydides and Pindar. Historical Narrative and the World of Epinikian Poetry*, Oxford University Press, 2004.

50. II, 74,2 (2 fois) ; IV, 87,2 ; V, 30.2 et V, 30,3.

51. Cf. S. A. Hornblower, *op. cit.* (n. 49), p. 43 : « chapter 11 which describes his funeral represents a kind of *Iliad* XXIII or Funeral Games ; it is unusual for Thucydides to dwell on the burial and funerary rites of any of his individual characters. »

52. J. de Romilly, *op. cit.* (n. 28), p. XIX, n. 1 : « la prise de Pylos et celle d'Amphipolis occupent des positions symétriques. On relève, en général, le parallélisme des conséquences (55,1 : Πύλου δὲ ἐχομένης ; 108,1 : ἐχομένης δὲ τῆς Ἀμφιπόλεως). »

ne pourrait plus détacher d'eux d'autres pays avant qu'ils n'aient fait à loisir leurs préparatifs. »[53] Thucydide ne manque pas de souligner l'inversion des rôles au moyen d'échos et de reprises faisant référence à la prise de Sphactérie[54]. Le plus subtil d'entre eux apparaît dans le récit de la prise de Toronè par Brasidas où une phrase entière fait écho à la charge des troupes légères athéniennes contre les Lacédémoniens à Sphactérie :

Prise de Toronè par Brasidas : Καὶ ὁ Βρασίδας ἰδὼν τὸ ξύνθημα ἔθει δρόμῳ, ἀναστήσας τὸν στρατὸν ἐμβοήσαντάς τε ἀθρόον καὶ ἔκπληξιν πολλὴν τοῖς ἐν τῇ πόλει παρασχόντας[55].

Prise de Sphactérie par les Athéniens : καταφρονήσαντες καὶ ἐμβοήσαντες ἀθρόοι ὥρμησαν ἐπ' αὐτοὺς καὶ ἔβαλλον λίθοις τε καὶ τοξεύμασι καὶ ἀκοντίοις, ὡς ἕκαστός τι πρόχειρον εἶχεν. γενομένης δὲ τῆς βοῆς ἅμα τῇ ἐπιδρομῇ ἔκπληξίς τε ἐνέπεσεν ἀνθρώποις ἀήθεσι τοιαύτης μάχης[56]...

Le vocabulaire de la course, les cris et l'emploi du terme ἔκπληξις qui n'apparaît que dans ces deux passages chez Thucydide, montrent clairement que l'historien associe les deux épisodes et soulignent le retournement de situation qui s'est opéré entre l'avant et l'après Brasidas. C'est pourquoi Cléon est d'ores et déjà perdant lorsqu'il arrive en Thrace en espérant naïvement voir la chance de Pylos lui sourire à nouveau[57].

IV

On a parfois lu la bataille d'Amphipolis comme un face à face entre Cléon et Brasidas. Sous prétexte que Brasidas rappelle Achille par bien des aspects et que Cléon a joui d'un immense prestige à Athènes après la prise de Sphactérie,

53. IV, 117,1 : νομίσαντες Ἀθηναῖοι μὲν οὐκ ἂν ἔτι τὸν Βρασίδαν σφῶν προσαποστῆσαι οὐδὲν πρὶν παρασκευάσαιντο καθ' ἡσυχίαν.

54. L'un de ces échos concerne l'orgueil des Athéniens depuis la prise de Sphactérie. S'ils refusent la paix dans un premier temps, c'est parce qu'ils *aspiraient à plus*. Le grec dit τοῦ δὲ πλέονος ὠρέγοντο, expression à laquelle fait écho, un peu plus loin dans le récit, l'expression οἱ δὲ μειζόνων τε ὠρέγοντο (IV, 41,4), que J. de Romilly traduit en disant « ils aspiraient à avoir plus », de sorte qu'on peut penser qu'elle avait repéré le parallèle.

55. IV, 112,1 : « Alors Brasidas, à la vue du signal, partit au pas de course, lançant ses troupes, qui unirent leurs cris et semèrent un grand effroi parmi les habitants. »

56. IV, 34,1-2 : « Assurés de l'avantage et poussant des cris, tous ensemble, les hommes s'élancèrent contre eux, leur lançant des pierres, des traits, des javelots, selon ce qu'ils avaient sous la main. Ces cris, accompagnant cette attaque au pas de course, semèrent la panique parmi les soldats, peu habitués à ce genre de combats... »

57. V, 7,3 : Καὶ ἐχρήσατο τῷ τρόπῳ ᾧπερ καὶ ἐς τὴν Πύλον εὐτυχήσας ἐπίστευσέ τι φρονεῖν, ἐς μάχην μὲν γὰρ οὐδὲ ἤλπισέν οἱ ἐπεξιέναι οὐδένα.

on a parfois trouvé que cette bataille rappelait le duel entre Achille et Hector au chant XXII de l'*Iliade*[58]. Dès lors, la fuite de Cléon devant Amphipolis rappellerait celle d'Hector devant Troie. Une telle interprétation nous semble quelque peu excessive dans la mesure où elle néglige que le récit de Thucydide est avant tout une condamnation systématique de Cléon au point que « cette sévérité systématique a paru à beaucoup friser la partialité », précise Jacqueline de Romilly[59]. A propos de Pylos, par exemple, Thucydide passe complètement sous silence les honneurs qu'Athènes décerne à Cléon et que nous connaissons par ailleurs[60] :

> **IV, 39,3 :** « Les Athéniens et les Péloponnésiens quittèrent donc Pylos avec leurs troupes, pour rentrer chez eux ; et la promesse de Cléon, toute folle qu'elle était, se trouva réalisée : en moins de vingt jours, il ramena les hommes comme il s'y était engagé. »

C'est donc une sorte de *damnatio memoriae* qui semble frapper le personnage dans le récit de Thucydide.

Lors de l'affaire de Mytilène, Cléon est présenté comme le « plus violent des citoyens » (βιαιότατος τῶν πολιτῶν) et comme un démagogue « des plus persuasifs » (πιθανώτατος[61]). Il est en fait l'exacte antithèse de Périclès qui, lui, est « le premier des Athéniens » (πρῶτος τῶν Ἀθηναίων), « l'homme le plus important de son temps » (ὢν δυνατώτατος τῶν καθ'ἑαυτὸν)[62]. L'emploi du superlatif πιθανώτατος prend d'ailleurs tout son sens si on examine le discours de Cléon relatif au sort des Mytiléniens et les échos qu'il entretient avec les précédents discours de Périclès[63].

58. G. Howie, 2005, art. cit. (n. 3), p. 215-216 : « Cleon's position has analogies with that of Hector, in particular, who unwisely stayed outside the walls against the clear interests of the Trojans (as Priam urges in *Iliad*, XXII, v. 54-58) for fear of facing the rebukes of Polydamas for his rashness (XXII, v. 99-107). When Cleon is killed fleeing outside the walls of Amphipolis, the audience might well remember Hector fleeing round the walls of Troy before he was slain (XXII, v. 136-225). But, while Hector finally put up a fight, and kept it up even when he knew he had been lured on by Athena (XXII, v. 296-360), Cleon was killed when a peltast from Myrcinus caught him (V, 10,9). The routing and slaughter of Cleon's forces, leaving Brasidas' side in control of Athenian dead, doubtless including Cleon's own body, is most closely parallel to the major aristeia of Achilles, whose victory ends with undisputed control of Hector's body, and whose permission is needed for the burial of Hector and all the other Trojan dead (*Iliad*, XXIV, v. 656-670 and Thucydide, V, 11,2). Although Brasidas himself is mortally wounded, he survives long enough to learn of his victory ; and in this respect, too, he can be compared to Achilles, who is destined to die after slaying Hector. »

59. J. de Romilly, *op. cit.* (n. 28), p. XXV.

60. Cf. Aristophane, *Les Cavaliers*, v. 280-281 p. ex.

61. III, 36,6 et IV, 21,3.

62. I, 127,3 ; 139,4.

63. On a fait couler beaucoup d'encre pour interpréter ces échos souvent constatés par la critique. Nous nous séparons ici du point de vue soutenu par S. Monoson et M. Loriaux (« The Illusion of Power and the Disruption of Moral Norms: Thucydides' Critique of Periclean Policy », *The American*

DISCOURS DE CLÉON (III, 37-40)	DISCOURS DE PÉRICLÈS (I, 140-144 ; II, 35-46 ; II, 60-64)
L'empire est une tyrannie qu'il est dangereux de perdre	
III, 37.2 : « Vous oubliez que votre empire constitue entre vos mains une tyrannie [τυραννίδα ἔχετε] qui s'exerce sur des peuples qui, eux, intriguent et subissent cet empire de mauvais gré. »	II, 63.2 : « Or, cet empire, vous ne pouvez plus vous en démettre, au cas où la crainte, à l'heure actuelle, pousserait vraiment certains de vous à faire, par goût de la tranquillité, ces vertueux projets. D'ores et déjà il constitue entre vos mains une tyrannie [ὡς τυραννίδα γὰρ ἤδη ἔχετε], dont l'acquisition semble injuste, mais l'abandon dangereux. »
Je ne suis pas homme à changer d'avis	
III, 38.1 : Ἐγὼ μὲν οὖν ὁ αὐτός εἰμι τῇ γνώμῃ.	- II, 61.2 : καὶ ἐγὼ μὲν ὁ αὐτός εἰμι καὶ οὐκ ἐξίσταμαι - I, 140.1 : Τῆς μὲν γνώμης, ὦ Ἀθηναῖοι, αἰεὶ τῆς αὐτῆς ἔχομαι…
Utilisation de métaphores athlétiques	
III, 38.3 : « La cité, dans de pareilles joutes [ἐκ τῶν τοιῶνδε ἀγώνων], donne à d'autres les prix [τὰ ἆθλα] et ne recueille, elle-même, que les risques »	II, 46.1 : « Telle est la profitable couronne [ὠφέλιμον στέφανον] offerte, pour prix de tels exploits [τῶν τοιῶνδε ἀγώνων], à ces hommes et à ceux qui restent : en effet, là où les récompenses [ἆθλα] proposées au mérite sont les plus grandes, là aussi la cité groupe les hommes les plus valeureux. »

Ce n'est évidemment pas afin de souligner le lien qui unirait Cléon à Périclès mais bien, à notre avis, afin de suggérer l'opportunisme manipulateur de Cléon, que Thucydide lui fait reprendre certains termes de son prédécesseur. Si Cléon

Political Science Review 92, n° 2, juin 1998, p. 285-297) qui interprètent ces échos comme le signe d'une dévalorisation discrète de Périclès de la part de Thucydide. Une telle idée nous semble difficile à soutenir lorsqu'on voit combien Thucydide fait tout pour protéger l'image du « premier des citoyens ». Voir après J. de Romilly, les remarques de P. Demont dans ses analyses de l'épisode de la peste athénienne (Cf. P. Demont, « Notes sur le récit de la pestilence athénienne chez Thucydide et sur ses rapports avec la médecine grecque de l'époque classique », in *Actes du IVe colloque international hippocratique*, Genève, 1983, p. 341-353 ; et « The Causes of the Athenian Pestilence and Thucydides », 2010, que P. Demont a eu la gentillesse de nous transmettre avant sa publication. A cet égard, nous le remercions chaleureusement). C'est en outre ne pas tenir compte du fait que c'est Cléon qui emprunte à Périclès et non Périclès qui emprunte à Cléon.

s'affiche en continuateur de Périclès, Thucydide nous montre par ces différents échos que le personnage n'est rien d'autre qu'un imposteur. La technique est d'autant plus intéressante qu'elle a un précédent célèbre dans l'épopée : le discours de Thersite au chant II de l'*Iliade*[64].

DISCOURS DE THERSITE A AGAMEMNON (II, v. 225-242)	**DISCOURS D'ACHILLE A AGAMEMNON (I, v. 122-129 ; 149-171 ; 225-244)**
Agamemnon est un homme cupide.	
II, v. 229 : ἦ ἔτι καὶ χρυσοῦ ἐπιδεύεαι	I, v. 122 : Ἀτρεΐδη κύδιστε, φιλοκτεανώτατε πάντων I, v. 149 : κερδαλεόφρον
Agamemnon prend la meilleure part alors que ce sont les autres Achéens qui prennent les risques pour lui	
II, v. 230-231 : ἄποινα / ὅν κεν ἐγὼ δήσας ἀγάγω ἢ ἄλλος Ἀχαιῶν.	I, v. 163-168 : Οὐ μὲν σοί ποτε ἶσον ἔχω γέρας, ὁππότ' Ἀχαιοὶ / Τρώων ἐκπέρσωσ' εὖ ναιόμενον πτολίεθρον· / ἀλλὰ τὸ μὲν πλεῖον πολυάικος πολέμοιο / χεῖρες ἐμαὶ διέπουσ'· ἀτὰρ ἤν ποτε δασμὸς ἵκηται, / σοὶ τὸ γέρας πολὺ μεῖζον, ἐγὼ δ' ὀλίγον τε φίλον τε / ἔρχομ' ἔχων ἐπὶ νῆας ἐπεί κε κάμω πολεμίζων[65]. I, v. 170-171 : οὐδέ σ'ὀίω / ἐνθάδ'ἄτιμος ἐὼν ἄφενος καὶ πλοῦτον ἀφύξειν.
Agamemnon fait du tort à son peuple et les Grecs sont méprisables	
II, v. 233-234 : οὐ μὲν ἔοικεν / ἀρχὸν ἐόντα κακῶν ἐπιβασκέμεν υἷας Ἀχαιῶν. / Ὦ πέπονες, κάκ'ἐλέγχε', Ἀχαιίδες, οὐκέτ' Ἀχαιοί[66]	I, v. 231 : δημοβόρος βασιλεύς, ἐπεὶ οὐτιδανοῖσιν ἀνάσσεις

64. Voir déjà, sur ce parallèle, la suggestion de F. Cairns, dans son article « Cleon and Pericles: a Suggestion », *The Journal of Hellenic Studies* 102, 1982, p. 203-204.

65. « Pourtant, ma part n'est jamais égale à la tienne, lorsque les Achéens mettent à sac un bourg opulent des Troyens. Du combat bondissant presque tout le fardeau retombe sur mes bras, mais quand vient le partage, alors c'est toi qui prends le plus splendide lot ; il est petit, celui que vers mes nefs j'emporte, après avoir assez peiné dans la bataille, et j'y tiens d'autant plus ! » (traduction de Robert Flacelière).

66. D'un point de vue rhétorique, Thersite imite ici le langage d'Achille, si l'on peut dire. En effet, le Péléide aussi, dans ses discours à Agamemnon, lance des insultes sur tout un vers (I, v. 225 : Οἰνοβαρές, κυνὸς ὄμματ' ἔχων, κραδίην δ' ἐλάφοιο) mais à Agamemnon seulement, et pas aux Achéens.

Mieux vaut laisser tomber Agamemnon et rentrer chez soi	
II, v. 236-238 : οἴκαδέ περ σὺν νηυσὶ νεώμεθα, τόνδε δ'ἐῶμεν / αὐτοῦ ἐνὶ Τροίῃ γέρα πεσσέμεν.	I, v. 169-171 : Νῦν δ'εἶμι Φθίην δ', ἐπεὶ ἦ πολὺ φέρτερόν ἐστιν / οἴκαδ' ἴμεν σὺν νηυσὶ κορωνίσιν...
Agamemnon a pris sa part d'honneur à Achille	
II, v. 240 : ἠτίμησεν ἑλὼν γὰρ ἔχει γέρας, αὐτὸς ἀπούρας.	I, v. 356 : ἠτίμησεν ἑλὼν γὰρ ἔχει γέρας, αὐτὸς ἀπούρας.
Agamemnon a failli payer cher son affront	
II, v. 242 : ἦ γὰρ ἂν, Ἀτρεΐδη, νῦν ὕστατα λωβήσαιο.	I, v. 232 : ἦ γὰρ ἂν, Ἀτρεΐδη, νῦν ὕστατα λωβήσαιο.

Anti-héros par excellence, Thersite est construit comme un double antithétique d'Achille auquel il fait tout particulièrement horreur[67]. Alors qu'Achille est beau, Thersite est laid. Comme c'est le cas pour Cléon, des superlatifs négatifs qualifient le personnage : αἴσχιστος (II, v. 216) et ἔχθιστος (II, v. 220). Alors qu'Achille est courageux et vaillant dans les combats, Ulysse nous apprend que Thersite est le plus lâche de tous les Achéens[68]. Enfin, l'aversion manifeste des deux principaux héros de l'*Iliade* vis-à-vis de Thersite indique bien la distance qui le sépare de l'héroïsme. Plus le discours avance, plus Thersite épouse le langage d'Achille au point d'achever sur des propos qui sont mot pour mot ceux du Péléide.

Le discours de Thersite était devenu un cas d'école pour les Anciens que ces échos n'ont pas cessé d'intriguer. Il est donc probable que Thucydide les connaissait et que l'*Iliade* lui a servi de modèle dans sa construction du personnage de Cléon. S'il faut en tout cas donner à Cléon un parallèle homérique comme on l'a fait pour Brasidas, nous serions tentés, pour notre part, de l'associer à Thersite.

D'autres détails peuvent aussi rappeler l'épisode du chant II. Ainsi, dans le débat qui précède la prise de Sphactérie, Cléon s'en prend à l'incompétence des autres stratèges – notamment celle de Nicias –, et emploie une image que Thucydide rapporte au discours indirect et qui n'est pas sans rappeler Thersite :

> Καὶ ἐς Νικίαν τὸν Νικηράτου στρατηγὸν ὄντα ἀπεσήμαινεν, ἐχθρὸς ὢν καὶ ἐπιτιμῶν, ῥᾴδιον εἶναι παρασευῇ; εἰ ἄνδρες εἶεν οἱ στρατηγοί, πλεύσαντας λαβεῖν τοὺς ἐν τῇ νήσῳ, καὶ αὐτός γ' ἄν, εἰ ἦρχε, ποιῆσαι τοῦτο[69].

67. *Ibid.*, v. 220-221 : Ἔχθιστος δ' Ἀχιλῆϊ μάλιστ' ἦν ἠδ' Ὀδυσῆϊ / τὼ γὰρ νεικείεσκε « Il fait horreur surtout à Achille et à Ulysse qu'il querelle sans répit. »

68. *Iliade* II, v. 248-249 : οὐ γὰρ ἐγὼ σέο φημὶ χερειότερον βροτὸν ἄλλον / ἔμμεναι, ὅσσοι ἅμ' Ἀτρεΐδῃς ὑπὸ Ἴλιον ἦλθον « Je te dis ceci, moi ; il n'y a pas pire lâche que toi parmi tous ceux qui sont venus sous Ilion avec le fils d'Atrée. »

69. IV, 27,5 : « Et, visant par là Nicias, fils de Nicératos, alors stratège, dont il était l'ennemi

Thersite fait une remarque similaire à l'égard des Achéens lorsqu'il s'écrit : Ὦ πέπονες, κάκ'ἐλέγχε', Ἀχαιίδες, οὐκέτ' Ἀχαιοί[70] !

Cette flèche qui vise la virilité des stratèges est d'autant plus ironique qu'on assiste ensuite chez Thucydide à la dérobade de Cléon, mais, chez Homère, à la réaffirmation de l'autorité des chefs par Ulysse[71].

Cléon et Thersite sont aussi des personnages qui suscitent l'hilarité. Dans l'*Iliade*, le coup de bâton qu'Ulysse assène à Thersite déclenche « un rire content » de la part des Achéens (ἐπ' αὐτῷ ἡδὺ γέλασσαν[72]), et Thucydide nous présente le débat athénien qui précède la prise de Sphactérie sous la forme d'une saynète comique qui met en scène la dérobade de Cléon lorsque Nicias lui offre son commandement. Ne pouvant plus reculer, Cléon accepte et se vante en disant que « d'ici moins de vingt jours, ou bien il ramènerait les Lacédémoniens vivants, ou bien il les tuerait sur place »[73]. Thucydide alors de commenter : Τοῖς δὲ Ἀθηναίοις ἐνέπεσε μέν τι καὶ γέλωτος τῇ κουφολογίᾳ αὐτοῦ[74].

Au même titre que le rire des Achéens stigmatise Thersite comme un « non-héros », le rire des Athéniens stigmatise Cléon comme un « non-stratège ».

V

Ainsi, lorsque Cléon se rend à Amphipolis pour y affronter Brasidas, le lecteur a déjà compris qu'il ne fallait pas voir en lui le champion d'Athènes : c'est tout sauf un Hector qui fait face au Spartiate. Jacqueline de Romilly souligne d'ailleurs le parti pris de Thucydide dans son portrait de Cléon : « De façon aussi nette qu'au livre IV, Thucydide intervient pour le condamner. Il ne relève de sa part que des fautes ; il le ridiculise chaque fois qu'il peut ; et il laisse toute l'intelligence, toute la gloire à Brasidas. »[75]

En outre, la bataille d'Amphipolis n'est pas un « duel » : Brasidas et Cléon ne se rencontrent jamais. Cléon fuit lâchement l'affrontement qu'il voulait éviter, il n'est pas dit qu'il fuit Brasidas. Cléon ne meurt pas en héros, comme

et qu'il cherchait à incriminer, il déclarait qu'avec des troupes c'était chose facile, si seulement les stratèges étaient des hommes, que d'aller par mer prendre les gens de l'île : lui, en tout cas, s'il avait le commandement, il l'aurait fait. »

70. *Iliade* II, v. 235 : « Ah ! poltrons ! lâches infâmes ! Achéennes ! – Je ne peux plus dire Achéens ! »

71. Cf. H. Flower, « Thucydides and the Pylos Debate (IV, 27-29) », *Historia* 41, p. 40-57, surtout p. 55-56.

72. *Iliade* II, v. 265-270.

73. IV, 28.4.

74. IV, 28.5 : « les Athéniens furent pris de quelque hilarité devant ces propos étourdis. »

75. J. de Romilly, *op. cit.* (n. 28), p. XXV.

Hector, mais de la main d'un peltaste, soldat dont la basse position dans la hiérarchie militaire consacre la honte du stratège athénien.

Le récit est construit, « à la manière de Thucydide », comme une sorte d'antilogie : l'historien s'attache à confronter deux comportements diamétralement opposés et symétriques l'un de l'autre :

État d'esprit des soldats athéniens avant la bataille d'Amphipolis :
V, 7,2 : « Ses soldats [ceux de Cléon], en effet, supportaient mal leur inaction ; ils supputaient la valeur de son commandement, qui allait opposer à tant d'expérience et d'audace tant d'ignorance et de mollesse, et qui leur avait inspiré tant de répugnance quand ils avaient dû partir avec lui… »

Fin de la guerre d'Archidamos :
V, 16,1 : « Or, par là-dessus, il y avait eu encore la défaite d'Amphipolis, pour les Athéniens, et la double mort de Cléon et de Brasidas, qui étaient, de part et d'autre, les principaux adversaires de la paix (celui-ci parce qu'il réussissait à la guerre et en tirait de la gloire, l'autre parce qu'il pensait que le retour au calme rendrait plus manifestes ses méfaits et moins convaincantes ses calomnies). »

Le jugement sévère des soldats athéniens à l'égard de leur stratège en dit long sur l'impopularité de Cléon. A l'inverse, Brasidas est présenté comme un modèle admiré dont l'exemplarité est d'autant plus grande que Cléon brille par son incompétence : c'est lui qui, selon Thucydide, porte l'entière responsabilité de la défaite pour avoir commis « une erreur de débutant[76] » qui suscite l'ironie de Brasidas[77].

D'assez nombreux effets de contraste viennent souligner la différence fondamentale de caractère des personnages, comme l'illustre bien le fragment 6-10 du livre V :

V, 6,2 : **CLÉON** : αὐτὸς ἡσύχαζε περιμένων ἐν τῇ Ἠιόνι[78]

V, 6,4 : **BRASIDAS** : …ἅμα δὲ καὶ παρεσκευάζετο Θρᾷκάς τε μισθωτοὺς πεντακοσίους καὶ χιλίους, […] παρακαλῶν[79]…

V, 7,1 : **CLÉON** : ὁ δὲ Κλέων τέως μὲν ἡσύχαζεν, ἔπειτα ἠναγκάσθη ποιῆσαι ὅπερ ὁ Βρασίδας προσεδέχετο[80].

76. V, 10,4 : Ὡς δ' αὐτῷ ἐδόκει σχολὴ γίγνεσθαι, αὐτὸς ἐπιστρέψας τὸ δεξιὸν καὶ τὰ γυμνὰ πρὸς τοὺς πολεμίους δοὺς ἀπῆγε τὴν στρατιάν « Jugeant que rien ne pressait, il fit en personne opérer une conversion à l'aile droite, et ramena l'armée en exposant son flanc nu à l'ennemi. »

77. V, 10,5 : Οἱ ἄνδρες ἡμᾶς οὐ μενοῦσιν. Δῆλοι δὲ τῶν τε δοράτων τῇ κινήσει καὶ τῶν κεφαλῶν· οἷς γὰρ ἂν τοῦτο γίγνηται, οὐκ εἰώθασι μένειν τοὺς ἐπιόντας « Ces troupes ne tiennent pas devant nous : le mouvement des lances et des têtes ne trompe pas, une troupe qui procède ainsi n'a pas coutume de tenir devant une attaque. »

78. « Il attendait lui-même à Éion en se tenant tranquille. »

79. « Brasidas se préparait, appelant à l'aide mille cinq cents mercenaire thraces… »

80. « Cléon, lui, se tint tranquille un certain temps ; mais, ensuite, il fut forcé de faire ce que

V, 8,1-2 : **BRASIDAS** : ὁ δὲ Βρασίδας εὐθὺς ὡς εἶδε κινουμένους τοὺς Ἀθηναίους, καταβὰς καὶ αὐτὸς ἀπὸ τοῦ Κερδυλίου ἐσέρχεται ἐς τὴν Ἀμφίπολιν. (...) τέχνῃ δὲ παρεσκευάζετο ἐπιθησόμενος[81].

V, 9 : **DISCOURS DE BRASIDAS**

V, 10,1 : **BRASIDAS** : Ὁ μὲν Βρασίδας τοσαῦτα εἰπὼν τήν τε ἔξοδον παρεσκευάζετο αὐτὸς[82]...

V, 10,2-4 : **CLÉON** : τῷ δὲ Κλέωνι, (...) ὡς δ' αὐτῷ ἐδόκει σχολὴ γίγνεσθαι, αὐτὸς ἐπιστρέψας τὸ δεξιὸν καὶ τὰ γυμνὰ πρὸς τοὺς πολεμίους δοὺς ἀπῆγε τὴν στρατιάν[83].

V, 10,5-6 : **BRASIDAS** : κἀν τούτῳ Βρασίδας (...) ἐξελθὼν ἔθει δρόμῳ[84]...

Deux termes s'opposent systématiquement : ἡσύχαζεν et παρεσκευάζετο. Ainsi, aux atermoiements de Cléon répondent la détermination et l'énergie de Brasidas. C'est là un détail important si on le rapproche du discours des Corinthiens qui figure à la fin du livre I, discours où l'on dénonçait la lenteur des Spartiates et leur « tranquillité » (ἡσυχία)[85].

I, 69,4-5 : « Il n'y a, en effet, que vous en Grèce, Lacédémoniens, pour rester inactifs [Ἡσυχάζετε] [...] ; il n'y a que vous pour vouloir briser le développement de vos ennemis non pas à ses débuts, mais quand il double leur puissance. [...] Maintenant, les Athéniens ne sont pas loin [...] ils sont tout près, et vous les laissez faire... »

La tranquillité et la lenteur sont désormais du côté d'Athènes. En reprenant dans la dernière bataille de son récit la même thématique que dans le discours des Corinthiens, Thucydide souligne le complet renversement de situation qui s'est opéré entre le début et la fin de la guerre d'Archidamos.

De fait, Thucydide nous donne plusieurs leçons à travers le récit de la bataille d'Amphipolis. Il entend d'abord nous montrer à quel point Athènes s'est égarée en cédant aux flatteries de Cléon, et combien sa victoire à Sphactérie l'a aveuglée, mais il entend surtout définir ce qu'est un bon stratège, un bon chef.

prévoyait Brasidas... »

81. « Brasidas, lui, sitôt qu'il vit le mouvement athénien, descendit à son tour de Kordylion et rentra dans Amphipolis [...]. Il se préparait donc plutôt à lutter par l'adresse. »

82. « Voilà tout ce que dit Brasidas ; après quoi, il préparait personnellement sa sortie... »

83. « Mais revenons à Cléon, [...] jugeant que rien ne pressait, il fit en personne opérer une conversion à l'aile droite, et ramena l'armée en exposant son flanc à l'ennemi. »

84. « A ce moment, Brasidas [...] se lança au pas de course... »

85. Au sujet de l'ἡσυχία, cf. P. Demont, *La Cité grecque archaïque et classique et l'Idéal de tranquillité*, Paris, Les Belles Lettres (Collection des Études Anciennes), 1990, rééd. 2009.

C'est en ce sens qu'il faut lire la célèbre harangue de Brasidas, laquelle n'est rien d'autre qu'une leçon de citoyenneté : Καὶ νομίσατε <τρία> εἶναι τοῦ καλῶς πολεμεῖν τὸ ἐθέλειν καὶ τὸ αἰσχύνεσθαι καὶ <τὸ> τοῖς ἄρχουσι πείθεσθαι[86].

C'est évidemment Thucydide qui s'exprime ici. Le récit de la guerre d'Archidamos se double d'une réflexion sur la définition du bon chef, tant à l'intérieur de la cité (Périclès) que sur le champ de bataille (Brasidas).

Amphipolis ne joue donc pas sur l'imaginaire du duel homérique : l'héritage homérique reste même étonnamment absent ici. C'est qu'il est toujours subordonné à la méthode de l'historien et n'est sollicité que dans la mesure où il sert le projet de Thucydide. Il ne réapparaît qu'après la bataille, lors des funérailles de Brasidas : il s'agit dès lors pour Thucydide non plus de peindre des individus, mais de nous livrer un κτῆμα ἐς αἰεί, d'illustrer une vérité utile par la confrontation de deux comportements opposés. A Amphipolis, l'individu s'efface et n'existe plus qu'en ce qu'il est un type. Du contraste entre ces deux types, l'historien laisse émerger sa définition du chef militaire ou politique.

*

* *

Refuser le μυθῶδες n'implique pas de renoncer au plaisir de l'écriture, à l'art et à toute la part d'imitation que la création littéraire implique en Grèce. Le récit de la carrière de Brasidas le prouve dans la mesure où elle se fonde sur un dialogue constant avec les canons de l'héroïsme épique. Sans doute l'héroïsme de Brasidas offre-t-il une revanche à l'Athénien Thucydide, victime, comme individu et comme citoyen, de l'indignité de Cléon[87]. Le recours à l'imaginaire épique participe du projet de Thucydide de conter la plus grande guerre jamais connue. Avec Brasidas, l'historien va cependant plus loin, il érige le personnage en *exemplum*. L'héritage homérique a donc une double fonction : d'un point de vue littéraire, il souligne la grandeur des individus et des faits tout en étant au service de l'utilité que recherche l'historien, de sorte qu'on semble assister, dans *La Guerre du Péloponnèse,* à l'esquisse d'une réconciliation de la grandeur épique avec l'ἀνθρώπεια φύσις.

86. V, 9,9 : « dites-vous que bien faire la guerre exige trois qualités – la résolution, le sentiment de l'honneur et l'obéissance aux chefs. »

87. Comme le formule excellemment S. Hornblower (1991-1996, *op. cit.* [n. 3], p. 60) que nous suivons ici absolument : "[Thucydides] was indeed infatuated, up to a point, by the literary Brasidas he had created […] the military genius was Brasidas, the artistic genius was Thucydides."

Et puisque nous parlions à l'instant de κτῆμα ἐς αἰεί, nous voudrions rendre hommage à l'éminente qualité de la traduction de Jacqueline de Romilly. On discerne très bien, dans les différents échos que nous avons relevés au fil de notre exposé, à quel point son travail fut méticuleux et précis. Une même expression est toujours traduite à l'identique quand elle réapparaît, quelle que soit sa place dans l'œuvre. Peu de traductions sont aussi scrupuleuses dans leur recherche de l'exactitude et de la précision. Si la lecture en est parfois rugueuse, c'est que sa traduction cherche à rendre la complexité de la phrase de Thucydide : elle a le mérite rare de restituer les subtilités de la composition du récit de sorte que tout lecteur, helléniste ou non, peut entrer dans ce texte magistral et en goûter les nuances. C'est là un travail de titan qui dénote une maîtrise rarement égalée de la langue grecque et du texte de Thucydide, un *exemplum* qui, aujourd'hui encore, mérite notre reconnaissance.

Aurélien PULICE

*

* *

BIBLIOGRAPHIE[88]

SOURCES ANTIQUES

LUCIEN, 2010, *Comment écrire l'histoire* (*Πῶς δεῖ ἱστορίαν συγγράφειν ;*), An. Hurst éd., Paris, Les Belles Lettres (La Roue à livres).

MARCELLINUS, 1985, *Περὶ τοῦ Θουκυδίδου βίου καὶ τῆς ἰδέας αὐτοῦ*, in *Storie dello storico Tucidide*, Luigi Piccirilli éd., Genève, Il Melangolo[89].

THUCYDIDE, 1967, *La Guerre du Péloponnèse*, t. 2, J. de Romilly et R. Weil éd., Paris, Les Belles Lettres.

OUVRAGES GÉNÉRAUX

J. W. ALLISON, 1997, *Word and Concept in Thucydides*, Chr. Perkell éd., Atlanta.

–, 1997, « Homeric Allusions at the Close of Thucydides' Sicilian Narrative », *The American Journal of Philology* 118, nº 4, Baltimore, The Johns Hopkins University Press.

88. Figurent uniquement dans cette bibliographie les ouvrages cités au cours de notre exposé ainsi que les principales publications consacrées à la figure de Brasidas.

89. L'ouvrage comprend également une vie anonyme de Thucydide et trois autres biographies très brèves de l'ordre de quelques lignes.

F. Cairns, 1982, « Cleon and Pericles: a Suggestion », The Society for Promotion of Hellenic Studies éd., *The Journal of Hellenic Studies* 102.

P. Demont, 1983, « Notes sur le récit de la pestilence athénienne chez Thucydide et sur ses rapports avec la médecine grecque de l'époque classique », in *Actes du IVe Colloque international hippocratique*, Lausanne, 21-26 septembre 1981, F. Lasserre, Ph. Mudry éd., Genève.

–, 2009 (1990), *La Cité grecque archaïque et classique et l'Idéal de tranquillité*, Paris, Les Belles Lettres (Collection des Études Anciennes).

–, 2013, « The Causes of the Athenian Pestilence and Thucydides », in *Thucydides between History and Literature*, A. Tsakmakis et M. Tamiolaki éd., Berlin-Boston, De Gruyter, p. 73-87.

J. H. Finley Jr., 1967, *Three Essays on Thucydides*, Cambridge (Mass.), Harvard University Press.

H. Flower, 1975, « Thucydides and the Pylos Debate (IV, 27-29) », *Historia* 41, p. 40-57.

S. A. Hornblower, 1991-1996, *A Commentary on Thucydides*, 3 vol., Oxford, Clarendon Press.

–, 2004, *Thucydides and Pindar. Historical Narrative and the World of Epinikian Poetry*, Oxford University Press.

K. Hude, 1927 (Leipzig), 1973 rééd., *Scholia in Thucydidem ad optimos codices collata*, New York.

L. Kallet, 2001, « Intra- and Intertextual Patterns of Failure: Herodotos, Homer and Thucydides », in *Money and the Corrosion of Power in Thucydides. The Sicilian Expedition and its Aftermath*, University of California.

T. Krischer, 1971, « Formale Konventionen in der homerischen Epik », *Zetemata* 56, Munich.

C. J. Mackie, 1996, « Homer and Thucydides: Corcyra and Sicily », *The Classical Quarterly* (*New Series*) 46, n° 1.

S. Monoson, M. Loriaux, 1998, « The Illusion of Power and the Disruption of Moral Norms: Thucydides' Critique of Periclean Policy », *The American Political Science Review* 92, n° 2, juin, p. 285-297.

An. Rengakos, 2005, « Homer and the Historians: the Influence of Epic Narrative Technique on Herodotus and Thucydides », in *La Poésie épique grecque : métamorphoses d'un genre littéraire,* t. III, Fondation Hardt pour l'étude de l'Antiquité classique (collection « Entretiens sur l'Antiquité classique »), 22-26 août, Vandœuvres-Genève, p. 183-209.

J. de Romilly, 1956, *Histoire et Raison chez Thucydide*, Paris, Les Belles Lettres.

J. de Romilly, R. Weil éd., 1967, *La Guerre du Péloponnèse*, Paris, Les Belles Lettres.

Ch. F. Smith, 1900, « Traces of Epic Usage in Thucydides », in *Transactions and Proceedings of the American Philological Association*, vol. 31, Baltimore, The Johns Hopkins University Press.

H. D. Westlake, 1968, *Individuals in Thucydides*, Cambridge University Press.

M. Fr. Williams, 1998, *Ethics in Thucydides. The Ancient Simplicity*, Boston, University Press of America.

Brasidas

A. L. Boegehold, 1979, « Thucydides' Representation of Brasidas before Amphipolis », *Classical Philology* 74, nº 2, avril, p. 148-152, Chicago.

Th. Heilke, 2004, « Realism, Narrative, and Happenstance: Thucydides' Tale of Brasidas », *The American Political Science Review* 98, n° 1, février, p. 121-138.

S. A. Hornblower, 1991-1996, « Thucydides' presentation of Brasidas: IV, 11-V, 11 as the *aristeia* of Brasidas », in *A Commentary on Thucydides*, vol. 2, p. 38-61, Oxford, Clarendon Press.

G. Howie, 1992, « Η ΑΡΙΣΤΕΙΑ ΑΠΟ ΤΟΝ ΟΜΕΡΟ ΕΩΣ ΤΟΝ ΞΕΝΟΦΩΝΤΑ », *Parnassos* 34, p. 425-488, avec un résumé en anglais p. 447-448.

–, 2005, « The Aristeia of Brasidas: Thucydides' Presentation of Events at Pylos and Amphipolis », in *Papers of the Langford Latin Seminar: Greek and Roman Poetry, Greek and Roman Historiography*, F. Cairns éd., vol. 12, p. 207-284.

H. D. Westlake, 1968, « Brasidas », in *Individuals in Thucydides*, p. 148-165, Cambridge University Press.

Gr. Wylie, 1992, « Brasidas: Great Commander or Whiz-Kid ? », *Quaderni urbinati di Cultura classica* (*New Series*) 41, nº 2, p. 75-95.

L'ADJECTIF GREC ἌΣΜΕΝΟΣ : ÉTYMOLOGIE ET HISTOIRE DU MOT

SOMMAIRE. — **1.** Thèse traditionnelle : ἄσμενος « heureux, content » apparenté au verbe ἥδομαι « se plaire ». — **2.** Selon Wackernagel, le sens du mot chez Homère (« sauvé ») invite plutôt à envisager une parenté avec νέομαι « revenir sain et sauf ». Réception de cette thèse, état de la question. — **3.** Étude morphologique du thème verbal dont dérive ἄσμενος. — **4.** Relation du morphème -μενος de participe médio-passif avec les adjectifs verbaux en -τος. — **5.** Étude des emplois de ἄσμενος dans les poèmes homériques. Mise en évidence du lien sémantique avec νέομαι. — **6.** ἄσμενος après Homère.

1. L'adjectif grec ἄσμενος « heureux, content », connu depuis l'*Iliade* et d'usage courant dans la langue classique, est considéré traditionnellement — c'était déjà l'analyse qu'en donnaient les Anciens — comme le participe d'un thème verbal médio-passif, disparu comme tel, apparenté au verbe ἥδομαι « se réjouir, avoir plaisir ». Ce verbe est, lui aussi, usuel dans la langue classique ; le corpus homérique n'en présente aucune forme au présent, mais cette absence est pur hasard, car l'aoriste sigmatique fondé sur ce présent est attesté dès l'*Odyssée* : ἥσατο δ' αἰνῶς # ἡδὺ ποτὸν πίνων // (IX, 353-354) « il [*sc.* le Cyclope] prit grand plaisir à boire cette boisson délicieuse », avec figure étymologique entre le verbe et l'adjectif dérivés de la racine grecque *ϝhᾱδ- / *ϝhᾰδ- « (se) plaire, être / trouver agréable, savoureux ». Au reste, l'ancienneté du présent ἥδομαι (< *ϝhᾱ́δομαι) est assurée maintenant par le grec du IIe millénaire, où l'on trouve un nom d'homme *wa-do-me-no* (PY Vn 130.5), qui s'interprète immédiatement comme *ϝhᾱδομενός, comparable pour le sens à des noms de famille comme *Lheureux*, *Legay* ou *Joyeux* en français, et relève d'un type de participe substantivé (avec, de manière fréquente mais non systématique, déplacement de l'accent) bien connu dans l'anthroponymie grecque (cf. Τεισαμενός, Ἀκουμενός, Κλύμενος, etc.), déjà amplement productif dans les tablettes mycéniennes (*ku-ru-me-no* Κλύμενος, et bien d'autres)[1].

1. Voir M. LEJEUNE, 1972, *MPM* III, ch. 37 et 38 (< 1965), avec mention de *wa-do-me-no* *ϝhᾱδομενός p. 26, 32 et 34 ; cette analyse fait l'objet d'un consensus depuis le début des études mycéniennes (*DMic*, II, 397, avec histoire de la question). Il est regrettable que cet anthroponyme ne soit pas cité dans les

Si l'on s'en tient au plan de la synchronie, ce rapprochement est parfaitement satisfaisant, car il rend bien compte de la plupart des emplois de l'adjectif ἄσμενος, ainsi que le montrent les exemples suivants :

1) dans la langue classique : ἄσμενος ἰδὼν αὐτόν (Xén., *Cyr.* V, 3, 15) « heureux de le voir », en regard de ἥδομαι μέν σ' εἰσιδὼν [...] # ἀνώδυνον (Soph., *Ph.*, v. 882-883) « je me réjouis de te voir délivré de tes souffrances », ou bien ἄσμενος ἀκούσας ἐκεῖνος τοὺς λόγους τούτους αὐτῆς (Dém., LIX [*Contre Nérée*], 32) « et lui, heureux d'entendre ces propos qu'elle venait de tenir »[2], en regard de ἥσθη τε ταῦτα ἀκούσας ὁ Καμβύσης καὶ ἐπαίνεε τὴν Κροίσου κρίσιν (Hdt., III, 34) « Cambyse fut ravi d'entendre ces propos et approuva le jugement de Crésus » ;

2) dans le corpus homérique : l'hémistiche // ἐμοὶ δέ κεν ἀσμένῳ εἴη # (*Il.* XIV, 108) « [si quelqu'un pouvait trouver un moyen pour nous autres Grecs de résister aux Troyens, alors que pour ma part je ne vois pas d'autre issue que la fuite], j'en serais heureux » se laisse comparer, à la fois pour la syntaxe et pour le sens, aux tournures, usuelles par la suite, du type de ὅσοισι δὲ καὶ ἡδομένοισι ἦν τὸ γινόμενον (Hdt., VIII, 10) « tous ceux qui se réjouissaient de ce qui arrivait ». Les Grecs étaient d'ailleurs, semble-t-il, conscients de l'équivalence ἄσμενος = ἡδόμενος dans ce type de tour, à en juger par l'écho que l'on trouve, chez Thucydide, de cette expression utilisée par le « père de l'histoire » : ἀσμένοις (...) ἐγίγνετο τοῖς σώφροσι τῶν ἀνθρώπων (Thc., IV, 28, 5) « les personnes sensées se réjouissaient de ce qui arrivait ». Plus proche encore du passage de l'*Iliade*, on peut citer, chez Platon, une phrase comme ἐμοὶ μὲν καὶ Μελησίᾳ τῷδε δῆλον ὅτι ἡδομένοις ἂν εἴη εἰ πάντα ἃ Σωκράτης ἐρωτᾷ ἐθέλοιτε λόγῳ διεξιέναι (Plat., *Lach.* 187c) « Mélésias ici présent et moi-même serions évidemment heureux que vous acceptiez de répondre par un discours suivi à toutes les questions de Socrate. »[3]

dictionnaires étymologiques du grec à l'article ἥδομαι, y compris dans le plus récent d'entre eux (R. S. P. Beekes, 2010, *EDG*, p. 509-510).

2. Une variante de cette tournure usuelle est attestée avec l'adverbe ἀσμένως, p. ex. ταῦτα δ' ἀσμένως τινὲς ἤκουον αὐτοῦ (Dém., XVIII [*Sur la couronne*], 36) « ces propos qu'il (*sc.* Eschine) tenait, certains avaient plaisir à les entendre. » Dans plusieurs passages des prosateurs du IVe siècle, la tradition manuscrite présente à la fois l'adjectif et l'adverbe : ainsi Xén., *Cyr.* V, 4, 6 ἀσμένους / ἀσμένως (et même ἡδέως) ; VI, 1, 45 ἄσμενος / ἀσμένως.

3. Phrase annoncée par celle qui la précède immédiatement : εἰ δὲ βουλομένοις ὑμῖν ἔστι περὶ τῶν τοιούτων ἐρωτᾶσθαί τε καὶ διδόναι λόγον, αὐτοὺς δὴ χρὴ γιγνώσκειν « quant à savoir si vous consentez à vous laisser interroger sur ces questions et à donner votre réponse, c'est à vous d'en décider. » Toujours chez Platon, noter aussi : Ὅθεν δὲ ἀπελίπομεν ἐπανέλθωμεν, εἴ σοι ἡδομένῳ ἐστίν. – Ἀλλὰ μὴν ἡδομένῳ γε · πῶς γὰρ οὐ μέλλει ; (*Phéd.* 78b) « Reprenons notre discussion au point où nous l'avions laissée, si tu n'y vois pas d'inconvénient. – Bien volontiers, cela s'impose. » L'expression toute faite de la première phrase est, du point de vue argumentatif, un procédé auquel on recourt, dans un dialogue ou dans un discours, pour obtenir l'assentiment de l'interlocuteur ou de l'auditoire ; l'exemple le plus

2. Que l'adjectif ἄσμενος soit dans son principe un participe, c'est une certitude, ainsi que le montre la syntaxe. Si ce mot était un adjectif au sens propre du terme, il s'emploierait comme épithète ou comme attribut d'un substantif, ce qui n'arrive jamais : on le rencontre uniquement comme apposition à une forme verbale, ou bien, dans la tournure au datif dont nous venons de citer quelques exemples, joint à un pronom ou à un nom désignant une personne, c'est-à-dire, de toute manière, dans une fonction syntaxique propre au participe. Mais quel est au juste le thème verbal, disparu comme tel, dont il procède ? Si l'on quitte le plan de la synchronie pour passer à celui de l'étymologie diachronique, le rapprochement traditionnel avec la famille de ἥδομαι se heurte à de sérieuses difficultés, aussi bien pour la forme que pour le sens. C'est ce qu'a fait valoir, à juste titre, le grand linguiste et philologue Jacob Wackernagel (1853-1938) dans ses *Vermischte Beiträge zur griechischen Sprachkunde* (1897), en remarquant que pour un mot apparenté à ἥδομαι et à ἡδύς on attendrait un esprit rude, conforme à l'étymologie indo-européenne (racine i.-e. **swād-*, avec les équations remarquables que sont gr. ἥδομαι = skr. *svā́date* « prendre bon goût » < i.-e. **swā́d-e/o-* et gr. ἡδύς = skr. *svādú-* « savoureux » < i.-e. **swād-ú-*), et que cette difficulté formelle avait des conséquences au regard de la sémantique : est-il bien sûr que le sens de base de ἄσμενος soit « heureux », comme l'admettent les philologues ? Je crois utile de citer dans son intégralité la note consacrée par ce savant au mot qui nous occupe[4] :

> « ἄσμενος heisst zwar an der Mehrzahl der Stellen "erfreut", namentlich beim dativischen Ausdruck [ex.] und als prädikative Bestimmung zum Verbum des Sehens [ex.]. Aber daneben stehen Stellen wie Y 350 φύγεν ἄσμενος ἐκ θανάτοιο, ι 63 = 566 = κ 134 πλέομεν ἀκαχήμενοι ἦτορ ἄσμενοι ἐκ θανάτοιο φίλους ὀλέσαντες ἑταίρους, Aesch. *Pers.* 736 (Xerxem) ἄσμενον μολεῖν γέφυραν, wo ἄσμενος durchaus nicht freudige Gemütsstimmung ausdrückt, sondern "gerettet, geborgen" bedeutet, entsprechend ἄσμενον μολεῖν "sich durchschlagen" (auch ἄσμενον (καθ)

ancien de cette formule rhétorique de politesse se trouve chez ANTIPHON, *Sur le choreute* (= *Disc.* 6), 8 ἐὰν ὑμῖν ἡδομένοις « si vous le voulez bien », c'est-à-dire « sauf objection de votre part », avec ellipse de la copule.

Le jeu entre ἥδομαι et ἡδύς que nous avons rencontré dans l'*Odyssée* (IX, 353-354) se retrouve à l'époque classique, p. ex. : Καὶ αὐτοῖσι ἡμῖν πάλαι [...] ἐν νόῳ ἐγένετο εἰπεῖν ταῦτα τά περ ὑμεῖς φθάντες προφέρετε · ἀλλὰ γὰρ ἀρρωδέομεν μὴ ὑμῖν οὐκ ἡδέες γένωνται οἱ λόγοι. Ἐπεὶ δ' ὦν αὐτοὶ ἐμνήσθητε, καὶ ἡδομένοισι ἡμῖν οἱ λόγοι γεγόνασι καὶ ἕτοιμοί εἰμεν ποιέειν ταῦτα (HDT., IX, 46) « Depuis longtemps, nous avions nous-mêmes l'idée de suggérer ce que vous prenez l'initiative de proposer ; mais nous étions retenus par la crainte que de tels propos vous déplaisent. Dès lors qu'au contraire vous évoquez vous-mêmes cette solution, vos propos nous remplissent d'aise et nous sommes prêts à agir en ce sens. »

4. J. WACKERNAGEL, 1897, p. 6, n. 2, reproduite dans les *Kleine Schriften* de l'auteur (I, 1953, p. 767).

> εὕδειν Soph. *Phil.* 271 und *Lys.* 1,13 “behaglich ruhen”). Der Gedanke, dass hier ἄσμενος zu *nes*- mit der Bedeutungsfärbung von got. *nasjan ganisan* “erretten” bezw. “errettet werden” gehöre, also auf *ns-s-menos* beruhe, ist nicht abzuweisen. Entweder hat sich daraus ἄσμενος “erfreut” so herausgebildet, wie sonst aus Ausdrücken für äusseres Glück solche für Heiterkeit, Zufriedenheit, oder aber ein altes *ἅσμενος ist allmählich wegen seiner sonstigen Gleichlautigkeit mit ἄσμενος mit dessen Spiritus lenis gesprochen werden. »

Pour apprécier la portée de ce texte, il faut rappeler un point d’histoire. Tout au long du XIXe siècle, beaucoup de philologues classiques ont eu à l’égard de la grammaire comparée des langues indo-européennes une attitude ou d’ignorance, ou de franche hostilité, persuadés qu’ils étaient que leur discipline se suffisait à elle-même et déroutés par ce qu’ils considéraient comme l’intrusion dans les langues classiques d’éléments qui leur étaient étrangers. C’est précisément grâce à des savants comme Wackernagel que, fort heureusement, une évolution des esprits s’est faite dans les dernières années du XIXe siècle. Helléniste (et indianiste) de haut vol en même temps que linguiste comparatiste, Wackernagel était reconnu, depuis ses premiers travaux, comme l’un des meilleurs connaisseurs de la philologie homérique, et il montre ici que si l’on veut comprendre le sens des mots dans les poèmes homériques on ne peut partir du grec classique, car en agissant de la sorte on s’expose à des anachronismes : il faut considérer le lexique épique en lui-même d’abord, ce qui amène à faire ressortir l’écart avec le grec postérieur, et ensuite à la lumière de la comparaison. En d’autres termes, la philologie classique ne peut rester dans sa tour d’ivoire et se satisfaire d’une vision fixiste de la langue grecque ; elle doit prendre en compte la dimension historique de la langue, démarche dont l’approche comparative constitue le prolongement nécessaire.

Comment cette analyse, qui représente une rupture radicale par rapport à la conception traditionnelle, a-t-elle été accueillie ? Sans prétendre retracer en détail l’histoire de la question, je me limiterai aux ouvrages de référence. Dans son *Griechisches etymologisches Wörterbuch*, Hjalmar Frisk renvoie dos à dos la thèse traditionnelle et celle de Wackernagel, pour conclure par un « non liquet » ; il ne fait qu’effleurer l’aspect sémantique de la question, en se bornant à considérer que le sens de « gerettet » posé par Wackernagel ne s’impose pas, mais sans examiner les données ni entamer une réelle discussion sur ce point[5]. Cette attitude est typique d’une conception purement formelle de l’étymologie.

5. H. FRISK, 1960, *GEW*, I, 166 (livraison 2, 1954) : « Isoliertes Partizip unsicherer Herkunft ». L’analyse de Wackernagel est qualifiée de « kaum nötig ».

En revanche, dans son *Dictionnaire étymologique de la langue grecque*, dont le sous-titre, « Histoire des mots », indique assez l'orientation, Pierre Chantraine se montre d'abord, à juste titre, soucieux d'établir avec précision le sens du mot dans ses attestations les plus anciennes[6] :

> « ἄσμενος : "joyeux, content" ; 5 ex. hom. en 3 formules dont deux expriment la joie d'hommes sauvés de la mort [ex.]. Fréquent en ion.-att. dans des emplois comparables [ex.]. Exprime la joie du salut, du retour, d'une rencontre, etc. »

En ce qui concerne l'étymologie proprement dite, c'est-à-dire la recherche de l'origine du mot, P. Chantraine souligne les faiblesses de l'analyse traditionnelle et exprime sur celle de Wackernagel l'appréciation suivante[7] :

> « Wackernagel, *Verm. Beiträge* 6 suppose que la forme est apparentée à νέομαι en posant **n̥s-s-menos*, également participe aoriste (?), et pense que le sens originel est "sauvé", ce qui est ingénieux. »

Cette attitude réservée à l'égard de l'étymologie-origine est typique de P. Chantraine ; c'est un fait connu qu'en rhétorique universitaire le qualificatif « ingénieux » est la marque d'une prise de distance. Mais si on lit avec attention l'article du *DELG*, on s'aperçoit qu'aux yeux de l'auteur l'analyse de Wackernagel est celle qui s'accorde le mieux avec ce qu'indique l'histoire du mot, à savoir qu'au départ notre adjectif « exprime la joie du salut », même si P. Chantraine n'a pas jugé utile de développer ce point ni de s'engager en ce sens d'une manière plus franche. Une attitude voisine se retrouve dans l'article du *Lexikon des frühgriechischen Epos*, rédigé par Bruno Mader, mais avec un engagement plus net dans le sens de l'analyse de Wackernagel, assorti toutefois d'un prudent « vielleicht »[8]. En revanche, dans son tout récent *Etymological Dictionary of Greek*, paru en 2010, notre collègue néerlandais Robert Beekes renoue avec la tradition de Frisk :

6. P. Chantraine, 1968, *DELG* I, p. 125. Comme le fascicule I de ce dictionnaire couvre les lettres A à Δ, on peut conjecturer que la rédaction de l'article ἄσμενος remonte au début des années 1960. Le point sûr, en tout cas, c'est que P. Chantraine avait sur sa table de travail les fascicules parus du *GEW* lorsqu'il rédigeait son *DELG* (voir la préface, p. vii).

7. Même référence, avec mention d'une autre conjecture étymologique, due à L. Palmer, *Sprache* 5, 1959, p. 136 : rapprochement avec le groupe de ἆσαι « rassasier ». Cela suppose une filière sémantique « satisfait » > « content, heureux » qui, sans être impossible en elle-même, ne correspond nullement à l'emploi le plus ancien du mot dans les textes.

8. *LfgrE* I, livraison 8 (1978), col. 1415-1416 : « viell. [...] mit Wackernagel [...] zu νέομαι "heimkehren, heil davonkommen" (Bed.-Entwicklung dann etwa "glücklich [objektiv] davongekommen" > subjektiv "glücklich [davongekommen]") ». Comme à l'ordinaire, l'article donne l'ensemble du dossier homérique.

> « ἄσμενος [adj.] "well-pleased, glad" (Il. +). [...] An isolated participle, which has been interpreted as a sigmatic aorist *ϝαδ-σ-μενος from the root of ἁνδάνω, ἥδομαι, but note that the form has no aspiration. Wackernagel 1897:6 proposed connection with νέομαι "to return" as **n̥s-s-menos*, assuming an original meaning "safe" (see DELG). Not compelling. »

Tel est présentement l'état de la question, et l'on voit où se situe la ligne de clivage : alors que les linguistes qui ont une conception purement formelle de l'étymologie restent sceptiques à l'égard de l'analyse de Wackernagel, ceux qui ont le souci de l'histoire des mots inclinent à aller dans son sens. Juste retour des choses : alors que Wackernagel dénonçait, à juste titre, les apories d'une philologie grecque centrée sur elle-même, nous percevons aujourd'hui qu'une analyse linguistique et étymologique doit s'appuyer sur une bonne philologie. Et à cet égard il faut remarquer que des progrès considérables ont été accomplis dans le domaine des études homériques. Je fais notamment référence à un ouvrage remarquable de l'helléniste et comparatiste américain Douglas Frame, paru en 1978 (soit exactement au même moment que l'article du *LfgrE*, et dix ans après le premier fascicule du *DELG*), qui s'intitule *The Myth of Return in Early Greek Epic*. Notre collègue y mène une étude approfondie des représentants de la racine i.-e. **nes-* « rentrer chez soi sain et sauf » en grec, et il montre, par un examen détaillé du formulaire épique, que l'analyse de Wackernagel est pleinement convaincante[9]. Que ce livre ne soit même pas cité dans un dictionnaire étymologique du grec paru trente ans plus tard est fort étonnant, pour ne pas dire plus ; sur ce point comme sur beaucoup d'autres, l'ouvrage de Beekes est décevant et se montre en retard par rapport à l'état actuel de la science, faute de prêter aux données philologiques l'attention qu'elles méritent. Quant aux dictionnaires de langue les plus récents, à savoir le *Diccionario griego-español* (III, 1991, p. 557) et le *Vocabolario della lingua greca, greco italiano* (2e éd., 2004, p. 358), ils sont périmés eux aussi : en indiquant comme sens de ἄσμενος « contento, de buen grado » (*DGE*), « lieto, felice, contento » (*GI*), ils ne rendent nullement compte des conditions d'emploi réelles du mot dans les plus anciens textes. On ne saurait certes exiger d'un auteur de dictionnaire qu'il ait lu toutes les études spécialisées relatives au vocabulaire grec ; mais il est tout de même étrange que, pour un mot bien attesté dans les poèmes homériques, nos collègues lexicographes n'aient tiré profit ni des indications fournies par P. Chantraine dans le *DELG* (1968), ni de l'article ἄσμενος du *LfgrE* (1978), où les données sont mises en place avec exactitude.

9. Voir D. Frame, 1978, p. 6-33 pour le mot qui nous occupe. Par la suite, l'auteur a remanié son livre de 1978, en lui donnant un élargissement considérable, pour aboutir à l'ouvrage imposant paru sous le titre *Hippota Nestor* (2009, 912 p.). Dans ce dernier, ἄσμενος n'est mentionné que brièvement, la doctrine restant la même (p. 39-41).

3. Du point de vue formel, le rattachement de ἄσμενος à la famille du verbe νέομαι « revenir, retourner (notamment chez soi) » est admis, avec raison, dans les ouvrages de référence les plus récents relatifs à la formation des thèmes verbaux en grec et dans les langues indo-européennes[10]. Faute de pouvoir étudier en détail l'ensemble des représentants, verbaux et nominaux, de la racine i.-e. **nes-* en grec ni, à plus forte raison, dans l'ensemble des langues indo-européennes[11], je me limiterai ici à ce qui touche de près le mot qui nous occupe :

1) présent radical thématique **nés-e/o-* (déponent) > gr. νέομαι « revenir, aller trouver » = skr. véd. *násate* « retrouver les siens » (comp. *saṃ-nasate* « aller à la rencontre de, s'unir à »), got. *ga-nisan* « guérir [intr.], recouvrer la santé (= all. *genesen*), être sauvé (traduit gr. σῴζεσθαι) » ;

2) présent redoublé **ní-ns-* (déponent) > skr. véd. *níṁs-* « retrouver sa demeure », d'où, avec thématisation, **ní-ns-e/o-* > véd. *níṁsate* (même sens) = gr. νίσσομαι « revenir, aller trouver » ;

3) présent causatif **nos-éy-e/o-* > germ. **nazij-i-/-a-*. La forme got. *nasjan* « guérir [tr.], sauver (gr. σῴζειν) » doit son *-s-* interne, au lieu de **nazjan* que fait attendre la loi de Verner, à l'influence de la forme de fondation qu'est le verbe intransitif, mais l'aboutissement régulier est attesté dans les autres dialectes germaniques, ainsi dans all. *nähren* « alimenter, nourrir » (< « réconforter, rétablir »). Du même degré radical **nos-* relève, dans le même champ du lexique, le dérivé nominal véd. *nā́satya-*, duel *Nā́satyā* « couple de dieux guérisseurs » ;

4) aoriste radical moyen à degré zéro **n̥s-* (ind. 3e sg. **n̥s-tó*) : véd. opt. 1re pl. *nasīmahi* (remaniement, d'après le degré plein, de la forme attendue **asīmahi*). C'est de ce thème verbal que procède gr. ἄσμενος. Dans son étude fondatrice, J. Wackernagel rapportait ce mot à un étymon **n̥s-s-menos*, c'est-à-dire à un thème d'aoriste sigmatique à degré zéro qui n'est pas attesté ailleurs. S'il raisonnait de la sorte, c'est parce qu'en bonne phonétique historique un étymon i.-e. **n̥s-méno-* devrait aboutir en grec commun à *ἄhμενο-, à preuve le thème pronominal **n̥s-mé* « nous » > gr. com. *ἀhμέ (d'où, au Ier millénaire,

10. Voir *LIV*, p. 454-455 (rédaction de Th. Zehnder), ainsi que D. Kölligan, 2007, p. 363-376 ; sur les données védiques, Gotō T., 1987, p. 200-201 et M. Mayrhofer, 1992-1996, *EWAia*, II, p. 30 et p. 41. En plus des thèmes verbaux mentionnés dans ces ouvrages de référence, il est possible que l'on doive reconstruire en indo-européen des formations à degré long radical (en ce sens J. H. Jasanoff, 2003, p. 224).

11. Sur l'ensemble de la question, voir *IEW* I, p. 766-767 ; C. J. Ruijgh, 1967, p. 369-372 ; D. Frame, 1978 et 2009 ; Fr. Bader, 1986, p. 483-486 ; P. Jackson, 2006, p. 95-109. Pour se limiter au grec, il est plausible de rattacher à cette famille le substantif νόος « esprit » (en ce sens, en dernier lieu, R. Stefanelli, 2009[10]) et l'adverbe νόσφι « à l'écart » (belle démonstration, fondée sur un examen précis du formulaire épique, chez É. Dieu, 2010[12] : le sens de base est « en échappant à », ce qui rappelle de près ἄσμενος). Je laisse de côté les données onomastiques, abondamment attestées depuis le deuxième millénaire (*ne-e-ra-wo* Νεhέλᾱϝος, et bien d'autres).

ἄμμε en éolien et *hāμέ dans les autres dialectes). On attendrait donc chez Homère ou bien *ἄμμενος (pour une forme éolienne), ou bien *ἤμενος (pour une forme ionienne), ou encore *ἥμενος (pour une forme ionienne transmise par voie attique) ; et l'on devrait avoir *ἇμενος chez Pindare, *ἥμενος en attique, au lieu que si l'on part d'une formation sigmatique cela justifie le maintien du -σ- interne. Mais ce subterfuge, outre qu'il oblige à postuler un thème verbal dénué d'appuis en grec et dans la comparaison, ne résout pas le problème de l'aspiration initiale attendue en dorien et en attique, si bien que, dans cette perspective, on est contraint de considérer ἄσμενος comme un ionisme et/ou un homérisme, ce qui ne va pas de soi pour un mot usuel non seulement en poésie (Thgn., Pd.) et chez les Tragiques, mais aussi chez Aristophane et dans la prose attique (Thc. +). La doctrine reçue aujourd'hui prend acte du fait que ἄσμενος est une forme panhellénique et propose une explication différente, à savoir celle de l'analogie : on admet que la forme *ἄστο attendue comme reflet régulier d'un étymon i.-e. *n̥s-tó à l'indicatif 3ᵉ sg. s'est maintenue dans la langue, avant de disparaître comme telle, assez longtemps pour influencer, en tant que forme de fondation, celle du participe ἄσμενος fondée sur elle, ce qui justifie et la sifflante interne, et l'absence d'aspiration initiale[12]. Ce qui donne de la vraisemblance à cette explication, c'est que les couples où une forme d'indicatif 3ᵉ sg. à finale -το est associée à un participe en -μενος constituent chez Homère un système abondamment représenté dans ce type de thème verbal (aoriste radical moyen athématique, avec degré zéro pour les racines alternantes) : à preuve χύτο / χύμενος « couler », δέκτο / δέγμενος « recevoir », ὦρτο / ὄρμενος « se lever », ἆλτο / -άλμενος « bondir », ἔπτατο / πτάμενος « s'envoler », λέκτο / -λέγμενος « se coucher », βλῆτο / βλήμενος « être blessé », ἔκτατο / κτάμενος « être blessé à mort », et plusieurs autres[13].

5) Dans les racines indo-européennes dont l'initiale est une sonante (*y-, *w-, *n-, *m-, *l-, *r-), c'est un fait avéré qu'à côté du degré zéro ancien, réalisé par vocalisation de ladite sonante devant la consonne qui suit (> *i-, *u-, *n̥-, *m̥-, *l̥-, *r̥-), on voit volontiers apparaître un degré zéro remanié par conformation à la structure syllabique du degré plein, c'est-à-dire avec réalisation consonantique

12. Voir en ce sens D. Frame, 1978, p. 8, ainsi que, indépendamment, C. J. Ruijgh, 1996, p. 156 (< C. J. Ruijgh, 1987, p. 542), mais, ce qui est regrettable, sans référence à l'ouvrage de Frame. Cette doctrine est acceptée dans le *LIV* (p. 454-455) et chez D. Kölligan, 2007, p. 374-375, ainsi que dans *CEG* 7, p. 114 (notice de P. Ragot, reprise dans P. Chantraine, *DELG* 2009, p. 1274). Dans le même sens aussi J. L. García Ramón, 2004, p. 34 et p. 43 ; D. Frame, 2009, p. 39 et n. 70 ; É. Dieu, 2010[12], p. 71-73 ; en dernier lieu, A. Blanc, 2011, p. 187 (= compte rendu de R. S. P. Beekes, *EDG*).

13. La chose est bien connue et enregistrée dans les ouvrages de référence (P. Chantraine, 1942, *GH* I, p. 377-386 ; E. Risch, 1974, *WHS*, § 86). Voir en dernier lieu Ch. de Lamberterie, 2013, p. 45 et n. 114.

de la sonante et insertion d'une voyelle d'appui entre cette consonne et celle qui suit (*y°-, etc.). Dans le cas de la racine *nes-*, le degré zéro remanié *n°s-* > *nas-* est attesté à la fois en indo-iranien et en grec : en védique dans la forme d'optatif (citée ci-dessus) *nasīmahi*, qui remplace la forme attendue **asīmahi*, et en grec dans la base lexicale νασ- (devant sifflante ou occlusive dentale) / ναh- (dans tout autre contexte) « habiter, demeurer » du présent ναίω (Hom. +) et des nombreuses formes apparentées (μετα-νάστης « émigrant », *ναhϝός « temple » < « demeure du dieu », etc.)[14]. Du point de vue de l'aspect verbal, « demeurer, habiter » est le corollaire statique et résultatif du sens de « revenir chez soi » que présentent les thèmes verbaux à valeur dynamique[15].

4. On sait qu'à l'intérieur du grec les participes médio-passifs en -μενος ont un lien étroit avec les adjectifs verbaux en -τος. Dans un article célèbre, Antoine Meillet a montré qu'au départ il y avait une répartition entre -μενος au simple et -τος en composition, à preuve, chez Platon, un tour comme ὅσα ἀκίνητα καὶ κεκινημένα (*Soph.* 249d) « tout ce qui est immobile et tout ce qui se meut »[16]. Le déchiffrement du linéaire B a confirmé la justesse de cette analyse : on trouve en effet, dans les tablettes mycéniennes, des couples du type de *ki-ti-me-na* / *a-ki-ti-to* κτιμένᾱ / ἄκτιτον « (parcelle de terre, terrain) mis(e) en culture / non cultivé(e) » (*vel sim.*), et plusieurs autres semblables[17]. Mais comme par ailleurs le suffixe *-*tó*- d'adjectif verbal à degré zéro radical est productif dès l'indo-européen, l'une et l'autre formation se rencontrent fréquemment dans le même contexte. C'est ainsi que le nom Κλύμενος du grec alphabétique (Hom. +, avec le féminin Κλυμένη), attesté déjà au IIe millénaire (*ku-ru-me-no*, KN, PY), repose sur un participe aoriste médio-passif κλύμενος (Thcr., *Anth. Pal.*) « célèbre, renommé » (proprement « dont on entend parler », cf. l'actif κλυ- « entendre ») que l'on ne saurait séparer de l'adjectif verbal κλυτός (Hom. +) de même sens, lequel est connu pour continuer un étymon i.-e. **k̂lu-tó-* et dispose de larges appuis

14. Voir J. Kuryłowicz, 1956, p. 176 (repris dans J. Kuryłowicz, 1968, p. 246). On est surpris de constater que cet ouvrage fondateur n'est pas cité dans les études postérieures relatives à la question, alors que tout y est parfaitement mis en place. Et Kuryłowicz lui-même renvoie sur ce point à H. Güntert, 1916 où cette doctrine était déjà enseignée. Je me garderai d'en tirer la conclusion qu'en grammaire comparée « tout est dit et l'on vient trop tard » ; mais nombre de travaux anciens, et bien oubliés par la suite, gardent aujourd'hui encore toute leur valeur.

15. Sur cette famille de mots et ses relations avec celle de νέομαι, voir l'étude approfondie de J. L. García Ramón, 2004 ; l'auteur y montre que le présent **nas-ye/o-* doit être le relais d'un ancien parfait. Dans le même sens : D. Kölligan, 2007, p. 374-375.

16. Voir A. Meillet, 1929.

17. Sur les données mycéniennes et leur importance pour l'analyse de celles du Ier millénaire, voir J.-L. Perpillou, 2004, p. 77-79.

dans la comparaison (skr. *śrutá-*, etc.)[18]. Les doublets de ce type sont abondamment représentés à toute époque, aussi bien comme adjectifs et participes (χυτός / χύμενος, etc.) que dans l'onomastique : dès le IIe millénaire, on trouve un nom d'homme *a₂-nu-me-no* (PY) Ἁνύμενος à côté de *a-nu-to* (KN, TH, TI) Ἄνυτος (ce dernier avec psilose, comme en grec alphabétique)[19].

Dans ces conditions, s'il est vrai que ἄσμενος continue un participe médio-passif **n̥s-méno-* de la racine i.-e. **nes-*, on doit s'attendre à ce qu'il ait existé un adjectif verbal **n̥s-tó-* dans cette famille[20]. Le grec n'en a pas trace, mais c'est de cette formation que procède, en indo-iranien, le substantif neutre véd. *ásta-* (= av. *asta-*) « séjour, demeure », où la remontée de l'accent est liée à la substantivation. Dans son *Wörterbuch zum Rigveda* (1873, col. 157-158), H. Grassmann définit ainsi le sens de ce mot dans les hymnes védiques : « *Heimat*, *Heimatstätte*, besonders als Ort der Heimkehr, der Ruhe, des Behagens aufgefasst ». On ne saurait mieux dire, et cela confirme l'étymologie de ce mot à partir de la racine **nes-*, admise dans les ouvrages de référence[21]. Il faut, bien sûr, évoquer ici la formule homérique (ϝ)οἶκόνδε νέεσθαι # « rentrer chez soi »[22], ce qui montre la cohérence de tout cet ensemble.

A défaut d'adjectif verbal, le grec connaît, avec le même suffixe mais un degré radical (et donc un accent) différent, le substantif abstrait νόστος « retour » (< **nós-to-*), qui relève lui aussi d'un type ancien et productif dans les langues indo-européennes[23]. Il est à peine besoin de rappeler l'importance de ce mot dans la tradition littéraire de la Grèce archaïque. De ce substantif procède le verbe dénominatif (ἀπο)νοστέω « revenir », dont l'aoriste ἐνόστησα fonctionne chez Homère en supplétisme avec le présent νέομαι[24].

18. Sur i.-e. **k̂lu-tó-*, voir, pour se limiter à un ouvrage de référence récent, les données rassemblées dans *NIL* 426.

19. Sur ces deux noms, voir en dernier lieu Ch. de Lamberterie, 2012, p. 360, n. 40 (avec références).

20. Sur l'origine du morphème grec de participe -μενος et de son correspondant exact en phrygien, voir Ch. de Lamberterie, 2013, p. 43-47 : la comparaison avec l'arménien invite à partir, au moins pour l'aire balkanique de l'indo-européen à laquelle appartiennent ces trois langues, d'un étymon i.-e. **-méno-*, préférable à l'étymon **-mə₁no-* que reconstruisent plusieurs comparatistes. Le jeu que l'on constate en grec entre -μενος et -τος se retrouve en arménien ; ainsi a-t-on, de la racine i.-e. **mer-* « mourir », arm. *marmin* (gén. *marmnoy*) « corps », substantivation d'un participe médio-passif **mr̥-méno-* « périssable » (à rapprocher de véd. *ámr̥ta* « il mourut » < **é-mr̥-to*), et *mard* (gén. *mardoy*) « homme » (au sens de « être humain ») < **mr̥-tó-* « mortel » (= gr. βροτός).

21. Voir M. Mayrhofer, 1986-1992, *EWAia* I, p. 149-150. Si l'on songe au lien que, dans les langues indo-européennes, les adjectifs verbaux en **-tó-* entretiennent fréquemment avec les abstraits en **-tí-*, il faut évoquer ici le nom skr. *s(u)vastí-* « salut, prospérité » (d'où *svastika-* « talisman porte-bonheur »), composé du préfixe mélioratif *s(u)v-* et d'un abstrait reposant sur un étymon **n̥s-tí-* (*EWAia* II, p. 796-797).

22. Le rapprochement est fait par D. Frame, 2009, p. 39.

23. Sur la relation entre **n̥s-tó-* et **nós-to-*, voir P. Jackson, 2006, p. 105-109.

24. Voir sur ce point D. Kölligan, 2007, p. 363-376.

5. Ainsi que je l'ai rappelé plus haut, c'est à D. Frame que revient le mérite d'avoir montré le lien de l'adjectif ἄσμενος avec le verbe « revenir » (νέομαι, νοστέω) dans le formulaire homérique[25]. Je reprendrai ici les exemples qu'il fournit en ce sens, en y ajoutant les résultats de mes propres lectures. D'une manière générale, comme l'avaient déjà établi P. Chantraine et B. Mader à la suite de J. Wackernagel, ἄσμενος « exprime la joie du salut », ce qui entraîne dans le formulaire un lien avec l'aoriste ἔφυγον « échapper à un danger » et/ou le verbe σαόω « sauver », cette idée de salut s'opposant à celle de perte exprimée par le verbe ὄλλυμι. Mais certaines correspondances sont plus précises encore.

5.1. Considérons à cet égard les trois exemples du mot dans l'*Odyssée*. Le premier se trouve au début du grand récit d'Ulysse chez Alcinoos, lorsque le héros raconte l'affrontement qu'il a eu avec les Cicones, première d'une longue série d'épreuves dont il sortira indemne, mais seul (tous ses compagnons ayant disparu), pour arriver chez les Phéaciens (**φυγὼν ὕπο** νηλεὲς ἦμαρ #, *Od.* IX, 17, cf. aussi **νόστον** ἐμὸν πολυκηδέ' ἐνίσπω # au v. 37) :

Od. IX, 60-63

ἓξ δ' ἀφ' ἑκάστης νηὸς ἐϋκνήμιδες ἑταῖροι
ὤλονθ' · οἱ δ' ἄλλοι **φύγομεν θάνατόν** τε μόρον τε.
Ἔνθεν δὲ προτέρω πλέομεν ἀκαχήμενοι ἦτορ,
ἄσμενοι ἐκ θανάτοιο, φίλους ὀλέσαντες ἑταίρους.

« De chacun des vaisseaux, six de nos compagnons aux bonnes jambières périrent ; mais nous autres, nous pûmes échapper au destin de la mort. Nous reprîmes alors la mer avec tristesse, heureux d'avoir évité la mort, mais pleurant la perte de nos compagnons. »

Les deux autres exemples sont une répétition textuelle du premier, l'un à la fin de l'épisode du Cyclope (*Od.* IX, v. 565-566 = IX, v. 62-63) et l'autre à la fin de l'épisode des Lestrygons :

Od. X, 131-134

ἀσπασίως δ' ἐς πόντον ἐπηρεφέας **φύγε** πέτρας
νηῦς ἐμή· αὐτὰρ αἱ ἄλλαι ἀολλέες αὐτόθ' **ὄλοντο.**
Ἔνθεν δὲ προτέρω πλέομεν ἀκαχήμενοι ἦτορ,
ἄσμενοι ἐκ θανάτοιο, φίλους ὀλέσαντες ἑταίρους.

« A mon grand soulagement, mon navire put éviter les falaises et prendre le large ; mais tous les autres périrent sur place. Nous reprîmes alors la mer avec tristesse, heureux d'avoir évité la mort, mais pleurant la perte de nos compagnons. »

25. D. Frame, 1978, p. 6-24 (avec un écho dans D. Frame, 2009, p. 39-41).

Ce vers répété doit être rapproché d'un autre vers répété, qui figure dans une prophétie faite à Ulysse d'abord par Tirésias, puis par Circé (*Od.* XI, v. 114 = XII, v. 141) :

> ὀψὲ κακῶς **νεῖαι ὀλέσας ἄπο πάντας ἑταίρους.**
>
> « Tu finiras par rentrer chez toi, mais en bien triste état,
> après avoir perdu tous tes compagnons. »

Prophétie à laquelle fait écho Athéna lorsqu'elle accueille Ulysse à son arrivée à Ithaque (*Od.* XIII, v. 339-340) :

> αὐτὰρ ἐγὼ τὸ μὲν οὔ ποτ' ἀπίστεον, ἀλλ' ἐνὶ θυμῷ
> ᾔδε' ὃ **νοστήσεις ὀλέσας ἄπο πάντας ἑταίρους**
>
> « Pour moi, je n'ai jamais perdu confiance ; je savais en mon cœur que tu reviendrais après avoir perdu tous tes compagnons. »

L'ensemble est assez clair, et l'on ne peut que souscrire à la conclusion que tire D. Frame de la comparaison de ces passages[26] :

> « When they (*sc.* these lines) were composed […], the form *ásmenos* was necessarily still a part of the paradigm of *néomai.* »

De fait, l'expression ἄσμενοι ἐκ θανάτοιο signifiait proprement, au départ, « étant revenus de la mort », c'est-à-dire « ayant échappé à la mort » (cf. φύγομεν θάνατον). Rien n'empêche assurément de continuer à traduire « heureux d'avoir échappé à la mort », en suivant la tradition, mais l'essentiel est de suivre à la trace la filière sémantique dont l'aboutissement est, de fait, la « joie du salut », comme le prouve le lien, assorti d'un écho verbal, entre ἄσμενοι et ἀσπασίως au chant X, ainsi que l'opposition avec ἀκαχήμενοι « affligés ».

5.2. L'examen de l'un des deux passages de l'*Iliade* où apparaît notre adjectif confirme cette analyse. Après qu'Énée vient d'échapper aux coups d'Achille du fait de l'intervention de Poséidon, son adversaire l'accable de sarcasmes (*Il.* XX, v. 349-350) :

> ἐρρέτω · οὔ οἱ θυμὸς ἐμεῦ ἔτι πειρηθῆναι
> ἔσσεται, ὃς καὶ νῦν **φύγεν ἄσμενος ἐκ θανάτοιο.**
>
> « Qu'il disparaisse ! Il n'aura pas le cœur de m'éprouver à nouveau, trop heureux qu'il est d'avoir pour cette fois échappé à la mort. »

26. D. Frame, 1978, p. 12.

Cette tournure complexe φύγεν ἄσμενος ἐκ θανάτοιο combine les deux syntagmes attestés au chant IX de l'*Odyssée*, respectivement φύγο/ε- θάνατον et ἄσμενο- ἐκ θανάτοιο. On est en droit d'en conclure qu'au départ ἄσμενος ἐκ θανάτοιο signifiait, ici aussi, « revenu de la mort », mais que le terme a très tôt cessé d'être compris du fait de son isolement, et cela pourrait expliquer la filière sémantique dont l'aboutissement est « ayant échappé à la mort », ce qui donne l'impression d'une répétition inutile avec φύγεν. De fait, ce verbe peut se construire soit avec l'accusatif, soit avec ἐκ + génitif, ainsi en *Od.* XVI, 21 **ἐκ θανάτοιο φυγόντα** #, à propos de Télémaque accueilli par Eumée comme un fils par son père au terme d'un long et dangereux voyage. Dans l'*Iliade*, où il est surtout question de mort au combat, on trouve des tours comme ὅς κε **φύγῃσι** # δηΐου **ἐκ πολέμοιο** (*Il.* XIX, 72-73) « celui qui échappera au combat meurtrier ». Et, très logiquement dans ce système formulaire, le verbe « revenir » peut lui aussi se construire de la même manière, ainsi en *Il.* XVII, v. 239-240 :

> ὦ πέπον, ὦ Μενέλαε διοτρεφές, οὐκέτι νῶϊ
> ἔλπομαι αὐτώ περ **νοστησέμεν ἐκ πολέμοιο.**

> « Doux ami, divin Ménélas, je ne compte plus que nous
> sortions jamais ni l'un ni l'autre de ce combat. » (P. Mazon)

La combinaison de ces différents termes aboutit à des passages comme *Il.* I, v. 59-61 (Achille, à Agamemnon) :

> Ἀτρεΐδη, νῦν ἄμμε παλιμπλαγχθέντας ὀΐω
> ἂψ **ἀπονοστήσειν, εἴ κεν θάνατόν γε φύγοιμεν,**
> εἰ δὴ ὁμοῦ **πόλεμός** τε δαμᾷ καὶ λοιμὸς Ἀχαιούς.

> « Fils d'Atrée, j'imagine que nous allons bientôt, rejetés loin du but, retourner sur nos pas, du moins si nous pouvons échapper à la mort : guerre et peste frappant ensemble finiront par avoir raison des Achéens. » (P. Mazon)

Et c'est une alternance paradigmatique entre πόλεμος et θάνατος que l'on trouve dans la tournure « sauver de la mort / du combat », à preuve σαώσετον ἐκ πολέμοιο # (*Il.* XVII, 452) en regard de ἐκ θανάτοιο // σαώσομεν (*Il.* XXII, 175).

On entrevoit, dans ces conditions, comment la tournure complexe φύγεν ἄσμενος ἐκ θανάτοιο a pu finir par signifier « trop heureux qu'il est d'avoir échappé à la mort » ; la filière sémantique la plus plausible pour rendre compte de cette évolution me paraît être celle qu'a esquissée B. Mader dans le *LfgrE* (fasc. 8, 1978, col. 1416) : « Bedeutung-Entwicklung dann etwa "glücklich [objektiv] davongekommen" > subjektiv "glücklich [davongekommen]" ». De fait, le parallèle de *glücklich* en allemand ou de *heureux* en français peut être éclairant, ces adjectifs pouvant avoir une valeur objective (« un heureux résultat ») ou subjective (« je suis heureux de ce résultat »). Telle est bien, de fait, la situation d'Énée, heureux de cette heureuse issue du combat : « il en est revenu alors qu'il aurait pu y rester », auraient dit les combattants de la Grande Guerre.

5.3. Cette évolution paraît acquise dans l'autre exemple de l'*Iliade*, que j'ai déjà évoqué brièvement au début de la présente étude (*Il.* XIV, 107-108) :

> νῦν δ' εἴη ὃς τῆσδέ γ' ἀμείνονα μῆτιν ἐνίσποι,
> ἢ νέος ἠὲ παλαιός· **ἐμοὶ** δέ κεν **ἀσμένῳ** εἴη.
>
> « Je voudrais bien qu'il y ait quelqu'un, jeune ou vieux, pour émettre un avis meilleur que celui-ci (*sc.* celui que je viens de proposer, à savoir de lever l'ancre) ; j'en serais soulagé. »

Le personnage qui parle est Agamemnon, qui vient de se faire semoncer par Ulysse pour avoir proposé de lever l'ancre au lieu de continuer la guerre. Il s'agit bien, ici encore, de se tirer d'un mauvais pas, comme le montrent les propos d'Agamemnon lui-même quelques vers plus haut (v. 80-81) :

> οὐ γάρ τις νέμεσις **φυγέειν κακόν**, οὐδ' ἀνὰ νύκτα ·
> βέλτερον ὃς **φεύγων προφύγῃ κακὸν** ἠὲ ἁλώῃ.
>
> « Il n'y a pas de honte à fuir le malheur, même de nuit. Mieux vaut y échapper, fût-ce au prix de la fuite, que de s'y laisser prendre. »

6. Ainsi que l'indique P. Chantraine dans l'article du *DELG* cité plus haut, les emplois de l'adjectif après Homère sont, pour l'essentiel, en continuité avec l'usage épique : le bonheur qu'exprime ἄσμενος est le soulagement que l'on éprouve lorsque l'on vient d'échapper à un danger ou que l'on voit apparaître une planche de salut, que ce soit à la guerre, en voyage ou dans toute autre situation critique. Bon nombre d'exemples se rapportent à la joie de rentrer chez soi, d'arriver à bon port au terme d'un long et dangereux voyage, ce qui nous ramène au thème du νόστος. Je ne cite ici que quelques passages entre bien d'autres, en les situant dans un contexte assez large pour mettre en évidence la valeur des termes.

6.1. En continuité avec les emplois homériques, ἄσμενος apparaît fréquemment au voisinage des verbes « échapper » ou « sauver », ainsi :

THGN. 1337-1338

> οὐκέτ' ἐρῶ παιδός, χαλεπὰς δ' ἀπελάκτισ' ἀνίας,
> μοχθούς τ' ἀργαλέους **ἄσμενος ἐξέφυγον**.
>
> « Je n'ai plus de jeune amant, j'ai chassé du pied les tourments pénibles, je suis soulagé d'échapper aux dures souffrances (*sc.* inhérentes à l'amour). »

Eschl. *Pers.* 734-738 ΒΑ. μονάδα δὲ Ξέρξην ἔρημόν φασιν οὐ πολλῶν μέτα
ΔΑ. Πῶς τε δὴ καὶ ποῖ τελευτᾶν ; ἔστι τις **σωτηρία ;**
ΒΑ. **ἄσμενον** μολεῖν γέφυραν γαῖν δυοῖν ζευκτηρίαν
ΔΑ. καὶ **πρὸς ἤπειρον σεσῶσθαι τήνδε**, τοῦτ' ἐτήτυμον ;
ΒΑ. Ναί · λόγος κρατεῖ σαφηνὴς τοῦτό γ', οὐδ' ἔνι στάσις.

La Reine. — Et Xerxès, dit-on, seul, abandonné, avec de rares compagnons…
Darius. — Comment et où a-t-il vu s'achever son sort ? est-il pour lui une chance de salut ?
La Reine. — … a été trop heureux d'atteindre le pont qui joignait les deux continents…
Darius. — Et serait parvenu vivant sur cette terre : est-ce vrai ?
La Reine. — Oui, sur ce point, des rapports précis font foi, et nul désaccord.

Eur. *Hel.* 397-398 Καὶ τοὺς μὲν οὐκέτ' ὄντας ἀριθμῆσαι πάρα,
τοὺς δ' ἐκ θαλάσσης ἀσμένους πεφευγότας.

« On peut compter les morts, comme on peut dénombrer ceux qui ont réchappé des périls de la mer. »

HF 620-621 ΑΜ. Καὶ ποῦ' στιν ; ἢ **γῆς πατρίδος οἴχεται πέδον** ;
ΗΡ. Βέβηκ' Ἀθήνας **νέρθεν ἄσμενος φυγών.**

Amphitryon. — Où est-il ? parti vers le sol de sa patrie ?
Héraclès. — Oui, il est arrivé à Athènes, heureux d'avoir fui les enfers.

Hdt. IX, 52 Ταῦτα βουλευσάμενοι κείνην μὲν τὴν ἡμέρην πᾶσαν προσκειμένης τῆς ἵππου εἶχον πόνον ἄτρυτον · ὡς δὲ ἥ τε ἡμέρη ἔληγε καὶ οἱ ἱππέες ἐπέπαυντο, νυκτὸς δὴ γινομένης καὶ ἐούσης τῆς ὥρης ἐς τὴν δὴ συνέκειτό σφι **ἀπαλλάσσεσθαι**, ἐνθαῦτα ἀερθέντες οἱ πολλοὶ **ἀπαλλάσσοντο**, ἐς μὲν τὸν χῶρον ἐς τὸν συνέκειτο οὐκ ἐν νόῳ ἔχοντες, οἱ δὲ ὡς ἐκινήθησαν, **ἔφευγον ἄσμενοι** τὴν ἵππον πρὸς τὴν Πλαταιέων πόλιν...

« Ces dispositions prises, ils furent, pendant toute la journée qui suivit, incommodés sans trêve par les attaques de la cavalerie. Quand la tombée du jour eut mis fin à ces attaques, alors qu'il était déjà nuit et qu'était arrivée l'heure fixée d'avance pour leur départ, la plupart d'entre eux levèrent le camp et se mirent en route ; ils n'avaient pas l'intention de se rendre à l'endroit convenu ; dès qu'ils furent en mouvement, heureux d'avoir échappé à la cavalerie, ils prirent la direction de Platées pour s'y réfugier. »

Plat. *Rép.* I, 329c καὶ δὴ καὶ Σοφοκλεῖ ποτε τῷ ποιητῇ παρεγενόμην ἐρωτωμένῳ ὑπό τινος · Πῶς, ἔφη, ὦ Σοφόκλεις, ἔχεις πρὸς τἀφροδίσια ; ἔτι οἷος τε εἶ γυναικὶ συγγίγνεσθαι ; Καὶ ὅς · Εὐφήμει, ἔφη, ὦ ἄνθρωπε · **ἀσμενέστατα** (v.l. ἀσμεναίτατα) μέντοι αὐτὸ **ἀπέφυγον**, ὥσπερ λυττῶντά τινα καὶ ἄγριον δεσπότην ἀποφυγών.

« J'étais un jour près du poète Sophocle, quand on lui demanda : “Où en es-tu, Sophocle, à l'égard de l'amour ? es-tu encore capable de t'unir à une femme ? — Tais-toi, l'ami, répondit Sophocle ; je suis enchanté d'être échappé de l'amour, comme si j'étais échappé des mains d'un maître enragé et sauvage.” »

6.2. La joie d'arriver à bon port, de rentrer chez soi pour goûter un repos bien mérité est un thème également fréquent, parfois lié au précédent (ainsi Eur., *HF*, v. 620-621) ou bien développé pour lui-même, ainsi Eschl., *Prom.* 392-396 :

ΠΡ. Στέλλου, κομίζου, σῷζε τὸν παρόντα νοῦν.
ΩΚ. Ὁρμωμένῳ μοι τόνδ' ἐθώϋξας λόγον ·
λευρὸν γὰρ οἶμον αἰθέρος ψαίρει πτεροῖς
τετρασκελὴς οἰωνός, **ἄσμενος δὲ τἂν**
σταθμοῖς ἐν οἰκείοισι κάμψειεν γόνυ.

Prométhée. — Pars, éloigne-toi, garde ces dispositions.
Océan. — Je partais : ton conseil me harcèle pour rien. Mon quadrupède-oiseau bat doucement de ses ailes la route lisse de l'éther. Quelle joie il aura à ployer les genoux dans l'étable familière.

Soph. *Ph.* 271-272 τότ' **ἄσμενοί** μ' ὡς εἶδον **ἐκ πολλοῦ σάλου**
εὕδοντ' ἐπ' ἀκτῆς ἐν κατηρεφεῖ πέτρῳ

« Ils furent trop heureux alors de me voir, sortant d'une grosse mer, m'endormir sur la rive à l'abri d'un rocher » (P. Mazon)

Ar. *Ach.* 265-270 ΔΙ. Φαλῆς, ἑταῖρε Βακχίου,
ξύγκωμε, νυκτοπεριπλάνη-
τε, μοιχέ, παιδεραστά,
ἕκτῳ σ' ἔτει προσεῖπον **εἰς**
τὸν δῆμον ἐλθὼν ἄσμενος,
σπονδὰς ποησάμενος ἐμαυ-
τῷ, πραγμάτων τε καὶ μαχῶν
καὶ Λαμάχων **ἀπαλλαγείς**.

Le Chœur. — Phalès, compagnon de Bacchos, joyeux convive, coureur de nuit, adultère, amant des jeunes garçons, au bout de cinq ans je puis enfin te saluer, heureux de revenir dans mon village, après avoir conclu une trêve pour moi seul, délivré des tracas, des combats et des Lamachos.

Lys. I, 13 Κἀγὼ τούτων οὐδὲν ἐνθυμούμενος οὐδ' ὑπονοῶν **ἐκάθευδον** **ἄσμενος**, ἥκων ἐξ ἀγροῦ.

« Et moi, sans rien remarquer, sans rien soupçonner [*sc.* des manœuvres de mon épouse traîtresse], je m'endormis, heureux < de jouir d'un repos bien mérité > à mon retour du travail aux champs. »

PLAT. *Criti.* 106a Ὡς **ἅσμενος**, ὦ Σώκρατες, οἷον **ἐκ μακρᾶς ἀναπεπαυμένος ὁδοῦ**, νῦν οὕτως ἐκ τῆς τοῦ λόγου διαπορείας ἀγαπητῶς **ἀπήλλαγμαι**.

« Avec quel soulagement, Socrate, comme pour me reposer après un long voyage, j'ai plaisir à laisser de côté le fil de mon discours. »

6.3. Pour la tournure au datif, on peut citer, chez Sophocle :

SOPH. *Trach.* 15-21

Τοιόνδ' ἐγὼ μνηστῆρα προσδεδεγμένη
δύστηνος αἰεὶ κατθανεῖν ἐπευχόμην,
πρὶν τῆσδε κοίτης ἐμπελασθῆναί ποτε.
Χρόνῳ δ' ἐν ὑστέρῳ μέν, **ἀσμένῃ δέ μοι,**
ὁ κλεινὸς ἦλθε Ζηνὸς Ἀλκμήνης τε παῖς,
ὃς εἰς ἀγῶνα τῷδε συμπεσὼν μάχης
ἐκλύεταί με ·

Déjanire. — Dans l'attente d'un tel prétendant [*sc.* le fleuve Achélôos], la malheureuse que j'étais souhaitait à toute heure mourir plutôt qu'approcher d'un tel lit. A la fin, assez tard, mais à ma grande joie, arrive le fils de Zeus et d'Alcmène. Il entre en concurrence et en lutte avec l'autre, et il me délivre de lui.

Ici encore, on peut déceler une réminiscence homérique, discrète mais réelle. L'Agamemnon du passage de l'*Iliade* cherchait un homme providentiel pour sauver les Achéens de leur situation désespérée ; Déjanire exprime sa joie de voir arriver son sauveur Héraclès.

Cette étude aura, je l'espère, montré l'enrichissement mutuel que peuvent s'apporter la linguistique et la philologie. Dans un colloque organisé en hommage à Jacqueline de Romilly, je crois qu'il n'était pas déplacé de rappeler tout ce qu'en la matière nous devons à Pierre Chantraine, à l'égard de qui Jacqueline de Romilly a toujours reconnu sa dette et exprimé son admiration[27].

Charles DE LAMBERTERIE

27. Comme le montre notamment sa contribution intitulée « Vocabulaire et propagande ou les premiers emplois du mot ὁμόνοια », in *Mélanges de linguistique et de philologie grecques offerts à Pierre Chantraine*, Paris, Klincksieck (Études et Commentaires, 79), 1972, p. 199-209.

ABRÉVIATIONS ET BIBLIOGRAPHIE

FR. BADER, 1986, « De Pollux à Deukalion : la racine *deu-k- "briller, voir" », in *O-O-PE-RO-SI* (= *Festschrift* RISCH), A. Etter éd., Berlin-New York, De Gruyter, p. 463-488.

R. S. P. BEEKES, 2010, *Etymological Dictionary of Greek* (*EDG*), Leyde-Boston, Brill (Leiden Indo-European Etymological Series, vol. 10/1-2, en pagination continue).

A. BLANC, 2011, compte rendu de R. S. P. BEEKES, *EDG*, in *Bulletin de la Société de linguistique de Paris* (*BSL*) 106/2, p. 178-199.

CEG : « Chronique d'étymologie grecque », publiée par A. BLANC, Ch. de LAMBERTERIE et J.-L. PERPILLOU, in *Revue de Philologie* (*RPh*). *CEG* 1, *RPh* 70, fasc. 1, 1996[97], p. 103-138. — *CEG* 2, *RPh* 71/1, 1997[98], p. 147-179. — *CEG* 3, *RPh* 72/1, 1998[99], p. 117-141. — *CEG* 4, *RPh* 73/1, 1999[2000], p. 79-108. — *CEG* 5, *RPh* 74/1, 2000[02], p. 257-286. — *CEG* 6, *RPh* 75/1, 2001[02], p. 131-162. — *CEG* 7, *RPh* 76/1, 2002[03], p. 113-142. — *CEG* 8, *RPh* 77/1, 2003[04], p. 111-140. — *CEG* 9, *RPh* 78/1, 2004[05], p. 155-179. — *CEG* 10, *RPh* 79/1, 2005[07], p. 159-180 (+ index des *CEG* 1 à 10, p. 181-193). — *CEG* 11, *RPh* 80/2, 2006[08], p. 339-369. — *CEG* 12, *RPh* 83/2, 2009[12], p. 285-328. — *CEG* 13, *RPh* 85/2, 2011[13], p. 335-366.

P. CHANTRAINE, *Dictionnaire étymologique de la langue grecque, Histoire des mots* (*DELG*), Paris, Klincksieck. I (Α-Δ), 1968 ; II (Ε-Κ), 1970 ; III (Λ-Π), 1975 ; IV/1 (Ρ-Υ), 1977 ; IV/2 (Φ-Ω), 1980, par J. TAILLARDAT, O. MASSON et J.-L. PERPILLOU, sous la direction de M. LEJEUNE, avec la contribution de FR. BADER, J. IRIGOIN et P. MONTEIL. — Une nouvelle édition du *DELG* a été publiée par le même éditeur en 2009 ; le texte est resté sans changement mais a été recomposé (ce qui a entraîné une modification de la pagination : 1-1260 au lieu de 1-1306), et le volume comporte, en supplément, les 10 premières livraisons de la *CEG* (p. 1261-1383). Dans le présent article, les indications « *DELG* » et « *DELG* 2009 » renvoient respectivement à l'édition originale et à la nouvelle édition.

—, *Grammaire homérique* (*GH*), Paris, Klincksieck. I : *Phonétique et morphologie*, 1942 (3e tirage avec une conclusion nouvelle, 1958) ; II : *Syntaxe*, 1953.

DELG : voir P. CHANTRAINE.

DGE : *Diccionario griego-español*, 1980 – , FR. ADRADOS éd., Madrid, Consejo Superior de Investigaciones Científicas.

É. DIEU, 2010[12], « L'étymologie de l'adverbe grec νόσφι », *RPh* 84/1, p. 51-80.

DMic : FR. AURA JORRO, *Diccionario micénico*, Madrid, Consejo Superior de Investigaciones Científicas. I, 1985 ; II, 1993.

EDG : voir R. S. P. BEEKES.

EWAia : voir M. MAYRHOFER.

D. Frame, 1978, *The Myth of Return in Early Greek Epic*, New Haven-Londres, Yale University Press.

—, 2009, *Hippota Nestor*, Cambridge (Mass.)-Londres, Center for Hellenic Studies (Hellenic Studies Series, 37).

H. Frisk, *Griechisches etymologisches Wörterbuch* (*GEW*), Heidelberg, Winter. I (A-Ko), 1960 ; II (Κρ-Ω), 1970 ; III (Nachträge, Wortregister, Corrigenda, Nachwort), 1972.

J. L. García Ramón, 2004, « Zum Paradigma von idg. **nes-* : homerisch ἀπενάσσατο, kausat. ἀπονάσσωσιν als Aoriste von (°)νέομαι und die Entstehung des Präs. ναίω », in *Analecta homini universali dicata* (= *Festschrift* Panagl), Stuttgart, Verlag Hans-Dieter Heinz, p. 33-47.

GEW : voir H. Frisk.

GH : voir P. Chantraine.

GI : voir Fr. Montanari.

Gotō T., 1987, *Die « I. Präsensklasse » im Vedischen*, Vienne, Verlag der Österreichischen Akademie der Wissenschaften (Philologisch-Historische Klasse, Sitzungsberichte, vol. 489).

H. Güntert, 1916, *Indogermanische Ablautprobleme : Untersuchungen über Schwa secundum, einen zweiten indogermanischen Murmelvokal*, Strasbourg, K. J. Trübner.

IEW : J. Pokorny, *Indogermanisches etymologisches Wörterbuch*, Berne, Francke. I (texte), 1959 ; II (index), 1969.

P. Jackson, 2006, *The Transformations of Helen: Indo-European Myth and the Roots of the Trojan Cycle,* Dettelbach, Röll (Münchener Studien zur Sprachwissenschaft, fasc. 23).

J. H. Jasanoff, 2003, *Hittite and the Indo-European Verb*, Oxford University Press.

D. Kölligan, 2007, *Suppletion und Defektivität im griechischen Verbum*, Brême, Hampen Verlag (Münchner Forschungen zur historischen Sprachwissenschaft, vol. 6).

J. Kuryłowicz, 1956, *L'Apophonie en indo-européen*, Wrocław, Polska Akademia Nauk.

—, 1968, *Indogermanische Grammatik*. II : *Akzent · Ablaut*, Heidelberg, Winter.

Ch. de Lamberterie, 2012, « Sur un anthroponyme héroïque du grec ancien (hom. Ἀμυθάων, myc. *a-mu-ta-wo*), avec un excursus relatif à la famille du verbe ἔχω et à la loi de Grassmann », *Revue des Études grecques* 125, p. 341-363.

—, 2013, « Grec, phrygien, arménien : des anciens aux modernes », *Journal des Savants*, p. 3-69.

M. Lejeune, *Mémoires de philologie mycénienne* (*MPM*), I-IV. I (1955-1957), Paris, Éditions du CNRS, 1958 ; II (1958-1963), Rome, Edizioni dell'Ateneo, 1971 ; III (1964-1968), *ibid.*, 1972 ; IV (1969-1996), Rome, Istituti editoriali e poligrafici internazionali, 1997.

LfgrE : *Lexikon des frühgriechischen Epos*, 1955-2010, fondé par Br. Snell, Göttingen, Vandenhoeck & Ruprecht, I-IV.

LIV : *Lexikon der indogermanischen Verben : die Wurzeln und ihre Primärstammbildungen*, sous la direction de H. Rix avec la contribution de M. Kümmel, Th. Zehnder, R. Lipp, Br. Schirmer *et al.* – 2e éd. élargie et améliorée par M. Kümmel et H. Rix, Wiesbaden, Dr. Ludwig Reichert Verlag, 2001 (1re éd. : 1998).

LSJ : H. G. Liddell et R. Scott, *Greek-English Lexicon*, 9e éd. révisée par H. S. Jones et R. McKenzie, Oxford, Clarendon Press, 1940. *Revised Supplement*, par P. G. W. Glare et A. A. Thompson, 1996.

M. Mayrhofer, *Etymologisches Wörterbuch des Altindoarischen* (*EWAia*), Heidelberg, Winter. I (A-DH), 1986-1992 ; II (N-H), 1992-1996 ; III (Jüngere Sprache, Register), 1997-2001.

A. Meillet, 1929, « Les adjectifs grecs en -τος », in *Donum natalicum* Schrijnen, Nimègue-Utrecht, Dekker-Van de Vegt, p. 635-639.

Fr. Montanari, 2004, *Vocabolario della lingua greca, greco italiano* (*GI*), 2e éd., Turin, Loescher.

MPM : voir Lejeune.

NIL : D. S. Wodtko, Br. Irslinger et C. Schneider, 2008, *Nomina im Indogermanischen Lexikon*, Heidelberg, Winter.

J.-L. Perpillou, 2004, *Essais de lexicographie en grec ancien*, Louvain-Paris-Dudley (Mass.), Peeters (Bibliothèque d'études classiques, vol. 42).

E. Risch, 1974, *Wortbildung der homerischen Sprache* (*WHS*), 2e éd., Berlin-New York, Walter de Gruyter.

C. J. Ruijgh, 1967, *Études sur la grammaire et le vocabulaire du grec mycénien*, Amsterdam, Hakkert.

—, 1987, « A propos de ϝισϝο- (*wi-so-wo-*), ἐϝισυ- (*e-wi-su-*) et hom. ἐ(ϝ)εισάμενος », *Studies in Mycenaean and Classical Greek presented to John* Chadwick (= *Minos* 20-22), p. 533-544.

—, *Scripta minora ad linguam graecam pertinentia*, Amsterdam, Gieben. I, 1991 ; II, 1996.

R. Stefanelli, 2004, « Greco νόσφι », *Arch. Glott. Ital.* 89/2, p. 183-199.

—, 2009[10], « Νόος ovvero la "via" del pensiero », *Glotta* 85, p. 217-263.

J. Wackernagel, 1897, *Vermischte Beiträge zur griechischen Sprachkunde*, Bâle.

—, *Kleine Schriften*, Göttingen, Vandenhoeck & Ruprecht. I-II (en pagination continue), 1953 ; III, 1979.

WHS : voir E. Risch.

L'HISTORIEN THUCYDIDE VU PAR LE MÉDECIN GALIEN

Je crois être l'un des disciples les plus anciens de Jacqueline de Romilly qui a dirigé ma thèse de troisième cycle sur l'édition critique et commentée de la *Nature de l'homme* d'Hippocrate parue ensuite dans la collection internationale du *Corpus Medicorum Graecorum*. J'ai toujours eu une admiration sans borne pour son enseignement, son œuvre et sa personne. Mais j'ai très vite compris qu'elle était inimitable et qu'il fallait trouver sa propre voie de recherche. C'est en suivant cette propre voie que je voudrais aborder Thucydide si parfaitement édité et étudié par Jacqueline de Romilly, à la lumière du médecin Galien, en hommage à celle à qui je dois tout dans les moments décisifs de ma carrière.

La réception de Thucydide depuis l'Antiquité jusqu'à l'érudition moderne a été l'objet d'une attention particulière lors de la dernière décennie. Dans les actes de trois colloques réunis comprenant une cinquantaine de communications publiés en 2010 sous le titre *Ombres de Thucydide* et le sous-titre *La réception de l'historien depuis l'Antiquité jusqu'au début du* XX*e siècle*, on rencontre pour le deuxième siècle après J.-C. deux fort intéressantes communications sur Thucydide vu par Lucien, l'une de Monique Trédé, l'autre d'Alain Billault[1]. Mais on peut s'étonner que malgré la célébrité de la description magistrale de la peste d'Athènes par Thucydide dans le livre II de ses *Histoires*, aucune mention ne soit faite dans cet ample volume d'un autre auteur contemporain de Lucien, du médecin Galien de Pergame[2].

1. V. Fromentin, S. Gotteland et P. Payen, *Ombres de Thucydide. La réception de l'historien depuis l'Antiquité jusqu'au début du* XX*e siècle*, Ausonius, Université de Bordeaux, diff. De Boccard, Paris, 2010, 776 p.

2. Galien n'apparaît même pas dans l'Index des sources. Certes, il y a eu récemment dans A. Rengakos et A. Tsakmakis, *Brill's Companion to Thucydides*, Leyde-Boston, 2006, un article suggestif de Rosalind Thomas intitulé « Thucydides' Intellectual Milieu and the Plague » (p. 87-108) où les relations entre Thucydide et le milieu médical hippocratique sont abordées. Cependant, même dans cette étude, il n'y a aucune référence à ce que Galien a pu dire de la description de la peste d'Athènes chez Thucydide. Un seul érudit a signalé brièvement la lacune du témoignage de Galien dans la critique thucydidéenne, c'est F. Kudlien, « Galens Urteil über die Thukydideische Pestbeschreibung », *Episteme* 5, 1971, p. 132-133.

A vrai dire, dans les études érudites sur Thucydide, depuis le XIXe siècle jusqu'à nos jours, il n'y a qu'un unique passage de Galien qui a attiré l'attention. Or Galien dans l'ensemble de son œuvre cite, non pas une fois, mais vingt-cinq fois Thucydide. C'est dire que le sujet que j'aborde aujourd'hui, celui de la lecture de l'historien Thucydide par le médecin Galien, nous conduit, pour l'essentiel, en dehors des sentiers battus de la critique thucydidéenne.

Galien, dont l'œuvre est immense et dont les préoccupations sont multiples, non seulement médicales, mais aussi philologiques, morales et philosophiques, fut un admirable commentateur d'Hippocrate, n'hésitant pas à expliquer le sens des mots à la fois en philologue et en médecin. Notamment au cours de ses commentaires, il lui arrive de discuter sur le sens ou l'emploi de mots grecs qu'il rencontre chez Hippocrate. Et c'est dans un tel contexte que l'on découvre une première catégorie de références à Thucydide.

*

* *

On commencera par un mot qui n'a rien de technique en soi, c'est l'emploi du superlatif μάλιστα avec un nom de nombre. Galien, dans son commentaire aux *Articulations* d'Hippocrate, explique le passage du traité où Hippocrate, donnant son pronostic défavorable dans le cas d'une luxation des deux côtés de la mâchoire si elle n'est pas réduite dans les plus brefs délais, déclare : « Ceux-ci donc meurent le dixième jour environ » (Οὗτοι οὖν καὶ θνήσκουσι δεκαταῖοι μάλιστα). Le commentaire de Galien, en apparence purement philologique, porte sur la nuance de sens introduite par μάλιστα. Le voici (éd. Kühn XVIII A 449, 15-450, 7) :

> « Il est possible de trouver aussi chez les autres auteurs anciens parfois un sens du mot μάλιστα tel que maintenant chez Hippocrate où il est évident qu'il indique la quantité la plus proche de la chose désignée par le chiffre, comme s'il avait dit ainsi : "et ils meurent ceux qui sont dans cet état en général autour du dixième jour", si bien que si c'est le neuvième jour ou le onzième jour qu'ils subissent cela, l'affirmation est vraie. Que (les auteurs anciens) usent ainsi de μάλιστα est clair pour toi à partir des exemples suivants. »

Galien cite alors trois exemples : deux phrases du livre I de Thucydide, puis une phrase d'Andocide *Sur les Mystères*. Voici ces exemples (*ibid.*, 450, 7-14) :

> 1. « Thucydide d'une part dans le premier livre dit (= I, 118, 2) : "L'ensemble de ces entreprises menées par les Grecs, soit entre eux, soit contre le Barbare, se déroula en cinquante années environ." (ταῦτα δὲ ξύμπαντα ὅσα ἔπραξαν οἱ Ἕλληνες πρός τε ἀλλήλους καὶ τὸν βάρβαρον ἐγένετο ἐν ἔτεσι πεντήκοντα **μάλιστα**.)

2. et dans le même livre (Thucydide dit) (= I, 63, 2) : “La distance (entre Olynthe et Potidée) est environ de soixante stades” (ἀπέχει δὲ ξ' [= ἑξήκοντα] σταδίους **μάλιστα**).

3. Andocide d'autre part dans *Sur les mystères* (= c. 38) : “voyant des hommes au nombre de trois cents environ” ᾄδων (= ἰδὼν ?) δ' ἀνθρώπους τὸν μὲν ἀριθμὸν **μάλιστα** τριακοσίους. »

Puis il conclut par un élargissement : « Fréquent est l'emploi du mot avec ce sens chez tous les (auteurs) grecs. »

On observera d'abord la précision des références de Galien qui indique non seulement les deux auteurs des citations, mais aussi l'œuvre dans le cas d'Andocide ou le livre dans le cas de Thucydide. On soulignera ensuite l'excellence du choix des exemples qui ne sont pas redondants : le premier est relatif à une évaluation temporelle approximative (« cinquante années environ »), ce qui illustre directement le passage d'Hippocrate objet du commentaire (« le dixième jour environ ») ; le deuxième exemple porte sur l'évaluation approximative d'une distance spatiale (« soixante stades environ » entre les villes d'Olynthe et de Potidée) ; le troisième exemple concerne l'évaluation approximative du nombre d'un groupe d'hommes (« trois cents environ »). Ce n'est donc pas au hasard, mais avec discernement que Galien choisit ses exemples parmi des auteurs contemporains d'Hippocrate.

Son commentaire, paraissant purement philologique, n'est toutefois pas sans enjeu médical ; car de la nuance du sens de l'adverbe dépend l'interprétation véritable qu'il faut donner au pronostic d'Hippocrate sur une issue fatale dans le traité des *Articulations*. Galien, à la fois disciple et défenseur d'Hippocrate, en faisant appel à des citations de Thucydide et d'Andocide, prévient par là-même une objection contre des lecteurs qui ignoreraient les nuances du grec : la véracité du pronostic d'Hippocrate ne saurait être mise en cause, même si le malade meurt non pas le dixième jour, mais le neuvième ou le onzième.

On pourrait s'arrêter à ce point du commentaire pour aborder immédiatement un autre exemple, mais je ne puis passer sous silence un intérêt plus technique de ces citations, à savoir l'utilité qu'elles présentent pour l'édition des auteurs cités. Les citations de Thucydide et d'Andocide faites ici par Galien constituent ou devraient constituer pour les éditeurs modernes de ces deux auteurs une tradition indirecte digne de considération, car elles transmettent un état ancien du texte de Thucydide et d'Andocide qui remonte en théorie au IIe siècle ap. J.-C., époque de Galien, c'est-à-dire à un état du texte antérieur de plusieurs siècles aux manuscrits médiévaux de la tradition directe. J'observe à cet égard une différence entre le destin de ces trois citations dans l'érudition moderne. Les éditeurs d'Andocide connaissent la citation de Galien et l'ont utilisée.

Car l'adverbe μάλιστα qui est au centre de la discussion de Galien est absent dans la tradition directe d'Andocide. Le témoignage de Galien apporte donc la preuve que cet adverbe a disparu fautivement dans la tradition directe, et les éditeurs d'Andocide l'ont rétabli à juste titre[3]. En revanche, les deux citations que Galien a faites de Thucydide sont restées inaperçues, probablement parce que la tradition directe a conservé les deux fois l'adverbe μάλιστα. Néanmoins, on devrait se demander si dans le cas de variantes entre les manuscrits de la tradition directe, le témoignage indirect de Galien peut apporter des éléments utiles pour guider le choix de l'éditeur de Thucydide.

Or il se trouve que Jacqueline de Romilly, dans son édition de Thucydide, a eu le mérite de commenter, dans ce qui correspond à l'exemple n° 2 illustrant l'approximation spatiale, une variante sur le temps du verbe marquant la distance entre Olynthe et Potidée. Je donne cette fois l'ensemble de la phrase (traduction et texte avec apparat critique) dans l'édition de Jacqueline de Romilly ainsi que la note :

> Thucydide I, 63, 2 : « Quant aux troupes qui devaient d'Olynthe secourir les Potidéates – la distance était[3] autant qu'on puisse le dire, de soixante stades, sans rien qui arrête la vue – quand la bataille commença et que les signaux furent hissés, elles firent un léger mouvement en avant pour porter secours. » (trad. de J. de Romilly)
>
> (Οἱ δ'ἀπὸ τῆς 'Ολύνθου τοῖς Ποτει-δεάταις βοηθοί – **ἀπεῖχε** [ABEFM Romilly : ἀπέχει C] δὲ ἑξήκοντα μάλιστα σταδίους καὶ ἔστι καταφανές – ὡς ἡ μάχη ἐγίγνετο καὶ τὰ σημεῖα ἤρθη, βραχὺ μέν τι προῆλθον ὡς βοηθήσοντες.)
>
> Note 1 (J. de Romilly) : « On peut admettre (*lectio difficilior*) que Thucydide considère les troupes et emploie l'imparfait (*sc.* **ἀπεῖχε**), malgré le ἔστι purement géographique qui suit. »

La note justifie le choix de l'imparfait « la distance était » (ἀπεῖχε) donné par les manuscrits ABEFM que Jacqueline de Romilly a préféré au présent « la distance est » (ἀπέχει) donné par C. C'est là que la citation de Galien apporte un élément nouveau dans la discussion. Elle ne donne pas l'imparfait, mais le présent géographique ἀπέχει comme C, le manuscrit le plus ancien dont on sait qu'il donne généralement la bonne leçon. Dès lors, que faut-il adopter ici ?

3. Dans le cas d'Andocide, la citation de Galien a été utilisée lors de l'établissement du texte pour rétablir non seulement μάλιστα mais aussi μέν (éd. Dalmeyda 29 app. crit. *ad loc.*). Le texte d'Andocide repose sur la collation d'un unique manuscrit dont les autres dérivent, *Crippsianus* ou *Burneianus* 95 A (s.XIII) qui a ὁρᾶν. Pour le texte de Galien, le problème est que nous ne possédons actuellement que l'édition de Kühn qui ne repose pas sur les manuscrits anciens. Il y a trois manuscrits dont un à Paris ; cf. Anastassiou/Irmer, *Testimonien zum Corpus Hippocraticum*, Göttingen II, 1, 1997, p. 18. Il serait très intéressant de connaître la leçon qu'ils ont pour le premier mot fort obscur (ᾄδων = ἰδὼν ?).

La variante qui peut paraître la *lectio difficilior* comme le dit Jacqueline de Romilly ? ou plutôt celle qui se révèle être la plus anciennement attestée par l'accord du manuscrit médiéval le plus ancien et de Galien ?[4] Je terminerai sur cette interrogation l'excursus sur l'utilité des citations pour l'établissement du texte tout en signalant que toutes les autres citations de Thucydide faites par Galien que nous allons rencontrer dans la suite de la communication devraient être utilisées pour contribuer à l'établissement du texte, qu'il s'agisse de celui de Thucydide ou inversement de celui de Galien.

Ces deux premières citations de Thucydide à propos de l'explication d'un mot qui n'a en lui-même rien de médical ne sont pas étonnantes. Mais ce qui est plus surprenant, c'est que les citations de Thucydide peuvent apparaître lorsque le médecin discute du sens technique du vocabulaire médical d'Hippocrate. Il lui arrive, en effet, de prendre en exemple, dans le cadre de sa discussion, des phrases de la description de la peste d'Athènes, ce qui implique que le médecin Galien reconnaissait une certaine compétence dans le domaine médical à l'historien Thucydide. Or ce témoignage de Galien sur Thucydide n'a été pris en considération par les spécialistes de Thucydide qu'une seule fois, sur le sens du mot grec καρδία dans la phrase suivante (II, 49, 3) :

> « Et quand la douleur se fixait ἐς τὴν καρδίαν, elle le retournait et des évacuations de bile sous toutes les formes dénommées par les médecins survenaient, et cela au prix d'un grand effort. »
>
> (καὶ ὁπότε ἐς τὴν καρδίαν στηρίξειεν, ἀνέστρεφέ τε αὐτὴν καὶ ἀποκαθάρσεις χολῆς πᾶσαι ὅσαι ὑπὸ ἰατρῶν ὠνομασμέναι εἰσὶν ἐπῇσαν, καὶ αὗται μετὰ ταλαιπωρίας μεγάλης.)

Le mot καρδία désigne-t-il ici « le cœur » en tant que viscère suivant l'emploi usuel du terme ou a-t-il un autre sens signalé par une scholie à Thucydide et plus précisément par Galien ? La scholie II 49, 3 (éd. K. Hude) donne le sens d'« estomac », et Galien le sens plus précis de « bouche de l'estomac », c'est-à-dire d'orifice stomacal supérieur, dans des passages que nous allons examiner.

Le sens donné par la scholie a été adopté par les traducteurs et commentateurs anciens[5]. C'est ainsi que Jean Voilquin dans la traduction des Classiques

4. Dans son édition Teubner de 1954, O. Luschnat (p. 60, 13) a choisi le présent. Il en était de même dans l'OCT de H. S. Jones et de J. E. Powell (1942). Le témoignage de Galien va plutôt dans ce sens.

5. Voir J. Classen – J. Steup, *Thukydides*, 5e éd., 1914 (réimp. Berlin, 1966), p. 184, n. 11 : « καρδία der Magen, wie auch Hippokrates das Wort gebrauchte ». Contrairement à ce qui est dit, le sens d'« estomac » est donné par la scholie et non par Hippocrate où le sens est, en fait, plus précis (« bouche de l'estomac »).

Garnier traduit par « estomac ». En revanche Jacqueline de Romilly dans la CUF traduit par le « cœur ».

Il faut dire qu'entre les deux traductions se situe un article important en anglais de D. L. Page sur la « Description de la grande peste à Athènes par Thucydide » (1953) qui mettait en doute l'interprétation donnée par la scholie ou par Galien sans être totalement affirmatif, car il reconnaissait son incompétence en médecine grecque, mais il proposait d'adopter le sens de « cœur » qui lui paraissait être le sens habituel du mot chez les médecins hippocratiques[6].

Cet article, malgré sa conclusion nuancée, a déterminé la position sans nuance des commentateurs anglais de Thucydide, d'abord de A. W. Gomme (2e éd. 1962), qui déclare que Page a montré selon toute probabilité que καρδία signifie « cœur » comme c'est généralement le cas chez les médecins, et non la bouche de l'estomac comme le dit Galien, et surtout de Simon Hornblower (1997) qui se contente de renvoyer à l'article de Page et choisit le sens de « cœur » en rejetant le sens de « bouche de l'estomac » sans citer ni la scholie à Thucydide ni Galien. Plus on avance dans le temps, plus les certitudes grandissent et plus les sources premières disparaissent, le seul fondement restant un article de référence. Mais ce qui est plus étonnant, c'est que le passage de Galien qui propose le sens de « bouche de l'estomac », lorsqu'il est allégué dans la discussion par les spécialistes modernes de Thucydide, que ce soit par Page ou par Gomme, n'est connu que par une simple référence au tome et à la page de l'édition de Kühn du XIXe siècle (= Kühn tome V page 275), sans même que l'on sache de quel traité de Galien il s'agit, ni que l'on ait la moindre idée de l'argumentation de Galien ou du contexte dans lequel apparaît la citation de Thucydide.

Mon premier devoir est donc d'apporter un peu de lumière sur ce passage de Galien. Il s'agit de son œuvre philosophique majeure, le traité *Sur les doctrines d'Hippocrate et de Platon* où il montre que le cœur, contrairement à ce que pensent Aristote et les Stoïciens, n'est pas le centre hégémonique de l'âme. A la fin du livre II, c. 8 (De Lacy, *Corpus Medicorum Graecorum* [CMG] V 4, 1, 2 p. 158 = Kühn V 274-275), il conteste que le cœur en tant que viscère soit mordu par la douleur ; c'est en réalité la bouche de l'estomac, et il poursuit en affirmant : « Les Anciens appellent καρδία de même que le viscère du thorax, de même aussi la

6. D. L. Page, « Thucydides' Description of the Great Plague at Athens », *Classical Quarterly* NS III, 1953, p. 97-119 (p. 100). Il existe aussi un article plus récent sur la question (sans compter R. Thomas cité n. 2), celui de A. Parry (« The Language of Thucydides' Description of the Plague », *Bulletin of the Institue of Classical Studies* 16, 1969, p. 106-118. On y trouvera un historique des travaux sur les relations entre la description de la peste d'Athènes de Thucydide et la médecine très clair et très utile. Mais bien qu'il traite de façon critique de la question du vocabulaire technique médical chez Thucydide, il omet de citer cet exemple sur le sens de καρδία alors qu'il concerne par excellence le vocabulaire technique. Aussi ne parle-t-il jamais de Galien à la différence de Page.

bouche de l'estomac et cette appellation est très fréquente chez eux »[7]. Pour illustrer ce sens, il cite trois passages : d'abord le poète Nicandre (*Alexipharmaques*, v. 21-22), puis la phrase de Thucydide en question, enfin un passage des *Épidémies* II d'Hippocrate[8]. Voilà donc Thucydide cité à nouveau dans une série de trois exemples, comme lors de la précédente discussion sur l'adverbe μάλιστα. Mais à la différence de la première série, Thucydide apparaît, non plus au côté d'un orateur, mais entre le poète médecin de l'époque hellénistique, Nicandre, et le prosateur médecin Hippocrate. C'est donc pour sa compétence médicale que Thucydide est cité maintenant. De ce passage, il résulte qu'aux yeux de Galien, en tout cas, Thucydide entendait le mot καρδία non pas au sens de « cœur » comme les traducteurs modernes de Thucydide, ni non plus au sens d'« estomac », comme les traducteurs plus anciens se référant à la scholie, mais au sens technique de *cardia* en français, c'est-à-dire de bouche de l'estomac, sens que Galien déclare n'être pas rare, mais même très fréquent dans les textes des anciens.

Le dossier galénique, présenté ainsi, renouvelle considérablement la discussion en apportant d'autres passages où καρδία est employé au sens de « bouche de l'estomac ». Mais il n'est pas complet ; car Galien a cité à nouveau cette même phrase de la peste de Thucydide, toujours à propos de la discussion du sens du mot καρδία, dans un autre passage ignoré des spécialistes de Thucydide. C'est dans son commentaire au *Pronostic* d'Hippocrate (III 35), et cette fois le passage de Thucydide est choisi comme seule référence pour expliquer le sens du mot hippocratique καρδιωγμός désignant une affection du *cardia*.

mots d'Hippocrate commentés (éd. Heeg 359, 14-17 = *Pronostic* c. 24, 7, éd. Jouanna 72, 2-5) :

7. Texte grec (De Lacy 158, 19-21 = Kühn V 274,14-17) : ὥσπερ γὰρ τὸ κατὰ τὸν θώρακα σπλάγχνον, οὕτω καὶ τὸ τῆς γαστρὸς στόμα **καρδίαν** ὀνομάζουσιν οἱ παλαιοὶ καὶ πάμπολύ γε τοὔνομά ἐστι παρ' αὐτοῖς.

8. 1. « Nicandre (= *Alexipharmaques* v. 21-22) s'exprime à peu près ainsi : (la bouche de l'estomac) que certains appellent "**cardia** recevant le repas" et d'autres "réceptacle de l'estomac" » (ὁ μὲν δὴ Νίκανδρος ὧδέ πώς φησιν· ἣν '**καρδίην** ἐπιδόρπιον', οἱ δὲ 'δοχαίην' / κλείουσι 'στομάχοιο').

2. « **Thucydide** (= II, 49, 3) s'exprime ainsi : "Et quand la douleur se fixait sur le **cardia** (= bouche de l'estomac), elle le retournait et des évacuations de bile sous toutes les formes dénommées par les médecins se produisaient, et cela avec une grande difficulté" (**Θουκυδίδης** δ' ὧδε· "καὶ ὁπότε εἰς τὴν **καρδίαν** στηρίξειεν, ἀνέστρεφέ (Thuc. recte : ἀνέτρεπέ Gal. falso) τε αὐτὴν καὶ ἀποκαθάρσεις χολῆς πᾶσαι ὅσαι ὑπὸ τῶν ἰατρῶν ὠνομασμέναι εἰσὶν ἐπῄεσαν").

3. « Et Hippocrate (= *Épidémies* II, 2, 1, Littré V, 84, 1-3) s'exprime ainsi : "la femme souffrait de **cardialgie** et rien ne la soulageait. En saupoudrant de la fleur de farine de blé dans du jus de grenade et en ne prenant qu'un seul repas, elle résista et n'avait pas des vomissements comme dans le cas de Chairion" » (ὁ δ' Ἱπποκράτης· "γυνὴ ἐκαρδιήλγεε καὶ οὐδὲν καθίστη· πάλην ἐς ῥοιῆς χυλὸν ἀλφιτῶν ἐπιπάσσουσα καὶ μονοσιτίῃ (Jouanna : μονοσιτίη codd. edd.) ἤρκεσε καὶ <οὐκ> ἀνήμεεν οἷα τὰ Χαιρίωνος").

« chez celui qui, au cours d'une fièvre non mortelle, dit qu'il a mal à la tête ou aussi qu'une tache sombre se trouve devant ses yeux, si une douleur au *cardia* s'y ajoute, un vomissement bilieux se produira » (Ὅστις δ'ἂν ἐν πυρετῷ μὴ θανατώδει φῇ τὴν κεφαλὴν ἀλγέειν ἢ καὶ ὀρφνῶδές τι πρὸ τῶν ὀφθαλμῶν γίνεσθαι, ἢν καρδιωγμὸς τουτέῳ προσγένηται, χολώδης ἔμετος παρέσται).

commentaire de Galien (éd. Heeg 360, 16-24) :

« La bouche de l'estomac (elle est appelée, comme nous le savons, aussi καρδία), à cause de la grandeur des nerfs sensitifs qu'elle a, n'ignore rien de ce qui lui arrive ; ainsi donc mordue par l'humeur bilieuse amère elle produit ce que l'on appelle une affection du *cardia* (καρδιωγμόν) ; c'est pourquoi un vomissement de bile se produit chez eux ; car c'est quelque chose d'analogue que Thucydide a montré là où il a dit "et quand la douleur venait se fixer au *cardia* (καρδίαν), elle le retournait et des évacuations de bile sous toutes les formes pour lesquelles les médecins ont des noms survenaient". Car il a employé le mot "retournait" pour signifier le désir de vomir aussitôt, appelant καρδία la bouche de l'estomac. C'est la raison pour laquelle on appelle les morsures de cette partie, "*cardiôgmes*" (καρδιωγμούς), et cardialgies (καρδιαλγίας). »

(τὸ δὲ τῆς γαστρὸς στόμα – καλεῖται δέ, ὡς ἴσμεν, τοῦτο καὶ καρδία – διὰ τὸ μέγεθος ὧν ἔχει νεύρων αἰσθητικῶν οὐδὲν λανθάνει τῶν καθ' ἑαυτό· δακνόμενον οὖν ὑπὸ τοῦ πικροχόλου χυμοῦ τὸν καλούμενον οὕτω καρδιωγμὸν ἐργάζεται· διὸ καὶ χολώδης ἔμετος αὐτοῖς γίνεται· τοιοῦτον γάρ τι καὶ ὁ Θουκυδίδης ἐδήλωσεν, ἔνθα φησί "καὶ ὁπότε ἐς τὴν καρδίαν στηρίξαι, ἀνέστρεφέ τε [τε PF : γε VR Heeg] αὐτὴν καὶ ἀποκαθάρσεις χολῆς ὁπόσαι παρὰ τῶν ἰατρῶν ὠνομασμέναι εἰσὶν ἐπῄεσαν" τὸ γὰρ ἀνέστρεφεν ἐπὶ τῆς πρὸς ἔμετον ὁρμῆς εἶπεν εὐθέως γε καὶ καρδίαν ὀνομάσας τὸ στόμα τῆς γαστρός· διὸ δὴ καὶ τὰς δήξεις αὐτοῦ καρδιωγμοὺς καὶ καρδιαλγίας ὀνομάζουσιν.)

Le commentaire de Galien se révèle plus précis et plus instructif que le précédent, car Galien établit un lien de cause à effet entre l'apparition de la douleur au *cardia* et le vomissement de bile aussi bien dans le passage du *Pronostic* d'Hippocrate que dans la description de Thucydide. D. L. Page dans son article considéré comme fondateur dit (p. 100) : « il n'y a pas de raison de supposer que Thucydide ne peut pas écrire (de façon indépendante) sur le trouble du cœur dans une proposition et du vomissement de bile dans la suivante » (« there is no reason to suppose that Thucydides could not write of a disturbance of the heart on one clause and of the vomiting of gall in the next »). En fait, on peut désormais répondre que Galien voyait un lien de cause à effet entre la douleur au *cardia* et le vomissement de bile chez Thucydide, puisqu'il introduit la citation justement pour illustrer la relation de cause à effet que l'on trouve aussi chez Hippocrate dans le *Pronostic*. Ce qui semble confirmer que cette relation est établie par Thucydide lui-même en II 49, 3, c'est d'une part la liaison τε…

καί qui relie les deux propositions indiquant la douleur au *cardia* et le vomissement de bile, et d'autre part l'emploi du verbe composé ἐπῇσαν qui peut signifier dans un sens plein que les évacuations de bile (ἀποκαθάρσεις χολῆς sujet du verbe) « venaient à la suite » c'est-à-dire résultaient de la douleur au *cardia*.

On conclura donc de l'ensemble du dossier que, selon Galien, le mot grec καρδία signifie plutôt chez Thucydide « la bouche de l'estomac » et que la douleur parvenue à la bouche de l'estomac entraîne des vomissements de bile. L'interprétation de Galien est celle qui rend compte avec le plus de précision de la description de Thucydide et du sens des mots. On ne peut donc pas condamner sans réserve la lecture de Galien comme le font les deux commentateurs les plus récents de Thucydide, Gomme ou Hornblower[9].

Pour terminer cette première partie sur l'utilisation des citations de Thucydide chez Galien afin d'expliquer le sens ou l'emploi d'un mot, je resterai encore sur cette même phrase de Thucydide, car elle est citée une troisième fois par Galien dans un autre traité pour commenter un autre mot technique de la phrase venant après καρδία, à savoir ἀποκάθαρσις, « l'évacuation ». C'est dans son Commentaire à *Épidémies VI* d'Hippocrate[10] :

> mots d'Hippocrate commentés (= *Epid.* VI, 4, 10, Manetti/Roselli 90, 4 = Littré V, 310, 2) :
>
> Ἢν οἷα δεῖ καθαίρεσθαι καθαίρωνται, καὶ εὐφόρως φέρουσιν, « Si ce qui doit être évacué est évacué, (c'est utile) et les malades le supportent facilement. »
>
> commentaire de Galien :
>
> « Hippocrate a l'habitude d'appeler évacuations non seulement celles qui sont causées par les médicaments, mais aussi celles qui proviennent de la nature. Quant à **Thucydide**, il a appelé évacuations également les vacuités qui relèvent d'un symptôme en raison de la maladie et non pas seulement celles qui se produisent par les

9. Le seul érudit moderne spécialiste de Thucydide à proposer le sens de « bouche de l'estomac » pour traduire καρδία est Raymond Weil dans *Thucydide, La Guerre du Péloponnèse : Périclès (II, 1 à 65)*, Paris, Presses Universitaires de France, 1965, p. 77, n. 3 (sans toutefois citer Galien). On comparera aussi avec J. S. Rusten, *Thucydides, The Peloponnesian War, Book II*, Cambridge University Press, 1989, p. 184 : « καρδία "stomach" rather than "heart" (both meanings are attested in medical writings). » Malheureusement, la traduction par *stomach* remonte à la scholie et ne correspond pas au sens exact « bouche de l'estomac » attesté dans la littérature médicale. Le dossier sur le sens de καρδία a été repris en 1965 par un spécialiste de médecine ancienne, Ch. Lichtenthaeler, *Thucydide et Hippocrate vus par un historien-médecin*, Genève, Droz, 1965, p. 54-55 ; il en conclut, à la différence de D. L. Page, que le sens de « bouche de l'estomac » est plus probable que celui de « cœur », mais en ce qui concerne le témoignage de Galien il s'en réfère, comme D. L. Page, à Galien (V275 K) (p. 54), sans exploiter le passage et sans connaître le second passage, celui du Commentaire de Galien au *Pronostic*.

10. Éd. Wenkebach CMG V 10, 2, 2, p. 218-219 = Kühn 17 b 167, 13-168, 6.

élans de la nature dans les maladies, lorsqu'il dit : "et des évacuations de bile se produisirent, toutes celles qui sont dénommées par les médecins" ; il dit cela lors de la description de la peste dans le livre II de ses *Histoires*. »

(καθάρσεις γὰρ εἴωθεν (*sc.* Ἱπποκράτης) ὀνομάζειν οὐ μόνον τὰς ὑπὸ τῆς φύσεως. Ὁ δὲ **Θουκυδίδης** καὶ τὰς κατὰ σύμπτωμα τῷ λόγῳ τοῦ νοσήματος, <οὐ μόνον τὰς δι'> ὁρμὰς τῆς φύσεως γινομένας κενώσεις ἐν νόσοις [καθάρσεις καὶ] **ἀποκαθάρσεις** ὠνόμασεν εἰπὼν· καὶ **ἀποκαθάρσεις** χολῆς πᾶσαι ὑπὸ ἰατρῶν ὠνομασμέναι εἰσὶν ἐπῄεσαν"· εἴρηται δὲ ταῦτα ὑπ' αὐτοῦ κατὰ τὴν λοιμικὴν διήγησιν ἐν τῇ δευτέρᾳ τῶν ἱστοριῶν.)

Galien mentionne les deux emplois du mot κάθαρσις chez Hippocrate où il désigne non seulement l'évacuation causée par un remède, mais aussi l'évacuation causée par la nature, puis il ajoute un troisième emploi qu'il trouve justement dans notre passage de Thucydide, à savoir l'évacuation causée par la maladie. On prend conscience ainsi de l'autorité dont l'historien Thucydide disposait auprès de Galien lorsqu'il décrit la peste d'Athènes, puisqu'il met sur le même plan Thucydide et Hippocrate pour énumérer les différents emplois d'un mot technique médical. Cette position de Galien, totalement ignorée des spécialistes modernes de Thucydide[11] mériterait d'être réinsérée dans la grande question controversée de savoir quelle est la position de Thucydide par rapport aux médecins contemporains et au langage médical dans sa description de la peste d'Athènes. De la sorte, elle permettrait de mettre en doute le jugement de certains modernes qui voient dans le refus de Thucydide de citer les différentes variétés de bile nommées par les médecins un aristocratique dédain à l'égard des termes techniques[12]. Ce n'est certainement pas ainsi qu'un médecin de l'Antiquité comme Galien jugeait cette phrase de la description de la peste d'Athènes, puisqu'il y voit au moins deux termes techniques de la langue médicale, à la fois καρδία et ἀποκάθαρσις.

Et pour mieux mesurer ce que le jugement positif de Galien à l'égard de l'historien Thucydide a d'exceptionnel, on pourrait opposer un passage où Galien fait référence à l'historien Hérodote comme modèle d'un genre historique

11. Elle n'est pas mentionnée par Page quand il discute de l'emploi du mot ἀποκάθαρσις dans ce passage de Thucydide (p. 108). Elle est ignorée aussi de Ch. Lichtenthaeler, *op. cit.* (n. 9), p. 55-56, lorsqu'il discute du même mot de Thucydide dans ses relations avec Hippocrate.

12. Voir A. Parry, art. cit. (n. 6), p. 113. Cette position est rappelée par R. Thomas, art. cit. (n. 2), p. 98 ; elle la partage dans une certaine mesure : « It may also suggest disdain for the fine distinctions made by the doctors that were no use in combating the disease » ; mais elle la pondère en rappelant que Thucydide ne se distance pas complètement des médecins car l'expression ἀποκαθάρσεις χολῆς est une expression érudite qui ressemble à celle d'un médecin. La connaissance de la citation de Galien dans les œuvres de Thucydide aurait permis d'aller plus loin dans la façon dont un médecin de l'Antiquité percevait cette phrase de Thucydide.

léger. Venant de faire une description anatomique très précise de la main dans les *Administrations anatomiques* (Kühn II 393, 7-10), Galien s'adresse à son lecteur en ces termes :

> « A toi il convient de lire non pas comme l'histoire d'Hérodote pour le plaisir, mais de déposer dans ta mémoire chacune des choses vues, afin que tu connaisses exactement la nature de toutes les parties de la main. »[13]

La médecine, pour Galien, n'est pas une partie de plaisir, comme la lecture d'Hérodote. L'histoire de Thucydide non plus, au moins quand il parle de médecine.

*

*   *

On abordera maintenant dans une deuxième partie une autre série de références au texte de Thucydide qui ont une autre fonction : non plus illustrer grâce à Thucydide l'emploi ou le sens d'un mot, qu'il soit technique ou non, mais utiliser un passage de Thucydide pour l'intérêt même de son contenu. Parmi les exemples possibles, il faut choisir. On traitera d'abord de deux passages de Thucydide extérieurs à la médecine, avant de revenir aux observations médicales tirées de la peste d'Athènes.

L'utilisation que Galien fait de certains passages de Thucydide qui n'appartiennent pas au contexte médical de la peste d'Athènes est si inattendue que les spécialistes de Thucydide n'ont aucune idée de cette utilisation. Je prendrai à titre d'exemple deux passages très différents, l'un sur le portrait d'un homme politique, Thémistocle, l'autre sur un phénomène physique, l'éclipse de soleil survenue au début de la Guerre du Péloponnèse.

Le jugement élogieux de Thucydide sur Thémistocle (I, 138, 3) est presque aussi célèbre que celui sur Périclès :

> « Thémistocle était un homme, en effet, qui montra la valeur naturelle la plus certaine, et qui, à cet égard, méritait plus qu'un autre une admiration exceptionnelle. Par son intelligence propre, à laquelle l'étude n'avait ni préparé les voies ni rien ajouté, il excellait à la fois pour se faire, dans les problèmes immédiats, l'avis le meilleur, grâce à la réflexion la plus brève, et, relativement à l'avenir, la plus juste idée sur les perspectives les plus étendues. » (trad. de J. de Romilly)

13. Voir aussi un second passage analogue où Hérodote est cité avec un autre historien, Ctésias, de façon défavorable (Galien *In Hp. Epid.* VI Kühn 17 b 33, l. 2 = Wenkebach CMG V 10, 2, 2, p. 141). Le jugement défavorable de Galien sur Hérodote et Ctésias rejoint celui de Lucien dans *Histoires vraies*, c. 31, où Ctésias de Cnide et Hérodote font partie des damnés car ils n'avaient pas écrit la vérité dans leurs ouvrages.

(Ἦν γὰρ ὁ Θεμιστοκλῆς βεβαιότατα δὴ φύσεως ἰσχὺν δηλώσας καὶ διαφερόντως τι ἐς αὐτὸ μᾶλλον ἑτέρου ἄξιος θαυμάσαι· οἰκείᾳ γὰρ ξυνέσει καὶ οὔτε προμαθὼν ἐς αὐτὴν οὐδὲν οὔτ'ἐπιμαθών, τῶν τε παραχρῆμα δι'ἐλαχίστης βουλῆς κράτιστος γνώμων καὶ τῶν μελλόντων ἐπὶ πλεῖστον τοῦ γενησομένου ἄριστος εἰκαστής.)

Galien dans son Commentaire aux *Épidémies VI* d'Hippocrate (Wenkebach CMG V 10, 2, 2, p. 261, 12-14 = Kühn 17 b 237, 2) cite une partie de ce jugement, que voici :

« Par son intelligence propre, à laquelle l'étude n'avait ni préparé les voies ni rien ajouté, il excellait à la fois pour se faire, dans les problèmes immédiats, l'avis le meilleur, grâce à la réflexion la plus brève, et relativement à l'avenir, la plus juste idée sur les perspectives les plus étendues. »

(οἰκείᾳ γὰρ συνέσει καὶ οὔτε προμαθὼν εἰς αὐτὴν οὐδὲν οὔτε ἐπιμαθὼν τῶν τε παραχρῆμα δι'ἐλαχίστης βουλῆς κάλλιστος [Gal. : κράτιστος Thucy.] γνώμων καὶ τῶν μελλόντων ἐπὶ πλεῖστον τοῦ γενησομένου ἄριστος εἰκαστής.)

Pour quelle raison Galien cite-t-il cet éloge de Thémistocle dont l'intelligence est naturelle, sans avoir rien appris ni avant ni après ? C'est pour illustrer la phrase d'Hippocrate qu'il commente (= *Epid.* VI, 5, 1 Manetti/Roselli 102, 1-2 = Littré V, 314, 7 et suiv.) :

« La nature, bien instruite sans avoir appris fait ce qu'il convient de faire. »

(εὐπαίδευτος ἡ φύσις οὖσα οὐ μαθοῦσα τὰ δέοντα <ποιέει>.)

L'idée est exactement la même : le naturel agit correctement sans avoir appris. Mais ce qui était affirmé chez Thucydide pour un homme particulier est élargi par Hippocrate dans une maxime sur la nature en général qui agit comme il faut par instinct[14]. Ce rapprochement judicieux opéré par Galien entre Thucydide et Hippocrate n'est pas connu des commentateurs de Thucydide. Il mériterait de remonter à la surface, car il montre que le portrait de Thémistocle chez Thucydide n'est pas seulement descriptif mais se rattache à une problématique sur les relations entre la nature et l'enseignement[15].

Prenons maintenant l'exemple de l'éclipse de soleil. Rapportant les événements de l'été 431, entre deux actions des Athéniens, l'une étant l'expulsion des Éginètes, l'autre des manœuvres pour obtenir l'alliance du roi de Thrace, Thucydide rapporte de façon précise, mais rapide une éclipse du soleil dans la phrase suivante (II 28) :

14. Hippocrate prend comme exemple le battement des paupières et les mouvements de la langue.

15. Ce rapprochement n'est, ni dans A. W. Gomme, *A Historical Commentary on Thucydides*, vol. I, Oxford, 1959, p. 442 et suiv., ni dans S. Hornblower, *A Commentary on Thucydides*, vol. 1, Books I-III, Oxford University Press, 1991, p. 222-223.

« Le même été, au début de la lunaison – ce qui paraît en fait le seul moment possible – le soleil connut une éclipse dans l'après-midi, puis reprit son apparence normale, après n'avoir été qu'un croissant et avoir laissé paraître certains astres. » (trad. de J. de Romilly)

(Τοῦ δ'αὐτοῦ θέρους νουμηνίᾳ κατὰ σελήνην, ὥσπερ καὶ μόνον δοκεῖ εἶναι γίγνεσθαι δυνατόν, ὁ ἥλιος ἐξέλιπε μετὰ μεσημβρίαν καὶ πάλιν ἀνεπληρώθη, γενόμενος μηνοειδὴς καὶ ἀστέρων τινῶν ἐκφανέντων.)

Dans quel contexte une telle phrase a-t-elle pu attirer l'attention de Galien ? Bien qu'elle n'ait aucun rapport avec la médecine, c'est pourtant dans un contexte médical que Galien utilise un détail de cette phrase, à savoir qu'une grande éclipse du soleil permet au regard de voir certains astres dans le ciel. Galien, démontrant tout au long de son grand traité *Sur l'utilité des parties* que la nature a tout réalisé dans l'homme de la meilleure façon possible, traite au livre X de la cornée (de l'œil) qui a pour but, selon lui, de prévenir une impression trop vive de la lumière sur les yeux. Et pour montrer que la nature a eu raison de la créer ainsi, il énumère une série d'exemples tout à fait remarquables où une lumière vive et brillante fatigue les yeux. C'est une véritable page d'anthologie dont je ne peux citer que les trois exemples indiquant que l'œil voit mieux au loin s'il est protégé d'un environnement trop lumineux (X 3, Kühn 3, 776, 11-777,2) :

1. « Si l'on veut voir de loin par un jour brillant, on place ses mains au-dessus des yeux, sur les sourcils mêmes, ou l'on se sert de quelque objet plus large que les mains et qui abrite mieux. »

(Καὶ ὅσοι διὰ λαμπρᾶς αὐγῆς ἰδεῖν τι βούλονται πόρρωθεν, ἤτοι τὰς χεῖρας ὑπὲρ τῶν ὀφθαλμῶν κατ' αὐτὰς τὰς ὀφρῦς παρατείνουσι, ἢ τῶν χειρῶν ἄλλο τε μειζόν τε καὶ στεγανώτερον.)

2. « Dans les grandes éclipses de soleil, les étoiles apparaissent par la même raison, fait que **Thucydide** mentionne comme étant arrivé de son temps. »

(ἀλλὰ κἀν ταῖς ἡλιακαῖς ἐκλείψεσι ταῖς μεγάλαις ἀστέρες φαίνονται διὰ τὴν αὐτὴν αἰτίαν, ὥσπερ καὶ τοῦτο γενόμενον ἐν τοῖς καθ'ἑαυτὸν χρόνοις ἔγραψε **Θουκυδίδης**.)

3. « En outre, depuis le bas de puits profonds, on aperçoit les étoiles, surtout quand le soleil n'est pas à son midi. »

(ἀλλὰ κἀκ τῶν βαθέων φρεάτων ἀστέρες ὁρῶνται, μάλισθ'ὅταν μὴ κατὰ τὴν μεσημβρίαν ὁ ἥλιος ἱστῆται.)

L'observation pour laquelle Galien fait référence à l'éclipse mentionnée par Thucydide, alors qu'elle était isolée chez l'historien, est réinsérée par le médecin dans un environnement cohérent d'observations relatives à la vue de loin qui s'améliore quand les yeux sont protégés de la lumière. L'observation de Thucydide se trouve introduite entre deux autres observations que Galien prend à son compte. En fait, ce sont deux exemples qui se trouvaient déjà chez Aristote à la suite l'un de l'autre dans son développement sur l'acuité visuelle dans son traité de la *Génération des animaux* V, 1 (780 b 18-22)[16]. Voici le texte d'Aristote :

> 1. (= 1 Galien) « Car le même individu, mettant sa main comme abri ou regardant par un tube… verra plus loin. » (Ὁ γὰρ αὐτὸς ἐπηλυγασάμενος τὴν χεῖρα ἢ δι'αὐλοῦ βλέπων… ὄψεται δὲ πορρώτερον.)
>
> 2. (= 3 Galien) « Ceux qui sont au fond d'un trou ou d'un puits parfois voient des étoiles. » (Οἱ γοῦν ἐκ τῶν ὀρυγμάτων καὶ φρεάτων ἐνίοτε ἀστέρας ὁρῶσιν.)

On saisit ici sur le vif la façon dont Galien a construit ses trois exemples. Il a repris les deux observations d'Aristote, sans en mentionner la source[17] et a inséré très habilement l'observation de Thucydide entre les deux. Ce rapprochement pertinent, que l'on doit à la culture immense de Galien, entre l'observation de Thucydide et celle d'Aristote sur des astres visibles en plein jour quand l'observateur est dans l'obscurité, est un nouvel acquis de la science philologique dont devraient tirer profit à la fois les commentateurs de Thucydide et ceux d'Aristote.

J'en viens maintenant aux symptômes de la peste d'Athènes qui ont attiré l'attention du médecin Galien pour l'intérêt de leur contenu médical. Je m'en tiendrai au seul passage de la description de Thucydide qui a attiré le plus l'attention de Galien : c'est le symptôme de l'amnésie totale (II 49, 8) :

> « Enfin, d'autres étaient victimes, au moment même de leur rétablissement, d'une amnésie complète : ils ne savaient plus qui ils étaient et ne reconnaissaient plus leurs proches. » (trad. de J. de Romilly)
>
> (Τοῦς δὲ καὶ λήθη ἐλάβετο παραυτίκα ἀναστάσαντας τῶν πάντων ὁμοίως καὶ ἠγνόησαν σφᾶς τε αὐτοὺς καὶ τοὺς ἐπιτηδείους.)

Galien a tellement apprécié cette observation qu'il l'a citée dans quatre traités différents :

1. Galien, *Commentaire au* Prorrhétique I *d'Hippocrate* II, 59 (Diels CMG V 9, 2, 101, 16-23 = Kühn 16, 696, 2-11) :

16. Ch. Daremberg (*Œuvres de Galien* I, 618, n. 1 et 3) a déjà fait les rapprochements avec Aristote, mais il ne s'est pas intéressé à la façon dont Galien a organisé ses exemples en insérant Thucydide à l'intérieur même du texte d'Aristote.

17. Tout en reprenant Aristote, Galien y apporte aussi sa propre griffe. On peut montrer facilement les choix ou les ajouts de Galien. Est-ce la raison pour laquelle Galien ne mentionne pas Aristote ?

« Hippocrate appelle *memoromena* (μεμωρωμένα) ce qui cause l'imbécillité à la pensée. Cela est, outre la folie, un symptôme montrant les malades semblables à ceux qui sont naturellement imbéciles, tels que nous savons aussi que sont certains de ceux qui sont dits vieillir ; ce n'est pas toutefois la même chose que ce que nous appelons l'absence de reconnaissance, sur laquelle **Thucydide** aussi a écrit, à propos de ceux qui ont échappé à la peste, en ces termes "et ils ne se reconnaissaient pas eux-mêmes ni ne reconnaissaient leurs proches". »

(μεμωρωμένα δὲ καλεῖ τὰ μώρωσιν ἐμποιοῦντα τῇ διανοίᾳ. Αὕτη δέ ἐστιν χωρὶς παραφροσύνης σύμπτωμα τοῖς φύσει μωροῖς ὁμοίους ἀποφαῖνον τοὺς νοσοῦντας, ὁποίους καὶ τῶν λεγομένων ἀπογηρᾶν ἐνίους ἴσμεν γιγνομένους. ᾧ παθήματι παραπλήσιον μέν ἐστιν, οὐ μὴν ταὐτόν, ὅπερ ὀνομάζουσιν ἄγνοιαν, ὑπὲρ ἧς καὶ ὁ **Θουκυδίδης** ἔγραψεν ἐπὶ τῶν ἐκ τοῦ λοιμοῦ διασωθέντων ὡδί· "καὶ ἠγνόησαν σφᾶς τε αὐτοὺς καὶ τοὺς ἐπιτηδείους· ᾧτινι δὲ διαφέρει τῆς λήθης, οὐκ ἀναγκαῖον εἰς τὰ παρόντα σκοπεῖσθαι".)

2. Galien, *Sur les causes des symptômes* II, c. 7 (Kühn 7, 201, 1-4) :

« Nous avons vu certains qui ne se souvenaient même pas de leur propre nom, comme **Thucydide** aussi dit que cela s'est produit dans la peste : "car certains de ceux qui en réchappèrent ne se reconnaissaient plus eux-mêmes ni ne reconnaissaient leurs proches". »

(ἐθεασάμεθα καὶ μηδὲ τῶν σφετέρων ὀνομάτων μεμνημένους, ὁποῖόν τι καὶ ὁ **Θουκυδίδης** φησὶν ἐν τῷ λοιμῷ συμβῆναι.).

3. Galien, *Sur les différences des symptômes* c. 3, 13 (Gundert MGV V 5, 1, 226, 17-22 = Kühn 7, 62, 1-6) :

« Que aussi concernant la partie mnémonique de l'âme, il y a des symptômes et chez ceux qui sont encore malades et chez ceux qui sont désormais délivrés des maladies, cela assurément même chez **Thucydide** il est possible de l'apprendre lorsqu'il déclare que certains de ceux qui ont réchappé à la peste avaient oublié à tel point tout leur passé qu'ils ne reconnaissaient plus non seulement leurs proches mais aussi leur propre personne. »

(ὅτι δὲ καὶ περὶ τὸ μνημονευτικὸν τῆς ψυχῆς γίνεται συμπτώματα καὶ νοσοῦσιν ἔτι καὶ ἤδη πεπαυμένοις τῶν νοσημάτων, τοῦτο μὲν καὶ παρὰ **Θουκυδίδου** μαθεῖν ἔνεστιν ἐνίους τῶν διασωθέντων ἐκ τοῦ λοιμοῦ μέχρι τοσούτου τῶν ἔμπροσθεν ἁπάντων ἐπιλελῆσθαι λέγοντος ὡς μὴ μόνον τοὺς ἰδίους, ἀλλὰ καὶ σφᾶς αὐτοὺς ἀγνοῆσαι.)

4. Galien, *Que les facultés de l'âme suivent les tempéraments du corps*, c. 5 (Bazou 33, 14-34, 5 = Kühn 4, 788, 12-789, 2) :

« Car le fait de ne pas reconnaître à cause de la maladie soi-même et ses proches, ce que **Thucydide** dit être arrivé à beaucoup et que nous avons vu nous-même dans la maladie pestilentielle survenue de notre temps il y a peu d'années, paraîtra être analogue au fait de ne pas voir à cause d'une chassie ou d'un épanchement, alors que la faculté optique n'est en rien atteinte ; tandis que le fait de voir trois objets au lieu d'un est une affection très importante de la faculté optique, qui ressemble à la phrénésie. »

(τὸ μὲν γὰρ ἀγνοῆσαι διὰ νόσημα σφᾶς τ'αὐτοὺς καὶ τοὺς ἐπιτηδείους, ὅπερ ὅ τε **Θουκυδίδης** συμβῆναι πολλοῖς φησιν ἔν τε τῇ λοιμώδει νόσῳ τῇ νῦν γενομένῃ ἔτεσιν οὐ πολλοῖς [ἦν] καὶ ἡμεῖς ἐθεασάμεθα, παραπλήσιον εἶναι δόξει τῷ μὴ βλέπειν διὰ λήμην ἢ ὑπόχυσιν οὐδὲν αὐτῆς τῆς ὀπτικῆς δυνάμεώς ἐστι μέγιστον πάθος, ὃ τῷ φρενιτίζειν ἔοικεν).

L'une de ces références se trouve encore dans un commentaire de Galien à un ouvrage d'Hippocrate, le *Prorrhétique* I (n° 1), mais de façon accessoire pour distinguer la sottise de l'amnésie. Ce qui est plus significatif, c'est que dans deux autres traités qui ne sont plus des commentaires (n° 2) *Sur les causes des symptômes* et (n° 3) *Sur les différences des symptômes*, Galien insère le symptôme relevé chez Thucydide dans son propre système des maladies de l'âme qui repose sur la tripartition platonicienne. Ce symptôme thucydidéen de l'absence de reconnaissance est l'exemple type pour Galien de la perte de l'une des trois facultés de l'âme hégémonique, à savoir la faculté de mémoire. La référence à Thucydide apparaît donc au cœur même de l'enseignement médical de Galien sur la pathologie de l'âme. Et il reprendra dans un traité postérieur (n° 4) *Que les facultés de l'âme suivent les tempéraments du corps* le même symptôme, non plus comme un exemple d'une perte de la faculté de l'âme, mais, dans une perspective renouvelée, comme un entravement de la faculté de l'âme par le corps.

Ainsi donc, la même observation de Thucydide reprise dans des ouvrages rédigés à des époques différentes et expliquée de façon différente est un critère de l'évolution de la pensée du médecin sur les rapports de l'âme et du corps. De la sorte, la lecture de Thucydide par Galien est instructive non seulement sur Thucydide, mais aussi sur Galien lui-même et l'évolution de sa pensée. Toutefois ce qui reste constant, c'est la présence de la phrase de Thucydide qui réapparaît dans quatre traités médicaux de Galien. Est-ce à dire que Galien considérait Thucydide, dans sa description de la peste d'Athènes, comme l'équivalent d'un véritable médecin ?

*
* *

Pour répondre à cette question fondamentale, il convient d'aborder la troisième et dernière partie de l'exposé où j'en viens au jugement d'ensemble que Galien a énoncé sur la façon dont Thucydide a décrit la peste d'Athènes, puis sur l'étiologie que Galien assigne à cette pestilence en s'appuyant sur la description de Thucydide, avant de terminer par la relation que Galien a établi entre la peste d'Athènes du temps de Thucydide et la peste, dite antonine, que le médecin de Pergame a connue lui-même lors de son séjour à Rome.

Nous venons de voir que Galien a pu utiliser des passages de la description de la peste d'Athènes par Thucydide comme si elle était une description faite par un médecin. Mais Galien considérait-il pour autant que l'ensemble de la description était comparable aux descriptions qu'un Hippocrate avait pu faire de maladies particulières notamment dans les traités des *Épidémies* ? Il faut faire intervenir ici un long passage du traité sur la *Difficulté de la respiration* (II, c. 7) où Galien en vient à comparer Hippocrate et Thucydide sur la façon de décrire les symptômes. Voici le début de la comparaison (Kühn 7, 850, 11-15) :

> « Les anciens croient qu'il (*sc.* Hippocrate) a décrit tous les symptômes arrivés aux malades, tout comme Thucydide. Or, il n'en est pas ainsi, mais c'est justement tout le contraire que sont les écrits d'Hippocrate, comparés à ceux de Thucydide. »

Galien, tout en reconnaissant que les Anciens ne faisaient pas de différence entre Thucydide et Hippocrate, établit, pour sa part, une différence dans la technique de la description des symptômes. En quoi consiste-t-elle ? Il poursuit de cette façon pour expliciter l'opposition (Kühn 7, 850, 15-851, 3) :

> « Car lui (**Thucydide**), décrit tout ce qui est connu même des non-spécialistes, en ne passant absolument rien de cela sous silence, tandis qu'**Hippocrate** écrit peu de cela, à savoir juste ce qui a de l'importance pour l'état général selon lequel le malade est en danger, mais, en revanche, beaucoup d'autres choses, qui échappent d'une part aux non-spécialistes et d'autre part fournissent un diagnostic tout à fait conforme à l'art. »

> (Ὁ μὲν γὰρ πάντα γράφει τὰ καὶ τοῖς ἰδιώταις γνώριμα, μηδὲν ὅλως αὐτῶν παραλιπών, ὁ **Θουκυδίδης**, ὁ δ' **Ἱπποκράτης** ὀλίγα μὲν τούτων, ὅσα πρὸς τὴν ὅλην διάθεσιν, καθ' ἣν ἐκινδύνευσεν ὁ κάμνων, διαφέρει, πάμπολλα δ' ἄλλα τοῖς ἰδιώταις μὲν παρεωραμένα, τεχνικὴν δὲ πάνυ καὶ ἀκριβῆ τὴν διάγνωσιν παρεχόμενα, καὶ δυνάμενα πολλάκις καὶ αὐτοὺς τοὺς ἀρίστους ἰατροὺς λαθεῖν.)

La différence est donc que Thucydide décrit tous les symptômes qui sont visibles par les non-spécialistes, alors qu'Hippocrate n'en sélectionne que quelques-uns, ceux qui sont signifiants pour l'état général ; et qu'en revanche Hippocrate signale des symptômes qui échappent aux non-spécialistes alors qu'ils sont nécessaires pour établir un diagnostic tout à fait conforme à l'art. A la fin du long développement sur cette comparaison, Galien termine par la formule frappante que voici (Kühn 7, 854, 6 et suiv.) :

> « **Thucydide**, de son côté, a écrit ce qui arrive aux malades en tant que non-spécialiste pour des non-spécialistes, **Hippocrate** a écrit en homme de l'art pour des hommes de l'art. »

(**Θουκυδίδης** μὲν γὰρ τὰ συμβάντα τοῖς νοσοῦσι ὡς ἰδιώτης ἰδιώταις ἔγραψεν, **Ἱπποκράτης** δὲ τεχνίτης τεχνίταις.)

Thucydide, lui-même, malgré la précision de sa description des symptômes de la maladie, ne prétendait pas avoir la compétence d'un médecin. Il se refuse en particulier à se prononcer sur les causes de la maladie (II 48, 3). Galien, pour sa part, en médecin qui ne néglige pas l'étiologie, a dégagé les causes de la peste athénienne, à partir de certains éléments fournis par Thucydide, et les a insérées dans son savoir médical. C'est dans son traité *Sur la différence des fièvres* I, c. 6 (Kühn 7, 290, 3-11) que Galien donne un exposé synthétique sur les différentes causes des fièvres générales, en prenant comme exemple principal la peste d'Athènes. Galien voit deux causes principales des fièvres générales dans la constitution de l'air : la première est la chaleur de l'air, la seconde les miasmes contenus dans l'air, c'est-à-dire ce que l'on appellerait maintenant la pollution de l'air. Or dans la description de Thucydide, Galien repère deux détails qui lui permettent de retrouver ces deux causes. Pour justifier la première cause, une constitution chaude de l'air, il va puiser une indication donnée par Thucydide après la description de la peste proprement dite. Voici comment Galien l'utilise :

« Parfois, ce qui donne le signal de la fièvre est une chaleur excessive de l'air ambiant, comme lors de la pestilence qui a saisi les Athéniens, comme le dit **Thucydide** (= II, 52, 2) : "Mais comme ils vivaient dans des cabanes étouffantes à la saison de l'été, la destruction s'effectuait dans les corps". Et à cause de la présence, à la suite d'un mauvais régime, des humeurs dans le corps qui sont susceptibles de se putréfier, le début de la fièvre pestilentielle se produit. »

(ἔστι δ'ὅτε κατάρχει μὲν ἄμετρος θερμασία τοῦ περιέχοντος, ὡς ἐπὶ τοῦ καταλαβόντος 'Αθηναίους λοιμοῦ, καθά φησιν ὁ **Θουκυδίδης**· "ἀλλ'ἐν καλύβαις πνιγηραῖς ὥρᾳ θέρους διαιτωμένων ὁ φθόρος **κατὰ τὸ σῶμα ἐγίνετο**"· τῷ δ'εἶναι τοὺς ἐν τῷ σώματι χυμοὺς ἐκ μοχθηρᾶς διαίτης ἐπιτηδείους εἰς σῆψιν ἀρχὴ τοῦ λοιμώδους γίνεται πυρετοῦ.)

Puis, pour illustrer la seconde cause, à savoir l'air souillé par des miasmes, Galien utilise une indication sur l'origine de la maladie dont Thucydide dit qu'elle fit sa première apparition en Éthiopie (II 48, 1) :

« Et peut-être qu'immédiatement après, un flux de miasmes putréfiants vint d'Éthiopie, miasmes appelés à devenir les causes de la fièvre pour ceux qui ont le corps susceptible de subir des dommages de leur part ».

(τάχα δὲ καὶ κατὰ τὸ συνεχὲς ἐξ Αἰθιοπίας ἐρρύη τινὰ σηπεδονώδη μιάσματα τοῖς ἐπιτηδείως ἔχουσι σώματα βλαβῆναι πρὸς αὐτῶν, αἴτια πυρετοῦ γενησόμενα.)

C'est donc une double cause extérieure, à la fois un air chaud, puis un air chargé de miasmes que Galien allègue pour expliquer la peste d'Athènes, ces causes extérieures déclenchant une putréfaction des humeurs internes favorisée aussi par un mauvais régime.

Mais pour établir ces deux causes, dans la mesure où l'historien s'abstient d'aborder l'étiologie, Galien est obligé d'apporter des éléments nouveaux par rapport aux indications de Thucydide : d'une part un ajout, d'autre part une modification.

L'ajout concerne la seconde cause : alors que l'historien se contente de rapporter que la peste fit sa première apparition en Éthiopie, le médecin émet l'hypothèse que l'air venu d'Éthiopie était chargé de miasmes putréfiants. En ajoutant la présence de miasmes, Galien surinterprète le texte de Thucydide, probablement à la lumière de la théorie sur les miasmes causes des pestilences, formulée dans le traité hippocratique des *Vents*, comme je l'ai suggéré ailleurs[18]. Cependant Galien ne présente pas son hypothèse comme une certitude, puisqu'il commence sa phrase par un « peut-être » (τάχα).

La modification concerne la première cause, c'est-à-dire la chaleur de l'air. Elle porte très curieusement sur la citation elle-même de Thucydide (II, 52, 2). Le début dans la tradition directe et dans la citation de Galien sont analogues : « Comme les gens vivaient dans des cabanes que la saison rendait étouffantes » (ἀλλ'ἐν καλύβαις πνιγηραῖς ὥρᾳ ἔτους διαιτωμένων), mais la fin, légèrement différente dans la forme, a un sens fort différent : dans la tradition directe, on lit ὁ φθόρος ἐγίγνετο οὐδενὶ κόσμῳ, « le fléau sévissait en plein désordre [trad. de J. de Romilly] » ; Galien lit dans son exemplaire de Thucydide ὁ φθόρος κατὰ τὸ σῶμα ἐγίγνετο, « la destruction s'effectuait dans le corps ». Cette variante établit un lien causal entre la chaleur dans les baraques et la progression du mal dans le corps. Cette variante du texte de Thucydide transmise par Galien n'est pas connue des éditeurs de Thucydide. D'où vient-elle ? Est-ce une variante attestée dans le milieu médical ? Il est impossible de le dire.

Voilà donc comment Galien a établi les causes de la peste d'Athènes que Thucydide avait laissées expressément de côté. En tant que médecin il a complété la description de Thucydide par une étiologie, certes inspirée par des indications fournies par Thucydide dans sa description, mais resituée dans le cadre général des grands modèles explicatifs qui lui servent à rendre compte des fièvres générales et pestilentielles. La peste d'Athènes dans ce cadre théorique reste un exemple privilégié pour Galien.

Il est d'autant plus privilégié que cette peste, survenue à Athènes sept siècles plus tôt revêt aux yeux de Galien une actualité nouvelle, car il établit une

18. Voir J. Jouanna, « Miasme, maladie et semence de la maladie. Galien lecteur d'Hippocrate », in *Studi su Galeno, scienza, filosofia, retorica e filologia*, D. Manetti éd., Florence, 2000, p. 59-92 (p. 73 et suiv.).

relation entre cette ancienne peste d'Athènes et la nouvelle et longue pestilence que Rome a connue à l'époque de Galien, à partir de la fin du premier séjour du médecin de Pergame à Rome (166) et qui reprit avec virulence lors de son retour (169)[19]. Cette relation risque d'échapper même aux spécialistes de Galien parce qu'elle se situe incidemment dans deux passages dont les contextes ne concernent directement ni la peste d'Athènes ni celle de Rome, l'un se trouvant dans un traité de pharmacologie, l'autre dans un traité médico-philosophique.

Dans le traité pharmacologique *Sur la faculté des médicaments simples* (IX, c. 1, Kühn 12, 191, 8-13) Galien parle d'un médicament provenant d'Arménie dont il vante l'utilité lors de la peste qui sévit de son temps :

> « Dans cette grande peste-là qui fut analogue par la forme à la peste qui a eu lieu du temps de **Thucydide** (ἐν δὲ τῷ μεγάλῳ τούτῳ λοιμῷ παρα-πλησίῳ τὴν ἰδέαν ὄντι τῷ κατὰ **Θουκυδίδην** γενομένῳ), tous ceux qui burent de ce médicament furent rapidement guéris, tandis que ceux à qui il n'apporta aucune utilité moururent tous, alors qu'ils n'avaient retiré aucune utilité d'aucun autre médicament, ce qui est la preuve que c'est aux malades incurables que ce médicament n'a apporté aucune utilité. »

Certes le sujet principal du passage est celui de l'utilité d'un médicament lors de la peste qui frappa le monde romain. Mais ce qui mérite d'être relevé dans cette phrase pour la question qui nous occupe, c'est le jugement de Galien sur la forme (en grec τὴν ἰδέαν) des deux pestilences d'Athènes et de Rome qui sont pratiquement identiques[20]. Voilà donc le premier passage qui montre la similitude essentielle que Galien établit entre la peste de Thucydide et celle de Rome.

Le second passage apporte une simple confirmation à propos de l'apparition d'un même symptôme, l'amnésie totale, dont nous avons déjà parlé. Galien ajoute incidemment dans le dernier des traités où il mentionne ce symptôme (*supra* n° 4), que lui-même a fait la même observation que Thucydide dans la maladie pestilentielle survenue dans le monde romain peu d'années auparavant. Tous deux, Thucydide et Galien, ont donc fait une observation identique dans

19. Voir J. F. Gilliam, « The Plague under Marcus Aurelius », *American Journal of Philology* 82, 1961, p. 225-251, pour une étude des principales sources de la peste (pour Galien, p. 227-228). Sur le départ précipité de Galien de Rome pour Pergame à l'arrivée de la peste à Rome, voir Galien, *Sur ses propres livres*, c. 1, 16 (V. Boudon-Millot, 139, 25-27). Sur la reprise virulente de la peste à Aquilée lorsqu'il revint de Pergame en 169, rappelé par les empereurs, voir *ibid.*, c. 3, 3 (V. Boudon-Millot, 142, 5-11). Pour cette séquence de la vie de Galien avec les problèmes qu'elle pose, voir V. Boudon-Millot, *Galien I, Introduction générale*, Collection des universités de France (CUF), 2007, p. LXIV-LXX, et plus récemment *Galien de Pergame. Un médecin grec à Rome*, Paris, Les Belles Lettres, 2012, p. 164 et suiv.

20. On observera que c'était déjà ce même mot grec que Thucydide employait pour désigner la forme de la maladie (II, 51, 1 τὴν ἰδέαν).

une expérience dramatique analogue. Ils ont eu à faire face à une malade pestilentielle redoutable au cours de laquelle ils ont vu mourir des proches et à laquelle ils ont eu la chance d'échapper, Thucydide après avoir été atteint par la maladie, Galien apparemment en restant indemne mais en s'éloignant de Rome et en retournant à Pergame. On vient d'apprendre par le nouveau traité *Ne pas se chagriner* que Galien avait perdu la majeure partie de ses esclaves à Rome lors de cette longue peste[21].

On comprend dans ces conditions que Galien ait pu dans les moments tragiques de la peste qu'il connut se souvenir de la peste d'Athènes et apprécier la qualité de l'observation de l'historien. Thucydide, quant à lui, nous dit avoir décrit la peste d'Athènes « pour que l'on puisse le mieux, si jamais elle se reproduisait, profiter d'un savoir préalable et n'être pas devant l'inconnu » (II 48, 3). Cette phrase de Thucydide, tournée vers l'avenir, est devenue une réalité pour Galien sept siècles plus tard. Selon lui, la pestilence survenue à Athènes se reproduisait de son temps et il disposait d'un savoir préalable, retrouvant même un symptôme déjà parfaitement décrit par Thucydide. Dès lors on peut mesurer l'estime réelle du médecin Galien pour l'historien Thucydide, même si Thucydide dans sa description médicale reste, aux yeux de Galien, un profane et ne peut pas être comparé à Hippocrate, l'homme de l'art par excellence.

En conclusion, la présente enquête sur Galien, lecteur de Thucydide, bien qu'elle n'ait pu développer l'ensemble du dossier, montre à quel point les cloisons restent encore étanches dans la recherche moderne à l'intérieur même de l'hellénisme entre les études sur des genres littéraires réputés distincts, en l'occurrence ici histoire et médecine. Ces cloisons n'étaient pas aussi étanches au ve siècle avant J.-C. quand Thucydide décrivait la peste d'Athènes à l'époque de l'essor de la médecine hippocratique. Elles l'étaient sans doute un peu plus, quelques siècles plus tard, à l'époque de Galien qui établit une distinction théorique plus nette entre spécialiste et non-spécialiste ; mais à son époque encore, la connaissance de l'ensemble de la langue et de la littérature grecque formait un tout, si bien que ce que l'on appelle aujourd'hui l'interdisciplinarité entre philologie, philosophie, médecine allait de soi chez un esprit aussi curieux et cultivé que l'était Galien. Il en résulte chez lui des rapprochements d'une extrême pertinence entre historiens, médecins et philosophes que les érudits modernes auraient intérêt à recueillir dans leur commentaire. Pour ce qui est de Thucydide, les citations faites par Galien, comme je l'ai laissé entendre au début et à la fin, doivent être prises en compte pour affiner aussi bien l'édition de

21. V. Boudon-Millot, J. Jouanna, avec la collaboration de A. Piétrobelli, *Ne pas se chagriner*, c. 1, CUF, 2010, p. 2, 6-8.

Thucydide que celle des traités de Galien. Mais elles montrent surtout l'intérêt tout à fait particulier que Galien a accordé à l'historien Thucydide, non pas seulement pour sa description de la peste d'Athènes qu'il a revécu dans la peste à Rome, mais aussi pour d'autres passages aussi divers que l'éloge de Thémistocle ou l'éclipse solaire. Le regard du médecin de Pergame, malgré l'éclipse presque totale de son œuvre dans l'actuelle érudition thucydidéenne, apporte une modernité insoupçonnée à l'interprétation de Thucydide.

Jacques JOUANNA

ENCORE *MÈTIS*, TOUJOURS *KAIROS* : D'HOMÈRE AU NOUVEL HYPÉRIDE

Si je reprends aujourd'hui le dossier *mètis/kairos* c'est pour m'acquitter d'une promesse. Il se trouve que j'ai rédigé ma thèse sur *kairos* dans les années qui ont suivi la publication de l'étude de Jean-Pierre Vernant et Marcel Détienne intitulée *Les Ruses de l'intelligence. La mètis des Grecs.* Les deux auteurs y soulignaient, à juste titre, le lien entre *kairos* et *mètis* et entreprenaient de montrer par l'analyse de plusieurs exemples comment le cocher, le pilote du navire, le potier, à l'affût du *kairos* – du moment favorable et critique – mettaient en œuvre ce flair appliqué aux réalités mouvantes, cette intelligence rusée, multiforme, qu'est la *mètis*[1]. Et ils concluaient leur étude en ces termes :

> « Si dans le discours savant tenu sur les Grecs par ceux qui s'en proclamaient les héritiers, le silence a continué si longtemps à se faire autour de l'intelligence rusée… n'est-ce pas, aussi et surtout, le signe que la vérité platonicienne reléguant dans l'ombre tout un pan de l'intelligence avec ses façons propres de comprendre, n'a jamais cessé de hanter la pensée métaphysique de l'Occident ? »[2]

Je notais alors, pour ma part, que la brève histoire du mot *mètis*, qui disparaît de la langue grecque au cours du ve siècle pour ne réapparaître que chez les imitateurs d'Homère[3], rendait difficile la définition d'une « catégorie mentale » répondant à ce mot – ruse, magie ou savoir technique ? – et j'ajoutais « savoir technique plutôt, si le mot se rattache bien à la racine "mesurer" de *métron* »[4]. Jacqueline de Romilly, sensible à mes réserves, m'avait alors vivement encouragée à reprendre la question. J'exauce aujourd'hui son souhait, dans un climat heureusement pacifié, qui voit souvent philosophes, historiens et philologues travailler de concert.

1. Voir par exemple J.-P. Vernant, M. Détienne, *Les Ruses de l'intelligence : la mètis des Grecs*, Paris, Flammarion (Champs Essai), 1979, p. 22, 230, 294, etc.
2. Pour cette conclusion, voir *ibid.*, p. 306.
3. Cf. Apollonios de Rhodes, fugitivement Théocrite (2 occurrences), Oppien, Quintus de Smyrne ou Nonnos de Panopolis, et, ironiquement, une fois chez Lucien, dans un hexamètre du *Zeus Tragique*.
4. Cf. M. Trédé, *Kairos, l'à-propos et l'occasion, (le mot et la notion, d'Homère à la fin du IVe s. av. J.-C.)*, Paris, Klincksieck, 1992, p. 18, n. 16.

Dans un premier temps, je reprendrai et compléterai l'analyse sémantique du mot *mètis* ébauchée par nos deux auteurs. En examinant le jeu des associations et commutations je montrerai que chez Homère déjà, comme ensuite chez Pindare, *mètis*, loin de désigner la seule ruse, évoque une pensée fondée en raison, intelligence et sagesse, débouchant le plus souvent sur un plan d'action. L'étymologie de *mètis* vient aujourd'hui corroborer l'analyse sémantique. L'article que Charles de Lamberterie a publié en 1996 sur la théorie glottalique[5] a levé les derniers doutes et permet de rattacher définitivement *mètis* à la racine indoeuropéenne $*meh_1/mh_1$ qui signifie « mesurer ».

Après avoir réinstallé *mètis* dans le champ de la rationalité où j'ai toujours placé *kairos*, je rejoindrai le IVe siècle av. J.-C., moment où la valeur temporelle du terme tend à prédominer et m'intéresserai aux débats politiques autour de *kairos* en examinant l'un des textes d'Hypéride que le palimpseste d'Archimède nous a récemment rendus, deux fragments importants de la fin du *Contre Diondas* qui offrent des échos suggestifs au *Discours sur la Couronne* de Démosthène.

I. Le dossier *mètis*

Homère

Que Zeus, époux de *Mètis*, soit dit μητίετα[6], et Athéna, sa fille, μητιόωσα[7], nul ne s'en étonnera qui a lu Hésiode. Un fragment d'Hésiode nous présente *Mètis* comme « ouvrière de justice » – τεκταῖνα δικαίων – et « douée d'un grand savoir » – πλεῖστα εἰδυῖα. Et l'épopée nous montre ces dieux qui sans cesse tirent des plans, comme Athéna elle-même le souligne au chant XIII de l'*Odyssée* (v. 296 et suiv.) :

> ἀλλ' ἄγε μηκέτι ταῦτα λεγώμεθα, εἰδότες ἄμφω
> κέρδε', ἐπεὶ σὺ μέν ἐσσι βροτῶν ὄχ' ἄριστος ἁπάντων
> **βουλῇ καὶ μύθοισιν,** ἐγὼ δ' ἐν πᾶσι θεοῖσι
> **μήτι** τε κλέομαι καὶ **κέρδεσιν**· …
> … νῦν αὖ δεῦρ' ἱκόμην, ἵνα
> τοι σὺν **μῆτιν** ὑφήνω χρήματά τε κρύψω, ὅσα τοι Φαίηκες
> ἀγαυοὶ ὤπασαν οἴκαδ' ἰόντι **ἐμῇ βουλῇ τε νόῳ τε**, εἴπω θ' ὅσσα
> τοι αἶσα δόμοισ' ἔνι ποιητοῖσι κήδε' ἀνασχέσθαι

5. Cf. *infra* I C et n. 13.

6. Cf. *Iliade* I, 175, 508 ; II, 197, 324 ; VI, 198 ; VII, 478 ; VIII, 170 ; IX, 377 ; X, 104 ; XI, 278 ; XII, 279, 292 ; XV, 377, 599 ; XVI, 249. Cf. *Odyssée* XIV 243 ; XVI 298 ; XX 102.

7. Cf. *Odyssée* VI, 14 ; VIII, 9…

« Allons, n'en parlons plus, nous qui sommes tous deux astucieux ; toi tu es de loin le meilleur des mortels en conseil et en discours ; et moi, entre tous les dieux, je suis réputée pour mon intelligence et mes astuces. (…) Je suis venue ici pour ourdir un plan avec toi et cacher tous les biens dont les Phéaciens t'ont fait présent sur mon conseil et mon avis, pour te dire aussi tous les soucis que le destin te réserve d'endurer dans ton palais bien bâti. »

Parmi les héros, Nestor et Ulysse sont doués de *mètis* plus que tout autre, les deux héros πεπνυμένοι, comme on voit au chant III de l'*Odyssée.* Au début du chant Athéna exhorte Télémaque en ces termes (v. 17 et suiv.) :

ἀλλ' ἄγε νῦν ἰθὺς κίε Νέστορος ἱπποδάμοιο·
εἴδομεν ἥν τινα **μῆτιν** ἐνὶ στήθεσσι κέκευθε.
[λίσσεσθαι δέ μιν αὐτόν, ὅπως νημερτέα εἴπῃ·]
ψεῦδος δ' οὐκ ἐρέει· μάλα γὰρ **πεπνυμένος** ἐστί.

« Va droit à Nestor, le dresseur de chevaux, que nous sachions quelle pensée il cache en sa poitrine. […] Il ne mentira pas car il est toute sagesse. »

Et un peu plus loin c'est Nestor lui-même qui rend hommage à la *mètis* du sage Ulysse (v. 120 et suiv.) :

ἔνθ' οὔ τίς ποτε **μῆτιν** ὁμοιωθήμεναι ἄντην
ἤθελ', ἐπεὶ μάλα πολλὸν ἐνίκα δῖος Ὀδυσσεὺς
παντοίοισι δόλοισι, πατὴρ τεός, εἰ ἐτεόν γε
κείνου ἔκγονός ἐσσι· σέβας μ' ἔχει εἰσορόωντα.
ἦ τοι γὰρ μῦθοί γε ἐοικότες, οὐδέ κε φαίης
ἄνδρα νεώτερον ὧδε ἐοικότα μυθήσασθαι.
ἔνθ' ἦ τοι εἷος μὲν ἐγὼ καὶ δῖος Ὀδυσσεὺς
οὔτε ποτ' εἰν ἀγορῇ δίχ' ἐβάζομεν οὔτ' ἐνὶ βουλῇ,
ἀλλ' ἕνα θυμὸν ἔχοντε **νόῳ καὶ ἐπίφρονι βουλῇ**
φραζόμεθ' Ἀργείοισιν ὅπως ὄχ' ἄριστα γένοιτο.

« Là-bas, nul jamais n'aurait consenti à être comparé à Ulysse pour l'intelligence car il l'emportait sur tous, le divin Ulysse, en toutes sortes de ruses, ton père ! S'il est vrai que tu es son fils ? mais ta vue me confond. Tes mots sont les mêmes, pleins de tact, et l'on ne saurait croire qu'un jeune homme parle avec tant de justesse. Tout ce temps là-bas, jamais l'illustre Ulysse et moi ne fûmes d'avis différent, ni dans l'assemblée, ni au conseil ; c'est avec même cœur, même esprit, même prudence dans les avis que nous parlions aux Argiens pour le meilleur succès de tous. »

A quatre reprises Ulysse est qualifié de Διὶ μῆτιν ἀτάλαντον (*Il.* II, 169, 407, 636, et X, 137) « qui égale Zeus par l'intelligence », et ce n'est pas seulement Nestor, mais Athéna et Télémaque aussi bien, qui en témoignent (*Odyssée* II, 278) :

ἀλλ᾽ ἐπεὶ οὐδ᾽ ὄπιθεν κακὸς ἔσσεαι **οὐδ᾽ ἀνοήμων**,
οὐδέ σε πάγχυ γε **μῆτις** ᾽Οδυσσῆος προλέλοιπεν,
ἐλπωρή τοι ἔπειτα τελευτῆσαι τάδε ἔργα.

« Puisque tu ne seras ni lâche ni sot, que l'intelligence d'Ulysse ne te fait nullement défaut, il y a lieu d'espérer que tu mènes à bonne fin cette entreprise. »

Télémaque, son digne fils, le rappelle encore au chant XXIII, v. 125 et suiv. :

αὐτὸς ταῦτά γε λεῦσσε, πάτερ φίλε· σὴν γὰρ **ἀρίστην**
μῆτιν ἐπ᾽ ἀνθρώπους φάσ᾽ ἔμμεναι, οὐδέ κέ τίς τοι
ἄλλος ἀνὴρ ἐρίσειε κατα θνητῶν ἀνθρώπων.

« Vois toi-même, mon père : car on dit que c'est toi qui de tous les hommes es le plus intelligent et qu'aucun mortel ne saurait rivaliser avec toi. »

Et Ulysse lui-même, au chant XX, évoque pour reprendre courage la *mètis* qui lui permit de s'échapper de l'antre du Cyclope (v. 18 et suiv.) :

τέτλαθι δή, κραδίη· καὶ κύντερον ἄλλο ποτ᾽ ἔτλης,
ἤματι τῷ, ὅτε μοι μένος ἄσχετος ἤσθιε Κύκλωψ
ἰφθίμους ἑτάρους· σὺ δ᾽ ἐτόλμας, ὄφρα σε **μῆτις**
ἐξάγαγ᾽ ἐξ ἄντροιο ὀϊόμενον θανέεσθαι.

« Patience, mon cœur ! Tu as supporté bien pire le jour où le Cyclope en sa fureur mangeait mes braves compagnons ! Et toi tu tenais bon jusqu'à ce que ta *mètis* te fît sortir de l'antre où tu imaginais mourir. »

Pénélope, sa digne épouse – περίφρων Πενελόπεια – l'emporte de même sur les autres femmes « par l'esprit et l'intelligence avisée » νόον καὶ **ἐπίφρονα μῆτιν** (*Od.* XIX, 326) ; elle sait ainsi déceler la sagesse des propos du mendiant – Ulysse, qu'elle salue en ces termes : « Nul hôte n'est encore venu ici qui fût aussi sensé (πεπνυμένος) que toi : tout ce que tu dis est sage (πεπνυμένα) et réfléchi. »

On constate donc que le mot *mètis* est étroitement associé dans le texte épique aux substantifs *noos* et *boulè*. Le lien avec *dolos* (cf. *Od.* III, 120 et IX, 422) ou *kerdos* (*Od.* XIII, 296) est également attesté, mais il n'a rien de systématique ; il est même loin d'être le plus fréquent. Jamais *dolos* ne fonctionne comme substitut de *mètis*, contrairement à *boulè*, ce qu'avaient bien vu les glossateurs antiques qui, pour leur part, donnent très souvent *boulè* comme équivalent de *mètis*. Notons encore que *mètis* – idée, plan, projet, ou ruse – comporte des degrés : on l'a vu, une *mètis* peut être meilleure qu'une autre (*Il.* IX, 423 ou XV, 509) ; il en est d'irréprochable (*Il.* X, 19), d'avisée (*Od.* XIX, 325), d'excellente (*Od.* XXIII, 125). Mais la *mètis*, si diverse, peut, à l'égal du *noos* auquel elle est liée, se révéler fragile, comme le remarque Diomède au chant X de l'*Iliade* (v. 224 et suiv.) :

σύν τε δύ' ἐρχομένω καί τε πρὸ ὃ τοῦ ἐνόησεν
ὅππως κέρδος ἔῃ· μοῦνος δ' εἴ πέρ τε νοήσῃ
ἀλλά τέ οἱ βράσσων τε νόος, **λεπτὴ δέ τε μῆτις**.

« Quand deux hommes cheminent ensemble, il en est un au moins qui voit l'avantage à saisir. Seul, même si l'on s'en avise, la vue est plus courte et la pensée peu sûre. »

Et Antiloque, présentant ses excuses à Ménélas au chant XXIII de l'*Iliade* fait la même constatation (v. 590 et suiv.) :

οἶσθ' οἷαι νέου ἀνδρὸς ὑπερβασίαι τελέθουσι·
κραιπνότερος μὲν γάρ τε νόος, **λεπτὴ δέ τε μῆτις**.
τώ τοι ἐπιτλήτω κραδίη.

« Ne sais-tu pas ce que sont les excès d'un jeune homme ? Son esprit est trop rapide et peu sûre sa pensée. Montre donc un cœur patient. »

C'est sans doute Eustathe de Thessalonique qui donne ici le meilleur commentaire du texte épique en citant un vers de Sophocle qui en résume parfaitement la pensée : οἱ ταχεῖς φρονεῖν οὐκ ἀσφαλεῖς.

Les liens que nous venons d'évoquer entre *mètis* d'une part, *noos* et *boulè* ou les adjectifs *epiphrôn*, *periphrôn* d'autre part, incitent à ne pas négliger l'aspect rationnel de *mètis*, forme d'intelligence ou pensée débouchant le plus souvent sur un plan d'action, un projet élaboré rationnellement.

PINDARE

Les textes pindariques, où *mètis* désigne la parole ou la pensée d'un dieu qui prophétise, ou encore la pensée du poète qui compose ses odes, nous confirment le sens large du mot. Marcel Détienne et Jean-Pierre Vernant ne citent qu'un texte de Pindare dans leur ouvrage, celui de l'*Isthmique* qui célèbre la victoire au pancrace de Mélissos de Corinthe. Cet athlète conjugue, aux dires du poète, « le courage du lion et l'intelligence du renard » :

Isthmiques III/IV, 45 :
τόλμᾳ γὰρ εἰκώς
θυμὸν ἐριβρεμετᾶν θηρῶν λεόντων
ἐν πόνῳ, **μῆτιν** δ' ἀλώπηξ,
αἰετοῦ ἅ τ' ἀναπιτναμένα ῥόμβον ἴσχει·

Le renard – Goupil – évoquant instantanément la ruse a seul retenu l'attention de nos auteurs !

Mais la *Pythique IV* décrit les Argonautes « écoutant, immobiles, en silence, la pensée inspirée de Médée » :

> ….ἔπτα-
> ξαν δ’ ἀκίνητοι σιωπᾷ
> ἥροες ἀντίθεοι **πυκινὰν μῆτιν** κλύοντες.

Plus loin, au vers 262 de la même ode, le poète loue « la pensée prudente et droite » dont bénéficia Cyrène pour son gouvernement[8].

Dans la *Pythique IX* c’est le Centaure Chiron qui, répondant à Apollon, lui « livre sa pensée » (v. 38) :

> τὸν δὲ Κένταυρος ζαμενής, ἀγανᾷ
> χλ<οα>ρὸν γελάσσαις ὀφρύϊ, **μῆτιν** ἑάν
> εὐθὺς ἀμείβετο·

La *Première Olympique* chante Olympie « d’où l’hymne, répété à l’envie, naît des pensées des Sages », c’est-à-dire des poètes (v. 9 et suiv.) :

> ὅθεν ὁ πολύφατος ὕμνος ἀμφιβάλλεται
> **σοφῶν μητίεσσι**…

Dans la treizième *Olympique* le poète exalte, « sans trahir la vérité » la grandeur de Corinthe, « la sagesse des Anciens et les combats où s’illustra leur valeur » (v. 50 et suiv.) :

> ἐγὼ δὲ ἴδιος ἐν κοινῷ σταλείς
> **μῆτίν** τε γαρύων παλαιγόνων
> πόλεμόν τ’ ἐν ἡρωΐαις ἀρεταῖσιν
> οὐ ψεύσομ’ ἀμφὶ Κορίνθῳ

Enfin, dans la troisième *Néméenne*, Pindare revendique l’abondance du chant né de son inspiration (v. 9 et suiv.) :

> διψῇ δὲ πρᾶγος ἄλλο μὲν ἄλλου,
> <ἀε>θλονικία δὲ μάλιστ’ ἀοιδὰν φιλεῖ,
> στεφάνων ἀρετᾶν τε δεξιωτάταν ὀπαδόν·
> τᾶς ἀφθονίαν ὄπαζε **μήτιος ἁμᾶς ἄπο**·

8. Cf. *Pythique IV*, v. 262 :
ἔνθεν δ’ ὔμμι Λατοί-
δας ἔπορεν Λιβύας πεδίον
σὺν θεῶν τιμαῖς ὀφέλλειν, ἄστυ χρυσοθρόνου
διανέμειν θεῖον Κυράνας
ὀρθόβουλον μῆτιν ἐφευρομένοις.

On mesure quel large domaine recouvre ici *mètis*. C'est en fait tout le champ du savoir qui est concerné. Comme R. Löbl l'a bien montré dans son étude sur la *technè* chez Homère[9], il faut rappeler qu'Héphaïstos, s'il est *polumètis* (*Il.* XXI, 355), est dit aussi, à quatre reprises, *poluphrôn*, « intelligent, sensé »[10]. Il est à la fois compétent et talentueux.

A la lumière de ces remarques reprenons le texte du chant XXIII de l'*Iliade* décrivant la course d'Antiloque (v. 325 et suiv.) :

μυθεῖτ' εἰς ἀγαθὰ φρονέων νοέοντι καὶ αὐτῷ·
'Αντίλοχ' ἤτοι μέν σε νέον περ ἐόντ' ἐφίλησαν
Ζεύς τε Ποσειδάων τε, **καὶ ἱπποσύνας ἐδίδαξαν**
παντοίας· τὼ καί σε διδασκέμεν οὔ τι μάλα χρεώ·
οἶσθα γὰρ εὖ περὶ τέρμαθ' ἑλισσέμεν· ἀλλά τοι ἵπποι
βάρδιστοι θείειν· τώ τ' οἴω λοίγι' ἔσεσθαι.
τῶν δ' ἵπποι μὲν ἔασιν ἀφάρτεροι, οὐδὲ μὲν αὐτοὶ
πλείονα ἴσασιν σέθεν αὐτοῦ **μητίσασθαι.**
ἀλλ' ἄγε δὴ σὺ φίλος **μῆτιν** ἐμβάλλεο θυμῷ
παντοίην, ἵνα μή σε παρεκπροφύγῃσιν ἄεθλα.
μήτι τοι δρυτόμος μέγ' ἀμείνων ἠὲ βίηφι·
μήτι δ' αὖτε κυβερνήτης ἐνὶ οἴνοπι πόντῳ
νῆα θοὴν ἰθύνει ἐρεχθομένην ἀνέμοισι·
μήτι δ' ἡνίοχος περιγίγνεται ἡνιόχοιο.
ἀλλ' ὃς μέν θ' ἵπποισι καὶ ἅρμασιν οἷσι πεποιθὼς
ἀφραδέως ἐπὶ πολλὸν ἑλίσσεται ἔνθα καὶ ἔνθα,
ἵπποι δὲ πλανόωνται ἀνὰ δρόμον, οὐδὲ κατίσχει·
ὃς δέ κε κέρδεα εἰδῇ ἐλαύνων ἥσσονας ἵππους,
αἰεὶ τέρμ' ὁρόων στρέφει ἐγγύθεν, οὐδέ ἑ λήθει
ὅππως τὸ πρῶτον τανύσῃ βοέοισιν ἱμᾶσιν,
ἀλλ' ἔχει ἀσφαλέως καὶ τὸν προὔχοντα δοκεύει.

Antiloque, nous est-il dit, a acquis des dieux un savoir. Son savoir-faire est le fruit d'un apprentissage, transmis par un enseignement – divin en l'occurrence. Dans le feu de l'action Antiloque met en œuvre sa compétence de cocher (*technèsomai*, v. 415) : il presse ses chevaux en restant vigilant. Mais le fait qu'il ait eu recours à une ruse interdirait, si l'on en croit Ménélas, qu'on voie en lui un jeune homme πεπνυμένος : la vraie *mètis* – savoir, compétence, réflexion, sagesse – s'interdirait donc toute ruse malhonnête.

9. Cf. R. Löbl, *Techne. Untersuchungen zur Bedeutung dieses Worts in der Zeit von Homer bis Aristoteles*, Wurtzbourg, 1997.

10. Cf. *Il.* XXI, 387 ; *Od.* VIII, 297, 327 et XXIV, 75. Sur le savoir-faire d'Héphaïstos et les conceptions homériques de la *technè*, voir aussi la contribution de D. Pralon, « *Technè* chez Homère », in *Le Travail et la Pensée technique dans l'Antiquité classique*, A. Balansard éd., *Technologies, idéologies, pratiques*, 2003, p. 105-117.

J'ai montré ailleurs[11] comment le lien entre *technè*, rationalité et savoir est clairement souligné dans la *Collection hippocratique*, où d'ailleurs le mot *mètis* ne figure pas. Dans ce domaine où rien n'est stable, où l'action se définit en fonction de circonstances toujours changeantes[12], le dialogue est constant entre l'homme de l'art – le *technitès* – et les conditions de l'action. Seuls le savoir et l'expérience « permettent bientôt à l'art de triompher du hasard ». Et un grand nombre de textes affirment le souci d'atteindre, grâce à un raisonnement (*logismos*) qui prend en compte le plus grand nombre possible de données, à la précision et la juste mesure.

C'est bien ainsi que les Anciens comprenaient le mot *mètis.* On s'en convaincra en relisant la définition qu'en donne Galien au livre III du *De placitis Hippocratis et Platonis* (ch. 8, §16, 2) : μῆτις λέγεται ὡσανεί τις φρόνησις καὶ περὶ τῶν κατὰ τὸν βίον τέχνη.

Et Eustathe de Thessalonique, qui a recueilli nombre de remarques des glossateurs, livre un commentaire très éclairant du texte du chant XXIII de l'*Iliade* dont je traduis ici quelques lignes. Après avoir glosé le μητίσασθαι du vers 338 par ὅ ἐστι βουλεύσασθαι Eustathe poursuit : « Nestor montre sous une forme gnômique que sur terre, parmi les occupations humaines, tout se fait par l'intelligence et la réflexion – μήτι καὶ βουλῆι ἀνύεται ; il montre par les exemples du bûcheron, du pilote et du cocher que le succès s'obtient βουλῆι καὶ τέχνηι ». Il évoque ensuite la *sophia* du pilote et la *technè* du bûcheron, puis propose à son tour un équivalent pour *mètis :* μήτι ὅ ἐστι τῆι βουλῆι. Et à propos des excuses d'Antiloque il commente encore : « quand Antiloque dit que l'esprit (νόος) d'un jeune homme est trop rapide et sa réflexion légère, il suggère que Ménélas n'est pas ainsi, mais qu'il a l'esprit lent et solide (βραδὺς καὶ παχύς). »

Nous proposons donc à l'issue de cette enquête de revenir à l'interprétation du mot qu'en donnaient les Anciens et de réintégrer *mètis* dans le champ de la rationalité.

L'étymologie de *mètis*

Cette interprétation de la notion semble d'autant plus fondée que le mot lui-même a toutes chances de se rattacher à la famille des mots qui en indo-européen

11. Cf. M. Trédé, « *Technè*, *mètis*, *kairos* ; le témoignage de la *Collection hippocratique* et du théâtre d'Aristophane », in *Le Travail et la Pensée technique dans l'Antiquité classique*, A. Balansard éd., *Technologies, idéologies, pratiques*, 2003, p. 119-130.

12. Cf. *Nature de l'homme* § 2 ; « Innombrables sont les formes de maladies et innombrables les manières de soigner. »

expriment la mesure. Comme l'a bien montré Charles de Lamberterie[13] cette famille s'organise sur trois bases radicales.

1. *$*meh_1$/ mh_1* base sur laquelle sont construits le sanscrit *mati*, le grec μῆτις et le latin *metior*, mesurer ;
2. **mĕd* /*mŏd* base sur laquelle sont construits latin *modus* et grec μέδομαι ;
3. **mēd* base à laquelle se rattachent μήδομαι et μήδεα, avec des parallèles en gotique et en vieil islandais.

S'il n'est pas aujourd'hui possible de garantir que *mètis* et *métron* sont construits sur la même base radicale (car on hésite à rattacher *métron* à la base 1 ou à la base 3), il est clair en tout état de cause que *mètis* qui a des correspondants exacts dans d'autres langues indo-européennes se rattache à la famille des mots indo-européens exprimant la mesure et que la notion ne doit pas être coupée de la rationalité. D'où il ressort que si les philologues ont beaucoup à gagner en se faisant historiens ou anthropologues, les anthropologues et les philosophes n'auraient rien à perdre à se faire un peu philologues et à suivre les chemins sur lesquels nous ont précédés Jacqueline de Romilly et Pierre Chantraine.

II. Les débats du IVe siècle sur *kairos* et le *Contre Diondas* d'Hypéride

Comme je l'ai montré dans ma thèse, la valeur temporelle du mot *kairos* s'affirme au IVe siècle et d'ardents débats opposent les hommes politiques autour de cette notion[14]. Qu'il s'agisse des deux discours *Sur l'ambassade* ou, plus encore, de la confrontation du *Contre Ctésiphon* et du *Sur la Couronne*, Eschine et Démosthène semblent s'opposer sur la définition du *kairos*, du moment à saisir. Pour Eschine, le *kairos* est celui de la paix et de l'entente avec Philippe. Cette ligne politique est elle-même imposée par les *kairoi*, les circonstances, autant dire la force des armées de Philippe. Le *kairos* fonctionne ici comme critère du choix politique, d'une politique opportuniste, qui se borne à analyser la situation du moment – le présent (*to paron*) – et se refuse à prendre en compte la tradition athénienne de défense de la liberté grecque. Pour Démosthène, au contraire, l'essentiel demeure la tradition d'indépendance du peuple athénien. Il est lui aussi en quête du *kairos*, mais ce *kairos* ne peut être que le moment favorable à un sursaut héroïque permettant à Athènes de renouer avec la grandeur qui

13. Cf. Ch. de Lamberterie, « Latin *pignus* et la théorie glottalique », in *Aspects of Latin. Papers from the seventh International Colloquium on Latin Linguistics*, H. Rosén éd., Innsbruck, 1996, p. 135-152.

14. Cf. M. Trédé, *op. cit.* (n. 4), en part. les p. 230-244 dont on me permettra de résumer ici l'argumentation.

fut la sienne. L'opposition entre ces deux lignes politiques recouvre donc deux conceptions du *kairos*, « moment critique, heure du choix, occasion ». Elle traduit aussi une évolution dans le sens même du mot. Pour Démosthène le *kairos* reste généralement ponctuel : c'est l'instant décisif qui, s'il est précédé de la réflexion (*euboulia*) et des préparatifs nécessaires, doit permettre de renverser la situation en sa faveur. Chez Eschine, le mot prend un sens plus général : il désigne la période, le moment, et tend à devenir un synonyme de *ta pragmata* « la situation » ou de *to paron* « le moment présent ».

Le déchiffrement, ces dernières années, sur le palimpseste d'Archimède, de deux fragments du discours d'Hypéride *Contre Diondas* est un apport précieux pour les Antiquistes. Il paraît corroborer nos analyses en laissant deviner une confrontation entre Diondas et Hypéride très proche de celle qui opposa Eschine à Démosthène. Entre 2005 et 2011, le texte a été présenté à plusieurs reprises[15]. Comme le *Contre Ctésiphon* et le *Sur la Couronne*, le *Contre Diondas*, bien que prononcé après Chéronée, nous reporte à la période antérieure. La fin de discours dont nous disposons aujourd'hui revient sur les avantages que procura à Athènes l'alliance thébaine, qui ne put cependant empêcher la défaite (folio 136 v.) : « Je demanderais volontiers à mon accusateur si, en ces heures si graves (ἐν ἐκείνοις τοῖς καιροῖς), l'alliance avec Thèbes a semblé à notre cité et aux Grecs utile ou non ? » Diondas, apparemment, comme Eschine, minimisait le rôle de l'activité diplomatique déployée par Démosthène. Eschine s'exclamait dans le *Contre Ctésiphon* (§141) : « Ce sont l'heure critique (*kairos*), la crainte et le besoin d'une alliance qui vous introduisirent à Thèbes et non Démosthène. » On voit que le *kairos*, s'il est ici le principal artisan des événements, exclut l'initiative de l'agent ainsi que toute forme de prévision ou de plan ; sorte de nouvel avatar de la nécessité, il mène le jeu et l'homme politique se laisse guider par lui, par la conjoncture, la situation du moment – ce que Démosthène ne consentit jamais à faire. Eschine a dès lors beau jeu de faire de Démosthène celui qui « livra les occasions où le salut s'offrait à la cité ». Pour Eschine l'heure de gloire est passée pour Athènes et méconnaître ce fait c'est trahir le *kairos*.

Comme le remarquait déjà Porphyre, au témoignage d'Eusèbe de Césarée, les échos sont nombreux entre la défense de Démosthène et le discours d'Hypéride : l'un et l'autre revendiquent le passé héroïque d'Athènes et exaltent

15. Sur cette question on se reportera à la mise au point récemment publiée par Paul Demont dans la *Revue des Études grecques* 124, 2011, p. 21-45. L'auteur recense l'ensemble des publications auxquelles nous sommes redevables depuis la première présentation des fragments par Natalia Tchernetska, *Zeitschrift für Papyrologie und Epigrafik* 154, 2005, p. 1-6, jusqu'au fasc. 52 du *Bulletin of the Institute of Classical Studies* 2009 qui réunit les actes du colloque de Londres consacré à ces textes. Voir en particulier les notes 5, 6 et 7 p. 23 et 24 de sa communication où il propose également une traduction de ces textes.

les interventions victorieuses de leur cité en Eubée et à Byzance (*Contre Diondas* 136 r.). Si le résultat ne répondit pas aux mesures prises, la responsabilité en incombe au sort et non à l'homme politique (*Contre Diondas*, 137 v. et 176 v. en écho au *Sur la Couronne* §193 et suiv. et 300). En revanche, le *kairos* que guettent Eschine ou Diondas n'est favorable qu'à Philippe, l'ennemi d'Athènes qui s'est employé à ce que soient honorés à Athènes même ceux qui ont agi en sa faveur (*Contre Diondas* 136 r. parallèle au *Sur la Couronne* §198 et 307 où Démosthène fustige celui « qui a ménagé les occasions favorables à l'ennemi au lieu de celles qui pouvaient servir sa patrie »).

L'un des intérêts du *Contre Diondas* est donc bien de confirmer que les débats sur la conception du *kairos* en ce dernier tiers du IVe siècle constituent une sorte de *topos* obligé. Sans doute, comme le note Paul Demont[16], le délai qui sépara le vote de la récompense accordée à Démosthène des procès qui s'ensuivirent a favorisé ces développements autour de *kairos*. Ici Diondas « qui n'a que ce mot à la bouche », ne souffre pas que ses adversaires l'évoquent (*ibid.* 145 r. fin / 145 v.). Il semble que, comme Eschine, il ne veuille tenir compte que du présent et se refuse à tout retour sur les événements passés tandis qu'Hypéride, à l'égal de Démosthène, aime à évoquer les grandes heures d'Athènes – Marathon, « où nos ancêtres ont combattu seuls pour la défense de l'ensemble des Grecs » (*ibid.* 144 r.), l'Artémision où « les autres Grecs n'ont pas même fourni le cinquième des trières » (*ibid.*), « ces heures critiques (ἐν τοῖς τοιούτοις καιροῖς) » où Athènes mettait tout ce dont elle disposait « au service du salut commun des Grecs » (*ibid.*) et qui consacrèrent la cité comme le sauveur de la Grèce ! Belle profession de foi qui s'accompagne, comme souvent chez nos orateurs, de jeux rhétoriques dans le maniement du mot : le souhait, par exemple, que le *kairos* fût aussi aisé à percevoir qu'il se révèle utile (*ibid.* 145 v.) quand on le saisit, ou, dans le même développement, le double jeu sur la valeur ancienne du mot *kairos* (*Contre Diondas* 145 v.) qui m'inciterait à comprendre ce fragment du texte comme suit : « Diondas déclare que ce qui réfute les inculpés c'est leur colère excessive (ὀργὴν ἄκαιρον) et non leurs arguments de défense ; il lance des accusations en se reportant à une période bel et bien jugée (εἰς καιρὸν ἀναφερόμενος ἐγνωσμένον). » Et un peu plus loin : « Il est normal que Diondas refuse de considérer le moment convenable (ἀποδοκιμάζει τὸν καιρόν) lui qui n'a rien fait comme il convenait (ἐν καιρῶι). »[17]

16. Cf. P. Demont, art. cit. (n. 15), p. 40.

17. Sur ces emplois de *kairos* au sens de « mesure », fréquemment attestés au IVe siècle, chez Xénophon par exemple, et au-delà, nous nous permettons de renvoyer à notre étude *Kairos, le mot et la notion d'Homère à la fin du IVe s.*, p. 57-67 ; pour ἄκαιρος qualifiant un sentiment ou une émotion, voir en part. p. 64-66, et pour ἐν καιρῶι équivalent de ἐν δέοντι, p. 61-63.

Il n'est pas si fréquent qu'un texte nouveau apporte la confirmation d'analyses anciennes. C'est là une joie que j'ai encore pu partager, à mon retour de Budapest en mai 2009, avec le maître que nous honorons aujourd'hui – souvenir d'un *kairos* intime qui éclaire ce moment d'hommage.

Monique Trédé

HECTOR ET JULIEN L'APOSTAT

Jacqueline de Romilly, dont l'hellénisme rayonnant aura illuminé la vie des lecteurs, humanistes et savants, pendant près d'un siècle croyait, avec une passion aussi irrésistible que son érudition, que les Grecs anciens avaient une réelle importance. Plus que jamais, ils comptent pour nous parce que les luttes que les Grecs connaissaient si bien – guerres en défense d'une culture et d'un mode de vie qu'ils tenaient pour les meilleurs – ont pris de nos jours une dimension mondiale. Parmi les principaux textes auxquels Mme de Romilly revint inlassablement tout au long de sa carrière, il en est deux de caractère très différent, mais tout aussi influents : l'*Iliade* d'Homère et l'*Histoire* de Thucydide. Les deux œuvres sont consacrées à la guerre : l'une à travers une description horrifiante de brutalité, l'autre par l'anatomie d'un corps politique capable de pousser une nation à sa ruine. Dans ces deux chefs-d'œuvre antiques, Mme de Romilly trouva pourtant la chaleur humaine et l'émotion qui lui étaient si précieuses dans la civilisation grecque. Elle découvrit humanité profonde et douceur chez les guerriers d'Homère comme chez les généraux de Thucydide. C'est dans l'*Iliade* qu'elle découvrit, au milieu du carnage, des exemples lumineux de l'intuition et de la sympathie du poète et, chez aucun autre personnage de ce poème, de façon plus mémorable que chez Hector.

Son livre de 1997, dont elle a choisi pour titre emblématique le nom du héros, n'est pas une biographie parce que, observe-t-elle dans sa préface, tout ce que l'on sait de lui nous vient d'une seule œuvre qui ne brosse pas un tableau complet de sa vie[1]. Elle ne parle que de sa mort dans la défense de sa Troie natale et de la mutilation de son corps. « Il n'y a pas de vie d'Hector, écrit Mme de Romilly mais seulement une mort d'Hector. » Hector est pourtant une présence vivante, aimante, l'unique héros de toute l'épopée qui apparaisse « entouré d'un père et d'une mère, d'une épouse bien-aimée, et d'un tout jeune enfant ». Pour les Grecs, cependant, dont l'épopée, l'*Iliade*, était une sorte de Bible profane, Hector était l'ennemi, et Mme de Romilly a souligné à juste titre

1. J. de Romilly, *Hector*, Paris, Éditions de Fallois, 1997. Les citations qui suivent viennent des pages 9, 10, 11, 111 et 112 (citant l'*Iliade* XXIV, 67-68).

l'anomalie d'un portrait aussi bienveillant d'un guerrier ennemi. Et de poser la question : « Comment douter qu'il y ait là pour nous un exemple précieux, et terriblement nécessaire ? »

Mme de Romilly était visiblement très attachée à Hector, et de ce point de vue elle était semblable à Zeus lui-même. « Curieusement, écrit-elle, Hector est [...] le seul pour qui Zeus éprouve une forme d'attachement, qui ne doit, pour une fois, rien à la parenté, puisque Hector n'est qu'un homme. » Après la mort d'Hector, Homère attribue à Zeus un éloge transcendant du Troyen mort que Mme de Romilly rend ainsi : « Hector était pour les dieux le plus cher des mortels qui sont dans Ilion : il l'était pour moi aussi. » En mémoire de Jacqueline de Romilly et en l'honneur de ses contributions suprêmes à la littérature et à la culture grecques, je me propose d'examiner ce qu'Hector représentait pour l'un des avocats les plus fervents et éloquents de l'hellénisme dans l'Antiquité tardive, Julien l'Apostat, dont le règne bref contribua, plus que tout autre chose, à transformer le mot « hellénisme », dans l'Antiquité tardive, en un simple synonyme de paganisme.

Nous savons par une des lettres de Julien que, jeune homme, en 354, il découvrit un culte vivant d'Hector qui existait de son temps à Troie. La connaissance que l'empereur avait d'Homère, dont il nourrit régulièrement ses écrits, était sans conteste enracinée dans les années solitaires que l'adolescent vécut à Macellum, en Asie Mineure centrale, où le savant Mardonius l'initia aux classiques grecs, gagnant ainsi sa gratitude éternelle. C'est seulement plus tard, alors qu'il avait déjà l'expérience de la théurgie mystique de Maxime d'Éphèse et avait inauguré un règne voué à la restauration des croyances et rites païens qu'il révéla, à un prêtre paysan anonyme, d'où lui venait son aplomb pour promouvoir à cette époque un ancien évêque chrétien du nom de Pégase[2]. La lettre de Julien, comme tout le corpus de ses écrits, a été méticuleusement éditée en 1924 pour Les Belles Lettres par un associé étranger de cette Académie, le savant belge Joseph Bidez, l'une des plus grandes autorités sur la vie de Julien.

Il semble que l'évêque Pégase, ce qu'il était alors, ait connu Julien, encore manifestement jeune chrétien, à l'occasion d'une visite de Troie – ou d'Ilion, comme on l'appelait encore. La ville se trouvait en Troade, au nord-est de la colonie romaine d'Alexandria Troas, célèbre pour avoir été le premier choix de Constantin pour sa nouvelle capitale orientale avant de se fixer finalement sur Byzance. Toute la Troade était une région numineuse que chaque Grec cultivé connaissait au moins par l'*Iliade*, et c'est donc là, plus que partout ailleurs, que Julien avait pu espérer découvrir plusieurs cultes florissants des anciens dieux et

2. Julien, *Epist.* 79 (Budé).

des héros homériques. Le prince chrétien et l'évêque se comprirent visiblement et reconnurent aussitôt une sympathie profonde, quoiqu'inavouée, pour les divinités païennes. Après un passage par le sanctuaire d'Hector, ils rendirent une visite révérencielle à l'enceinte d'Athéna troyenne avant de descendre jusqu'à la tombe d'Achille sur la ville côtière qui portait le nom d'Achilleion[3]. Dans « Pégase », un de ses poèmes les plus touchants, le poète alexandrin moderne Konstantin Kavafis a évoqué cet épisode de complicité tacite entre les deux hommes[4].

Julien commence le récit de sa visite à Troie par une description du sanctuaire (ἡρῷον) d'Hector. Voici ce qu'il en dit, dans la traduction de Bidez :

> « Il y a là un hérôon d'Hector, avec sa statue de bronze dressée dans une petite chapelle. En face, on a placé le grand Achille à ciel ouvert. Si tu as visité l'endroit, tu sais sans doute ce que je veux dire. Quant à l'histoire qui explique pourquoi on a mis le grand Achille vis-à-vis d'Hector, en lui faisant occuper tout l'espace découvert, tu peux l'apprendre par les guides. Je trouvai des autels encore allumés, je dirais presque encore flamboyants, et la statue d'Hector brillait, toute frottée d'huile. »

Le jeune Julien faisant part à Pégase de sa surprise de voir que les Troyens honoraient encore le culte d'Hector, l'évêque répondit qu'il n'y avait rien d'étonnant à cela parce qu'ils faisaient exactement la même chose que les chrétiens pour leurs martyrs. Ce fut probablement l'une des toutes premières rencontres de Julien avec le paganisme vivant, et l'une des plus profondes. Son allusion aux guides (περιηγηταί) du site, capables d'expliquer la disposition et la taille de la statue d'Achille face au sanctuaire d'Hector, offre un aperçu d'une tradition locale bien établie à Troie. La base gravée d'une statue d'Hector découverte dans l'agora d'Ilion comporte une épigramme de quatre vers célébrant sa défense de Troie ; et d'aucuns ont imaginé que c'était la base de la statue même qu'aurait vue Julien – ce qui n'est pas très vraisemblable puisque la base en question venait d'un groupe de quatre statues de divers héros homériques[5]. Naturellement,

3. Pour la topographie de la Troade, J. M. Cook, *The Troad*, Oxford, 1973, et L. Robert, *Monnaies antiques en Troade*, Paris, 1966.

4. K. Π. Καβάφης, *Ατελή Ποιήματα 1918-1932*, Renata Lavagnini éd., Athènes, 1994, p. 107-114.

5. P. Frisch, *Inschriften griechischer Städte Kleinasiens : Ilion*, Bonn, 1975, n° 142, avec C. B. Rose, in *Roman Sculpture in Asia Minor*, F. D'Andria et I. Romeo éd., *Journal of Roman Archaeology*, Supplementary Series n° 80, Rhode Island, 2011, p. 289. L'épigramme est reproduite dans R. Merkelbach et J. Stauber, *Steinepigramme aus dem griechischen Osten*, Band 1, Leipzig, 1998, p. 634 (n° 07/06/02). Toute identification de la base gravée de la statue d'Hector de l'agora avec la statue de l'*hêrôon* est subordonnée à l'emplacement du sanctuaire que Philostrate situe (*Héroïque* 19.4) ἐν περιβλέπτῳ τοῦ Ἰλίου, suggérant un lieu bien en vue. Or, si ce sanctuaire était associé au tombeau d'Hector, ce dernier, nous le savons, se trouvait hors les murs de la ville (Dion Chrys., *Orat.* 11. 124 ; Malalas, *Chron.* 5. 25). M. Sage, *Studia Troica* 10, 2000, p. 224, n. 72, conteste que la base de l'agora puisse venir de la statue que vit Julien.

le culte d'Achille allait bien au-delà de l'Asie Mineure et, à l'époque de Julien, il était bien implanté dans les territoires du nord de la mer Noire, où survit une abondante documentation pour Achille Pontarchês[6]. Mais il était aussi en vue dans la cité contre laquelle il s'était illustré au combat, non loin de son tombeau supposé d'Achilleion, et la taille de son image peut bien symboliser sa victoire sanglante sur Hector[7]. En tout état de cause, il était assez naturel de le trouver là, dans une éternelle confrontation avec le héros indigène dont il avait outragé le corps avant d'autoriser Priam à le racheter.

Par bonheur, la tradition locale à laquelle Julien fait allusion est accessible aujourd'hui encore à travers un dialogue composé par Flavius Philostratus dans la première moitié du IIIe siècle. Il s'agit de l'extraordinaire *Heroicus*, où un marchand phénicien converse avec un vigneron sur le territoire d'Élaious, qui se trouve dans le Chersonèse thrace, sur la rive ouest des Dardanelles[8]. C'est là que Protésilée, le premier Grec de l'armée d'Agamemnon à mettre le pied en Troade au début de la guerre de Troie, avait son tombeau. Bien que mort sitôt après avoir débarqué, son corps avait été apparemment transporté jusqu'à la côte thrace pour y être inhumé. A la grande stupeur du Phénicien, le viticulteur de Philostrate révèle qu'il s'entretient régulièrement avec Protésilée, un millénaire et demi après la mort du héros, de la présence spectrale d'autres héros homériques de la guerre de Troie[9]. Le vigneron semble avoir personnellement connaissance des cultes et des croyances des Troyens de son temps, et il se réjouit de l'occasion de faire part de ce qu'il sait au Phénicien curieux. Les guides de Julien à Troie devaient donc être, jusqu'à un certain point, les successeurs du vigneron de Philostrate à Élaious. Ils étaient en possession de légendes qui présupposaient une vie posthume spectrale pour les guerriers homériques dont la présence sanctifiait et animait encore la plaine troyenne. Il est donc important d'examiner ce

6. *Der Achilleus-Kult im nördlichen Schwarzmeerraum vom Beginn der griechischen Kolonisation bis in die römische Kaiserzeit : Beiträge zur Akkulturationsforschung*, J. Hupe éd., Leidorf, 2006. Plus tard, au IVe s., un culte d'Achille à Athènes préserva efficacement la ville des tremblements de terre dévastateurs de la région : Zosime, 4.18.2-3.

7. C. B. Rose, *op. cit.* (n. 5), p. 290.

8. C. P. Jones, « Philostratus' *Heroikos* and its Setting in Reality », *Journal of Hellenic Studies* 121, 2001, p. 141-149.

9. De cet ouvrage, qui a beaucoup retenu l'attention des historiens des religions, il n'existait qu'une édition digne de foi (L. de Lannoy, Leipzig, 1997) et, récemment encore, qu'une traduction digne de foi. La version anglaise de J. K. B. Maclean et E. B. Aitken, Atlanta, 2001 et 2002, est déplorable. Mais une traduction allemande de l'*Heroicus*, accompagnée d'une introduction et de commentaires abondants, a maintenant remédié magnifiquement à cette lacune : P. Grossardt, *Einführung, Übersetzung und Kommentar zum Heroikos von Flavius Philostrat*, (Schweizerische Beiträge zur Altertumswissenschaft, Band 33), en deux volumes, Bâle, 2006. Les références renvoient à la numérotation des chapitres de De Lannoy plutôt qu'à celle, confuse, de la vieille édition Kayser parue en 1871 chez Teubner, et rééditée par Olms en 1964.

que l'homme d'Élaious dit du sanctuaire d'Hector à Troie, parce qu'il décrit manifestement la statue que Julien vit un siècle plus tard.

> « La statue d'Hector à Ilion est telle un demi-dieu et montre au spectateur averti maints signes de son caractère. Il paraît fier, farouche, resplendissant et vigoureux dans sa tendre jeunesse. Sa beauté est sans chevelure, et il a tant de vie qu'on est irrésistiblement conduit à le toucher quand on le regarde. Le sanctuaire se dresse sur un lieu en vue, proche d'Ilion, et vaut bien des bénéfices aux individus comme à la communauté. Aussi le prient-ils. Et ils organisent des compétitions athlétiques avec des sacrifices pour lui, quand les compétitions l'enflamment et le captivent tant qu'il ruisselle de sueur. »[10]

A cette description, Julien ajoute qu'elle était de bronze, et que l'huile dont l'oignaient les dévots d'Hector la rendait luisante. L'onction des statues cultuelles était une longue tradition dans la religion tant grecque que romaine : ainsi Plutarque parle-t-il du lustrage (γάνωσις) des statues[11], et l'observation de Julien ne fait que confirmer le témoignage de Philostrate quant à la prospérité et à la popularité du culte d'Hector à Troie.

Une épigramme latine du poète vandale tardif Luxorius confirme les précisions de Philostrate sur la statue d'Hector à Troie : sa transpiration, mais aussi sa confrontation à une formidable image d'Achille :

> *Ilion in medium Pario de marmore facti*
> *Stant contra Phrygius Hector vel Graius Achilles,*
> *Priamidae statuam sed verus sudor inundat*
> *Et falsum fictus Hector formidat Achillem*[12].

> « Au cœur d'Ilion, en marbre de Paros, s'opposent le Phrygien Hector et le Grec Achille, mais une vraie sueur inonde la statue du fils de Priam, et un Hector fabriqué redoute un faux Achille. »

Le miracle de la transpiration d'Hector est ici expliqué par l'effroi prétendu du Troyen face à l'immense Achille qui lui faisait face : sans doute une interprétation grecque reprise par Luxorius, tandis que Philostrate donne la variante irréprochablement troyenne : les jeux donnés en son honneur plongeaient Hector dans une telle excitation qu'il ruisselait de sueur.

Mais Philostrate donne un détail sur la statue que Julien omet : Hector était représenté chauve. Le sens du propos de Philostrate ne fait pas l'ombre d'un

10. Philostr., *Heroic.* XIX,3. Pour l'attestation du culte d'Hector à Troie à l'époque impériale, voir Lucien, *Deor. Concil.* 12 ("Εκτορι θύουσιν ἐν 'Ιλίῳ) et Athénagoras, *pro Christian.* I (ὁ μὲν 'Ιλιεὺς θεὸν "Εκτορα λέγει).

11. Plutarque, *Quaest. Rom.*, XCVIII, 287c-d. D'autres références dans P. Grossardt, *op. cit.* (n. 9), II, 407.

12. *Anthologia latina*, n° 362, p. 282 (Shackleton Bailey).

doute : il n'a pas échappé à l'évêque Synésios de Cyrène, à la fin du IVe siècle, dans son éloge de la calvitie[13]. Philostrate rapporte même l'incident d'un jeune écervelé qui calomnia la statue, y voyant en fait une image d'Achille après qu'il s'était arraché les cheveux en pleurant Patrocle. Hector furieux usa sans tarder de son influence divine d'outre-tombe pour manigancer un accident dont le jeune homme ne sortirait pas vivant. Mais la calvitie d'Hector a fort bien pu apparaître comme une marque de divinité à Julien, qui était lui-même notoirement hirsute et qui se laissa pousser la barbe de manière si agressive qu'avec sa petite taille on le moquait en le traitant de taupe bavarde (*loquax talpa*)[14]. En bon païen, il devait savoir, quand il évoqua la statue d'Hector, que la calvitie était en fait un signe très particulier de sainteté parmi les dieux. Peut-être avait-il même vu le Zeus chauve d'Argos, et certainement avait-il entendu parler de la Vénus chauve de Rome[15]. Quand Julien écrit au prêtre anonyme que la statue d'Hector était λιπαρῶς ἀληλιμμένην (luisante d'huile), il est difficile de ne pas se dire que l'éclat le plus vif était celui du crâne d'Hector[16].

Mais tout cela survint assez tôt dans la carrière de Julien, même si, devenu empereur, il en conservait un vif souvenir. Entretemps, la figure d'Hector, telle qu'il la connaissait par l'*Iliade*, lui avait donné des exemples pour agrémenter les panégyriques dans lesquels il célébra la cour de Constance[17], sous lequel il servait, mais ce n'est qu'au moment critique de sa carrière qu'il se tourna vraiment vers Hector. Ce fut lors de sa campagne de Gaule, en 358/359, peu de temps après avoir ouvertement défié Constance à Paris, au début de 360, et publiquement avoué son paganisme. A la cour de Constantinople, une cabale de détracteurs envieux avaient persuadé l'empereur d'écarter de la Gaule le conseiller qui avait plus que quiconque la confiance de Julien : Saturninius Secundus Salutius. La tradition littéraire antique et médiévale a souvent confondu ce conseiller sagace avec un de ses contemporains du nom de Sallustius, qui fut également un ami de Julien et devait connaître une illustre carrière sous son règne, dont un consulat en 363[18].

13. Synésios, *Calv. Enc.* 19.2-4 ; cf. P. Grossardt, *op. cit.* (n. 9), I, p. 156-157.

14. Ammien Marcellin, 17.11.1.

15. Sur ces Olympiens chauves, voir H.-G. Nesselrath, in *Reallexikon für Antike und Christentum*, XIX, 934-935. Pour Argos, Clément d'Alexandrie, *Protrep.* II,39,2 (Ζεὺς φαλακρὸς ἐν Ἄργει), et pour Rome, *Hist. Aug.*, Maximini duo 33.2 (*templum Veneri Calvae senatus dicavit*) avec Lactance, *Div. Instit.* I.20, 27 (*aedem Veneri Calvae consecrarunt*) et Servius, *Ad Aen.* I,20. M. Sage, *op. cit.* (n. 5), p. 224, pense que Philostrate plaisante, mais Philostrate n'est pas Lucien, et il n'y a pas trace d'humour dans l'*Heroicus*.

16. Il est possible, mais nullement nécessaire, que la base de la statue de Troie en l'honneur de Julien reflète un souvenir local de sa visite de 354 : *D. N. / [F]l. Claud. Iulian[o] / ...se]mper Au[g.]* : S. Conti, *Die Inschriften Kaiser Julians*, Stuttgart, 2004, p. 88, n° 41. La curiosité de cette inscription est qu'elle a été gravée sur un texte antérieur, qui a été totalement effacé.

17. Julien, *Second Panégyrique de Constance*, *Discours* III (Budé).

18. Sur la confusion des noms et des personnes, G. W. Bowersock, *Julien l'Apostat*, (trad. de P.-E.

Or Salutius était exceptionnel, parce que, comme Pégase, il partageait avec Julien l'amour de l'hellénisme à une époque où un prince de la maison impériale devait éviter de professer pareils goûts en public. Mais dans l'administration impériale les païens n'étaient pas rares, et Salutius, à la différence de l'évêque Pégase, était libre de proclamer son allégeance, sans nul doute pour le plus grand plaisir de Julien, quand il était à ses côtés en Gaule. Il est plus que probable que Salutius soit l'auteur du traité philosophique qui nous est parvenu, *Des dieux et de l'univers*, lequel porte la marque d'un paganisme philosophique qui n'était pas hostile au christianisme. La peine que Julien conçut du retrait de Salutius est encore tangible dans les pages de consolation passionnées qu'il composa pour lui-même sous le titre « Sur le départ de Sallustius [*i.e.* Salutius] » qu'on lui a donné de nos jours. En cette heure de désespoir, Julien se rappelait avec émotion le moment où, quelques années auparavant, il avait dû quitter son vieux tuteur, tout comme il perdait maintenant Salutius, son précieux confident. Et ces souvenirs le ramenaient à Hector.

Une fois encore, je cite la traduction de Joseph Bidez :

> « Lorsque, à mon tour, me mettant moi-même à l'épreuve, je voulus savoir quelle impression me faisait et me ferait ton voyage, je sentis ma douleur égale à celle que j'éprouvai en laissant pour la première fois dans ma demeure le guide de mon enfance… Et puis encore je me rappelais le vers, *Ulysse resta seul* (Οἰώθη δὲ 'Οδυσεύς). Tel est mon sort, depuis qu'un Dieu [Constance] t'a retiré, comme Hector, loin de la grêle de traits que les sycophantes ont souvent lancés sur toi, ou plutôt sur moi, qu'ils voulaient atteindre en te blessant, persuadés que l'unique façon d'y réussir, c'était de me priver de la société du fidèle ami, du compagnon d'armes toujours prêt à partager mes dangers, sans tergiverser. »[19]

Cette comparaison de Salutius avec Hector, avec la citation du livre XI de l'*Iliade* dont elle est accompagnée, est plus subtile et plus complexe qu'on ne pourrait le croire à première vue. La solitude d'Odysseus, ou plutôt Ulysse, comme Bidez l'appelle, et comme nous le ferons par déférence envers lui, survient quand son ami et compagnon Diomède quitte la bataille dans laquelle il vient d'être grièvement blessé par l'arc de Pâris. Ulysse essaya bien de protéger Diomède le temps d'extraire la flèche, mais Diomède redevenu mobile, force lui fut de se retirer, laissant Ulysse affligé et seul face aux Troyens. Julien attache la formule lapidaire, « Ulysse resta seul (Οἰώθη δὲ 'Οδυσεύς) », tirée du vers 401 du livre XI, à sa séparation d'avec Mardonios. Dans le même temps, il utilise aussitôt cette phrase pour lancer sa lamentation sur la perte de Salutius. Julien se sentait de nouveau seul.

Dauzat, Paris, Armand Colin, 2008), p. 160-161.

19. Julien, *Sur le départ de Salluste : Discours* IV (Budé).

Et c'est alors qu'il compare son tout dernier mentor à Hector. Zeus, pour honorer un engagement que sa femme Héra lui avait arraché, mit Hector hors de danger en le retirant de la bataille tandis qu'Agamemnon se déchaînait contre les forces troyennes en l'absence d'Achille, qui boudait encore sur la côte, près des vaisseaux. Zeus dépêcha Iris pour donner des instructions à Hector : qu'il ne reprenne pas le combat avant qu'Agamemnon lui-même ne fût blessé. Cela handicapa inévitablement la résistance troyenne, comme le voulait Héra, tout en remplissant d'amertume Zeus, dont les sympathies allaient aux Troyens. Dans le récit homérique, cette divine action, provoquée par une déesse hostile à la cité d'Hector, précède la solitude d'Ulysse de quelque 250 vers. Elle n'a absolument rien à voir avec la solitude d'Ulysse. En vérité, Hector était alors déjà retourné dans la mêlée, et Diomède, le compagnon d'Ulysse, avait déjà lancé un javelot que son casque seul empêcha de pénétrer dans le crâne d'Hector. A l'évidence, la solitude d'Ulysse ne pouvait donc venir du retrait d'Hector de la bataille. Hector était son ennemi et combattait les Grecs.

Julien, dont la connaissance d'Homère est indubitable, paraît, fût-ce obliquement, dire quelque chose d'important en faisant un parallèle entre la perte de son maître à Macellum et celle de son conseiller en Gaule. La perte des deux hommes lui fut également douloureuse et le laissa esseulé, tout comme Ulysse après le retrait de Diomède. Mais puisque Constance avait éloigné Salutius de lui après avoir succombé aux insidieuses allégations portées contre lui par des courtisans hostiles à Julien lui-même[20], il pouvait voir dans le sort fait par Zeus à Hector une action pareillement injuste de la part d'un dieu. Elle privait les Troyens, qui avaient les faveurs de Zeus, de leur meilleur guerrier. Si ce n'était pas l'action qui laissa Ulysse seul, il nous faut nous demander pourquoi Julien mêla ces deux épisodes. Il n'est aucun principe rhétorique évident de nature à le conduire à pareil anacoluthe. Son sentiment de privation impliquait pourtant un homme bon et honorable – un homme comme Hector, tel que le voyait Mme de Romilly. Or Zeus, qui aimait Hector et voulait l'aider, s'était laissé persuadé à tort par les ambitions partisanes d'Héra de l'empêcher de se porter à la tête de la cause troyenne. De la même façon, une clique d'ennemis intéressés et ambitieux avaient manigancé auprès de Constance pour le persuader de retirer Salutius de la campagne de Julien. En passant d'Ulysse, après le départ de Diomède, à la faiblesse de l'armée troyenne sans Hector, Julien se permet de présenter Salutius en nouvel Hector, même si, dans le récit homérique, il n'y a aucun parallèle évident avec un Julien esseulé et abattu. Qui demeure seul devant les murs quand Hector est écarté de la bataille ? Quelque Troyen sans visage et oublié, un ennemi d'Ulysse qui se retrouve lui-même seul sans son chef charismatique.

20. Voir ce que dit Bidez de la calomnie contre Salutius et Julien dans J. Bidez, *La Vie de l'empereur Julien*, Paris, Les Belles Lettres, 1930, p. 169-171 (« Le rappel de Salluste »).

C'est l'humanité commune du Grec et du Troyen qui éclaire la comparaison de Salutius et d'Hector par Julien. La comparaison affirme les admirables qualités humaines de son ami en même temps qu'elle les associe tous les deux comme guerriers dans une entreprise sans nom, dont l'un d'eux vient d'être détaché. Par un brillant tour de passe-passe, Julien a transformé un Troyen anonyme qui est privé d'Hector en un Ulysse privé de Diomède. Salutius aurait parfaitement compris ce que faisait Julien. A la fin de sa consolation, Julien le célèbre en le rangeant parmi les premiers des Hellènes (ἄνδρα εἰς τοὺς πρώτους τῶν Ἑλλήνων τελοῦντα) pour son bon sens, sa vertu et sa souveraine maîtrise de la rhétorique et de la philosophie. Les Hellènes, dont Julien se voulait un chef de file, étaient des penseurs qui recherchaient λόγῳ τἀληθές, la vérité par la raison, et ne souffraient pas que d'autres croient à des histoires fictives ou des miracles paradoxaux (ἀπίστοις μύθοις οὐδὲ παραδόξῳ τερατείᾳ). En cela, dit Julien, les Hellènes différaient de « la plupart des barbares » (οἱ πολλοὶ τῶν βαρβάρων).

A Joseph Bidez appartient l'immense mérite d'avoir remarqué voici longtemps que, par ces mots de louange pour un éminent représentant de l'hellénisme contemporain, Julien met en relief la crédulité des barbares dans les mêmes termes qu'il devait plus tard employer contre les chrétiens dans son *Contra Galilaeos* (« Contre les Galiléens »)[21]. Par Hellènes, dans ce passage, Julien désigne certainement les païens cultivés et savants, dont Salutius était un brillant exemple. Il présente clairement son ami et conseiller comme un païen confessant – ce que Pégase eût été s'il n'avait été évêque et ce qu'il devint par la suite une fois Julien devenu empereur. Durant son règne, Julien pansa la blessure infligée quand Constance rappela Salutius de Gaule en le nommant à divers postes de responsabilité, notamment à la présidence de la commission judiciaire de Chalcédoine puis à la préfecture prétorienne de l'Orient. Il devait être largement reconnu et admiré en tant que païen qui n'était pas hostile aux chrétiens, ainsi que l'atteste sa promotion à divers postes sous les successeurs chrétiens de Julien. Grégoire de Nazianze lui-même, dans une grande invective contre Julien, fait incontestablement allusion à Salutius quand il loue le préfet de sa répugnance à châtier les chrétiens[22].

Ce que nous savons de cet homme permet aisément de reconnaître en lui l'auteur du traité anonyme *Des dieux et de l'univers*. Quand Arthur Darby Nock, le grand éditeur de ce traité, se demande si Julien a pu penser au paganisme lorsqu'il loue Salutius de compter parmi les premiers des Hellènes, il conclut que

21. Julien, *Epist.*, *Discours* IV (Budé), p. 205, n. 4. Cf. Julien, *Contra Galil.*, frag. 4 (Masaracchia) : τοὺς μύθους ἔπλασαν … ἀπίστους καὶ τερατώδεις, extrait de la réponse de Cyrille d'Alexandrie à Julien.

22. Grégoire de Nazianze, *Orat.* IV, 91, avec l'excellent commentaire d'Alois Kurmann, *Gregor von Nazianz,* Oratio 4 *gegen Julian : ein Kommentar*, Bâle, 1988, p. 306. Sur la carrière de Salutius sous le règne de Julien et après, voir les *testimonia* dans *Prosopography of the Later Roman Empire*, A. H. M. Jones, J. R. Martindale et J. Morris éd., vol. I, Cambridge, 1971, p. 814-817.

le prince ne pouvait le laisser entendre[23], mais il se trompe. Bidez a vu plus juste, et c'est le parallèle avec Hector qui scelle cette interprétation. Se voyant lui-même en Troyen imaginaire privé du plus noble guerrier de Troie par Zeus qui l'a retiré malgré lui de la bataille, Julien avait une bonne raison de voir Hector en Salutius, parce que cela les mettait tous les deux du côté des perdants.

Au moment de leur séparation, l'un professait le christianisme quand l'autre était païen. Tout comme Pégase et Julien avaient autrefois perçu intuitivement qu'ils partageaient un même attachement à un paganisme encore très vivant, Salutius et Julien estimaient partager une cause commune du même genre. La consolation de Julien à lui-même au départ de Salutius est très personnelle. La douleur de la perte est tout du long tangible. Mais non moins tangibles sont la montée de son impatience devant le rôle diminué de la culture hellénique dans l'empire de Constance et son attachement à tout ce que représentait Salutius. Nous sentons les vents du changement qui vont faire du prince désolé non seulement le prochain empereur, mais aussi un ardent païen, prêt à rompre avec le christianisme de la lignée constantinienne dont il était issu. Invoquant Hector en paradigme du sage et humain Salutius, c'est lui-même que guidait Julien, et ses lecteurs posthumes avec lui, vers l'avenir immédiat.

Le sophiste païen Libanios, qui admirait Julien et connaissait ses écrits tout aussi bien que ses réalisations, comprit parfaitement la considération de l'empereur pour Hector. Peu après la mort de Julien, Libanios ouvrit sa lamentation en forme de monodie en comparant Julien lui-même à Hector. Citant Pindare, Libanios déclare :

> « C'est à juste raison qu'on a appelé Hector "le robuste pilier de Troie", car quand il est tombé Ilion resta debout sur des fondations pourries, et elle devait bientôt croupir en ruines aux côtés d'Hector. Or ce n'est pas simplement le pilier d'une ville de l'Hellespont ni d'une nation qui a été abattu, mais l'empire des descendants d'Énée. »[24]

De l'effondrement de Troie après la mort d'Hector, Libanios glisse naturellement à l'effondrement de tout l'empire après la mort de son empereur. L'ombre d'Hector, qui était tombée en travers de Julien en 354, inoubliablement, l'avait plus tard uni à Salutius, et finit par l'envelopper à sa mort[25].

Glen Bowersock

23. A. D. Nock, *Concerning the Gods and the Universe*, Cambridge, 1926, p. xlvii, n. 42.

24. Libanius, *Orat.* 17. 3. La citation de Pindare est tirée d'*Olymp.* 2. 90 (ἀστραβῆ κίονα).

25. Je sais gré à Christopher Jones de sa critique aiguë d'une première version de ce texte. Son empressement à traduire cette étude en une prose française qui rend à merveille le sens de mon propos et mon style n'a fait qu'augmenter ma dette, déjà lourde, envers Pierre-Emmanuel Dauzat.

POSTFACE

Lorsque, dès le printemps 2011, nous avons souhaité organiser un colloque international en hommage à Jacqueline de Romilly, nous avions pour préoccupation que la personnalité médiatique acquise dans les deux dernières décennies par celle qui fut d'abord un grand Professeur et notre maître ne fît pas oublier l'œuvre magistrale de l'Universitaire, du Savant, qui fut une grande figure de l'hellénisme en France. Que les disciples, confrères, collègues et amis, français ou étrangers, qui ont répondu à notre appel, témoignant de l'influence de son œuvre par des communications scientifiques qui en reflètent aussi la diversité, trouvent ici le témoignage de notre vive reconnaissance.

En consentant à ouvrir ce colloque d'hommage, Gilbert Dagron avec une éblouissante communication traitant de « Grèce, hellénisme, romanité » nous a d'emblée permis de mesurer l'ampleur des curiosités de Jacqueline de Romilly, laissant deviner non seulement sa passion pour la Grèce mais aussi son humour et les perspectives nouvelles qu'elle sut ouvrir pour le grand bénéfice de plusieurs générations de chercheurs en France et ailleurs de par le monde.

Spécialiste de Thucydide reconnue par ses pairs, elle lui consacra sa thèse, publiée sous le titre *Thucydide et l'Impérialisme athénien. La pensée de l'historien et la genèse de l'œuvre* (1949), plusieurs ouvrages tout au long de sa carrière — *Histoire et Raison chez Thucydide* (1956), *La Construction de la vérité chez Thucydide* (1991) —, et plus de vingt-cinq articles dont dix-neuf, étagés sur trente ans, ont été réunis en 2005 sous le titre *L'Invention de l'histoire politique chez Thucydide*. Au cours de ces mêmes années, Jacqueline de Romilly publiait dans la prestigieuse Collection des Universités de France les six volumes de l'*Histoire de la guerre du Péloponnèse* : le livre I est achevé en 1953 et le livre VIII, dont l'édition a été préparée avec Raymond Weil, paraît en 1972 : vingt années d'un labeur exigeant pour éditer et traduire, avec rigueur, clarté et sobriété, ce texte difficile qui reste souvent problématique. Ce travail acheva d'établir sa réputation scientifique en France comme à l'étranger. Thucydide a tenu naturellement une place d'honneur dans ce colloque. Jacques Jouanna a montré comment les citations de Galien doivent figurer dans la tradition indirecte du texte et permettent parfois de trancher face aux fluctuations de la tradition manuscrite. Quant à Aurélien Pulice, jeune chercheur qui traque l'héritage homérique dans l'œuvre de l'historien, il nous a prouvé que le texte qui fascina Jacqueline de Romilly dès sa jeunesse n'a en rien perdu de son attrait pour la jeune génération qui se plaît à poursuivre dans la voie qu'elle a tracée.

Mais l'œuvre scientifique de Jacqueline de Romilly ne s'est pas limitée à Thucydide. Elle a consacré quatre ouvrages aux poètes tragiques – *La Crainte et l'Angoisse dans le théâtre d'Eschyle* (1958), *L'Évolution du pathétique d'Eschyle à Euripide* (1961), *Le Temps dans la tragédie grecque* (1971), *La Modernité d'Euripide* (1986) ; et deux recueils publiés en 1995 regroupent nombre de ses études sur la tragédie : *Tragédies grecques au fil des ans* (Les Belles Lettres) et *Rencontres avec la Grèce antique* (Bernard de Fallois). Patricia Easterling lui a offert ici une analyse subtile de la dénomination chez Sophocle, Christine Mauduit s'est penchée sur la construction de l'*Hippolyte* d'Euripide, et Suzanne Saïd a comparé l'image de Thèbes que donnent Eschyle et Euripide. Ces trois communications attestent la large influence de la méthode de Jacqueline de Romilly. Il s'agit de comprendre « comment les œuvres reflètent et jalonnent une série de découvertes communes, et comment elles s'inscrivent dans des débats collectifs ou dans la poursuite d'intérêts nouveaux. » Il s'agit donc de suivre ces progrès aussi bien dans le détail des mots que dans la psychologie ou dans la structure de la pièce, ce que font aujourd'hui tout naturellement nombre de spécialistes de la poésie dramatique qui analysent, à sa suite, les rapports entre les œuvres théâtrales et la vie politique et intellectuelle de l'Athènes où les représentations eurent lieu pour la première fois. En plus, Sylvain Perrot, dans son exposé sur « Musique et paysage dans la poésie grecque du ve siècle », nous a rappelé que Jacqueline de Romilly n'avait pas négligé la poésie lyrique, pas plus celle de Pindare que celle des chœurs tragiques !

Plus largement, toute la vie intellectuelle de la seconde moitié du ve siècle athénien est présente dans son œuvre, et donc aussi les sophistes, ces « nouveaux philosophes », spécialistes de la langue. Déjà dans *Histoire et Raison* Jacqueline de Romilly analysait leur influence sur la pensée et sur le style de Thucydide. En 1973, elle dédiait à E. R. Dodds un article sur « Gorgias et le pouvoir de la poésie » ; en 1975, à l'occasion de ses Jackson Lectures, elle traitait de *Magic and Rhetoric in Ancient Greece* ; et en 1988, avec *Les Grands Sophistes dans l'Athènes de Périclès*, elle tentait une réhabilitation de la première sophistique. En consacrant sa communication aux « Mystères de la rhétorique » Laurent Pernot saluait, dans ce domaine encore, un précurseur, tandis que Dominique Arnould, s'interrogeant sur l'art d'acquérir et de transmettre les savoirs dans la Grèce ancienne, rendait hommage à celle qui se voulait avant toute chose « professeur dans l'âme ».

Et la vie politique ne fut pas en reste dans ses travaux. Qu'on songe à son étude sur *La Loi dans la pensée grecque des origines à Aristote* (1971), aux

Problèmes de la démocratie grecque (1975), à *La Grèce antique à la découverte de la liberté* (1989) ou encore à *La Grèce antique contre la violence* (2000). Olivier Picard et Dominique Mulliez l'ont bien compris qui lui ont dédié de beaux exposés sur « l'empreinte de la *polis* sur la monnaie » et sur « les actes d'affranchissement à Delphes » et l'évolution des obligations juridiques auxquelles ils sont soumis. Paul Demont, analysant « le tirage au sort chez Platon » a su rendre un bel hommage à celle que Thucydide avait souvent conduite à Platon.

Le panorama eût été incomplet d'une œuvre si fondamentalement centrée sur l'histoire des mots et des idées si Charles de Lamberterie ne s'était pas interrogé sur l'adjectif ἄσμενος dont le choix lui fut clairement inspiré par la personnalité de notre maître, tandis que Monique Trédé, s'acquittant d'une promesse ancienne, reprenait la question des rapports qu'entretiennent *mètis* et *kairos* dans la pensée grecque.

Il revenait à Glen Bowersock, l'ami de toujours, de conclure ce colloque avec une émouvante évocation de la figure d'Hector, le héros d'Homère, auquel Jacqueline de Romilly avait tenu à consacrer un ouvrage, « découvrant », selon les mots de Glen Bowersock, « humanité profonde et douceur chez les guerriers d'Homère comme chez les généraux de Thucydide ». C'est Homère, au moins autant que Thucydide, que Jacqueline de Romilly aimait à relire sans cesse au soir de sa vie, et nul doute que l'attachement de Julien l'Apostat, l'un des avocats les plus fervents et éloquents de l'hellénisme dans l'Antiquité tardive, à cette même figure tel que l'évoqua avec subtilité et délicatesse Glen Bowersock fut pour l'assistance une poignante conclusion de ces deux journées d'hommage scientifique qui réunirent plusieurs générations de chercheurs et professeurs dans la reconnaissance, la fidélité et l'amitié admirative.

Puissions-nous, chacun, garder vivante cette flamme, cette passion pour la Grèce, qu'elle savait si bien éveiller !

Jacques Jouanna et Monique Trédé

LISTE DES AUTEURS

Dominique ARNOULD	Professeur à l'Université de Paris-Sorbonne
Glen BOWERSOCK	Associé étranger de l'Académie des Inscriptions et Belles-Lettres, professeur émérite à l'Institut for Advanced Study School of Historical Studies (Princeton)
Gilbert DAGRON	Membre de l'Académie des Inscriptions et Belles-Lettres, professeur honoraire au Collège de France
Paul DEMONT	Directeur de l'École doctorale I (« Mondes anciens et médiévaux », ED 22) de l'Université de Paris-Sorbonne
Patricia EASTERLING	Associé étranger de l'Académie des Inscriptions et Belles-Lettres
Marc FUMAROLI	de l'Académie française, membre de l'Académie des Inscriptions et Belles-Lettres, professeur honoraire au Collège de France
Jacques JOUANNA	Membre de l'Académie des Inscriptions et Belles-Lettres
Charles DE LAMBERTERIE	Membre de l'Académie des Inscriptions et Belles-Lettres
Christine MAUDUIT	Enseignant à l'École Normale Supérieure, département Sciences de l'Antiquité
Dominique MULLIEZ	Correspondant de l'Académie des Inscriptions et Belles-Lettres, professeur à l'Université de Paris-Sorbonne
Laurent PERNOT	Membre de l'Académie des Inscriptions et Belles-Lettres, Responsable du Master de philologie classique de l'Université de Strasbourg
Sylvain PERROT	Membre scientifique de l'École française d'Athènes
Olivier PICARD	Membre de l'Académie des Inscriptions et Belles-Lettres
Aurélien PULICE	Élève de l'École Normale Supérieure
Suzanne SAÏD	Professeur émérite de l'Université Paris-X Nanterre, et de Columbia University
Monique TRÉDÉ	Correspondant de l'Académie des Inscriptions et Belles-Lettres, professeur des Universités à l'École Normale Supérieure

TABLE DES MATIÈRES